Poder, ideología y violencia

Poder, ideología y violencia

Ignacio Martín-Baró

Edición, introducción y notas de
Amalio Blanco y Luis de la Corte

EDITORIAL TROTTA

COLECCIÓN ESTRUCTURAS Y PROCESOS
Serie Pensamiento, Psicopatología y Psiquiatría

Impresión
Marfa Impresión, S.L.

CONTENIDO

Introducción

PSICOLOGÍA SOCIAL DE LA VIOLENCIA: INTRODUCCIÓN A LA PERSPECTIVA DE IGNACIO MARTÍN-BARÓ

Amalio Blanco y Luis de la Corte

LA PSICOLOGÍA SOCIAL Y LAS «ARMAS DEL INTELECTUAL»

En algún rincón de su ensayo *El laberinto de la soledad*, Octavio Paz habló del intelectual y de las que, según él, siempre fueron sus principales «armas», a saber: las del «examen» y «la crítica». La caracterización resulta penetrante e iluminadora pero sobre todo nos viene perfecta para presentar a Ignacio Martín-Baró, tal vez uno de los científicos sociales que con más intensidad y entrega personal se han comprometido con tales fines. Por lo pronto, fue el mismo Martín-Baró quien definió su perspectiva psico-social como una perspectiva «crítica». Aunque conviene advertir desde el principio que para Martín-Baró la crítica no es sólo una exigencia interna a una disciplina intelectual que pretende subsanar sus vicios más arraigados sino, sobre todo, un imperativo moral (en su caso, de raíces religiosas). Porque lo cierto es que, a veces, al enfrentarse a ciertas «situaciones límite» como las que él mismo vivió, el científico social se verá obligado a optar entre la falsa neutralidad o la beligerancia ética que nace de la indignación ante los horrores de este mundo. Porque es la obsesión por cierta aséptica pureza interpretativa, esa entelequia que promueve la renuncia a la crítica de lo socialmente establecido, la que en demasiadas ocasiones somete a la ciencia social a los exclusivos intereses de quienes detentan el poder de la manera más voraz e ilegítima. Por eso mismo, Martín-Baró siempre pensó que ese afán de neutralidad traicionaba en alguna medida el propósito original que justificó el nacimiento de las ciencias sociales. Probablemente no le faltaba razón. Todo el que

9

haya recorrido la historia del pensamiento social de los dos últimos siglos reconocerá que la mayoría de sus protagonistas dedicaron su vida intelectual al estudio de la realidad social animados por la esperanza de poder contribuir así a acelerar el cambio social. Uno de los ejemplos más significativos en este sentido, y a los propios ojos de Martín-Baró fue, indudablemente, el de Karl Marx, quien habiendo criticado a los filósofos por la ineficacia de sus teorías para cambiar el mundo («los filósofos no han hecho más que *interpretar* de diversos modos el mundo, pero de lo que se trata es de transformarlo», según la Tesis 11 sobre Feuerbach), consumió la mayor parte de su vida en formular una teoría social propia que fuera útil no sólo para explicar el cambio social, cosa que tal vez lograron algunas teorías anteriores, sino para convertir su teoría en el principal estímulo que incitase dicho cambio. Precisamente, el modo en que Marx y otras figuras insignes de la primera ciencia social pensaron que la teoría podría realizar esa virtud transformadora fue el de la crítica. Dicho en otras palabras, en la medida en la que los esfuerzos del científico por comprender la realidad social se apoyasen sobre un criterio ético, la ciencia serviría para poner de manifiesto las contradicciones morales que caracterizasen a la sociedad, operando así sobre la conciencia moral de sus ciudadanos.

La urgencia de la crítica resulta mucho más evidente en determinados contextos sociales marcados por la violencia, la exclusión social o la pobreza; precisamente las tres notas que mejor resumen la reciente historia de Iberoamérica[1]. Esa misma historia, pensaría

---

1. Se trata del tridente letal (injusticia, pobreza y violencia) al que aludíamos en el volumen anterior (Martín-Baró, 1998, 208); el que inspiró páginas terminantes, por su tono de denuncia, a los obispos latinoamericanos en la Conferencia de Medellín: «Existen muchos estudios sobre la situación del hombre latinoamericano. En todos se describe la miseria que margina a grandes grupos humanos. Esa miseria, como hecho colectivo, es una injusticia que clama al cielo» (CELAM, 1977, 25). Una situación que acabó por convertirse en el argumento axial de la Teología de la liberación: la opción preferencial por los pobres. Martín-Baró lo recuerda: «Para los obispos, la situación infrahumana en que se encuentran las grandes mayorías de los pueblos latinoamericanos pone de manifiesto el carácter explotador y opresivo de las estructuras sociales, a las que califican sociológicamente como un "desorden establecido" y teológicamente como estructuras pecaminosas, ya que producen la muerte real de las personas» (Martín-Baró, 1998, 208). Y da un paso más: ese desorden será el marco inspirador de la violencia. Ellacuría lo había descrito con su particular lucidez: «Hay estructuras sociales que son la objetivación del pecado y, además, vehiculan ese poder en contra de los hombres, de la vida de los hombres, y hay estructuras sociales e históricas que son la objetivación de la gracia y vehiculan, además, ese poder a favor de la vida de los hombres; aquéllas constituyen el pecado estructural y

Martín-Baró, era la que obligaba moralmente al propio psicólogo iberoamericano a asumir el papel de intelectual crítico antes que el de mero experto o técnico. Éste fue, de hecho, el verdadero sentido de su propuesta sobre una Psicología que continuara los avances que ya habían sido realizados en otros ámbitos del pensamiento crítico iberoamericano como el de la *Pedagogía del oprimido*, la *Sociología de la dependencia* o la *Teología de la liberación*; ése fue el sentido de una *Psicología de la liberación*. Las coordenadas éticas del pensamiento liberacionista son de sobra conocidas y se resumen en un principio fundamental: la opción por unas mayorías populares a las que, por una razón u otra, siempre les ha tocado interpretar el papel de víctimas. A partir de estos criterios cabría elaborar la crítica.

> Quizá la opción más radical que confronta la Psicología centroamericana hoy radica en la disyuntiva entre un acomodamiento a un sistema social que personalmente nos ha beneficiado o una confrontación crítica frente a ese sistema. En términos más positivos, la opción estriba en si aceptar o no el acompañar a las mayorías pobres y oprimidas en su lucha por constituirse como pueblo nuevo en una tierra nueva. No se trata de abandonar la Psicología; se trata de poner el saber psicológico al servicio de la construcción de una sociedad donde el bienestar de los menos no se asiente sobre el malestar de los más, donde la realización de los unos no requiera la negación de los otros, donde el interés de los pocos no exija la deshumanización de todos (Martín-Baró, 1998, 77).

LA IMPORTANCIA DEL ANÁLISIS

Junto al oficio de la crítica, volvamos a recordarlo, Octavio Paz había propugnado también la necesidad del examen riguroso. Habría que empezar preguntándose si el compromiso ético al que Martín-Baró trataba de ajustar su actividad intelectual no sería contradictorio con esta pretensión de objetividad: «Si la Psicología asume un compromiso con las mayorías populares latinoamericanas, ¿no se estará cerrando con ello a la necesaria objetividad que requiere el conocimiento científico?» (Martín-Baró, 1998, 332). La respuesta no se hace esperar:

éstas constituyen la gracia estructural» (Ellacuría, I. Historicidad de la salvación cristiana. En I. Ellacuría y J. Sobrino (eds.), *Mysterium liberationis. Conceptos fundamentales de la teología de la liberación*. Madrid: Trotta, y San Salvador: UCA Editores, 1990, 356).

En mi opinión, el conflicto entre ciencia y compromiso se basa en un planteamiento falso [...]. La parcialidad que siempre supone una toma de postura no tiene por qué eliminar la objetividad. Resulta absurdo y aun aberrante pedir imparcialidad a quienes estudian la drogadicción, el abuso infantil o la tortura. Lo que sí puede y debe pedirse es que se analicen esos fenómenos con todo rigor y con apertura total a los datos de la realidad (Martín-Baró, 1998, 332).

En efecto, y como es bien sabido, la separación tajante entre hecho y valor fue una premisa fundamental del modelo de ciencia propuesto desde el neopositivismo. Una separación cada vez más problemática a partir de los posteriores desarrollos de la Filosofía y la Sociología de la ciencia pues, en realidad, «sólo puntos de vista valorativamente orientados pueden ordenar el caos de fenómenos» (Lamo de Espinosa, González y Torres, 1994, 89), según nos había enseñado Max Weber. Así, adoptar una posición crítica frente a la realidad social circundante sería una forma de introducir no ya orden sino, al menos, sentido en aquel «desorden ordenado» que a juicio de Martín-Baró caracterizó a las sociedades centroamericanas de los años ochenta[2]. Y por otro lado, la crítica social resultaría inútil en el caso de ser falsa y, por el contrario, existen ocasiones en las que la verdad acaba convirtiéndose en la más acerada de las críticas.

En El Salvador y en toda Iberoamérica, a los ojos de Martín-Baró y del resto de los intelectuales de la UCA, ha existido un predominio de la falsedad sobre la verdad que queda puesto al descubierto como consecuencia de sus propios análisis científicos, filosóficos y teológicos. De hecho, en el caso particular de estos hombres, fue el propio impulso de la misericordia cristiana el que alentó y dio justificación ética a su perseverancia en la búsqueda de la verdad, porque de otro modo la mentira persistiría:

> Nuestro análisis intelectual encuentra que la realidad histórica, la realidad del tercer mundo, es decir, la realidad de la mayor parte del mundo, la realidad histórica más universal se caracteriza fundamentalmente por el predominio efectivo de la falsedad sobre la verdad,

---

2. «Un desorden ordenado»: ése es precisamente el título del primer capítulo de *Sistema, grupo y poder* (Martín-Baró, 1989, 13-90) en el que, entre otros, se dan cita dos procesos que irán adquiriendo protagonismo a lo largo de este volumen: la construcción social de la realidad y la reproducción del orden social. Para su análisis Martín-Baró tomará partido por una perspectiva que, contra la costumbre de los funcionalistas, destaca la inherente dimensión conflictiva que caracteriza a cualquier sistema social (ver nota 14 del capítulo primero).

de la injusticia sobre la justicia, de la opresión sobre la libertad, de la indigencia sobre la abundancia, en definitiva, del mal sobre el bien (Sobrino, 1990, 1.041).

Y en otro momento, recordando nuevamente a sus compañeros de la UCA, apuntará de nuevo Sobrino:

> En este mundo de mentira, buscar la verdad no es sólo superar la ignorancia. Nuestros mártires, ciertamente, se dedicaron a superarla, a obtener los saberes científicos y tecnológicos necesarios para construir un país viable, por supuesto. Pero el primer paso que dieron, también de forma universitaria, fue desenmascarar la mentira, pues sobre ella no se puede edificar ninguna sociedad justa (Sobrino, 1992, 254).

Precisamente, y como tendrá la oportunidad de comprobar el propio lector de este volumen, los procesos de «institucionalización de la mentira» y de ocultación de la realidad social constituyeron un tipo de prácticas a las que Martín-Baró atribuyó una enorme influencia sobre la evolución de la guerra civil salvadoreña:

> Ciertamente, la guerra civil salvadoreña ha supuesto una agravación de la mentira colectiva, es decir, del ocultamiento de la realidad y de la distorsión sistemática de los acontecimientos por parte del poder establecido que ha agudizado la esquizofrenia de la población entre lo que vive cotidianamente y la definición social del objeto de su vivencia. Sin embargo, esa mentira social en lo que tiene de determinante no es nueva, sino que es parte del ordenamiento estructural del país. La mentira social constituye la elaboración ideológica de la realidad en forma tal que sea compatible con los intereses de la clase dominante, fijando así los límites en que se puede mover la conciencia colectiva (los máximos de conciencia posible en cada situación) (Martín-Baró, 1998, 188)[3].

---

3. La mentira forma parte del desorden, es la argamasa que lo sustenta, y a ella dedica Martín-Baró algunos epígrafes en este volumen: «Institucionalización de la mentira» en el capítulo 3, cuya atención se centra en desvelar las relaciones entre medios de comunicación y mentira (ver también nota 24), «La mentira oficializada» en el capítulo 6, donde el grueso de los argumentos gira en torno a otro proceso psicosocial de primer orden como es el estereotipo, y «La mentira institucionalizada» en el capítulo 7, quizás un epígrafe de menor riqueza argumental, que se ve compensada con la presencia de la corrupción como acompañante de la mentira. El párrafo final del epígrafe «La guerra paralela» del capítulo 3 ofrece algunos ejemplos de ese desconcierto social basado en la mentira, y en la última parte del capítulo 7 se adentra brevemente por entre sus correlatos psíquicos.

Estas afirmaciones deben ser tomadas muy en cuenta si se quiere entender correctamente lo que separa a los trabajos de Martín-Baró de otras recientes propuestas para una Psicología social crítica.

Mientras que nuestro autor concibe la «verdad» como una exigencia y un objetivo irrenunciables para el científico social, algunos de los actuales defensores de una nueva Psicología social crítica y posmoderna niegan de hecho la conveniencia de seguir apelando a esa vieja noción epistemológica (ver Parker y Shotter, 1990; Ibáñez e Íñiguez, 1997; Doménech e Ibáñez, 1998; Cabruja, 1998). Así, en palabras de uno de los más incisivos defensores de esta otra corriente crítica, se impondría ante todo la necesidad de asumir una posición relativista y, por consiguiente:

> Es obvio que al declararnos relativistas dejamos patentes lo lejos que estamos de creer en la verdad, es decir, manifestamos nuestro rechazo a la creencia en la posibilidad de discriminar entre diferentes enunciados en función de su valor de verdad (Doménech e Ibáñez, 1998, 17).

Desde esta posición a la vez crítica y posmoderna ante el problema del conocimiento, se niega entonces que la ciencia constituya ninguna perspectiva privilegiada sobre el mundo ni que lo describa con mayor precisión que cualquier otro tipo de discurso. Los criterios de verdad ya sólo se conciben como producto directo de las contingencias y convenciones socio-históricas propias del contexto bajo cuya influencia han sido formulados. En consecuencia, no existe modo alguno de fundamentar el conocimiento científico, sino que éste se considera un «juego de lenguaje» más cuyo valor depende únicamente del tipo de prácticas sociales que la teoría misma ayude a generar[4]. Pero, indudablemente, el rechazo a la noción de verdad implica también una negativa a analizar las realidades problemáticas con las que habitualmente ha venido enfrentándose el científico social, tal y como apunta el sociólogo Manuel Castells (1998). Si no hay verdad, tampoco habrá análisis verdadero ni fiable; de manera que el propio análisis se vuelve un propósito prácticamente inútil o, más bien, ilusorio. Esto es lo que parece sugerir en algún momento uno de los primeros psicólogos sociales que tomaron la opción por el posmodernismo, Kenneth Gergen. Hablándonos de su propia versión de una Psicología posmoderna, el «construccionismo social»,

---

4. Sobre esto puede verse el concepto de «teorías generativas» acuñado por Gergen (1994).

Gergen no tiene inconveniente en reconocer el desinterés con el que su propuesta teórica observa cualquier otro aspecto de la realidad social que quede más allá de los límites del lenguaje (por lo visto, el único objeto de estudio legítimo para el psicólogo social del futuro):

> La objeción típica que se plantea al construccionismo —a menudo acompañada por una sonrisa de complacencia o la exhibición de una indignación justificada— es la de su aparente absurdidad ante una realidad obstinada [...]. El construccionismo no niega que haya explosiones, pobreza, muerte o, de un modo más general, el «mundo de ahí fuera». Tampoco hace ninguna afirmación. Tal como indiqué el construccionismo es ontológicamente mudo (Gergen, 1996, 98).

En suma, el construccionista social no se atreve a negar ni a afirmar nada, más bien podría decirse que se dispone a enmudecer[5]. A Martín-Baró, en cambio, los gestos de indignación a los que Gergen hace referencia le hubieran parecido plenamente justificados ante el horror de un mundo como el de El Salvador, con sus miles de asesinatos, torturas y violaciones, acontecimientos frente a los que el científico social estaría obligado a pronunciarse.

Pero que Martín-Baró no comulgase con ciertos postulados del relativismo radical y que siguiera aspirando a la verdad no significa que no tomara conciencia de los problemas epistemológicos que desde varias décadas atrás se le venían planteando a la ciencia social.

---

5. Una apreciación semejante sobre el construccionismo social y el relativismo de algunos científicos sociales lo encontramos en el análisis que de estas cuestiones ofrecen Emilio Lamo de Espinosa, José María González y Cristóbal Torres: «El problema, por supuesto, es que una vez aceptado que las palabras no tienen relación alguna con las cosas; aceptado que no hay referente objetivo en el discurso; aceptado que tampoco el discurso sobre el discurso puede tener referente objetivo; aceptado que unos y otros son sólo "construcciones sociales" y, por lo tanto (sic) ilusiones; aceptado todo eso, el discurso carece simplemente de objeto, carece de sentido y lo único que puede tener sentido es el silencio. Pues tras la afirmación "no hay verdad alguna", que sume al discurso en la paradoja, sólo el silencio parece legítimo» (Lamo de Espinosa, González y Torres, 1994, 140). Franz Kafka, que ha trazado como nadie el drama del sujeto de la modernidad (de ahí, probablemente, la admiración que por su obra sentía Hannah Arendt), se lo dice a Gustav Janouch tras leer un manuscrito suyo con vocación de novela: «Sus relatos son conmovedoramente juveniles. Dice usted más de las impresiones que las cosas despiertan en usted que de los acontecimientos y las cosas mismas. Eso es lírica. Acaricia usted el mundo en vez de agarrarlo [...]. Esta exteriorización de las impresiones y los sentimientos en realidad es una forma temerosa de palpar el mundo. Todavía tiene los ojos cubiertos por la sombra del sueño» (Janouch, G. *Conversaciones con Kafka*. Barcelona: Destino, 1997, 96-97).

De hecho, su propio enfoque trató de abordar algunos de esos problemas, aunque fuera de pasada, pues ellos mismos afectaban a la posibilidad de desarrollar una verdadera perspectiva crítica en el ámbito de la Psicología social. En este punto la Psicología social crítica de Martín-Baró implica como paso previo una crítica de la Psicología social hegemónica. El problema epistemológico que más preocupa a Martín-Baró es el de la supuesta universalidad de los principios o las leyes establecidas por la Psicología social. En realidad, lo que aquí se dirime es el modelo de racionalidad desde el que interpretemos las aportaciones de nuestra disciplina.

Como ha señalado Stephen Toulmin (2001), una de las más pesadas herencias que hemos recibido de nuestro pasado intelectual, ese pasado al que solemos llamar «Modernidad», ha sido nuestra predilección teórica por lo abstracto frente a lo concreto, lo universal frente a lo particular y lo a-temporal frente a lo temporal. A partir de un enfoque semejante y como corresponde a la vieja noción de verdad, nuestras teorías deberían ser abstractas, genéricas y perdurables, aplicables a toda circunstancia histórica, a toda realidad social y humana. Pero esta aspiración a una razón pura y universal, ya criticada por filósofos como Dilthey u Ortega y Gasset, nos ha hecho caer a los científicos sociales en incontables errores, tal y como el propio Martín-Baró reconoce. Al reivindicar una Psicología social atenta a las particulares condiciones históricas de la realidad centroamericana, Martín-Baró trató de hacer frente a los riesgos de una disciplina científica afectada de idealismo, siempre inclinada a otorgar carácter universal a sus hallazgos y teorías, así como a subestimar con demasiado desparpajo la dependencia de aquéllas respecto a sus contextos de descubrimiento y justificación. Por consiguiente, al viejo ideal de una razón y una verdad abstracta, universal y a-temporal convendría contraponer el modelo de una «racionalidad histórica», expresión de claras resonancias orteguianas que Martín-Baró llega a emplear en alguno de los textos que aquí se recogen (ver epígrafe «Salud mental para un pueblo» en el último capítulo de este volumen)[6].

6. Postular un modelo de racionalidad histórica (Martín-Baró habla de racionalidad social, 1998, 303-341), de una racionalidad que se aleja de lo abstracto para descender a concreciones ceñidas a la realidad, lleva a Martín-Baró, entre otras consideraciones, a una distinción entre violencia instauradora de la opresión y violencia liberadora (ver epígrafe «Constitutivos de la violencia» en el capítulo 1), entre violencia originaria y violencia derivada (ver epígrafe «El contexto social: la lucha de clases», también del capítulo primero). Esa racionalidad histórica supondría, como

Por otra parte, el idealismo que Martín-Baró reprocha a la epistemología dominante en el ámbito de su propia disciplina ha acarreado otras dificultades. El influjo de la herencia idealista en la Psicología social puede también reconocerse en nuestra vieja costumbre de mirar al mundo desde las ideas, desde nuestras teorías previas, cuando precisamente sería mucho más aconsejable proceder de manera opuesta, mirando a las ideas desde el mundo y juzgando a aquéllas a partir de éste. Esta reducción de lo real a lo ideal puede empobrecer la perspectiva y suscitar graves distorsiones en el análisis, especialmente cuando las diferencias que existen entre el contexto de origen y el de aplicación son tan notables como las que distinguen a la sociedad salvadoreña de la sociedad norteamericana. La medida que Martín-Baró propone para superar este «idealismo metodológico» se enuncia de manera tan sencilla como sigue:

> Que no sean los conceptos los que convoquen a la realidad, sino la realidad la que busque a los conceptos; que no sean las teorías las que definan los problemas de nuestra situación, sino que sean los problemas los que reclamen y, por así decirlo, elijan su propia teori-

diría Ortega, «llevar a sus últimas consecuencias la advertencia de que la realidad específicamente humana —la vida del hombre— tiene una consistencia histórica... [lo cual] nos obliga a "desnaturalizar" todos los conceptos referentes al fenómeno integral de la vida humana y someterlos a una radical historización» (Ortega, 1947, 539). Una posición que Martín-Baró suscribía plenamente, bien que por motivos muy distintos a los de Ortega: «Se ha dicho que la Psicología social es una forma de historia, y hay mucho de razón en este punto de vista. Pero por ello mismo es necesario situar y fechar el conocimiento psico-social, y no pretender vender como universal lo que es local y parcial. Más aún, es necesario reintroducir la historia en la Psicología social, demasiado inclinada a analizar los fenómenos con categorías formalistas y esquemas atemporales (Martín-Baró, 1983, ix). La necesidad de historizar constituye uno de los ejes fundamentales de su posición epistemológica, el realismo crítico: «La especificidad del objeto de las ciencias sociales proviene fundamentalmente de la esencial historicidad del ser humano» (Martín-Baró, 1998, 324). De hecho, el más obtuso de los supuestos sobre los que se asienta la Psicología dominante es precisamente el de su a-historicismo psicologicista a resultas del cual la primera de las «Tres tareas urgentes» (es el título de uno de los epígrafes del capítulo 9 de *Psicología de la liberación*. Madrid: Trotta, 1998) que se le ofrecen a la Psicología latinoamericana reside en la recuperación de la memoria histórica (ver nota 2 del capítulo 7). Fue una postura contumaz. En carta fechada el 7 de septiembre de 1988, un año antes de su asesinato, la reitera con la misma convicción: «Las fuentes de las que tú hablas, ciertamente las epistemológicas, no pueden estar sólo en las ideas abstractas, sino en las ideas vividas históricamente [...]. Yo tengo que ser militante en mi historia y en mi situación, y lo tengo que ser en cuanto psicólogo social y con la Psicología social. Militante quiere decir que tomo parte, que soy partidario, y no debe confundirse (que a veces sí ocurre) con falto de objetividad».

zación. Se trata, en otras palabras, de cambiar nuestro tradicional idealismo metodológico en un realismo crítico. [De hecho] a los psicólogos latinoamericanos nos hace falta un buen baño de realidad, pero de esa misma realidad que agobia y angustia a las mayorías populares. Por eso, a los estudiantes que me piden una bibliografía cada vez que tienen que analizar un problema les recomiendo que primero se dejen impactar por el problema mismo, que se embeban de esa realidad cotidiana que viven las mayorías salvadoreñas y sólo después se pregunten acerca de los conceptos, teorías e instrumentos de análisis (Martín-Baró, 1998, 314).

En suma, el punto de partida de la actividad científica de Martín-Baró fue la propia realidad circundante[7]. Su pasión por la Psicología social fue en verdad esa misma «pasión por la realidad» que, según Robert Nisbet, también definió a los autores clásicos de la ciencia social. Por eso, sólo partiendo del violento mundo en el que Martín-Baró se vio inmerso podremos llegar a dar pleno sentido a aquellos trabajos suyos que en torno a ese mismo tema ofrecemos en este volumen.

EL SALVADOR: LA VIOLENCIA QUE NO CESA

Cuando el joven Ignacio Martín-Baró pisó por vez primera tierra centroamericana, la vida política salvadoreña se hallaba en plena ebullición. Atrás quedaba una sucesión de gobiernos cuyo ejercicio nunca persiguió otro objetivo que el de preservar el poder de la vie-

---

7. Una realidad que, como no podía ser de otra manera, es el fiel reflejo del orden social al que da cobertura: subdesarrollo económico, importantes movimientos de oposición popular, división discriminante del trabajo, marginación y desempleo masivo, explotación y violencia son sus rasgos más distintivos. Y los fraudes electorales, la corrupción, la impunidad, el abandono de las funciones cívicas por parte de los cuerpos de seguridad, la violación sistemática de los derechos humanos. Todos irán haciendo acto de presencia a lo largo de este volumen, como ya lo hicieron en el anterior (ver nota 6 de la Introducción, y notas 19, 2 y 9 de los capítulos 2, 4 y 5 de *Psicología de la liberación*. Cit.). «El punto de partida, la realidad latinoamericana» es el título de un epígrafe que forma parte del artículo «La Psicología política latinoamericana» (Martín-Baró, 1990). Realidad descarnada (la guerra como consecuencia de la lucha de clases: ver epígrafe «El contexto social: la lucha de clases» en el capítulo primero) frente a un irredento construccionismo social al que Martín-Baró no concede la mínima cobertura teórica. Prueba de ello es el apoyo que concede a la teoría realista del conflicto de Sherif frente a la postura de la categorización social de Tajfel (ver nota 4 del capítulo 4).

ja oligarquía cafetalera que, desde finales del siglo XIX, había conseguido acaparar el control de la producción, la exportación, la tierra y los sistemas político y financiero del país, con el inestimable y habitual apoyo de las fuerzas armadas e incluso de un sector importante de la Iglesia (ver Browning, 1971; Menjívar, 1980; Montobbio, 1999; De la Corte, 2001a). Sin peligro de exagerar, podría decirse en verdad que, desde finales del siglo XIX hasta finales del siglo XX, los salvadoreños no han conocido más que un único régimen político de carácter autoritario, por mucho que a veces adoptara la apariencia de una democracia, y cuya auténtica élite rectora jamás dudó en emplear la violencia cada vez que el pueblo tuviera el atrevimiento de sentirse indignado ante sus flagrantes abusos de poder. Entre los episodios más funestos que la propia historia salvadoreña nos sirve como ilustración del despotismo sangriento de sus gobernantes y de sus fuerzas armadas destaca la matanza de unas 30.000 personas (un 4% de la población salvadoreña) con la que el gobierno dictatorial del general Maximiliano Hernández Martínez replicó a una movilización campesina promovida por el partido comunista. «Todos nacimos medio muertos en 1932», escribiría después el poeta salvadoreño Roque Dalton, tratando de precisar el significado que para la historia de su país adquirió aquella tragedia, convertida en símbolo de la cotidiana violencia represiva que sucedió a los hechos de 1932 en forma de detenciones injustificadas, torturas, secuestros, violaciones, asesinatos u otras matanzas colectivas ejecutadas por el ejército, las fuerzas de orden público (extensión natural del ejército) o también por grupos paramilitares generalmente constituidos por militares en activo o en algunos casos creados y financiados por la oligarquía latifundista (los tristemente famosos «escuadrones de la muerte»)[8].

8. El Informe de la Comisión de la Verdad dedica un amplio capítulo a analizar los «Asesinatos de los Escuadrones de la Muerte» (ONU, 1993, 172-202), y a describir sus patrones de actuación. Lo hace en los siguientes términos: «No cabe duda de que lo que se ha categorizado como homicidios perpetrados por los escuadrones de la muerte en zonas rurales, abarca una cantidad significativa del universo total de muertos en El Salvador en los años 1980 a 1991. La Comisión de la Verdad ha recibido una amplia información de testimonios de múltiples testigos, incluyendo varios miembros de la Fuerza Armada y miembros civiles de los escuadrones de la muerte quienes admitieron y detallaron su participación en los más altos niveles de su organización, operación y financiamiento [...]. Los escuadrones, ligados a estructuras estatales por participación activa o por tolerancia, alcanzaron un control de tal naturaleza que sobrepasó los niveles de fenómeno aislado o marginal para convertirse en instrumento de terror y de práctica sistemática de eliminación física de opositores po-

El tiempo que transcurre entre el primer contacto de Martín-Baró con tierras salvadoreñas —años sesenta— y la década de los ochenta, periodo durante el que se elaboran la mayoría de los trabajos aquí recogidos, es un tiempo de transición hacia la guerra civil. Entretanto, en El Salvador se irá fraguando la consolidación de dos tipos de fuerzas de oposición al régimen establecido, unas de carácter ordinario, en forma de nuevos partidos políticos, y otras de índole político-militar, muy influidas en este último caso por el éxito de la revolución cubana de 1959 y por la consiguiente proliferación de movimientos guerrilleros por toda Iberoamérica. A medida que las fuerzas de oposición política ordinaria fueron acumulando fracasos, debido a las negativas de los oligarcas y los altos mandos militares a reconocer sus éxitos electorales, el apoyo popular a la opción revolucionaria se iría incrementado paulatinamente. Incluso un cierto sector del ejército trató en algún momento de forzar el cambio de régimen, por ejemplo, participando con la mayoría de las otras fuerzas sociales y políticas de oposición en el llamado «golpe de los capitanes» (15 de octubre de 1979) que impuso una «Junta Cívico-Militar» y prometió la aplicación inmediata de un «plan de emergencia» encaminado a regenerar la vida política del país y a estimular su desarrollo económico y social. Pero el ensayo fracasó. Los militares reformistas fueron incapaces de imponer su voluntad sobre los sectores más retrógrados del ejército, empeñados en hostigar y reprimir con violencia las protestas y reivindicaciones pacíficas protagonizadas por las organizaciones populares. Y así, mientras se fue gestando la radicalización de aquellas organizaciones y su unificación con los movimientos armados ya existentes, la mayoría de los miembros civiles del gobierno abandonaron rápidamente la Junta, frenando así los planes de reforma y devolviendo todo el poder a la vieja élite militar y cafetalera. Y si el 22 de enero de 1980 el ejército masacró en San Salvador a la multitud de participantes en una manifestación, dos meses después, el 24 de mar-

líticos» (p. 181). De suerte que «El Estado de El Salvador, a través de la actuación de miembros de la Fuerza Armada y/o de funcionarios civiles, es responsable de haber participado, promovido y tolerado el funcionamiento de los escuadrones de la muerte que atacaron de forma ilegal a miembros de la población civil» (p. 188). Servían como punta de lanza en la guerra sucia y como contundente instrumento de persuasión en la guerra psicológica (ver capítulo 3 de este volumen, en especial el epígrafe «La guerra paralela»). Amnistía Internacional ya había puesto el dedo sobre esta misma llaga (ver Amnesty International. *El Salvador «Dead Squads». A Government Strategy*. Londres: Amnesty International Publications, 1988).

zo, el arzobispo Romero resultaría asesinado en plena misa, un día después de haber pronunciado su más famoso sermón. ¿Qué mejor explicación de ese crimen que la que nos aporta las palabras de su víctima?: «En nombre de Dios, pues, y en nombre de este sufrido pueblo cuyos lamentos suben hasta el cielo cada día más tumultuosos, les suplico, les ruego, les ordeno en nombre de Dios: ¡cese la represión!» (Sobrino, Martín-Baró y Cardenal, 1980, 291).

El paso a la guerra abierta sería cuestión de meses, meses de terror. En un texto inédito que Martín-Baró preparó con título significativo, ¿*Genocidio en El Salvador?*, se señala que entre el 15 de octubre de 1979, fecha del golpe de los capitanes, hasta finales de 1980 se registraron 10.540 denuncias de otros tantos asesinatos consentidos o amparados por el gobierno salvadoreño y perpetrados por fuerzas militares y paramilitares. Por su parte, el informe de la Comisión de la Verdad de la ONU indica que entre 1979 y 1981 se produjeron notificaciones formales de unos 30.000 asesinatos políticos y se obtuvo noticia de que unas 500.000 personas se convirtieron en «desplazados», es decir, decidieron huir de sus lugares habituales de residencia por temor a perder la vida por motivos políticos (ONU, 1993). Desechada toda alternativa a la insurrección, el 10 de enero de 1981 la coalición del FDR y el FMLN inicia su primera gran ofensiva y principia la guerra abierta.

Para comprender la guerra civil de los años ochenta hay que tomar en consideración dos importantes claves de política internacional. La primera, el éxito electoral de Ronald Reagan a principios de aquella década. La segunda, el triunfo del movimiento sandinista. Con Reagan, y a consecuencia de lo acaecido en Nicaragua, El Salvador se convierte en un frente primordial para dirimir la confrontación Este-Oeste. Desde entonces, y en palabras del secretario de Estado norteamericano, Alexander Haig, la política estadounidense convierte a Centroamérica, y más concretamente a El Salvador, en línea de un mapa de guerra oficiosa contra la «amenaza soviético-cubana». De repente, Centroamérica se había transformado en «el lugar más importante del mundo para Estados Unidos» (citado en Montobbio, 1999, 87), según declaraciones realizadas en 1981 por Jeane Kirkpatrick, primera embajadora del gobierno Reagan ante la ONU. Había que impedir por cualquier medio que ninguna fuerza revolucionaria supuestamente sufragada por Cuba y la URRSS obtuviera un solo triunfo más en cualquier otro país centroamericano o en torno a la ardiente cuenca del Caribe (Haig, 1984; Montobbio,

1999)[9]. Así, los Estados Unidos apoyaron a los sucesivos gobiernos de la democracia cristiana y de ARENA (partido de extrema derecha que representará los intereses de la oligarquía y que negociará la paz de los noventa) con el propósito oficial de promover la democratización de El Salvador o, más bien, de levantar una «fachada democrática», como apuntaría Ignacio Ellacuría (1991). Cabe destacar las ayudas económicas masivas (más de 3.000 millones de dólares entre 1980 y 1992) y el apoyo militar dispensados durante toda la guerra a esos dos partidos de gobierno (ver Rosa, 1993)[10].

Las injerencias estadounidenses en el terreno militar convirtieron la guerra civil salvadoreña en un auténtico «experimento» para la innovación de la estrategia militar, según un informe elaborado por el Pentágono. Se inaugura así el llamado «Conflicto de Baja Intensidad» (CBI) que, como explica el mencionado informe, supone «un intento para revertir la serie de fracasos que se han producido en la conducción norteamericana de guerras pequeñas, un esfuerzo para derrotar un movimiento insurgente por medio del entrenamiento y del apoyo material sin tener que comprometer tropas norteamericanas en el campo de batalla (Bacevitch, Hallmus, White y Young, citado en Montgomery, 1991, 267-268)[11]. El CBI constituirá

9. Igualmente claro con relación a esa lectura será el informe que Reagan encargó a Henry Kissinger en 1984, tras haber fracasado en sus intentos previos de convencer al Congreso con sus «extravagantes afirmaciones de embarques de armas para el FMLN» (en palabras del analista político Tommie Sue Montgomery, 1991, 276), o sus infundadas denuncias acerca del control soviético o cubano de las fuerzas revolucionarias. Según Kissinger, «la concentración del poderío soviético y cubano para extender su influencia y expandir la presencia de esos países en regiones vulnerables del hemisferio occidental, sí representa una amenaza directa de los intereses de seguridad de los Estados Unidos de América» (Comisión Kissinger, 1984, 111-112).

10. Según Montobbio (1999), la intervención militar estadounidense en el conflicto salvadoreño se desarrolló en los siguientes ámbitos: a) definición de los planteamientos estratégicos de la acción militar, b) conducción táctica y operativa de la guerra mediante un grupo de asesores militares asignados de manera permanente a la embajada norteamericana, c) profesionalización del ejército salvadoreño, también por acción de los susodichos asesores, y d) financiación de todo lo anterior y de los gastos bélicos en general (cerca de 1.200 millones de dólares entre 1980 y 1992, además de las partidas económicas antes indicadas sobre la ayuda al desarrollo del país). En el análisis que el pròpio Martín-Baró llevara a cabo en los primeros compases del conflicto armado (Martín-Baró, I. La guerra civil en El Salvador. *Estudios Centroamericanos, 387/388*, 1981, 17-32), dedica un epígrafe a «La intervención norteamericana» (pp. 25-28). Y a ello iremos de nuevo en la nota 10 del primer capítulo.

11. En el capítulo tercero de este mismo volumen nos ofrece un análisis más pormenorizado de esta «guerra paralela» (así titula uno de los apartados) y de los «conflictos de baja intensidad» (ver nota 7 de ese mismo capítulo). Los capítulos 6 y 7

toda una doctrina estratégica, resultante del desarrollo de las antiguas tácticas de contrainsurgencia a partir de los fracasos cosechados por el ejército estadounidense en Vietnam y en referencia también a otro de los grandes síndromes de la política internacional norteamericana: la revolución cubana. En principio, el objetivo de las acciones emprendidas en un CBI no es la victoria militar sino política, aunque no negociada, sobre una guerrilla o sobre un gobierno y por eso, en comparación con la guerra convencional, el CBI supone la utilización de estrategias múltiples (políticas, económicas, ideológicas, diplomáticas, de comunicación) que en ningún caso se restringen a las convencionales acciones de tipo militar (ver González Camino, 1990). En la oposición a una facción insurgente, se buscará sobre todo el debilitamiento o la eliminación de sus bases de apoyo civil, procurando infundir en la población un profundo sentimiento de inseguridad, ya sea mediante una estudiada campaña de desinformación y propaganda (para promover lo que Martín-Baró llamaría la «institucionalización de la mentira») o a través de la represión violenta y el terrorismo político o por una combinación de estas dos estrategias.

En su excelente artículo «De la guerra sucia a la guerra psicológica», incluido en el capítulo tercero de este volumen, Martín-Baró describe cómo se llevó a cabo esa «guerra paralela» a la contienda abierta, a través de dos estrategias sucesivas que durante los primeros años dieron prioridad a las acciones de terrorismo de estado y paramilitar (véase también Benítez Manaut, 1988; Chomsky, 1998) y que, sin cesar nunca esta clase de medidas cruentas, optaron para la segunda mitad de la década por extender la batalla al frente de la propaganda. En este segundo momento, el objetivo contra-insurgente sería tan fácil de identificar como el de los primeros años: «ganar el corazón y las mentes» de unos ciudadanos que, de hecho, habían empezado a hartarse del conflicto y a los que convenía volver a convencer de la necesidad de continuar la guerra y de la eficacia de esta vía de solución. No obstante, ninguna de las dos estrategias de guerra paralela ni la propia guerra abierta resultaron suficientes para forzar la rendición de la guerrilla, tal y como hubieran deseado los gobiernos salvadoreño y norteamericano, los cuáles acabaron sucumbiendo ante las crecientes presiones de la comunidad internacional. Aunque Martín-Baró y sus hermanos jesuitas, impulsores de

de su *Psicología de la liberación* resultan igualmente imprescindibles para comprender en su justa medida tanto la guerra sucia como la guerra psicológica.

los primeros contactos para la negociación, cayeran asesinados por un batallón del ejército salvadoreño; aunque la guerra se saldó con 32.000 asesinatos de civiles y 600.000 personas desplazadas, además de los combatientes desaparecidos, la negociación acabó imponiéndose dos años después de los crímenes de la UCA. Pero esa ya es otra historia. La historia que acabamos de contar es la que en pocas palabras se resume en las primeras páginas del tristemente célebre «Informe de la Comisión de la Verdad» realizado por funcionarios de la ONU para descubrir y poder recordar más tarde los estragos de la guerra:

> Entre los años de 1980 y 1991, la República de El Salvador, en América Central, estuvo sumida en una guerra que hundió a la sociedad salvadoreña en la violencia, le dejó millares y millares de muertos, y la marcó con formas delincuenciales de espanto [...]. La violencia fue una llamarada que avanzó por los campos de El Salvador; invadió la aldeas; copó los caminos; destruyó carreteras y puentes; arrasó las fuentes de energía y las redes transmisoras; llegó a las ciudades; penetró en las familias, en los recintos sagrados y en los centros educativos; golpeó a la justicia y a la administración pública la llenó de víctimas; señaló como enemigo a quienquiera que no aparecía en la lista de amigos. La violencia todo lo convertía en destrucción y muerte, porque tales son los despropósitos de aquella ruptura de la plenitud tranquila que acompaña al imperio de la ley (ONU, 1993, 3)[12].

Ésta es la realidad que sirvió de punto de partida a las investigaciones y reflexiones que Martín-Baró aportó a la Psicología social de la violencia[13].

---

12. Tal vez no fuera inoportuno recordar aquí que después de éste, hemos conocido otros igualmente estremecedores. Por ejemplo, el informe REMHI («La Recuperación de la Memoria Histórica»), esa memoria dolorida que cargan a sus espaldas las miles de víctimas de la represión guatemalteca, y cuya salida a la luz pública le costó la vida en 1998 a Juan Gerardi, el obispo auxiliar de Guatemala (Oficina de Derechos Humanos del Arzobispado de Guatemala. *Guatemala: Nunca Más*. San Sebastián: Tercera Prensa, 1998). A nuestro juicio, acontecimientos como éstos y datos como los que proporcionan ambos informes ponen al descubierto el enorme valor que cabe atribuir a los textos de este libro, valor no sólo testimonial sino también analítico, utilidad no sólo para recordar, lo cual sería ya razón suficiente para su divulgación, sino también para comprender la cruel y reciente historia política de las sociedades centroamericanas.

13. En una carta fechada el 13 de marzo de 1983 escribe: «Por supuesto, la contienda absorbe muchas energías [...]. Como quise decirles en la ponencia que llevaba

LA VIOLENCIA COMO PROBLEMA TEÓRICO: EL ENFOQUE DE MARTÍN-BARÓ

Volvemos a insistir en el argumento que planteamos al comenzar esta introducción con la inestimable ayuda de Octavio Paz: para distinguirse del mero experto, el científico social debe asumir una posición ética, la que él estime legítima, que sirva de orientación a sus juicios sobre la realidad social; otra cosa es fingir o soñar con una imparcialidad que resulta imposible. Por consiguiente, al enfrentarse a un mundo de injusticia, opresión y muerte, como le ocurrió a Martín-Baró, qué duda cabe que la disposición ética del científico social le obligará a adoptar un punto de vista crítico e incluso a hacer de la crítica una parte decisiva de su propia función intelectual. De otra parte, la crítica puede convertirse en simple formalismo o conducir a un activismo político que puede ser meritorio o no pero que desnaturaliza la función del intelectual en cuanto tal. Por esto, para no confundirse con el activista político, el científico social debe darse al examen de la realidad, buscar su comprensión y su conocimiento. En esto el ejemplo de Martín-Baró resulta ser representativo de una obsesión que ha caracterizado al pensamiento iberoamericano durante todo el siglo XX y en todos sus ámbitos. En palabras de un experto sobre la cuestión (ver Cerruti, 2000), la apelación a la realidad y, más precisamente, a la realidad de la vida cotidiana y

escrita a Madrid, vivir en una situación límite obliga a replantearse casi todos los problemas [...]. ¿Qué hacer en un país con el 20% de su población desplazada o refugiada, con más de 30 asesinatos políticos por represión cada día, donde las decisiones más importantes se imponen desde Washington? ¿Cómo contribuir a desmontar el terrible aparato de violencia institucional y personal que se ha armado (hemos armado), la corrupción más asquerosa de las estructuras sociales, el terror difundido en la población, la mentira institucionalizada y hasta bendecida por ciertas instancias eclesiásticas?». Unos años después, en una extensa entrevista concedida en 1986 al psicólogo costarricense Ignacio Dobles, Martín-Baró afirmaba: «No entiendo cómo se puede ser en mi país un buen psicólogo —y lo digo tanto en sentido científico, como profesional y ético— sin tomar la guerra como marco fundamental de referencia del propio quehacer» (Dobles, 1986, 72). En el capítulo segundo de este volumen considera que la pregunta de mayor relevancia para un psicólogo centroamericano tendría que ver con su habilidad para elaborar un plan de trabajo capaz de dar respuesta al problema de la violencia, un plan cuyas líneas maestras define en dos trazos gruesos en la última parte del capítulo tercero: *a)* contribuir al esclarecimiento de la conciencia colectiva, y *b)* ayudar a la configuración de un nuevo sentido común, a la reconstrucción de normas implícitas de interacción social hundidas en el tráfago de la mentira y de la polarización (ver epígrafe «La polarización social del capítulo 3). Antes, en el capítulo 2, hablará de «Un plan psico-social contra la eficacia de la violencia», y concluirá el volumen con un epígrafe dedicado a «La tarea psico-social».

del acontecer histórico, ha constituido la principal «consigna» de los pensadores iberoamericanos y ha valido como criterio determinante para enjuiciar el interés de toda aportación intelectual, propia o ajena:

> En nuestros días, unos días que comienzan quizá en los años setenta [...], la vigencia de esta consigna se ha afianzado como lema y objetivo del pensar en la región. Diferentes manifestaciones del pensamiento en ciencias sociales, humanidades, artes y teología, han puesto la cuestión, con más agudeza, sobre el tapete. Los pensamientos de la dependencia, de la liberación, de la pedagogía del oprimido, el teatro popular, fueron manifestaciones de esa actitud y articularon, hasta hoy, modos de aproximarse a la realidad. La realidad demanda ser pensada, diagnosticada (si se acepta la metáfora clínica, de muy dudosas connotaciones) examinada con todo detalle y hacerlo es subversivo. Mucho más si el pensar se ejerce desde parámetros de conceptualización propia (Cerruti, 2000, 48).

Ahora bien, ¿quién se atrevería a negar que esa consigna de apelación a la realidad misma, ese «realismo crítico» que hemos visto reclamar a Martín-Baró en páginas anteriores, podría convertirse en un auténtico «realismo ingenuo» basado en la no menos ingenua suposición, hoy absolutamente desfasada, de que la realidad es diáfana y de que podemos acceder a ella de modo inmediato? El mismo filósofo al que acabamos de hacer mención nos avisa de que, en efecto, no ha sido infrecuente que diversos pensadores iberoamericanos se hayan dejado llevar por esta «ilusión de la transparencia» (la expresión, extraordinariamente atinada, vuelve a ser del propio Cerruti). Pero que la realidad no le es totalmente transparente a los seres humanos sino que para su posesión intelectual les es imprescindible cierta clase de «mediaciones» lingüísticas y conceptuales es un supuesto que precisamente el pensamiento liberacionista que inspiró a Martín-Baró ha tenido muy presente desde sus primeras formulaciones. Así, los propios teólogos de la liberación concibieron las ciencias sociales como herramientas de mediación (teórica y empírica) de extrema utilidad para sus propios análisis de la vida social[14]. Y

---

14. Como explica Enrique Dussel, «la opción fundamental por los pobres, por el pueblo oprimido, exige al discurso teológico tener instrumentos de análisis que le permitan efectuar una reflexión pertinente, real, adecuada» (Dussel, 1998, 120). Las ciencias sociales serán las encargadas de esa tarea. Se trata de la «mediación socio-analítica» a la que aluden los teólogos de la liberación en un intento por legitimar algunos de sus supuestos teóricos con la ayuda de aquellas disciplinas que, sin necesi-

es esta misma forma de considerar los constructos teóricos como simples «mediaciones» para acceder a la realidad investigada y a sus fundamentos o causas subyacentes la que permitió a Martín-Baró eludir toda interpretación dogmática de las aportaciones que la Psicología social ponía a su disposición, por eso:

> El primer objetivo de la Psicología social latinoamericana debe ser el *replanteamiento de todo su bagaje teórico*. [Y, por tanto], urge reexaminar desde los presupuestos epistemológicos básicos hasta los modelos y teorías concretas, pasando por los procesos a través de los cuales se definen los objetos propios del estudio. Hay que insistir en que esto no supone echar por la borda todo el acervo existente, lo que constituiría una absurda y presuntuosa insensatez; de lo que se trata es de revisar el conocimiento disponible desde la perspectiva crítica de los pueblos marginados, tarea nada fácil y en la que la demagogia no puede suplir al rigor disciplinado (Martín-Baró, 1998, 319).

Martín-Baró siempre reconoció que la perspectiva impuesta por la Psicología social hegemónica estaba limitada tanto por su propio contexto socio-histórico de origen, según hemos destacado más arriba, como por el conjunto de supuestos metateóricos de los que los psicólogos sociales norteamericanos y europeos partieron en la mayoría de sus investigaciones[15]. A decir verdad, las críticas generales que Martín-Baró plantea en este sentido a la perspectiva de la Psicología social hegemónica son perfectamente reconocibles en su tratamiento del fenómeno de la violencia. De un lado, y según se puede leer en uno de los capítulos de este libro, Martín-Baró subraya como un reproche el predominio de investigaciones de laboratorio sobre el fenómeno de la violencia y la escasa atención prestada a agresiones reales. De otra parte, nuestro autor pone al descubierto dos de los supuestos meta-teóricos que configuran el modelo de sujeto que subyace a la Psicología social hegemónica y que, a su juicio, dan lugar a ciertos errores de perspectiva en la comprensión de la violencia. Tales supuestos son los siguientes:

dad de acudir a un magisterio imponderable, tienen por objeto el estudio de la realidad social y de las características que la definen (ver a este respecto Tamayo-Acosta, 1991, 71-78).
   15. Entre nosotros, Armando Rodríguez se ha ocupado de desvelar, con minuciosa maestría, esos supuestos meta-teóricos (él lo llama creencias o teorías implícitas) «que están latentes en la Psicología social respecto a un dominio algo inespecífico: el ser humano» (Rodríguez, 1990, 1993).

Reduccionismo psicologicista. La tendencia a redefinir los fenómenos y problemas sociales según variables de psicología individual, a abstraer tales asuntos de su contexto histórico y a atribuir la causalidad de los hechos a los individuos y a sus características sería la mejor definición que podríamos dar de este reduccionismo que Martín-Baró explica por la influencia evidente de la ideología liberal-burguesa en el punto de vista de la Psicología social hegemónica[16]. Tal influencia explicaría igualmente la prioridad que la Psicología social de la segunda mitad del siglo XX otorgó al estudio de fenómenos de carácter intra-psíquico o interpersonal frente a la indagación de los posibles condicionantes macro-sociales del comportamiento, la cognición y la afectividad humanas (ver también Moscovici, 1979; Taylor, 1981; Tajfel, 1984).

Mecanicismo naturalista. Consecuencia directa del predominio que ha ejercido el modelo explicativo de las ciencias naturales sobre la propia Psicología, cuyo desarrollo se ha orientado básicamente a la indagación de leyes y principios universales y que durante mucho tiempo ha privilegiado las explicaciones causales sobre las intencionales. Las intenciones son relegadas al ámbito de las descripciones de sentido común y rechazadas o subestimadas como base de la explicación científica del comportamiento humano pues el primer corolario de toda interpretación mecanicista es un modelo de sujeto pasivo o inerte (ver sobre esto Secord, 1989), sin iniciativas propias que puedan guiar su comportamiento. Asimismo, el carácter «signi-

16. Cabe destacar la similaridad en este punto con las críticas que Philip Wexler (1983) dirigió en este mismo sentido a la Psicología social en su obra más conocida. Pero a este reduccionismo psicologicista lanzó nuestro autor críticas muy severas por contravenir dos de los principios fundantes del realismo crítico: su renuncia a la realidad y su falta de historicidad. Lo veremos en el transcurso del primer capítulo, cuando aborde las diversas explicaciones del fenómeno de la violencia, y lo podemos ver también en su propuesta explicativa del fatalismo (capítulo segundo de *Psicología de la liberación*), o en sus aproximaciones a fenómenos psico-sociales de tanta relevancia como las actitudes (Martín-Baró, 1983, 241-296), o cuando estudia los fenómenos derivados de la dinámica grupal, que explica con profusión en los dos últimos capítulos de *Sistema, grupo y poder* (Martín-Baró, 1989). En este mismo volumen tendremos oportunidad de asistir a la misma acerada crítica al individualismo, consecuencia lógica de la perspectiva socio-histórica en la que se instala toda su Psicología social (ver nota 6 de esta Introducción), y de manera más concreta esa «Historia psico-social de la violencia» (éste es el título de uno de los epígrafes del primer capítulo) cuyos efectos acaban por adentrarse en la salud mental (ver especialmente los epígrafes «El trauma psico-social» y «Salud mental» de los capítulos 6 y 7 respectivamente).

ficado» de la acción humana se llega a considerar como cuestión de escasa relevancia teórica, primero, desde el punto de vista del conductismo y de su negación a estudiar todo lo que no fuera observable, y después desde la óptica del cognitivismo, más centrado en descubrir los mecanismos formales y los sesgos que subyacen a la interpretación del mundo y de uno mismo que en conocer los propios contenidos de los procesos cognoscitivos y afectivos (sobre este tipo de críticas puede verse Hendrick, 1977; Gergen, 1976; Taylor, 1981; Harré, 1982; Moscovici, 1988; Stroebe y Kruglanski, 1989; Bruner, 1991)[17].

Como tendremos oportunidad de ver a lo largo de este libro, concretamente la crítica de Martín-Baró al reduccionismo psicologicista mantiene toda su vigencia (ver de manera especial el primer capítulo «Violencia y agresión social», y lo concerniente a la salud mental y el trauma psicosocial que dominan los dos últimos capítulos), al menos visto el cariz que toman las explicaciones de los comportamientos agresivos que se dan en la última edición del *Handbook of Social Psychology* (Geen, 1998), auténtica Biblia de la perspectiva hegemónica en Psicología social, disciplina en su corriente dominante. Así, dicho esquema explicativo de la agresión (ver Figura 1) toma como punto de partida una hipotética situación de conflicto interpersonal cuyas consecuencias a nivel afectivo se verán mediadas por una diversidad de factores de tipo psicológico, cuya activación, combinación y magnitud acabará determinando finalmente una respuesta conductual definible en términos de agresión o, por el contrario, de huida. Como podrá advertir todo buen conocedor de la Psicología social, aún se aprecia aquí el influjo de la vieja hipótesis de la frustración-agresión formulada por Dollard y sus colaboradores de Yale (Dollard *et al.*, 1939) y reformulada treinta años después por Leonard Berkowitz (1965), y a la que no obstante, y más allá de sus fuentes de inspiración teórica, lo que conviene retener aquí de ese esquema explicativo es su reincidencia en el mencionado sesgo del reduccionismo psicologicista al otorgar prioridad a las explicaciones

17. Como explica en *Acción e ideología*, «la causalidad en cuanto determinación de algo no puede entenderse en el mismo sentido cuando se trata de los fenómenos naturales estudiados por las ciencias físico-químicas que cuando se trata de procesos humanos. En la práctica, el esfuerzo por limitar la comprensión psicológica de una conducta a la definición de su causa (eficiente, en sentido aristotélico), obliga a eliminar la interioridad de ese comportamiento, es decir, la eventual intención subjetiva de la persona así como el significado particular que un comportamiento pueda tener en una determinada situación para cada sujeto» (Martín-Baró, 1983, 47).

de la agresión basadas en elementos de orden subjetivo (básicamente afectivos, pero también cognitivos) y al análisis de conductas individuales.

Cuadro 1. EL PROCESO DE LA AGRESIÓN EN PSICOLOGÍA SOCIAL

```
┌──────────────────────────────────────────────────────────────────┐
│  ┌──────────────┐      ┌──────────┐            ┌──────────┐        │
│  │ CONFLICTO    │─────▶│ AFECTO   │───────┐    │ HUIDA    │        │
│  │ (interpersonal)      │ NEGATIVO │◀──┐   ╳───▶└──────────┘        │
│  └──────────────┘      └──────────┘   │   │    AGRESIÓN            │
│                             │          │   └───▶                   │
│  ┌─────────────────────────┼─────────┐                            │
│  │ • Aprendizaje                     │                            │
│  │ • Personalidad                    │                            │
│  │ • Género                          │                            │
│  │ • Hábitos y sesgos cognitivos habituales │                     │
│  │ • Normas y creencias socioculturales     │                     │
│  └──────────────────────────────────┘                            │
└──────────────────────────────────────────────────────────────────┘
```

A diferencia de este modo de aproximación al fenómeno de la violencia, los análisis realizados por Martín-Baró parten de la convicción de que reducir a argumentos de emoción, personalidad o aprendizaje la explicación de acontecimientos tales como una represión militar masiva sobre ciudadanos civiles o el inicio de una guerra civil, equivale a ocultar su dependencia, seguramente determinante, de factores de índole socio-política. Este punto de vista no es novedoso ni original. De un lado, y como analizaremos más adelante, Martín-Baró coincide aquí con la tesis planteada al menos desde mediados del siglo XX por la Sociología del conflicto (ver Ross, 1998) y también por los estudios pacifistas o irenológicos, en buena medida basados en aquella disciplina (ver Moreno, 1991; Fisas, 1998). Pero, sobre todo, hay que considerar una vez más la influencia que la corriente teológica liberacionista ejerció con toda seguridad sobre la interpretación que Martín-Baró dio al problema de la violencia en El Salvador. Por poner un solo ejemplo, recordemos las conclusiones que sobre dicho tema fueron extraídas de la Conferencia General del Episcopado Latinoamericano celebrada en el lejano año 1968 en Medellín:

30

Si el cristiano cree en la fecundidad de la paz para llegar a la justicia, cree también que la justicia es una condición ineludible para la
paz. No deja de ver que América Latina se encuentra, en muchas
partes, en una situación de injusticia que puede llamarse de violencia institucionalizada cuando, por defecto de las estructuras de la
empresa industrial y agrícola, de la economía nacional e internacional, de la vida cultural y política, «poblaciones enteras, faltas de lo
necesario, viven en una tal dependencia que les impide toda inicia-
tiva y responsabilidad, lo mismo que toda posibilidad de promoción
cultural y política»[18], violándose así derechos fundamentales [...].
No debe, pues, extrañarnos que nazca en América Latina la «tentación de la violencia». No hay que abusar de la paciencia de un pueblo que soporta durante años una condición que difícilmente acepta-
rían quienes tienen una mayor conciencia de los derechos humanos
(CELAM, 1977, 37-38).

Volvamos al trabajo del propio Martín-Baró. Las notas características de su aproximación al problema de la violencia contradicen
en buena medida los mismos supuestos que, según su propia lectura
de la Psicología social hegemónica, han caracterizado a la mayoría
de los estudios sobre agresión. Como acabamos de ver, Martín-Baró
se interesó sobre todo por aquellas formas de violencia cuyo origen
habría que buscarlo en conflictos de carácter intergrupal. Además,
nuestro autor rechazó abiertamente toda explicación de los comportamientos agresivos que pudiera reducirse a algún automatismo
de índole psicológica, ambiental u orgánica. Antes bien, el influjo de
variables estructurales y de sentido se vuelve cuestión fundamental
en sus análisis sobre la violencia, según fue igualmente característico de una perspectiva psico-social que con frecuencia concedió una
importancia muy superior a los condicionamientos macrosociales de
la acción que a posibles determinaciones psicológico-individuales:
«la guerra civil que asola a El Salvador hunde sus raíces en una historia de opresión secular, verdadera matriz de la violencia», senten-
cia al comienzo del capítulo primero, donde deja sentadas las bases
socio-históricas de la violencia.

En parte como consecuencia de la propia circunstancia salvadoreña y en parte por influencia de aquellas tradiciones intelectuales
con las que se identificó más plenamente, Martín-Baró optó por una
teoría social de corte marxiano como marco general de interpreta-

---

18. La cita entrecomillada e incluida en este texto de Medellín corresponde a la
encíclica *Populorum progressio,* del papa Pablo VI, n.º 30.

ción del contexto sociopolítico de la violencia en El Salvador[19]. Según explicó él mismo en *Sistema, grupo y poder* (Martín-Baró, 1989), la conflictiva realidad salvadoreña no podría ser comprendida adecuadamente desde una perspectiva teórica que convertía el conflicto en un hecho excepcional e infrecuente, tal y como, en su opinión, venía haciendo la Sociología funcionalista norteamericana durante décadas. Por el contrario, la tradición conflictivista en Sociología (donde evidentemente se incluye el propio enfoque marxiano) aportaba un marco de referencia teórico mucho más útil para estudiar el problema de la violencia política en El Salvador. Por poner un solo ejemplo de las ventajas de la perspectiva conflictivista, Ralf Dahrendorf (1974) planteó hace ya varias décadas la posibilidad de ubicar a cada sociedad (en un momento histórico determinado) entre los dos extremos de un continuo que designara su nivel de conflictividad según un criterio objetivo que coincidiese con la cantidad de recursos institucionales disponibles para la regulación social y política de los posibles conflictos. Asimismo, según Dahrendorf, los extremos de ese continuo coincidirían con el debate democrático, de un lado (nivel de mínima intensidad del conflicto), y la guerra civil de otro (nivel de máxima intensidad del conflicto). La represión ejercida de manera tradicional en El Salvador por el Estado y por fuerzas militares y paramilitares sobre cualquier atisbo de disidencia política y el profundo desprecio de su clase dirigente por los principios y las formas democráticas son pruebas irrefutables de la extrema conflictividad de la realidad social salvadoreña y de los escasos recursos con los que sus ciudadanos contaron para tratar de gestionar de manera pacífica y civilizada tales conflictos. Pues bien, la interpretación que Martín-Baró nos ofrece en sus textos sobre la violenta historia política salvadoreña corrobora las indicaciones de Dahrendorf, aunque evidentemente nuestro autor las presente bajo la óptica de la «lucha de clases», a la que dedicará una especial atención a lo largo de todo este volumen (ver sobre todo el epígrafe «El contexto social: la lucha de clases» en el primer capítulo). La guerra civil se entiende entonces como una consecuencia natural de la evolución política de un país enormemente polarizado y de la frustración acumulada a lo largo de todo un siglo de gobiernos autoritarios, corruptos e incapaces de satisfacer las necesidades básicas y las aspiraciones políticas de la mayoría de sus ciudadanos. O dicho con palabras del propio Martín-Baró:

---

19. Sobre las relaciones entre la Teología y la Filosofía de la liberación y la Sociología marxiana puede verse Dussel (1998).

El pueblo salvadoreño ha estado sometido a un estado de opresión estructural que lo ha mantenido en una situación inhumana de supervivencia. Cuantas veces el pueblo ha intentado superar esta situación, la violencia implícita en el estado de opresión y que mataba lentamente de hambre y miseria, se ha explicitado en violencia abierta, matando con la espada o el fusil. La opresión estructural ha podido mantenerse así a causa de una dosis adicional de represión violenta, represión agudizada en las últimas décadas (Martín-Baró, 1981, 142).

Ciertamente, algunas de las teorías clásicas sobre la agresión, y aun sobre la base de una concepción reactiva de la violencia, trataron de aportar su propio granito de arena a la interpretación de situaciones sociales como la que Martín-Baró describe en sus textos; ahí están los casos de la célebre hipótesis de la frustración-agresión (ver el capítulo 1) o la de las teorías sobre la personalidad agresiva o autoritaria. Sin embargo, y sin restar ningún mérito a estas teorías, parece innegable que el tipo de fenómenos violentos que preocupaban a Martín-Baró no constituían meras reacciones de un pueblo frustrado o simples manifestaciones de la personalidad autoritaria de sus gobernantes, por mucho que la frustración y la cultura política autoritaria fueran, en efecto, destacados ingredientes de la realidad social salvadoreña[20]. Este tipo de objeciones parecen especialmente acertadas para una crítica de ciertas propuestas de interpretación sociológica sobre el problema de la violencia subversiva. Como ha señalado Michel Wieviorka (1988), una de las ideas más antiguas y reiteradas en toda la tradición sociológica implica una asociación de la violencia con aquellas situaciones sociales e históricas que pudieran identificarse como coyunturas de «crisis», «anomia» o «exclusión». Tal asociación puede reconocerse en los estudios que Talcott

---

20. En un sentido muy parecido habría que pensar sobre las posibles explicaciones acerca del final de la guerra y argumentar en contra de las simplificaciones en las que con frecuencia incurrimos como científicos sociales. Tampoco podríamos afirmar seriamente que el cese de la violencia que trajo el fin negociado de la guerra civil fuera producto de un cambio en la estructura de personalidad de la élite del poder, sino consecuencia de las presiones internacionales y la convicción adquirida por parte del gobierno y de su aliado norteamericano sobre el equilibrio de fuerzas existente entre ambos bandos que haría imposible la «solución militar», tal y como han demostrado los estudiosos del conflicto y del proceso de transición salvadoreños (puede verse un buen resumen de ello en Montobbio, 1999). La firma de los acuerdos de paz no supuso un freno a la espiral de violencia; casi todo lo contrario, a juzgar por los abundantes datos de que se dispone (ECA, 1997; Cruz y Portillo, 1998; IUDOP, 1999; Cruz, Trigueros y González, 2000).

Parsons (1954) dedicó a la situación de frustración colectiva que afectó a los habitantes de la Alemania prenazi, en la personal versión que Robert Merton (1968) hizo de la hipótesis de la frustración-agresión aplicándola a su propio concepto de «desviación social», o en algunos trabajos con los que Lewis Coser (1961) trató de ilustrar su teoría del conflicto social[21]. En opinión de Wierviorka, sin embargo, no existe evidencia suficiente sobre el supuesto nexo causal entre crisis social y violencia organizada, al menos en un sentido mecánico e inmediato, lo que restringe drásticamente el valor predictivo de las teorías que han planteado tal vínculo[22]. La propia historia demuestra que la apatía, la desmovilización, la reintegración a los grupos primarios o el repliegue sobre sí mismos son respuestas tan

21. Concretamente, Merton atribuiría la desviación social (y la violencia que ella conlleva) a la ausencia de una movilidad suficiente por parte de ciertos grupos sociales o segmentos de la población, o por la negación a sus miembros de ciertos fines y valores que ellos mismos consideraran como legítimos. Por su parte, Coser explicó la violencia colectiva como el resultado del mal funcionamiento de las instituciones y la democracia, y de la inexistencia o el estrechamiento de las vías de comunicación política necesarias para que todos los grupos sociales pudieran expresar sus propias demandas y hacerlas públicas para el resto de la ciudadanía.
22. De todas formas, este problema no afecta de manera exclusiva a las explicaciones de la violencia política sino a la insuficiente validez predictiva de las ciencias sociales en general (ver Lamo de Espinosa, 1998). Como apunta John Elster: «Las ciencias sociales pueden aislar tendencias, propensiones y mecanismos y demostrar que tienen consecuencias para la conducta que a menudo son sorprendentes y contrarias a la intuición. Lo que menos frecuentemente son capaces de hacer es expresar las condiciones necesarias y suficientes en las cuales se ponen en funcionamiento los diversos mecanismos» (Elster, 1990, 19). O dicho en otros términos, parece comprobado que la explicación de los fenómenos humanos mediante leyes generales que se cumplen sin excepción resulta enormemente complicada cuando no imposible en la mayoría de los casos. Más que de leyes generales podemos hablar de regularidades (cuyo origen puede ser histórico-cultural, por tanto, regularidades no universales, rectificables, etc.) o, como también apunta Elster, de «mecanismos causales». Esta posición coincidiría en lo esencial con la del propio Martín-Baró, siempre preocupado, por lo demás, de advertir la enorme relevancia de las dimensiones de significado. Según puede leerse en Acción e ideología, «la predicción se basará, precisamente, en el conocimiento de la causa de una conducta, en el supuesto adicional de que, puesta la causa, tendrá lugar la conducta. Pero si esa causa encontrada es sólo un antecedente más, ya que se ignora un elemento esencial en la determinación de la acción humana, como es el sentido y la intencionalidad, la predicción no pasará de ser un ejercicio probabilístico, en muchos casos de valor muy cuestionable» (Martín-Baró, 1983, 47). Y siguiendo la estela de Weber, puntualiza: «En la alternativa de si la Psicología debe buscar explicar o comprender, me inclino por la comprensión y, mejor aún, por la interpretación, a no ser que despojemos al término explicación de la connotación exclusiva de causalidad eficiente, entendida además en sentido unidireccional y casi mecánico» (Martín-Baró, 1998, 333).

características frente a situaciones de crisis como las movilizaciones violentas, o acaso más (Tilly, 1978; Wieviorka, 1988). Recuérdese también aquí la noción de «fatalismo», tan importante en la obra de Martín-Baró (1998).

En definitiva, y para el caso salvadoreño, Martín-Baró entendió que la frustración de sus mayorías populares oprimidas no podría explicar por sí sola la aparición de movimientos revolucionarios o el inicio de la guerra (de hecho, la frustración social preexistió a ambos acontecimientos por muchos años)[23]. A la comprensión de tales acontecimientos habría que aplicar dos de las consideraciones teóricas que Martín-Baró ya había realizado en torno a la violencia, más concretamente aquellas que se referían a sus dimensiones instrumental y simbólica o significada.

Es interesante advertir cómo las dos perspectivas más influyentes en Ciencia Política hacen premisa indiscutible de ese primer rasgo que Martín-Baró destaca en sus análisis sobre la violencia, su instrumentalidad. Si la teoría del contrato social que subyace al funcionalismo afirma la utilidad de la violencia legítima monopolizada por el Estado para apuntalar el orden social establecido, la concepción marxiana, además de reconocer lo anterior, anuncia y prescribe la funcionalidad de una violencia alternativa por parte de los oprimidos que despierten a una auténtica «conciencia de clase». Por tanto, cada una de estas teorías sirve también para legitimar uno de los dos tipos de violencia de los que venimos hablando y para condenar simultáneamente al otro. En tal sentido, la preferencia de Martín-Baró por el punto de vista marxiano no es casual. Su principal referente es el de una sociedad cuya estructura está determinada por una «élite del poder» como la que había descrito el sociólogo Cart Wright Mills (1974), una coalición entre los poderes económico, político y militar que en diversos momentos históricos se decantó hacia posiciones totalitarias, es decir, hacia la eliminación de toda forma de oposición política organizada mediante la aplicación de una política del terror o «terrorismo de estado» (definición ya clásica de «totalitarismo» ofrecida por Hannah Arendt 1998; ver también Dah-

---

23. En este sentido, y puestos a aplicar las teorías psico-sociales sobre la agresión al caso de la guerra civil, la teoría de aprendizaje social de Albert Bandura resultaría mucho más útil (Martín-Baró la recoge en el primer capítulo), al menos para tratar de comprender en qué medida y forma la decisión de los revolucionarios de iniciar la guerra se pudo ver afectada por la coyuntura internacional. Así, ya se ha dicho que la revolución cubana funcionó sin duda como un buen «modelo» de la efectividad de la violencia insurgente.

rendorf, 1974). Resulta evidente, en consecuencia, la ventaja ofrecida por la perspectiva marxiana a la hora de elaborar una interpretación mínimamente apegada a los hechos, frente a otros enfoques, más «actuales» para buena parte de los teóricos sociales de los ochenta, pero incapaces de ilustrar la crueldad de un Estado represor y la «violencia estructural» denunciada, a precio de muerte, por Monseñor Romero y, más tarde por Martín-Baró y los jesuitas de la UCA[24].

Por otra parte, Martín-Baró señalaría en diversas ocasiones que el recurso permanente a la violencia con fines represivos o subversivos podría afectar a la evolución de una sociedad con consecuencias a corto, medio y largo plazo. Sencillamente, un escenario en el que la violencia se convierte en el medio de uso común para solucionar toda clase de conflictos constituye la mejor garantía de que tales pautas agresivas persistirán o llegarán a formar parte de los hábitos más arraigados de una sociedad. La violencia como medio eficaz para el mantenimiento de ese marco social que acaba institucionalizando el desorden (ver epígrafe «La institucionalización de la violencia» del capítulo primero) y poniendo las bases para su reproducción automática (ver nota 13 del capítulo quinto) hasta convertir

24. Lógicamente, Martín-Baró incorpora a sus análisis el mismo tipo de valoraciones positivas de la llamada violencia desde abajo como posible fuente de cambio social o de «liberación» (ver nota 15 del capítulo primero) que fue propio de la perspectiva marxiana y de autores cercanos a ésta, muy populares en la Iberoamérica de los sesenta y los setenta, como Jean Paul Sartre y, sobre todo, el psiquiatra argelino Frantz Fanon (Fanon, 1963; véase un comentario sobre ello en Arendt, 1998, así como el artículo de Fashima, 1989): «La violencia instauradora de la opresión produce la esclavitud y la deshumanización, reificando a unas personas como instrumentos de otras; la violencia liberadora del oprimido busca romper la relación deshumanizadora y, por lo mismo, busca la humanización no sólo de sí mismo, sino también del opresor» (Martín-Baró, 1983, 378). Sobre la base de este tipo de afirmaciones (y de otras contenidas en algunos textos que aquí no vamos a contemplar, como las de unas notas escritas a mano, que los editores de este volumen encontraron en los archivos privados de la UCA con el inequívoco título de *El psicólogo en el proceso revolucionario*, fechado en 1980) cabe suponer una actitud favorable hacia el movimiento guerrillero, que muestra su cara más franca al comienzo del capítulo 4. Posición menos evidente, sin embargo, a medida que el conflicto se prolonga, a juzgar por los propios textos y por el gran esfuerzo desempeñado por Martín-Baró para promocionar la vía de una paz negociada, siguiendo las directrices generales que desde el principio identificaron a la UCA y a su rector Ignacio Ellacuría (sobre esto puede verse Whitfield, 1995; Flores, 1997; De la Corte, 2001a). Michael Walzer ofreció en su momento una vasta reflexión en torno a los dilemas filosóficos, teológicos y politológicos que acompañan los conflictos armados, que ha sido recientemente vertida al castellano (ver Walzer, M. *Guerras justas e injustas. Un razonamiento moral con ejemplos históricos*. Barcelona: Paidós, 2001).

en hábito su manifestación más extrema, la guerra (ver epígrafes «La habituación objetiva a la guerra», y «La interiorización subjetiva de la guerra» del capítulo 6). No debiera sorprendernos entonces el dato de que durante el periodo de posguerra en El Salvador, década de los noventa, se hayan registrado más víctimas mortales producidas por actos violentos de las que se produjeron en los años más aciagos de la guerra. Como bien ha explicado José Miguel Cruz, sucesor de su maestro Martín-Baró en la dirección del Instituto Universitario de la Opinión Pública (IUDOP) de la UCA, una de las peores secuelas de la guerra civil fue la de la cultura de la violencia que le sobrevivió:

> Una de esas huellas constituye la creación de sistemas de valores y normas sociales que legitiman y privilegian el uso de la violencia en cualquier ámbito por sobre otras formas de comportamiento social [...]. Pero sobre todo, la guerra mostró por largo tiempo a los ciudadanos las ventajas del uso de la violencia para lograr los propios objetivos; esto es aplicable no sólo a los combatientes durante la guerra, sino también a buena parte de la población» (Cruz, 1997, 980).

Bien mirado, la habitual conexión de la violencia con alguna estructura de significado sería una derivación natural del principio de instrumentalidad: si la violencia puede ser contemplada como un tipo de acción que persigue ciertos objetivos sociales y políticos, será absolutamente indispensable la introducción de elementos intencionales y de sentido en el análisis de la misma. De nuevo, la aproximación de Martín-Baró se revela como una concreción de su propuesta para una Psicología social que atienda a los problemas de las mayorías populares iberoamericanas y donde las nociones que dan título al primer volumen de su manual, *Acción e ideología*, constituyen dos pilares fundamentales (ver Martín-Baró, 1983, 16-18). En la introducción a este texto, Martín-Baró nos dice en primer lugar que el objeto de estudio de la Psicología social debe ser el de la «acción», esto es «la puesta en ejecución de un sentido», y no cualquier mera concatenación de movimientos. Además, y precisamente en cuanto «social», esta disciplina debe afanarse en «encontrar las referencias concretas entre cada acción y cada sociedad», ya que es el carácter «significado» y «valorado» de toda acción humana el que vincula a la persona que la ejecuta a una sociedad concreta. Vuelve a introducirse el punto de vista marxiano en la perspectiva de Martín-Baró cuando, pocas líneas después, propone el proyecto de una Psicología social que estudie el carácter significado de la acción humana y las raíces y repercusiones sociales del mismo mediante la recuperación del concepto de «ideología»:

> Podemos proponer una definición más significativa de la Psicología social como estudio científico de la acción en cuanto ideológica. Al decir ideológica, estamos expresando la misma idea de influjo o relación interpersonal, de juego de lo personal o lo social; pero estamos afirmando también que la acción es una síntesis de objetividad y subjetividad, de conocimiento y valoración, no necesariamente conscientes, es decir, que la acción está signada por unos contenidos valorados y referidos históricamente a una estructura social (Martín-Baró, 1983, 17).

Cuando Martín-Baró emplea el término «ideología» lo hace para referirse al conjunto de significados compartidos y de convenciones sociales o de sentido común con las que hombres y mujeres construyen sus vidas. Pero el matiz decisivo de esta definición radica en el supuesto, que el propio Martín-Baró hace explícito, de que toda ideología encubre el carácter injusto de las relaciones sociales y económicas vigentes, tal y como ha sido planteado desde una tradición de pensamiento social iniciada por Marx y anticipada por Maquiavelo y Hegel. Hay que advertir que el empleo que Martín-Baró hace del concepto de ideología resulta confuso en algunos de sus textos (ver Montero, 1993; Sloan, 1993; De la Corte, 2001). No obstante, tras una revisión del conjunto de su obra parece indudable que el interés de su autor apunta sobre todo a aquellas creencias y valores que, mediante su arraigo en la cultura, «operativizan y justifican un sistema social explotador y opresivo» (Martín-Baró, 1998, 182) y cuya función alienadora podría resultar desenmascarada por la propia investigación psicosocial[25] (ver Martín-Baró, 1998, 161-202).

25. Como se puede ver, los propios términos con los que Martín-Baró define la investigación exigen al psicólogo social iberoamericano un perfil que no se corresponde completamente ni con la imagen del investigador puro, centrado en solucionar problemas exclusivamente teóricos, ni con el moralista o el activista político. Por el contrario, estudiar la dimensión ideológica de las acciones humanas implica una doble función de análisis y crítica a la que ya hemos aludido al principio de esta Introducción. Tomando sus propias palabras: «Lo que sí puede afirmarse es que la perspectiva popular debe definirse desde dentro, desde una praxis comprometida, pero sin que la implicación suponga una sumisión doctrinaria. El psicólogo social debe mantener una postura crítica frente a los procesos históricos: no se trata de que el psicólogo pase de ser racionalidad de las guardias nacionales a desempeñarse como racionalidad de los guardianes ideológicos, sino que se convierta en guardián de la racionalidad social» (Martín-Baró, 1998, 318).

Al tratar el problema de la violencia, tanto en sus trabajos de carácter más genérico (en los que a pesar de todo nunca pierde de vista la realidad salvadoreña) como en otros estudios muchos más específicos, su dimensión ideológica aparece siempre como un factor insoslayable o, más aún, como la nota característica y original que mejor define la aproximación de Martín-Baró. Usando una terminología actual, lo que esa aproximación pretende destacar es la estrechísima relación que existe entre acción (violenta) y discurso. En cuanto acción propiamente humana, no animal, la violencia busca o va acompañada siempre de una «justificación», lo cual exige, naturalmente, examinarla en cada caso concreto «en el marco de los intereses y valores concretos que caracterizan a cada sociedad o cada grupo social en un momento determinado de su historia», nos dirá en el primer capítulo de este volumen. Por eso puede hablar nuestro autor de un «fondo ideológico» de la violencia que determinará su legitimación, en el caso de que responda a los intereses del poder establecido, o su reprobación, en situación contraria.

EL FONDO IDEOLÓGICO DE LA VIOLENCIA

Hemos dicho que, ante todo, la idea del «fondo ideológico» de los actos violentos trata de resaltar el carácter «significado» de tales actos, así como su estrecha dependencia de ciertas creencias y valores que han adquirido el rango de auténticas convenciones sociales. En este sentido, creemos que los trabajos de este volumen mantienen hoy toda su vigencia teórica. Como entre nosotros ha explicado Concepción Fernández Villanueva (1998), tras el desarrollo de la definición clásica y objetivista de la agresión como «acción intencional de un individuo o grupo con consecuencias dañinas sobre otros», se hizo necesario atender a otro tipo de factores relacionados con el orden simbólico en el que quedan insertas tales acciones y con los procesos psicológicos que forman parte de aquél: su etiquetado como acciones efectivamente «agresivas», su justificación o reprobación o, incluso, su previsión o anticipación. Veamos cuáles son las implicaciones que subyacen a esta otra forma de investigar la violencia y en qué sentido la aproximación de Martín-Baró a dicho objeto de estudio guarda algunas semejanzas con estos nuevos enfoques.

La idea de una «violencia simbólica» que se vincularía a la violencia física y observable, bien como un ingrediente más de ésta, bien como un sustituto suyo, ha recibido dos interpretaciones alternativas, aunque probablemente complementarias en una definición general de los fenómenos violentos. La primera se concreta en el concepto de la «cultura» o «subculturas de la violencia»[26]; culturas que en determinados contextos sociales e históricos parecen servir al sostenimiento de determinadas creencias y prescripciones sobre la aceptabilidad o incluso la deseabilidad social de ciertas formas de agresión (ver Wolfgang y Ferracuti, 1982; Archer y Gartner, 1984; Geen, 1998; Moreno, 1999; y para el caso de El Salvador, ECA, 1997). En este punto, por ejemplo, los análisis realizados por Martín-Baró sobre la discriminación de la mujer en El Salvador (ver Martín-Baró, 1987b; Martín-Baró 1998; De la Corte, 2001a) se

---

26. La revista *Estudios Centroamericanos* dedica en 1997 un número monográfico a la cultura de violencia, que justifica en los siguientes términos: «La violencia no es algo desconocido en El Salvador. El último siglo de su historia se caracteriza, justamente, por un nivel de violencia elevado, cuyos antecedentes se encuentran en las luchas campesinas de finales del siglo XIX para evitar la privatización de las tierras comunales y ejidales de los pueblos [...]. Del campo, la violencia pasó a la ciudad en la década de los cuarenta y, desde entonces, las estructuras sociales del país se volvieron violentas en extremo» (ECA, 1997, 938). Una estructura social aliada precisamente con uno de los procesos que más perturbación puede acarrearle: ese será probablemente el secreto a desvelar a lo largo de estas páginas. La llave para abrirlo se sitúa en desenmascarar las estructuras de significado que se ocultan tras esa «historia secular de opresión»: valores y normas sociales que privilegian un comportamiento sobre otro (el valor instrumental de la violencia: ver epígrafe «Constitutivos de la violencia» en el capítulo 1). Será una de las líneas argumentales de todo este volumen: una violencia infiltrada en las mismísimas arterias del orden social que, como tal, ha pasado a incorporarse a los procesos de aprendizaje (ver epígrafe «El uso institucional de la violencia represiva» del capítulo 5), de suerte, nos dirá en las primeras páginas del capítulo 6, que «mentalmente, el desarrollarse en un contexto de guerra, lleva a aceptar como evidente la legitimidad de la violencia», y «pone al niño en el dilema de construir una identidad interiorizando la violencia, la mentira institucionalizada y el tipo de relaciones sociales deshumanizadoras», escribe en el epígrafe «Tres dilemas existenciales del niño frente a la guerra». El paso de los años no parece que haya restado fuerza al empuje de esa cultura. Veamos algunos datos: el 58,2% de las personas encuestadas están parcial o totalmente de acuerdo con la pena de muerte; el 80% de ellos han experimentado castigos físicos durante su infancia; el 30,6% se confiesa, por su parte, actores de castigos físicos con los niños; el 59,1% estaría «algo» o «muy de acuerdo» con el derecho a acabar con la vida de alguien para defender a la familia y el patrimonio; el 40,6% aprobaría que una persona matase a quien hubiera violado a su hija; el 55,2% entendería que una persona hiriera seriamente a otra que le ha quitado su pareja; el 26,7% acepta el derecho de la policía a detener a alguien por su aspecto físico; el 16% estaría «algo» o «muy de acuerdo» con la aplicación de la tortura a un sospechoso; el 15% aprobaría la eliminación de gente indeseable; el 4,7% considera que el hombre tiene derecho a abofetear a su esposa en ciertas circunstancias, y un 6,3% considera que ese es también el derecho de la mujer. Un panorama poco halagüeño, en suma (IUDOP, 1999).

adelantaron a los más recientes estudios realizados en este campo (ver Sarasúa y otros, 1994; Moreno, 1999) al mostrar la enorme incidencia de la cultura machista salvadoreña sobre los frecuentes episodios de abuso y maltrato físico de los que han sido y siguen siendo víctimas las mujeres salvadoreñas[27].

La expresión «violencia simbólica» también tiene algún parecido o relación con otras nociones psicosociales como la de «clima», frecuentemente empleada (con el adjetivo «violento») para describir y explicar ciertas situaciones sociales donde la agresión constituye una posibilidad que no suele materializarse pero que, sin embargo, acaba determinando las interacciones de las personas que las protagonizan. Por ejemplo, Fernández Villanueva ha establecido una distinción analítica entre las nociones de agresión y violencia. Tal distinción reserva la aplicación del primer término a los actos violentos efectiva e intencionalmente consumados, mientras emplea la palabra «violencia» para referirse de manera específica a «aquel estado de relaciones sociales que para su mantenimiento o alteración precisa de una amenaza latente o explícita» (Fernández Villanueva, 1998, 46). Por razones históricas evidentes, el uso de la amenaza y sus efectos han sido temas de análisis en diversas investigaciones sobre violencia política en Iberoamérica, incluidas las de Martín-Baró. El terrorismo político, por ejemplo, implica un uso calculado y eficaz de las amenazas, y no sólo de la violencia manifiesta (ver Reinares, 1998; De la Corte, 2001c; De la Corte, Sabucedo y Moreno, 2003). Aunque esta afirmación vale para toda clase de terrorismo, en el caso de la historia política iberoamericana del siglo pasado la efectividad infame de la amenaza ha sido puesta de manifiesto sobre todo en los numerosos casos de terrorismo de Estado, ejercidos por fuerzas militares o paramilitares. Así nos lo explican dos colegas chilenas que estudiaron bien de cerca estas cuestiones:

Las guerras, las dictaduras o determinadas situaciones de crisis generalizada del sistema político, implican que la sociedad pueda ser ca-

---

27. Los datos disponibles sobre la violencia contra la mujer salvadoreña siguen siendo alarmantes. Así, por ejemplo, en un estudio realizado en 1997 con una muestra representativa, el 52,4% de las mujeres encuestadas reconocían haber sido víctimas de una o más agresiones físicas durante el último año (ver Moreno, 1999). Por otra parte, en el periodo que corre desde julio de 1999 hasta diciembre de 2000, los Tribunales de Familia de El Salvador atendieron 3.485 casos de maltrato físico a mujeres, a los que habría que añadir 514 casos de agresión sexual (De Escobar, Acosta y Pocasangre, 2001). Martín-Baró le prestó una atención especial a este tema (ver nota 10 del capítulo primero de *Psicología de al liberación*).

racterizada desde una perspectiva psicosocial por el predominio de la amenaza política y del miedo en las relaciones sociales concretas [...]. La historia de este periodo [la dictadura de Pinochet] señala de qué manera las violaciones a los derechos humanos se constituyeron en una modalidad constante de amenaza, que mantuvo a la mayoría de los chilenos sometidos al terror (Lira y Castillo, 1991, 66 y 137).

Pese a su enorme importancia, la vieja definición positivista de la violencia (violencia como agresión física, es decir, reducida a lo observable) dejaba fuera la cuestión del clima de violencia característico de la vida centroamericana, un tipo de violencia que no se manifiesta necesariamente con sangre y destrucción, pero de cuya realidad efectiva nadie puede dudar. La observación de las evoluciones del conflicto bélico en El Salvador darían a Martín-Baró la oportunidad de reconocer algunos de los elementos que ayudan a crear un auténtico clima de violencia en el escenario social de cualquier guerra civil. Quizá, el factor principal para ello sea la «polarización social», al que dedica la primera parte del capítulo segundo de este volumen, y sobre el que vuelve en sendos epígrafes en los capítulos 3 y 7. Es decir, la división de una sociedad en dos grupos bien diferenciados que se corresponden con los partidarios de cada uno de los bandos enfrentados. De hecho, sin un ambiente despolarizado la guerra se hace imposible; de ahí la necesidad de recurrir a la propaganda, la guerra psicológica, cuando en cierto momento la mayoría de los ciudadanos parecían haberse cansado de la guerra misma, como argumentaría Martín-Baró. La polarización social suele ir asociada a la aparición de la otra condición psicológica imprescindible para que una guerra tenga lugar: «la imagen del enemigo», vástago natural de la polarización (ver capítulo segundo). En definición de nuestro autor, el del enemigo constituye el «estereotipo por excelencia (que) sirve para encarnar la causa de todos los males y para justificar aquellas acciones en su contra que de otro modo resultarían ética y políticamente inaceptables». Tal estereotipo puede trasladarse incluso, y con especial facilidad, a la mente infantil (ver a este respecto el epígrafe «La asimilación de esquemas estereotipados» del capítulo «Guerra y trauma en la niñez»[28]).

Parece evidente que las anteriores dimensiones simbólicas de la violencia fueron incluidas en los análisis de Martín-Baró sobre el con-

---

28. Sobre la asimilación infantil de esta imagen del enemigo, intuida por Martín-Baró, puede verse el trabajo de investigación llevado a cabo por Florentino Moreno en el contexto centroamericano (Moreno, 1991).

flicto salvadoreño. Ahora bien, hemos dicho que la principal razón por la que habla de un «fondo ideológico» de los actos violentos ha de buscarse atendiendo al momento mismo de su justificación. Justificar la violencia significa para Martín-Baró recurrir a la ideología, por ejemplo, en el sentido en el que el gobierno salvadoreño apelaba a la doctrina *made in USA* de la seguridad nacional y a la necesaria «lucha contra el comunismo» para dar razón de su oposición al FMLN o, en el sentido en que la misma guerrilla planteaba como ideal la revolución marxista-leninista al estilo cubano (posición ideológica ésta mucho menos atendida, por cierto, en los trabajos de Martín-Baró). Lo que nos conduce directamente a la segunda implicación importante de la incorporación del concepto de «fondo ideológico» al análisis de la violencia.

Ante todo, debe advertirse que Martín-Baró fue consciente de que la ideología constituye algo más que un sistema de valores y creencias cuyos contenidos permanezcan inalterables a lo largo del tiempo. Una parte importante de esos contenidos son puestos en cuestión en la interacción cotidiana de las personas entre sí y con el mundo. La historia misma nos revela que hay múltiples ocasiones en las que la ideología que, a duras penas sostiene un determinado sistema social, es más una cosmovisión que se pretende imponer a los ciudadanos que una representación verdaderamente internalizada o, acaso, una representación anteriormente aceptada que ha dejado de serlo o que corre peligro de desintegrarse. Los trabajos de Martín-Baró sugieren que algo parecido debió suceder en El Salvador como consecuencia del avance de la propia guerra civil, durante la cual se impuso el cambio de estrategia que él mismo definió como el paso de la guerra sucia a la guerra psicológica (ver capítulo 3). Puesto que la política del terror propia de la guerra sucia no es sostenible por mucho tiempo, dadas las reacciones contrarias que ella misma suscita en la opinión pública nacional e internacional, la manipulación de esa misma opinión pública se vuelve prioritaria. En el caso salvadoreño, el propósito fundamental de la guerra psicológica resultó claro: devolver al régimen la ya de por sí escasa legitimidad política que él mismo se había encargado de destruir mediante la campaña de represión masiva iniciada a finales de los setenta y continuada durante los primeros años del conflicto bélico. Ante tal situación, la persuasión de las masas, la «ideologización», se convertía en la única posibilidad que le quedaba a un gobierno empeñado en imponer la solución militar. Los trabajos realizados por Martín-Baró durante los años ochenta servirían para explorar algunas de las principales vías mediante las que la élite del poder trató de fomentar el «clima de mentira institucionalizada» (expresión del autor) y de falsa conciencia que mantuvo en la confusión a la mayoría de la población salvadoreña durante todo el conflicto y que definieron los propios contenidos de esa guerra psicológica[29]. Podría decirse incluso que será en estas investigaciones donde Martín-Baró lograría sacar más partido al viejo y polémico concepto de ideología, integrando perspectivas teóricas tan ricas y contrapuestas como las Antonio Gramsci o el de Karl Manheim.

Así, por ejemplo, Martín-Baró demostró que el estado de la opinión pública salvadoreña en los años ochenta constituyó un ejemplo irrepetible de cómo las nociones de sentido común siguen siendo empleadas en muchos casos para cumplir las dos funciones que Manheim (1973) había atribuido mucho tiempo atrás a la ideología: mistificación de la realidad social y justificación de acciones ilegítimas. Para el ilustre sociólogo alemán, la ideología constituiría, ante todo, una forma de discurso que podríamos denominar «autoritaria», es decir, impuesta por la élite del poder e internalizada de forma irreflexiva por parte de la masa en beneficio de aquella minoría. Al propugnar una nueva función «desideologizadora» para la Psicología social, Martín-Baró estaba animando a los psicólogos iberoamericanos a imitar su ejemplo en la búsqueda y captura de aquellos elementos irreflexivos arraigados en la cultura establecida con los que también él identificaba la noción de ideología.

Ahora bien, al entrar a analizar el llamado «fondo ideológico» de los actos violentos (y, en general, del resto de acciones moralmente reprobables ejercidas por el gobierno, las fuerzas armadas y la oligarquía) se estaba tocando otra dimensión de los fenómenos ideo-

---

29. Para el XV Congreso Internacional de la Asociación de Estudios Latinoamericanos que se iba a celebrar en la ciudad de Miami, en diciembre de 1989, Martín-Baró ya tenía preparada su ponencia: «Los medios de comunicación masiva y la opinión pública en El Salvador de 1979 a 1989». Tuvo que ser leída como homenaje póstumo, y sería publicada de inmediato en *Estudios Centroamericanos, 493/494,* 1989, 1.081-1.093. Más allá de su amargo sabor a postrimería, el título de esta ponencia no es anecdótico, porque el estudio de la opinión pública constituyó uno de sus argumentos intelectuales (ver De la Corte, 2001a, capítulos 3 y 4). También conviene repasar el capítulo 5 de *Psicología de la liberación,* «El papel desenmascarador de psicólogo», (Martín-Baró, 1998), y la breve Introducción que preside el primer volumen salido del IUDOP (Martín-Baró, 1987a, 1-4), de cuya intrahistoria se da cuenta en la nota 21 del capítulo quinto de *Psicología de la liberación.* Por lo demás, en la nota 8 del capítulo tercero de este mismo volumen hacemos un breve excurso sobre el tema de la propaganda oficial como soporte de la mentira institucionalizada.

lógicos, bien descrita por Gramsci en sus *Cuadernos desde la prisión*. La perspectiva de Gramsci fija su atención en el momento retórico de la ideología, lo que le lleva a definirla, por contraposición a Manheim, como fuente de reflexión o diálogo antes que de irreflexión (ver Billig, 1991). Aún a riesgo de abusar del término, Fernández Villanueva (1998) ha definido la ideología gramsciana como aquel conjunto de reflexiones previamente producidas por la élite intelectual y política que se convierte en tema de reflexión propia por parte de la masa. Nuestra colega advierte sobre el carácter complementario de los procesos retóricos señalados por Gramsci y los elementos autoritarios del fenómeno ideológico que habían sido destacados por Manheim; complementariedad igualmente afirmada por Martín-Baró, como lo demuestra el esfuerzo desarrollado por éste para seguir y analizar con detalle los contenidos y alteraciones propias del discurso dominante y de las «versiones oficiales» difundidas a través de los medios de comunicación afines al poder acerca del conflicto salvadoreño y de sus evoluciones.

En este último punto, y a su manera, el enfoque de Martín-Baró sobre la violencia política y la guerra resulta doblemente actual, tanto por razones intelectuales como históricas. Respecto a las razones históricas, a nadie se le oculta que el control de la información y la influencia sobre la opinión pública constituyen un objetivo estratégico fundamental en todos los enfrentamientos armados que hoy siguen aconteciendo en el mundo, como lo fue en cada uno de los conflictos que tuvieron lugar en la turbulenta región centroamericana durante la década de los ochenta. El predominio de las campañas y técnicas de desinformación acerca de los acontecimientos reales y de las motivaciones y los intereses que mueven a cada uno de los bandos enfrentados constituye un rasgo que va caracterizando cada día más a las guerras de nuestro tiempo. El mismo esfuerzo por ideologizar y controlar las versiones de los hechos (posibilidades brutalmente incrementadas hoy por el avance de las tecnologías de la información) que denuncia Martín-Baró ha resultado igualmente constatado en las campañas de limpieza étnica desarrolladas por los gobiernos de Milosevic en la antigua y la nueva Yugoslavia, en la guerra del golfo o en un tipo de conflicto radicalmente diferente a éstos y más cercano a la realidad salvadoreña como el de Chiapas[30].

---

30. La rebelión indígena de Chiapas nos proporciona, en efecto, un ejemplo especialmente interesante respecto a la influencia de la información sobre la marcha del conflicto y sobre la legitimación de las acciones violentas emprendidas por cada uno

Por otra parte, el recurso a una ideología para justificar la violencia
bélica, represiva o subversiva ejercida por un bando, por un Estado
o por un grupo y/o de reprobar las agresiones del bando, Estado o
grupo enemigo constituye un aspecto insoslayable de toda forma de
violencia colectiva, que, no obstante, resulta hoy más determinante
que ayer dado un sistema de organización de la vida social donde el
apoyo de la opinión pública resulta cada vez más decisivo

Las «razones intelectuales» para avalar la actualidad del «fondo
ideológico» y su relación con los fenómenos de la propaganda y la
retórica de la violencia, responden al parecido de familia que encontramos en la perspectiva de nuestro autor con la de algunos de
los más recientes enfoques psicosociales sobre la violencia igualmente interesados en estas dimensiones del problema. En último término, el creciente interés que han ido despertando los procesos de
etiquetado, justificación y condena de los actos de violencia colectiva nos encara con el problema de la hermenéutica, la cual, y a partir del momento en que se produce lo que Richard Rorty denominó
el «giro lingüístico» de la Filosofía ha venido a configurar algo más
que un problema, dando lugar a uno de los principales marcos meta-
teóricos del pensamiento social de nuestro tiempo (ver Beltrán,
1996) y de la Psicología social en particular (ver Gergen, 1989; Ibáñez, 1990; Ovejero, 1999). El planteamiento de Martín-Baró sobre
el fondo ideológico de la violencia resulta perfectamente articulable
con el punto de vista que la hermenéutica ha introducido en las cien-

de los bandos contendientes. Aunque algunos estudios de colegas mexicanos han descrito con detalle el tipo de manipulaciones informativas que fueron realizadas por
parte del gobierno mexicano a través de los medios de comunicación afines al mismo, existen trabajos igualmente reveladores de la importancia que las propias estrategias informativas aplicadas por el subcomandante Marcos y el EZLN (básicamente
a través de la difusión de sus mensajes en Internet) tuvieron sobre la enorme aceptación que el movimiento zapatista obtuvo en la opinión pública, tanto nacional como
internacional. Mientras buena parte de la prensa mexicana se ocupaba en desacredi-
tar a todas las voces autónomas que se manifestaron a favor de la negociación con los
zapatistas (organismos civiles, ONG, el obispo Samuel Ruiz: ver Rodríguez, 1995),
los mensajes y las informaciones lanzadas a la red por Marcos consiguieron organizar un tejido de grupos de solidaridad internacional que frenaron parcialmente los intentos de una represión militar masiva por parte de las Fuerzas Armadas, como ha ar-
gumentado Manuel Castells (1998). En este caso puede decirse que la batalla de la
información la ganó, contra todos los pronósticos, el bando insurgente. Aún hoy, la
resistencia del EZLN permanece irresuelta y todos los intentos de solución que no
pasen por un fin negociado parecen improbables (sobre el conflicto de Chiapas y todos los datos y reflexiones aquí formuladas puede verse Woldenberg, 1995; Martí-
nez-Torres, 1996; Castells, 1998).

cias sociales y que, según explica el filósofo Gianni Vattimo (1996), se basa ante todo en una concepción del mundo como «conflicto de interpretaciones» que, por otra parte, muestra coincidencias evidentes con la realidad social contemporánea de la multiplicación de las esferas de existencia, cosmovisiones y valores puestas al descubierto por el auge de los sistemas de comunicación[31]. No debe sorprendernos, por tanto, que diversos psicólogos sociales hayan recuperado la misma noción de ideología, atendiendo sobre todo a su relación con la retórica de la violencia (así como también hizo Martín-Baró), para analizar diversos tipos de discursos, tales como el de ciertos movimientos nacionalistas rayanos con el fascismo (Billig, 1978; 1995; Shotter, 1993), el de los grupos neonazis españoles (Fernández Villanueva, 1998) o el de diversas formas de terrorismo de Estado o nacionalista, incluido el de ETA en España (De la Corte, Sabucedo y Blanco, 2001). Sin referencia explícita al concepto de ideología pero en una línea de argumentación semejante pueden verse también los trabajos recogidos en las monografías editadas por David J. Apter (1999) o Daniel Bar-Tal (2000)[32].

31. «Nueva» forma de ver el mundo no tan nueva para quien haya leído a Vico, Dilthey, Weber, Cassirer u Ortega, entre otros muchos defensores de una perspectiva historicista como «lenguaje de las ciencias sociales y humanas» frente a la «física social» de Hobbes y de Comte, ni para quien haya asimilado con paciencia la propia historia de la Psicología social: Psicología de los pueblos alemana, funcionalismo norteamericano de James, Mead y Dewey, fenomenología social de Schütz, perspectiva socio-histórica de Vygotski y compañía, y todas las derivaciones que cada uno de esos autores y escuelas ha fomentado después (ver Blanco, 1988).

32. Nos gustaría advertir que, pese a todo, el interés que Martín-Baró demostró por las cuestiones referentes a los «discursos» jamás llegó a implicar un «fundamentalismo lingüísitico», como parece poder atribuirse a muchos de los trabajos realizados bajo el marco de las nuevas corrientes psico-sociales receptoras de la posición hermenéutica y hoy cercanas en algunos casos al posmodernismo (ver Ibáñez e Íñiguez, 1996, 1997; Gergen, 1996). Ni el lenguaje puede constituir el único objeto de estudio del científico social (ahí está la insistencia de Martín-Baró en los condicionantes objetivos del comportamiento humano, entendidos por él desde la tradición marxiana como imperativos básicamente económicos: la realidad como punto de partida), ni el mundo de los significados resulta únicamente accesible a través de metodologías cualitativas. De hecho, al basar la mayoría de sus investigaciones sobre la ideología en el empleo de metodologías cuantitativas tradicionales (encuestas de opinión pública, cuestionarios, etc.), Martín-Baró llega a poner en entredicho la separación tajante de aquéllas con respecto a la metodología cualitativa, afirmando por el contrario la utilidad de las primeras para acceder al complejo mundo de los significados. ¿Quién puede negar todo matiz cualitativo a los análisis de un cuestionario sobre opiniones o actitudes ante la política de un gobierno o sobre la identificación de ciertos valores como el de la sumisión ciega a una autoridad represora? (Martín-Baró, 1998, 186-199).

LA CUESTIÓN DEL PODER

Otra manera de responder afirmativamente a la pregunta sobre la vigencia de los trabajos incluidos en esta monografía consiste en seguir explorando el enfoque general de su autor sobre los que debieran ser contenidos principales de la investigación y la teorización en Psicología social. Junto a la relevancia que Martín-Baró otorgó a la posible dimensión ideológica de las acciones humanas hay que considerar igualmente el problema del poder, al cual dedicará su segundo volumen para una *Psicología social desde Centroamérica*, significativamente titulado *Sistema, grupo y poder* (Martín-Baró, 1989; ver también Martín-Baró, 1995)[33].

La concepción del poder que manejará Martín-Baró incorpora bastantes argumentos de aquella ilustre tradición intelectual que Paul Ricouer definió hace ya tiempo como «filosofía de la sospecha» en su magnífico estudio sobre la obra conjunta de Marx, Nietzsche y Freud (Ricouer, 1970). Podría decirse incluso que, si los trabajos anteriores a *Sistema, grupo y poder* revelan el gran influjo ejercido sobre Martín-Baró por Marx y Freud, sería precisamente a través de este último libro donde se descubre su deuda con la tradición nietzscheana y su idea de la «voluntad de poder», luego actualizada para el pensamiento social contemporáneo por Michel Foucault (ver Foucault, 1980a, 1980b; Taylor, 1996). Al igual que Foucault, pero sin olvidar tampoco las brillantes aproximaciones de la Psicología social hegemónica a este tema (ver Cartwright, 1959; Ibáñez, 1982), Martín-Baró concibe el fenómeno del poder como hecho psicosocial básico y vertebrador de todas las relaciones humanas al interior de cualquier sistema social, al tiempo que insiste en destacar la propensión natural de quienes ejercen el poder a encubrir su propio empleo. Desde tales supuestos cabe redefinir la relación entre ideología y violencia en el sentido en que, a juicio de Martín-Baró, la ideología y la capacidad coercitiva constituyen las dos caras del poder (en cuanto poder político establecido), es decir, las dos principales estrategias de las que el Estado y la élite gobernante pueden hacer uso para fomentar la conformidad de los ciudadanos con respecto al orden establecido. De este modo, la noción de ideología que Martín-Baró sostiene se asemeja considerablemente a la idea de los «regí-

---

33. Sobre la centralidad de la noción de poder en la obra de Martín-Baró y su complementariedad con el concepto de ideología pueden verse los trabajos de Maritza Montero (1993) y De la Corte (2001a).

menes de verdad» de los que habló Foucault, manifestación y a la vez efecto de la nietzscheana voluntad de poder o dominación social. Por eso, en algún momento Martín-Baró llegará a definir a la ideología como «mediación psíquica del poder» (Martín-Baró, 1989), estrategia espuria habitualmente empleada por los mismos poderes fácticos para determinar la vida de las personas operando, no ya sobre sus propios actos (tal y como ocurre con el ejercicio del poder mediante la violencia física y la represión abierta), sino sobre lo que previamente condiciona las acciones humanas: la conciencia y los esquemas mentales que la configuran y le sirven de orientación[34].

A la vista de estas semejanzas nada casuales entre el punto de vista de Martín-Baró y algunas de las últimas discusiones teóricas suscitadas acerca del poder, tal vez no sea arriesgado afirmar que es precisamente en ese punto donde el pensamiento de nuestro autor resulta más actual, tanto para bien como para mal.

La definición del poder por referencia exclusiva a la capacidad de violencia, de un lado, y a la permanente tendencia a ocultar dicha capacidad mediante la apelación al mundo de los significados, por otro, exigen interpretar cualquier tipo de discurso político en términos de falsedad, de pura y vana retórica y, en definitiva, como una mera estrategia para alimentar la «falsa conciencia» de los ciudadanos con respecto a la injusticia estructural y endémica de las sociedades en las que viven. Pero no olvidemos que la cuestión que debemos discutir aquí es la de si esa perspectiva teórica sobre la realidad social que Martín-Baró organiza en torno a los tres conceptos fundamentales comentados —poder, ideología y violencia— resulta útil o iluminadora para comprender el mundo en el que vivimos. Desgraciadamente, la realidad de ese mundo es demasiado evidente como para que nos atreviésemos a negar la vigencia de ese punto de vista. Aparte las múltiples guerras que se siguen librando en la actualidad, los informes anuales emitidos por Amnistía Internacional revelan que aún abundan los países que no han renunciado a ejercer la violencia

---

34. Y no es inútil recordar que esa idea de lo que Foucault llamó «los efectos de verdad», es decir, de la íntima y hasta cierto punto indiscernible trabazón entre el poder y la verdad, está también presente en las críticas que Martín-Baró prodiga a la Psicología social norteamericana, tildándola de «ideologizada», en clara semejanza con las acusaciones en las que hoy se fatiga o agota la nueva «Psicología social crítica»: la Psicología social hegemónica reproduce el individualismo metodológico y otras tantas asunciones dominantes en la cultura anglosajona, convirtiéndose así en una herramienta de legitimación de determinadas formas de discurso político (ver Domenech e Ibáñez, 1998).

(maltrato, tortura, ejecuciones extrajudiciales, etc.) contra sus ciudadanos cuando éstos son catalogados como individuos políticamente incorrectos. Y junto a los excesos violentos de los Estados quedan pendientes de denuncia las agresiones físicas de las que son responsables los grupos que representan a las otras dos fuentes tradicionales de poder social: las élites ideológicas y económicas que generalmente se relacionan o incluso se confunden con la clase política[35]. Así, parece que la vuelta a las identidades primarias se ha convertido en la causa más generalizada de violencia social y política del fin de siglo, tal y como lo demuestra el auge de los nacionalismos e integrismos que, promovidos por diversas instituciones políticas y religiosas, han venido sirviendo de telón de fondo a los últimos dramas colectivos de estos años (ver Castells, 1998; De la Corte, 2001b). África sigue acumulando hambre y violencia (unión probablemente inevitable: ver Tortosa, 1994), convertida en tierra de tiranos y fanáticos y en paraíso para los traficantes de armas y personas. Y si miramos hacia Iberoamérica, el referente invariable de los trabajos de Martín-Baró, hay que reconocer que los gobiernos dictatoriales o antidemocráticos y las rebeliones armadas significan algo más que un mero recuerdo del pasado. Iberoamérica es, asimismo, el mejor símbolo de la influencia que sobre el conjunto del planeta ejerce otra vieja forma del poder violento, el crimen organizado, en sus diferentes ramificaciones (ONU, 1994; Castells, 1998).

La otra porción de la tesis de Martín-Baró sobre el problema del poder que hace referencia a la funcionalidad explicativa de la noción de «falsa conciencia» o del binomio discurso-poder resulta igualmente sostenible en nuestro tiempo. Si la manifestación del poder

---

35. Para una taxonomía completa, rigurosa y bien documentada sobre las fuentes del poder social, pueden consultarse los trabajos de Cart Wright Mills (1974) y Michael Mann (1995). Las perspectivas de Mann y Mills se asemejan entre sí hasta el punto de venir a constituir la primera la continuación natural de la segunda: Mills habló de tres formas de poder social, político, económico y militar, y señaló la tendencia de aquéllas a converger en una «élite del poder». Sin negar el enfoque general del sociólogo americano, Mann ha incluido con acierto una cuarta dimensión, el poder ideológico, que completaría el marco y que resulta enormemente útil tener presente a la hora de plantearse la influencia ejercida por determinadas fuerzas e instituciones sociales (partidos políticos, instituciones religiosas, medios de comunicación, etc.) sobre determinados episodios de violencia colectiva. La atención dedicada en estos comentarios a las fuentes del poder social que provienen de la capacidad política, ideológica y económica no se explica en todo caso por un menosprecio de la importancia del poder militar, sino por el convencimiento acerca de la propensión de este último para tender lazos con cualquiera de las anteriores formas del poder con el fin de alcanzar sus propios objetivos, según ha argumento igualmente Mann (1995).

como pura fuerza puede caracterizar en gran medida la vida social de los países del Tercer Mundo, la definición de la ideología como «mediación psíquica» del poder establecido conviene, sobre todo, al análisis de las sociedades desarrolladas y democráticas. Una afinidad teórica y conceptual que, de resultar perfecta, permitiría afirmar la vigencia universal y no sólo circunstancial de la concepción del poder como dominación sostenida por autores como Foucault: dominación fundamentalmente violenta en el Tercer Mundo y principalmente ideológica en el primero. Por otra parte, y como ya hemos insinuado páginas atrás, ninguna hipótesis concedería mayor fuerza a la representación de la cultura política establecida como mera ideología que la de un mundo dominado, transformado y escamoteado por la irrupción de la sociedad de la información y por el control casi absoluto impuesto por los poderes fácticos sobre la mente de los ciudadanos a través de los medios de comunicación de masas (puede verse a este respecto Castells, 1998; Echeverría, 1999). Dos brillantes psicólogos sociales de corte más bien clásico como Richard Pratkanis y Elliot Aronson (1998) han bautizado nuestra época como la «era de la propaganda», mientras que un exagerado pero muy intuitivo sociólogo posmoderno, Jean Baudrillard (1984), habla de la transmutación de la realidad en «hiperrealidad», es decir, de la alienación de la vida personal y colectiva a causa del gran simulacro de los medios, ámbito donde los límites entre lo real y lo imaginario tienden a desaparecer. Reticencias que alimentan también los actuales debates sobre la crisis de la democracia (en realidad, una prolongación de la vieja polémica sobre la sociedad de masas, desde Le Bon hasta la Escuela de Fráncfort: ver Garber, 1984; Minc, 1995; Ovejero, 1997; Castells, 1998): la democracia es algo dudoso cuando son realmente los medios de comunicación y no el contacto directo con la realidad o las condiciones materiales de la existencia las que determinan la conciencia social y política de los ciudadanos.

Sin embargo, hay un irracionalismo de fondo subyaciendo a esa hipótesis que diagnostica la incapacidad humana para superar el mundo de las apariencias (apariencias diseñadas por el poder y que configuran los regímenes de verdad de los que vivimos) que, pese a cierta afinidad con la teoría psicosocial de Martín-Baró, se compadece mal con algunos de los postulados teóricos de su enfoque marxiano y se compenetra aún peor con su propia actitud moral y con el ideal de una Psicología de la liberación. No pretendemos contradecirnos con lo anteriormente dicho sobre las fuentes en las que se inspira la perspectiva psicosocial o psicopolítica de Martín-Baró. Llevada a sus últimas consecuencias, una concepción del poder como dominación es una concepción indudablemente irracionalista del mismo en tanto que afirma la inexistencia de base racional alguna para su justificación. Toda forma de discurso político no es sino ideología, en el sentido peyorativo del término, mitificación del poder. Pero ¿resulta igualmente válida, y por tanto universal, esta afirmación en todos los casos? Dicho de otro modo, ¿es la ocultación de los intereses espurios que realmente determinan nuestra vida social el principal o el único objetivo que persiguen los políticos y las instituciones que los amparan? Personalmente nos sentimos tentados a responder a esa pregunta con un rotundo ¡no!, pero no es lugar éste para desarrollar nuestros propios argumentos al respecto sino para determinar en todo caso si esa opinión hubiera sido sostenida por el mismo Martín-Baró.

Como ha indicado Hannah Arendt (1998), existe otra forma de definir el poder político de larga raigambre en la tradición occidental que, contra su interpretación como pura dominación represiva o ideológica, establece una separación tajante y nítida entre el poder sustentado sobre la fuerza y el que más propiamente debiera llamarse «poder político», según Arendt. La identificación de esa otra definición con el tipo de sociedades que llamamos democráticas es evidente, lo cual indica la insuficiencia de la noción foucaltiana del poder. Insuficiencia para percibir la disponibilidad real de formas racionales de justificación del poder político, cuyo origen se encuentra en la propia ciudadanía, según esta otra visión del poder a la que Arendt denomina «republicana». En este mismo sentido, y amparándose en la vieja pero excelente taxonomía weberiana sobre los criterios de legitimidad política (Weber, 1969), José Luis Aranguren (1995) ha distinguido entre dos formas opuestas de justificación del poder político (justificación siempre necesaria ya que no hay régimen capaz de sostenerse a sí mismo mediante el recurso exclusivo y permanente a la violencia), irracional y mitificante una de ellas (por referencia a una supuesta voluntad divina, a la tradición o al carisma del gobernante), racional y desmitificadora la contraria, correspondiente con el tipo de sistema democrático que nunca llegó a existir en El Salvador mientras vivió Martín-Baró[36].

---

36. Visto desde otro ángulo, ésa es la diferencia que separa, según Jürgen Habermas (1989), las críticas a la conciencia moral y política formuladas por Marx y Freud de aquellas otras que plantearon Nietzsche y luego Foucault. Marx y Freud

Pero ¿acaso podemos obviar en esta discusión sobre su concepción del poder político los denodados esfuerzos de Martín-Baró y sus compañeros de la UCA por hacer del corrupto régimen salvadoreño una verdadera democracia? ¿Cómo es que este psicólogo social empeñó su vida en semejante empresa si no creyese en la posibilidad de que llegara a existir un gobierno, un poder legítimo en el país? Pese a sus contradicciones a este respecto, también en su propia obra pueden encontrarse algunas pistas de las que podamos deducir que Martín-Baró no era un irracionalista. La primera nos devolvería obligadamente a sus preocupaciones epistemológicas, su obsesión por «historizar» la Psicología social, por ajustar sus planteamientos e hipótesis teóricas a la comprensión de los fenómenos históricos y relativizando la validez universal de sus teorías, atendiendo siempre a las mencionadas limitaciones ligadas al contexto de descubrimiento de los conocimientos científicos. En este sentido, su teoría sobre el poder social como dominación constituyó más bien una estrategia intelectual para explicar la realidad circundante que una propuesta con pretensiones absolutamente universales.

En segundo lugar, habría que atender al conjunto de la obra de Martín-Baró y, sobre todo, a sus trabajos sobre el fenómeno de la opinión pública[37] (categoría temática que presenta el mayor volumen de publicaciones, muy por encima de problemas tan importantes para el autor como la violencia y la guerra, la religión o el fatalismo; ver De la Corte, 2001d). De un modo muy parecido a como actualmente se plantea el debate sobre el futuro de la democracia, Martín-Baró hizo especial hincapié en la importancia de la opinión pública como posible mecanismo para justificar y controlar racionalmente el poder político; intuición que ha permitido a intelectuales como el francés Alan Minc (1995) anunciar la «democracia de la opinión pública» como el sistema de organización política que

---

pensaron esas críticas sin abandonar las «categorías humanistas de la modernidad» (autonomía / heteronomía, moralidad / legalidad, emancipación / represión) a partir de las cuales resultaba factible mantener una cierta pretensión de objetividad que hiciera posible reconocer la mayor credibilidad de ciertas formas de discurso (incluido el discurso político) sobre otras. ¿Quedó algo de todo esto en ese devoto de Marx que fue Martín-Baró? Resulta plausible pensar que sí; no hay indicio alguno sobre la intención de Martín-Baró de abandonar esas categorías humanistas, tal y como ha sido comentado al principio de esta Introducción al hablar del asunto de la verdad.

37. Sobre el tema de la opinión pública y los medios de comunicación de masas remitimos al lector a las páginas previas en esta Introducción (ver también notas 29 y 30), así como la nota 8 del capítulo tercero.

regirá en las sociedades del siglo XXI (ver también, Pérez Iribarne, 1993)[38]. Resulta indudable que el acierto de predicciones como las de Minc no niega la posibilidad de que las élites del poder político, económico e ideológico sigan actuando como los principales organizadores de la vida social (ya hemos expuesto muchos argumentos razonables que apoyarían esta idea).

Sin embargo, creemos que las virtudes que hoy por hoy presenta la democracia frente a cualquier otro régimen político son más que evidentes y que esa misma idea hubiera sido compartida por el propio Martín-Baró, dados sus desvelos por fomentar la democratización de los países iberoamericanos, propósito abiertamente expresado en algunos de sus textos (ver Martín-Baró, 1998).

La cuestión de la democracia no es independiente del problema de la violencia política. La misma realidad social acaba dando la razón a la vieja idea que define a la violencia política como consecuencia de la debilidad de los mecanismos institucionales y la ausencia de espacios de negociación que una sociedad necesita para solucionar los conflictos que la atenazan (un resumen de las distintas formulaciones al respecto en las ciencias sociales clásicas y contemporáneas puede verse en Dahrendorf, 1970; Wierviorka, 1988; Ibáñez e Íñiguez, 1997). Es en los regímenes totalitarios, dictatoriales o corporativistas (falsas democracias sostenidas por intereses particulares y desgarradas por la corrupción de sus dirigentes), donde siempre existe la posibilidad de transformación de sus sistemas políticos en meros regímenes militares, tal y como pudieron comprobar en sus carnes los ciudadanos salvadoreños, ya antes de que se iniciara la guerra de los ochenta. Por eso, de los 30 países que se han visto afectados en la última década por conflictos armados, la inmensa mayoría carecen de un sistema realmente democrático que tenga en cuenta la opinión pública de todos sus ciudadanos para algo más que para adormecerla o confundirla (ver Manzanares, 1999). Ahí está la trascendencia de los análisis de Martín-Baró sobre la opinión públi-

---

38. No hay que olvidar, en todo caso, que el problema del control racional del poder político, y por tanto la esperanza de que se constituyan formas de gobierno justas e igualitarias no acaba con el establecimiento de una auténtica democracia de la opinión pública como la que pretende Minc y que existen otras múltiples estrategias racionales que rigen en los actuales sistemas democráticos y cuya importancia no debe ser subestimada, tales como las del establecimiento de un Estado de derecho, las políticas de descentralización del poder, la creación de instituciones supranacionales que controlen a los estados, etc. (para una discusión brillante al respecto puede verse Aranguren, 1995; Lukes, 1998; Elster, 1998).

ca y por eso hicieron tanto daño a la falsa democracia salvadoreña.
El propósito de esos estudios era el de acabar con las ocultaciones de
la opinión pública, lo cual significaba hacerla operativa, devolviendo
al pueblo salvadoreño esa pequeña porción de poder que legítima-
mente le correspondía.

Con sus humildes encuestas Martín-Baró nos
legó un inestimable ejemplo de lo que el científico social puede hacer para contribuir a la realización de lo que la filósofa moral Adela
Cortina concibe como una de las grandes tareas políticas que corresponden al siglo XXI en cualquier sociedad del mundo: la potencia-
ción de un espacio público que dote a los ciudadanos de cualquier
régimen del suficiente «poder comunicativo» como para que sea su
propio consentimiento el que procure auténtica legitimidad al poder
político (Cortina, 1998).

Pese a las contradicciones que contienen los dos conceptos que
vertebran su propia perspectiva (ver Montero, 1993), no hay que olvidar que fue la propia realidad política salvadoreña la que obligó a
Martín-Baró a adoptar sendas concepciones críticas y negativas del
poder y de la ideología. Ciertamente, no podemos asegurar que un
análisis suyo sobre la realidad de otros contextos y fenómenos sociales hubiera optado por un enfoque diferente. Sin embargo, su reconocida lucha a favor de una democracia real en El Salvador revela su
convicción en la posibilidad de construir otras formas de organización social no inspiradas en la violencia y el egoísmo, sino en la solidaridad y en la razón. En este sentido, Martín-Baró recuperó el
ilustre y viejo oficio del intelectual, según las dos herramientas con
las que antes lo hemos definido; recuérdese: el análisis y la crítica.

Ambas tareas quedan bien reflejadas en las páginas que llenan este
volumen sobre violencia y guerra. Por lo demás, el mensaje de fondo que subyace a estos textos como un eco rebotando contra la cruda
y lúgubre realidad que rodea a nuestro mundo es claro: la utopía de
un planeta donde los derechos humanos se conviertan en el código
insalvable de todas las acciones humanas no admite ni un minuto de
respiro ni un instante de distracción; como el centinela en su puesto debemos permanecer vigilantes ante las posibles infracciones de
esa nueva ley sagrada cuyo mayor enemigo es la indiferencia disfra-
zada de objetividad.

BIBLIOGRAFÍA

Apter, D. E. (1999). *The legitimazation of violence*. Nueva York: New York University Press.

Archer, D. y Gartner, R. (1984). *Violence and crime in cross-national perspective*. New Haven: Yale University Press.

Aranguren, J. L. (1963/1995). *Ética y política*. En Obras completas, vol. 3. Madrid: Trotta.

Arendt, H. (1960/1998). *Los orígenes del totalitarismo*. Madrid: Taurus.

Arendt, H. (1969/1998). *Crisis de la República*. Madrid: Taurus.

Bandura, A. (1973). *Aggression: A Social Learning Analysis*. Englewood Cliffs, N. J.: Prentice Hall.

Baudrillard, J. (1994). *Cultura y simulacro*. Barcelona: Kairós.

Beltrán, M. (1996). Cinco vías de acceso a la realidad social. En M. García Ferrando, J. Ibáñez y F. Alvira (eds.), *El análisis de la realidad social*. Madrid: Alianza.

Benítez Manaut, R. (1988). La guerra total en El Salvador (efectos del conflicto bélico en la economía y en la población). *CINAS-CRIES, 1-22*.

Berkowitz, L. (1965). The concept of aggressive drive: Some additional considerations. En L. Berkowitz (ed.), *Advances in experimental social psychology, vol. 2*. Nueva York: Academic Press.

Blanco, A. (1988). *Cinco tradiciones en la Psicología social*. Madrid: Morata.

Blanco, A (1998). La coherencia en los compromisos. En I. Martín-Baró, *Psicología de la liberación*. Madrid: Trotta.

Blanco, A. (2001). Hacia una epistemología psico-social latinoamericana: el realismo crítico de Ignacio Martín-Baró. En A. Caniato y E. Tomanik (comp.), *Compromisso social da Psicología*. Porto Alegre: Abrapsosul.

Blanco, A., Fernández-Dols, J. M. y Huici, C. (1985). Introducción. En J. F. Morales, A. Blanco, J. M. Fernández Dols y C. Huici (eds.), *Psicología social aplicada*. Bilbao: Desclée de Brouwer.

Bar-Tal, D. (2000). *Shared beliefs in a society. Social Psychological Analysis*. Londres: Sage.

Billig, M. (1978). *Fascists: a social psychological view of the National Front*. Londres: Academic Press.

Billig, M. (1991). *Ideology and opinions*. Londres: Sage.

Browning, D. (1971). *El Salvador. Lanscape and Society*. Londres: Oxford University Press.

Bruner, J. (1991). *Actos de significado. Más allá de la revolución cognitiva*. Madrid: Alianza.

Cabruja, T. (1998). Psicología social crítica y posmodernidad: implicaciones para las identidades construidas bajo la racionalidad moderna. *Anthropos, 177, 49-58*.

Cartwright, D. (ed.). (1959). *Studies in Social Power*. Ann Arbor, MI.: Institute for Social Research.

Castells, M. (1998). *La era de la información. Economía, sociedad y cultura*. Madrid: Alianza.

CELAM (1977). *Medellín. Los textos de Medellín y el proceso de cambio en América Latina*. San Salvador: UCA Editores.

Cerruti, H. (2000). *Filosofar desde nuestra América. Ensayo problematizador de su modus operandi*. México D.F.: Centro Colaborador y Cifusor de Estudios Latinoamericanos (UNAM).

CPUCA (1984). El exterminio de las masas. Carta a las Iglesias. *Centro Pastoral de la UCA, 69,* 10-12.

Chomsky, N. (1998). El contexto socio-político del asesinato de Ignacio Martín-Baró. En I. Martín-Baró, *Psicología de la liberación*. Madrid: Trotta.

Comisión Kissinger (1984). *Informe de la Comisión Nacional Bipartita sobre Centroamérica*. México: Diana.

Cortina, A. (1998). *Hasta un pueblo de demonios. Ética pública y sociedad*. Madrid: Taurus.

Coser, L. (1961). *Las funciones del conflicto social*. México: FCE.

Cruz, J. M. (1997). Los factores posibilitadores y las expresiones de la violencia en los noventa. *Estudios Centroamericanos, 588,* 977-992.

Cruz, J. M., y Portillo, N. (1998). *Solidaridad y violencia en las pandillas del gran San Salvador. Más allá de la vida loca*. San Salvador: UCA Editores.

Cruz, J. M., Trigueros, A., y González, F. (2000). *El crimen violento en El Salvador. Factores económicos y sociales asociados*. San Salvador: UCA Editores.

Dahrendorf, R. (1970). *Las clases y su conflicto en la sociedad industrial*. Madrid: Rialp.

Dahrendorf, R. (1974). Toward a theory of social conflict. *The Journal of Conflict Resolution, XI,* 170-183.

De Escobar, R. A., Acosta, F. M., y Pocasangre, C. M. (2001). *Violencia en pareja. Análisis explicativo y estrategias de intervención*. Informe de investigación. San Salvador: Universidad Centroamericana «José Simeón Cañas».

De la Corte, L. (2001a). *Memoria de un compromiso. La psicología social de Ignacio Martín-Baró*. Bilbao: Desclée de Brouwer.

De la Corte, L. (2001b). Cultura y convivencia en el siglo XXI. Algunas tendencias inquietantes. *Cuadernos de Cuestiones Internacionales, 74,* 17-28.

De la Corte, L. (2001c). Los resortes del terror. *Cuadernos de Cuestiones Internacionales, 74, 17-28*.

De la Corte, L. (2001d). La Psicología de Ignacio Martín-Baró como Psicología social crítica. Una presentación de su obra. *Revista de Psicología General y Aplicada, 53,* 437-450.

De la Corte, L., Sabucedo, J. M. y Blanco, A. (2001). *Ideología, racionalidad y derechos humanos: una función ética del análisis psicosocial*. Comunicación presentada al VII Congreso Español de Sociología. Salamanca, septiembre de 2001.

De la Corte, L., Sabucedo, J. M. y Moreno, F. (2003). Violencia política II: terrorismo. En L. de la Corte, A. Blanco y J. M. Sabucedo (eds.), *Psicología y derechos humanos*. Barcelona: Icaria-Fundación Cultura de Paz.

Dobles, I. (1986). Psicología social desde Centroamérica: retos y perspectivas. Entrevista con el Dr. Ignacio Martín-Baró. *Revista Costarricense de Psicología, 8/9*, 71-76.

Dobles, I. (1993). El concepto de violencia en el pensamiento psicosocial de Ignacio Martín-Baró. *Comportamiento, 2*, 87-95.

Dollard, J., Doob, L., Miller, N., Mowrer, O. H., y Sears, R. (1939). *Frustration and Agression*. New Haven: Yale University Press.

Domenech, E. e Ibáñez, T. (1998). La Psicología social como crítica. *Anthropos, 177*, 12-22.

Dussel, E. (1998). *Ética de la liberación. En el mundo de la globalización y la exclusión*. Madrid: Trotta.

ECA (1990). Veinticinco años de compromiso universitario con la liberación. *Estudios Centroamericanos, 503*, 705-729.

ECA (1997). La cultura de la violencia en El Salvador. La violencia y su magnitud, sus costos y los factores posibilitadores. *Estudios Centroamericanos, 588* (número monográfico).

Echeverría, J. (1999). *Los señores del aire: Telépolis y el tercer entorno*. Barcelona: Destino.

Ellacuría, I. (1991). Análisis ético-político del proceso de diálogo en El Salvador. *Estudios Centroamericanos, 454/455*, 727-751.

Elster, J. (1990). *Tuercas y tornillos. Una introducción a los conceptos básicos de las ciencias sociales*. Barcelona: Gedisa.

Elster, J. (1998). Régimen de mayorías y derechos individuales, en S. Shute y S. Hurley (eds.), *De los derechos humanos*. Madrid: Trotta.

Fanon, F. (1963). *Los condenados de la tierra*. México: FCE.

Fashima, O. (1989). Frantz Fanon and the tehical justification of anti-colonial violence. *Social Theory and Practice, 15*, 179-212.

Fernández Villanueva, C. (1998). *Jóvenes violentos. Causas psicosociológicas de la violencia en grupo*. Barcelona: Icaria-Antrazyt.

Fisas, V. (1998). *Cultura de paz y gestión de conflictos*. Barcelona: Icaria-Antrazyt.

Foucault, M. (1965/1970). *Nietzsche, Freud, Marx*. Barcelona: Anagrama.

Foucault, M. (1980a). *Historia de la sexualidad. 1. La voluntad de saber*: Madrid: Siglo XXI.

Foucault, M. (1980b). *Power/Knowledge*. Nueva York: Pantheon.

Flores, V. (1997). *El lugar que da verdad. La Filosofía de la realidad histórica de Ignacio Ellacuría*. México: Universidad Iberoamericana.

Garber, D. (1984). *Mass Media in American Politics*. Washington D.C.: CQ Press.

Geen, R. G. (1998). Aggression and antisocial behavior. En D. T. Gilbert, S. Fiske y G. Lindzey (eds.), *The Handbook of Social Psychology*. Nueva York: McGraw Hill (4.ª edición).

Gergen, K. (1973). Social Psychology as History. *Journal of Personality and Social Psychology*, 26, 309-320.

Gergen, K. (1976). Social Psychology. Science and History. *Personality and Social Psychology Bulletin*, 3, 714-718.

Gergen, K. (1994). *Toward the Transformation in Social Knowledge*. Londres: Sage

Gergen, K. (1989). La Psicología posmoderna y la retórica de la realidad. En T. Ibáñez (ed.), *El conocimiento de la realidad social*. Barcelona: Sendai.

Gergen, K. (1996). *Realidades y relaciones. Aproximaciones a la construcción social*. Barcelona: Paidós.

González Camino, F. (1990). *Alta es la noche. Centroamérica ayer, hoy y mañana*. Madrid: Ediciones de Cultura Hispánica.

González Navarro, M. y Delahanty, G. (1995). *Psicología política en el México de hoy*. México: Universidad Autónoma Metropolitana

Habermas, J. (1989). *El discurso filosófico de la modernidad*. Madrid: Taurus.

Hacker, F. (1976). *Cruzados, delincuentes y locos. El terror y el terrorismo en nuestro tiempo*. Nueva York: Norton.

Haig, A. (1984). *Caveat: Realism, Reagan and Foreign policy*. Nueva York: McMillan.

Harré, R. (1982). *El ser social*. Madrid: Alianza.

Hendrick, C. (1977). *Social Psychology as an Experimental Science*. Nueva Jersey: Lawrence Erlbaum.

Ibáñez, T. (1982). *Poder y libertad*. Barcelona: Hora.

Ibáñez. T. (1990). *Aproximaciones a la Psicología social*. Barcelona: Sendai.

Ibáñez. T. (1997). Why a Critical Social Psychology? En T. Ibáñez y L. Íñiguez (eds.), *Critical Social Psychology*. Londres: Sage.

Ibáñez, T. e Íñiguez, L. (1996). Aspectos metodológicos de la Psicología social aplicada. En J. L. Álvaro, A. Garrido y J. R. Torregrosa (eds.), *Psicología social aplicada*. Madrid: McGraw Hill.

Ibáñez. T. (1998). *Critical Social Psychology*. Londres: Sage.

IUDOP (1999). *Normas culturales y actitudes sobre el crimen violento en El Salvador. Estudio ACTIVA*. San Salvador: UCA Editores.

Lamo de Espinosa, E., González García, J. M. y Torres, C. (1994). *Sociología del conocimiento y la ciencia*. Madrid: Alianza.

Lamo de Espinosa, E. (1998). *Sociedades de cultura, sociedades de ciencia*. Oviedo: Nobel.

Lira, E., y Castillo, M.ª I. (1991). *Psicología de la amenaza política y del miedo*. Santiago de Chile: ILAS.

Lukes, S. (1998). Cinco fábulas sobre los derechos humanos, en S. Shute y S. Hurley (eds.), *De los derechos humanos*. Madrid: Trotta.

Manheim, K. (1973). *Ideología y utopía*. Madrid: Aguilar.

Mann, M. (1995). *Las fuentes del poder social*, vols. I y II. Madrid: Alianza.

Manzanares, B. R. (1999). Los otros Balcanes. *Alfa y Omega*, 173, 22-23.

Martín-Baró, I. (1981). Las raíces psico-sociales de la guerra. San Salvador: Universidad Centroamericana «José Simeón Cañas». Manuscrito inédito.

Martín-Baró, I. (1983). *Acción e ideología. Psicología social desde Centroamérica*. San Salvador: UCA Editores.

Martín-Baró, I. (1987a). *Así piensan los salvadoreños urbanos (1986-1987)*. San Salvador: UCA Editores.

Martín-Baró, I. (1987b). ¿Es machista el salvadoreño? *Boletín de Psicología de El Salvador, 24*, 101-22.

Martín-Baró, I. (1989). *Sistema, grupo y poder. Psicología social desde Centroamérica*. San Salvador: UCA Editores.

Martín-Baró, I. (1990). La Psicología política latinoamericana. En G. Pacheco y B. Jiménez (comps.), *Ignacio Martín-Baró (1942-1989). Psicología de la liberación para América Latina*. Guadalajara, Mx.: ITESO.

Martín-Baró, I. (1991). Métodos en Psicología política. En M. Montero (coord.), *Acción y discurso. Problemas de Psicología política en América Latina*. Caracas: Eduven.

Martín-Baró, I. (1995). Procesos psíquicos y poder. En M. Montero (ed.), *Psicología de la acción política*. Barcelona: Paidós.

Martín-Baró, I. (1998). *Psicología de la liberación*. Madrid: Trotta.

Martínez Torres. M. E. (1996). *Networking global civil society: the first informational guerrilla*. Los Ángeles: Berkeley.

Menjivar, R. (1980). *Acumulación originaria y desarrollo del capitalismo en El Salvador*. Costa Rica: EDUCA

Merton, R. K. (1968). *Teoría y estructura sociales*. México: FCE.

Mills, C. W. (1963). *La élite del poder*. México: FCE.

Mills, C. W. (1974). Las fuentes del poder en la sociedad. En A. Etzioni y E. Etzioni (eds.) *Los cambios sociales: fuentes, tipos, consecuencias*. México: FCE.

Minc, A. (1995). *La borrachera democrática: el nuevo poder de la opinión pública*. Madrid: Temas de Hoy.

Montero, M. (1993). La psicología de la liberación de Ignacio Martín-Baró: el impulso práxico y el freno teórico. *Comportamiento, 2*, 61-75.

Montgomery, T. S. (1991). Combatiendo a la guerrilla: Estados Unidos y la estrategia de conflictos de baja intensidad en El Salvador. *Estudios Centroamericanos, 510*, 267-293.

Montobbio, M. (1999). *La metamorfosis de pulgarcito. Transición y proceso de paz en El Salvador*. Barcelona: Icaria/Antrazyt/FLACSO.

Moreno, F. (1991). *Infancia y guerra en Centroamérica*. San José de Costa Rica: FLACSO.

Moreno, F. (1999). La violencia en pareja. *Revista Panamericana de Salud Pública, 5*, 245-258.

Moscovici, S. (1979). Prólogo a *Psicología social y relaciones entre grupos* de W. Doise. Barcelona: Rol.

Moscovici, S. (1988). Notes toward a Description of Social Representations. *European Journal of Social Psychology, 18*, 211-250.

ONU (1993). *De la locura a la esperanza. La guerra de doce años en El Salvador*. San Salvador: Arcoiris.

ONU. Consejo Económico y Social (1994). *Problems and dangers posed by organized transnational crime in the various regions of the world.* Documento de apoyo para la Conferencia Ministerial Mundial sobre Crimen Transnacional Organizado. Nápoles, 21-23 de noviembre.

Ovejero, A. (1997). *El individuo en la masa. Psicología del comportamiento colectivo.* Oviedo: Nobel.

Ovejero, A. (1999). *La nueva Psicología social y la actual posmodernidad. Raíces, constitución y desarrollo histórico.* Oviedo: Servicio de Publicaciones de la Universidad de Oviedo.

Ortega y Gasset, J. (1947). *Historia como sistema.* En Obras completas. Madrid: Revista de Occidente.

Parsons, T. (1954). *Essays in Sociological Theory.* Glencoe: The Free Press.

Parker, I, y Shotter, J. (1990). *Deconstructing Social Psychology.* Londres: Routledge.

Pérez Iribarne, E. (1993). *La opinión pública al poder.* La Paz: Empresa Encuestas y estudios.

Pratkanis, R., y Aronson, E. (1998). *La era de la propaganda.* Barcelona: Paidós.

Reinares, F. (1998). *Terrorismo y contraterrorismo.* Barcelona: Paidós.

Ricouer, P. (1970). *Freud: una interpretación de la cultura.* México: Siglo XXI.

Rodríguez Ajenjo, C. (1995). Psicología de la guerra. En M. González Navarro y G. Delahanty (eds.), *Psicología política en el México de hoy.* México: Universidad Autónoma Metropolitana.

Rodríguez, A. (1990). Representación de ciencia y objetividad en la Psicología social. *Revista Vasca de Psicología, 2,* 5-10.

Rodríguez, A. (1993). La imagen del ser humano en la Psicología social. *Psicothema, 5,* 65-79.

Rosa, H. (1993). *AID y las transformaciones globales en El Salvador. El papel de la asistencia económica de los Estados Unidos desde 1980.* Managua: CRIES.

Ross, M. H. (1998). *La cultura del conflicto: las diferencias interculturales en la práctica de la violencia.* Barcelona: Paidós Ibérica.

Sarasúa, B., Zubizarreta, I., Echeburúa, E. y Corral, P. (1994). Perfil psicológico del maltratador a la mujer en el hogar. En E. Echeburúa (ed.), *Personalidades violentas.* Madrid: Pirámide.

Secord, P. (1989). ¿Cómo resolver la dialéctica actor-sujeto en la investigación psicosocial? En T. Ibáñez (ed.), *El conocimiento de la realidad social.* Barcelona: Sendai.

Shotter, J. (1993). Becoming someone: identity and belonging. En N. Coupland y J. F. Nussbaum (eds.), *Discourse and Lifespan Identity.* Newbury Park: Sage.

Sloan, T. (1993). Desideologización. *Comportamiento, 2,* 77-95.

Sobrino, J. (1990). *Compañeros de Jesús.* Santander: Sal Terrae.

Sobrino, J. (1992). *El principio misericordia.* San Salvador: UCA editores.

Sobrino, J., Martín-Baró, I., y Cardenal, R. (1980). *La voz de los sin voz. La palabra viva de Monseñor Romero.* San Salvador: UCA Editores.

Stroebe, W. y Kruglanski, A. (1989). A Social Psychology at Epistemological Cross Road: An Gergen's Choice. *European Journal of Social Psychology, 19,* 485-489.

Tajfel, H. (1984). *Grupos humanos y categorías sociales.* Barcelona: Herder.

Tamayo-Acosta, J. J. (1991). *Para comprender la teología de la liberación.* Pamplona: Verbo Divino.

Taylor, S. (1981). The interface of Cognitive and Social Posychology. En J. H. Harvey (ed.). *Cognition, Social Behavior and the Environment.* Hillsdale: Erlbaum.

Taylor, C. (1996). *Las fuentes del yo.* Barcelona: Paidós.

Tilly, C. (1978). *From mobilization to revolution.* Reading, MA.: Addison-Wesley.

Tortosa, J. M. (1994). Violencia y pobreza: una relación estrecha. *Papeles de Cuestiones Internacionales, 50,* 31-38.

Toulmin, S. (2001). *Cosmópolis. El trasfondo de la modernidad.* Barcelona: Península.

Vattimo, G. (1996). *Filosofía, política, religión. Más allá del pensamiento débil.* Oviedo: Nobel.

Weber, M. (1969). *Economía y sociedad.* México: FCE.

Wexler, P. (1983). *Critical social pschology.* Boston: Routledge & Kegan Paul.

Whitfield, T. (1995). *Paying the Price. Ignacio Ellacuría and the Murdered Jesuist of El Salvador.* Filadelfia: Temple University Press.

Wieviorka, M. (1988). *El terrorismo. La violencia política en el mundo.* Barcelona: Plaza y Janés/Cambio 16.

Woldenberg, J. (1995). *Violencia y política.* México: Cal y Arena.

Wolfgang, M. E. y Ferracuti, F. (1982). *The subculture of violence: toward and integrated theory in criminology.* Beverly Hills, CA.: Sage.

Wrigth Mills, C. (1974). Las fuentes del poder en la sociedad. En A. Etzioni y E. Etzioni (eds.). *Los cambios sociales: fuentes, tipos, consecuencias.* México: FCE.

I

LAS RAÍCES ESTRUCTURALES DE LA VIOLENCIA

1

VIOLENCIA Y AGRESIÓN SOCIAL[1]

LOS DATOS DE LA VIOLENCIA: EL CASO DE EL SALVADOR

Desde hace ciento cincuenta años, en guerras, acciones policíacas, choques y crímenes, ataques y defensas, una persona dio muerte a otra cada minuto del día y de la noche en el Occidente civilizado. En los últimos cincuenta años, durante los cuales, por término medio, se ha triplicado la esperanza de vida, la pausa entre y una y otra muerte violenta se ha reducido a un tercio, a unos veinte segundos (Hacker, 1973, 19).

Estas cifras, a pesar de ser escalofriantes, ya no llaman la atención de los salvadoreños, que experimentan una situación de continua muerte en su propia existencia. Día tras día, el salvadoreño medio confronta la cercanía de una muerte violenta, ya sea por causa de sus convicciones, ya sea como víctima inocente de una lucha cuyas consecuencias directas o indirectas nadie puede eludir. Pero la guerra civil que desde 1981 asola El Salvador hunde sus raíces en una historia de opresión secular[2], verdadera matriz de la violencia

---

1. Este capítulo corresponde en su integridad al capítulo 8 de *Acción e ideología* (San Salvador: UCA Editores, 1983, 359-420) que lleva el mismo título.
2. En la Introducción ya hemos hecho referencia a sus hitos más importantes (ver epígrafe «El Salvador: la violencia que no cesa») en cuyo transcurso la guerra, como materialización extrema de la violencia, gozará de un protagonismo especialmente sombrío y acabará por constituir una de las seis «trayectorias intelectuales» de nuestro autor (ver capítulo «Violencia y guerra en El Salvador. Dimensiones psicosociales». En L. de la Corte, *Memoria de un compromiso. La Psicología social de Ignacio Martín-Baró*. Bilbao: Desclée de Brouwer, 2001, 123-188). Se trata de una tra-

---

65

que hoy impera en el país. Por ello, un análisis realista de la violencia en El Salvador exige un recordatorio histórico, ya que la continua conculcación de los derechos humanos más fundamentales ha producido una acumulación explosiva de aspiraciones frustradas, de anhelos pisoteados, de reivindicaciones reprimidas.

En 1932 y como secuela de la grave crisis mundial, una rebelión popular, sobre todo de los sectores indígenas salvadoreños, fue ahogada en sangre (Anderson, 1976). Desde entonces, el régimen salvadoreño ha mantenido sus estructuras de dominación apoyándose en un rígido control militar o paramilitar de los movimientos sindicales y populares sin que los proyectos reformistas ensayados por distintos gobernantes hayan alterado en lo fundamental los esquemas de opresión. A comienzos de la década de los setenta se fueron perfilando los términos de un grave conflicto social, al emerger en forma cada vez más organizada las reivindicaciones populares y cerrarse una tras otra todas las vías de solución de que disponía el sistema. Con el golpe de Estado de 1979, el conflicto entró en una fase de formalización y aceleramiento que desembocó a comienzos de 1981 en una verdadera guerra civil (Martín-Baró, 1981a).

La perspectiva histórica es necesaria para encontrar el sentido psicosocial de las diversas formas de violencia. De hecho, la guerra

yectoria fructífera, tanto que nos ha obligado a un minucioso descarte de trabajos que hubieran tenido cabida dentro de este volumen, tales como «La guerra civil en El Salvador» (*Estudios Centroamericanos, 387/388,* 1981, 17-32), «El llamado de la extrema derecha» (*Estudios Centroamericanos, 403/404,* 1982, 453-466), «El terrorismo de Estado norteamericano» (*Estudios Centroamericanos, 433,* 1984, 813-816), «El pueblo salvadoreño ante el diálogo» (*Estudios Centroamericanos, 454/455,* 1986, 755-768), «Votar en El Salvador: Psicología social del desorden político» (*Boletín de la AVEPSO, 10,* 1987, 28-36), «El Salvador 1987» (*Estudios Centroamericanos, 471/472,* 1988, 21-45). A estos artículos cabría añadir tres trabajos inéditos: «El psicólogo en el proceso revolucionario», escrito en 1980, «Las raíces psicosociales de la guerra en El Salvador», probablemente escrito en 1981, y «¿Genocidio en El Salvador?», un trabajo, también inédito, elaborado en algún momento del año 1980. Pero el interés, y quizá también la preocupación, por el tema de la violencia en Martín-Baró se remonta a los años sesenta, cuando en su época de estudiante de Filosofía en la Universidad Javierana de Bogotá da forma a un pequeño trabajo de clase (19 páginas) «Violencia. Trabajo de textos de Aristóteles», que lleva la fecha del 26 de marzo de 1964. Pocos años después, durante su fugaz paso por Eegenhoven donde comenzó sus estudios de Teología, retoma el tópico en un trabajo algo más amplio (63 páginas), «Los cristianos y la violencia», cuyo último apartado lleva un título tan ligado al espíritu de la época como clarificador de la posición de su autor: «¿Es posible una teología de la revolución?», pregunta cuya respuesta desgrana con ayuda de propuestas tan diversas como las de Pablo VI, Martin Luther King, Helder Câmara o Camilo Torres.

es la realidad más totalizadora en la vida actual de El Salvador[3], e incluso las otras muchas formas de violencia que aparecen sólo se pueden entender adecuadamente por referencia al contexto de confrontación bélica. Tres son, en concreto, las principales formas de violencia que se distinguen en la vida social de El Salvador: la violencia delincuencial, la violencia represiva y la misma violencia bélica[4]. Las tres materializan, cada una a su manera, la anomia[5] o pér-

3. Un argumento que irá haciendo acto de presencia a lo largo de este volumen: la incorporación de la violencia bélica al orden social ahonda sus raíces en la historia secular de opresión, y tiene su correlato más sólido en su acendrada eficacia. Desde allí, desbordada, se abre camino para su institucionalización (ver el último epígrafe de este mismo capítulo, «La institucionalización de la violencia», y las reflexiones a este respecto en el epígrafe «Los efectos psicosociales de la guerra del capítulo 6), para actuar como marco de referencia habitual en la vida y en el quehacer de las personas, y sobre todo de los grupos. Un proceso lleno de perversión que acaba por convertir un hecho «anormal» en parte de la cotidianeidad, de suerte «que haya guerra es algo que se asume ya como «natural», y a nadie sorprenden los partes cotidianos de enfrentamientos y emboscadas, de muertos y heridos, de sabotajes y bombardeos. Nos hemos acostumbrado a vivir en guerra; nadie se extraña de que en cualquier esquina de la capital estalle repentinamente una «balacera», y menos aún que, cinco minutos después, la vida vuelva a su normalidad, como si nada hubiera pasado; nadie se alarma por el estallido de una bomba o de disparos cercanos, sino más bien evalúa la distancia a fin de ajustar su programa o itinerario al posible contratiempo; y nadie se rasga ya las vestiduras cuando, periódicamente, aparecen cadáveres tirados en las cunetas de las carreteras o en algún basurero. Es parte de la guerra, la guerra nuestra de cada día» (Martín-Baró, I. Introducción a *Psicología social de la guerra*. San Salvador: UCA Editores, 1990, 15-16). Al comienzo del capítulo 5 retoma este mismo argumento, y en el capítulo 3 de este volumen, en el transcurso del epígrafe «El desbordamiento de la violencia», destaca estos hechos como precipitantes del terror. El enorme poder configurador de la guerra hacia fuera y hacia dentro: ése es, a la postre, el hecho psicosocialmente decisivo (ver capítulo 6).
4. Volveremos a ver esta triple distinción en los capítulos segundo y tercero (epígrafes «El nombre de la violencia» y «Análisis psicosocial de la crisis salvadoreña» respectivamente).
5. Aunque el concepto de anomia no se agota en la pérdida de control social, Martín-Baró sigue la estela de Durkheim en la formulación que posteriormente hiciera Robert Merton (ver capítulo «Estructura social y anomia» en Merton, R. *Teoría y estructura sociales*. México: FCE, 1964, 140-290) para convertirlo en uno de los componentes de la alineación (ver Martín-Baró, I. *Acción e ideología*. Cit.), y en herramienta teórica para la explicación de las diversas modalidades de que se reviste el rechazo al poder social (del inconformismo, de la delincuencia y de la desviación) donde vierte una crítica a Merton muy consonante con el fondo ideológico de la violencia: «Por más atractiva que pueda aparecer en algún momento, esta visión lleva a encubrir las contradicciones que se producen en las clases ricas y dominantes de cada sociedad, negando así el carácter definidor y normativo del poder, en el sentido de que los mismos comportamientos son vistos en un caso como desviación delictiva y punible, mientras en otros se consideran como desviación explicable y excusable, si

dida de control social ocurrida en el país, así como la desintegración de unos esquemas viables de convivencia.

En primer lugar, está la violencia delincuencial. La delincuencia constituye un problema que afecta en diversa manera a toda sociedad. A la luz de las teorías de la delincuencia (Pitch, 1980), cabe esperar que el deterioro económico estimule algunas de sus formas más obvias, como el robo o la prostitución juvenil. No es sorprendente entonces que en El Salvador, donde el desempleo o subempleo (que es un desempleo crónico o disimulado) alcanza tasas superiores al 50% de la población económicamente activa[6], el hambre y la desesperación empujen a muchos hacia la violencia como último recurso para satisfacer sus necesidades básicas. Ahora bien, en un medio donde impera la violencia militar, la confrontación sirve de estímulo y paraguas a la violencia delincuencial. Diversos factores vinculados a la desintegración social contribuyen a la proliferación de la violencia delictiva; la corrupción que invade gran parte de las instituciones, en particular todo el sistema de justicia; la impunidad lograda mediante la connivencia o el compadrazgo político; el abandono por parte de los cuerpos de seguridad de sus funciones cívicas, al dedicar sus esfuerzos a la confrontación político-militar; la oportunidad de amparar el acto delictivo con el nombre de los insurgentes; la facilidad para lograr armas, y finalmente, la frecuencia con que se presentan situaciones propicias a la realización del acto delictivo. El resultado de todos estos y otros factores es que las tasas de robo violento, de asaltos, secuestros y homicidios se han elevado aceleradamente en el contexto de guerra civil en que se encuentra El Salvador.

En segundo lugar, está la violencia de la represión política (ver Recuadro 1). Cuantitativa y cualitativamente constituye la marca que ha estigmatizado a El Salvador en los últimos años, y que lo ha convertido en foco central de crítica de todas las instituciones defensoras de los derechos humanos. Según cálculos conservadores, en el lapso de tres años 24.544 salvadoreños han caído víctimas de la

es que simplemente no se niegan como hechos» (Martín-Baró, I. *Sistema, grupo y poder*. San Salvador: UCA Editores, 1989, 173). Lo más significativo, sin duda, es que de entre los cinco modos de adaptación individual a la estructura social que distingue Merton, Martín-Baró acaba optando de hecho por la «rebelión». Por una rebelión que, en este caso, se hace acompañar de un resentimiento en el que concurren algunos de los elementos que, según Merton, lo caracterizan (ver epígrafe «La elaboración social de la violencia» en este mismo capítulo).

6.   Ver a este respecto la nota 16 del capítulo 6.

represión política[7], lo que significa un promedio de 22 asesinatos por día (ver Cuadro 1). Las víctimas pertenecen a todos los sectores sociales, aunque campesinos y obreros llevan la peor parte. Los hechores son los cuerpos de seguridad (es decir, los cuerpos policiales), fuerzas combinadas del ejército o simplemente bandas paramilitares vinculadas a los mismos cuerpos de seguridad o que operan con su apoyo y connivencia. Resulta interesante subrayar que el clímax de la violencia represiva se da en el primer semestre de 1981, cuando las fuerzas gubernamentales responden a la primera ofensiva militar de los insurgentes con una ola represiva contra los simpatizantes o los simples sospechosos de simpatizar con el movimiento revolucionario.

Cuadro 1. POBLACIÓN CIVIL ASESINADA POR CAUSAS POLÍTICAS EN EL SALVADOR (1980-1982)

	1980	1981	1982
Enero-Junio	3.111	5.287	7.430
Junio-Diciembre	4.297	2.658	1.761

Fuente: CUDI (1981-1982)

7. Todavía reina una cierta opacidad respecto al número de víctimas que dejó tras de sí la guerra civil en El Salvador. El propio Martín-Baró habla de unas 65.000 a final de 1988 (ver epígrafe «Centroamérica, encrucijada de la violencia» del capítulo 2). José Miguel Cruz sube un peldaño: habla 75.000 (Cruz, J. M. Los factores posibilitadores y las expresiones de la violencia en los noventa. *Estudios Centroamericanos, 588,* 1997, 978). Sea como fuere, se trata de una enormidad difícil de soportar sin que una sociedad pierda su compostura. En uno de los trabajos que todavía permanecen sin publicar, Martín-Baró ofrece datos más contextualizados: en los diez primeros meses de 1980, 6.450 salvadoreños fueron asesinados por las fuerzas de seguridad o por grupos paramilitares (Martín-Baró, I. *¿Genocidio en El Salvador?* Cit.). Durante estos primeros compases, la represión llegó a sus más altas cotas de ignominia en las matanzas del río Lempa en octubre de 1981, la de El Mozote, perpetrada en diciembre de ese mismo año, y la de El Calabozo, acontecida el 22 de agosto de 1982 (ver ONU. *De la locura a la esperanza. La guerra de 12 años en El Salvador.* San Salvador: Arcoíris, 1993, 155-171). En total, más de 700 personas, sin distinción de edad ni condición, fueron deliberada y sistemáticamente ejecutadas, muchas de ellas tras sufrir vejaciones y torturas sin límite. Tomemos un extracto del relato que hace la Comisión de la Verdad sobre la matanza de El Mozote: «Durante la mañana [del 11 de diciembre de 1981] procedieron, en diversos sitios a interrogar, torturar y ejecutar a los hombres. Alrededor del mediodía fueron sacando por grupos a las mujeres, separándolas de sus hijos, y ametrallándolas. Finalmente dieron muerte a los niños. Un grupo de niños que había sido encerrado en «el convento» fue ametrallado a

En tercer lugar, está la violencia de la guerra formal misma. El número de las víctimas directas de la guerra, es decir, de personas muertas en combate es muy inferior al de las víctimas de la represión. Sin embargo, a medida que la guerra se ha ido intensificando, los combates han sido más mortíferos y la destrucción, humana y material, ha alcanzado dimensiones trágicas. Según informes hechos públicos por la propia Fuerza Armada, 1.269 militares, entre oficiales y soldados, habrían muerto en 1982 en acciones bélicas, mientras que otros 2.220 habrían sido heridos. Por su parte, los insurgentes del Frente Farabundo Martí para la Liberación Nacional afirman haber tenido 214 muertos entre julio de 1981 y octubre de 1982, y alrededor de 500 heridos (CUDI, 1981-1982). Es muy posible que ambos contendientes minimicen sus pérdidas y oculten el número real de caídos en combate. Pero aun aceptando estos datos como válidos, representan una costosa sangría humana para el país, sobre todo si se tiene en cuenta que se centran en la población joven (entre los 16 y los 30 años).

Recuadro 1. LA REPRESIÓN

La noche del sábado se presentaron aproximadamente 150 elementos fuertemente armados y vestidos de verde olivo, quienes se identificaron como miembros del ejército y ordenaron a gritos a los habitantes que les abrieran las puertas; como la orden no fue cumplida, violentaron las viviendas. Forzaron a salir a los hombres, ordenando a las mujeres permanecer dentro, en silencio, con las luces apagadas. En una de las viviendas hubo intento de violación. Una de las mujeres cuenta que «les decía que no le fueran a hacer nada (a su compañero de vida), por todos los niños que tenía con él, pero me decían "no le vamos a hacer nada, ya te lo vamos a traer"». Otra cuenta lo siguiente: «Le dijeron a mi marido, "vos nos vas a acompañar" y yo le puse el pantalón [...] y no me dijeron nada, únicamente que si no me acostaba me iban a matar a mí también. Yo me acosté con el niño, porque me dijo "acostémonos mamá, porque si vienen de vuelta nos van a matar a nosotros también". Mi hijo es de cinco años. Y me dijeron cuando ya se iban, "apaga las luces porque si pasamos otra vez y vemos las luces encendidas, te vamos a matar a vos también con todo y

---

través de las ventanas. Después de haber exterminado a toda la población, los soldados prendieron fuego a las edificaciones» (p. 156). Leigh Binford dejó plasmado en un documentado libro este sórdido homenaje al oprobio y a la sinrazón (Leigh, B. *El Mozote. Vidas y memorias*. San Salvador: UCA Editores, 1997), cuyo capítulo 4 está dedicado, por cierto, a «El encubrimiento estadounidense» (ver la nota 10 de la Introducción y del capítulo en el que nos encontramos).

el niño". Entonces me acosté, pero sólo por estar acostada, con el miedo de que pasaran de vuelta y que me mataran con todo y el niño. Que luego la noche quedó en silencio...»

Cuando llegaron al lugar se encontraron lo siguiente según relación de una vecina: «Que a Pedro [...] le habían quitado los pechos con cuchillo y a Jerónimo también le habían quitado los chiches [los pechos] y tenía una gusanera y ya le estaba escurriendo la sangre por las costillas; a Jesús [...] le quitaron las orejas y se miraba como que si le hubieran quebrado los brazos, y a Francisco le habían hecho unas peladuras en la parte de la quijada, le volaron el cachete [...]; a otro lo tenían sin zapatos y le habían metido un chupete en la boca de cada uno [o sea un dulce] y, a la par del cadáver del señor [Pedro], se encontraba una piedra a la que se le miraban señales de sangre como si se la hubieran dejado caer sobre la cabeza; a Isaías le habían volado las narices y le habían hecho un hoyo en el estómago con machete y todo el tripado lo tenía de fuera y toda la parte de la placa se la habían dejado pelada...» Los siete cadáveres no mostraban orificios de bala y estaban decapitados.

(De un informe de la Oficina de Tutela Legal del Arzobispado de San Salvador, diciembre de 1982)

Existen otras formas de violencia en El Salvador cuyas víctimas son siempre los más débiles: la mujer o el niño al interior de la familia, el obrero o trabajador al interior de las empresas. No es que estas otras formas sean intranscendentes pero son los tres tipos de violencia mencionados los que caracterizan más la realidad actual salvadoreña. Con todo, ni siquiera la gravedad de los datos presentados muestra adecuadamente las dimensiones de la violencia imperante en el país. Para comprender la magnitud cualitativa de la violencia en El Salvador hay que incluir la dosis de crueldad que empapa muchos de los actos violentos. Está, ante todo, la práctica sistemática de la tortura[8] aplicada a quienes caen en manos policia-

8. En el capítulo 3 (epígrafe «Guerra paralela: medios»), Martín-Baró se aproximará algo más a este sórdido componente de la guerra, como uno de los recursos de la guerra psicológica. Pero más allá de los datos que aporta y de las reflexiones que hace, la tortura cuenta en la actualidad con una sólida base teórica fundamentada en numerosas investigaciones y diagnósticos clínicos sobre sus consecuencias. La Convención de la ONU de 1984 contra la tortura la define en los siguientes términos: «... todo acto por el que un funcionario público, u otras personas a instigación suya, infligen intencionadamente a una persona penas o sufrimientos graves, ya sean físicos o mentales, con el fin de obtener de ella o de un tercero información o una confesión, de castigarle por un acto que ha cometido o se sospeche que ha cometido, o de intimidar a una persona u otras» (Amnistía Internacional. *La tortura*.

les: es raro el cadáver que no presenta muestras de violación y daño físico en el cuerpo, a menudo deformado. Pero está sobre todo la práctica de descuartizamiento y del exhibicionismo macabro: cadá-

Madrid: Fundamentos, 1984, 4). Una excelente puesta en escena de esta definición nos la ofrece el tomo II del Informe REMHI de Guatemala dedicado, en su práctica totalidad, a la descripción de «Los mecanismos del horror». Peter Suedfeld, siguiendo este tono descriptivo, ordena los objetivos de la tortura en las siguientes categorías: *a*) obtener información; *b*) forzar a la gente a divulgar información incriminativa; *c*) aislamiento; *d*) indoctrinación, y *e*) finalmente lograr la intimidación (Suedfeld, P. *Psychology and Torture*. Nueva York: Hemisphere, 1990). Pero se hace necesario un paso más, un paso hacia el interior del sujeto torturado, hacia los dominios retorcidos del sufrimiento. Eso es lo que ha pretendido el Grupo terapéutico COLAT, y se ha encontrado con: *a*) debilitamiento del sí mismo; *b*) pérdida de los marcos de referencia habituales; *c*) violación física y moral de la persona; *d*) debilitamiento de la auto-imagen; *e*) pérdida de la identidad personal y degradación de la identidad social; *f*) debilitamiento de la capacidad de reacción y actitud sumisa ante las normas (COLAT. *Psicopatología de la tortura y del exilio*. Madrid: Fundamentos, 1982). Elisabeth Lira y Eugenia Weinstein prefieren hablar de manifestaciones clínicas, que a la postre viene a ser lo mismo: *a*) bloqueo o disminución de diversas funciones del yo; *b*) crisis de emoción incontrolables, especialmente de ansiedad; *c*) insomnio o perturbaciones graves en el dormir, con sueños en los que el trauma es experimentado una y otra vez; *d*) repeticiones diurnas de la situación traumática, y *e*) complicaciones psiconeuróticas secundarias (Lira, E., y Weinstein, E. La tortura. Conceptualización psicológica y proceso terapéutico. En I. Martín-Baró (ed.). *Psicología social de la guerra*. San Salvador: UCA Editores, 1990, 344. En esta misma monografía hay otros cuatro capítulos dedicados a la tortura, muy recomendables para los estudiosos). En este mismo tono terapéutico, de corte psicoanalítico, se maneja el Equipo de Salud Mental CELS, de Buenos Aires, que dedica «Algunas reflexiones sobre la tortura» en una de las publicaciones coordinadas por Elisabeth Lira (Becker, D., y Lira, E. *Derechos Humanos: todo es según el dolor con que se mira*. Santiago de Chile: ILAS, 1989, 91-104). Carlos Martín-Beristain, reconocido estudioso de estos oscuros acontecimientos, lo ha resumido de manera muy precisa: «La tortura no sólo trata de conseguir información de una persona capturada, sino de hacerle colaborar y que se degrade la imagen que tiene de sí misma, destruirle como persona o como miembro de un grupo, y en último término, conseguir que adquiera la identidad del represor» (Martín Beristain, C. *Reconstruir el tejido social*. Barcelona: Icaria, 1999, 33). El lector interesado en este tema dispone de una abundante bibliografía encabezada por dos monografías imprescindibles: la de Basaglu, M. (ed.), *Torture and Its Consequences. Current Treatment Approaches*. Cambridge: Cambridge University Press, 1992, donde destaca el capítulo de Kordon, D., Edelman, L., Lagos, D., Nicoletti, E., Kersner, D., y Groshaus, M. Torture in Argentina (pp. 433-451), y la del danés Peter Elsass, *Treating victims of torture and violence. Theoretical, cross-cultural and clinical implications*. Nueva York: New York University Press, 1997. Por su capacidad de síntesis, resulta asimismo muy recomendable el capítulo de Corrado, R. y Cohen, I. Torture (State). En L. Kurtz y J. Turpin, (eds.). *Encyclopedia of Violence, Peace, and Conflict. Vol. III*. San Diego, CA.: Academic Press, 1999, 519-531). Por lo que respecta al ámbito latinoamericano propiamente dicho, destacaríamos, en un repaso de urgencia, los trabajos de Asís. M. Psicología de la tortura: premisas y conte-

veres que aparecen diseminados en pedazos por las cunetas de los caminos o arrojados en basureros, madres con el vientre abierto y el feto cortado en trozos, cabezas sin cuerpo colgadas en las ramas de los árboles o en los muros de algún edificio, cuerpos sin cabeza expuestos con letreros firmados por algún «escuadrón de la muerte». Es claro que la situación de El Salvador, como la de cualquier país sumido en una guerra civil, constituye un caso extremo de violencia. Sin embargo, la historia muestra que de la «normalidad» a la situación «extrema» hay un camino bastante corto, que con frecuencia recorren los países o grupos humanos más diversos. Desde la perspectiva psico-social, Adorno y sus colaboradores del grupo de Berkeley se preguntaban cómo había sido posible que un pueblo tan culto como el alemán hubiera sido arrastrado a la vorágine de la violencia fascista, y si las mismas semillas de violencia no estarían ya presentes en la sociedad norteamericana (Adorno *et al.*, 1965). El mismo tipo de preguntas puede y debe plantearse en situaciones como la de El Salvador. ¿Qué significa tanta violencia? ¿Cómo se ha podido llegar ahí? ¿Cómo es posible que personas hasta ayer pacíficas, religiosas y razonables, se hallen hoy envueltas en esa danza macabra de sangre? ¿Cómo explicar que asociaciones respetables, que incluso apelan a valores cristianos y democráticos, respalden el aniquilamiento masivo de grupos humanos y hasta reclamen un baño de sangre todavía más amplio y generalizado? Estas y otras preguntas son las que vamos a tratar de responder desde la perspectiva de la Psicología social, analizando los hechos y comportamientos agresivos en cuanto ideológicos[9], es decir, en cuanto expresión de fuerzas sociales y materialización histórica de intereses de clase.

nido para una nueva especialidad científica. *Revista del Hospital Psiquiátrico de La Habana*, 2, 1979, 19-27; De la Cueva, J. *Tortura y sociedad*. Madrid: Revolución, 1982; Amnistía Internacional. *La tortura en Chile*. Madrid: Fundamentos, 1983; Pesutic, S. (ed.). *Tortura: aspectos médicos, psicológicos y sociales. Prevención y tratamiento*. Santiago de Chile: CODEPU, 1992; Reszczynski, K., Rojas, P., y Barceló, P. *Tortura y resistencia en Chile. Estudio médico-político*. Santiago de Chile: Emisión, 1991; Doerr-Zegers, O., Hartmann, L., Lira, E., y Weinstein, E. Torture: psychological sequaele and phenomenology. *Psychiatry*, 55, 1992, 177-184. Todo ello sin olvidar alguno de los informes de Amnistía Internacional, especialmente *Torture in the eighties: An Amnesty International report*. Londres: Amnesty International, 1984.
    9. Ya hemos visto en la Introducción que la ideologización de la violencia constituye una de las más singulares aportaciones de Martín-Baró. Ésta arranca teóricamente de su concepción de la Psicología social como el estudio de la acción en cuanto ideológica, lo que convierte a la ideología en una herramienta de mediación (en el sentido más vygotskiano del término) que define el tipo y la naturaleza de las rela-

ANÁLISIS DE LA VIOLENCIA

El punto de partida para analizar el fenómeno de la violencia debe situarse en el reconocimiento de su complejidad. No sólo hay múltiples formas de violencia, cualitativamente diferentes, sino que los mismos hechos tienen diversos niveles de significación y diversos efectos históricos. Por ello, la violencia puede ser enfocada desde diferentes perspectivas, algunas más englobantes o totalizadoras que otras. Pero como perspectivas que son, constituyen visiones parciales o limitadas. Pretender absolutizar alguna de estas perspectivas constituye una forma de reduccionismo, tanto más peligrosa cuanto que identificar la realidad de la violencia con uno de sus niveles o dimensiones contribuye a ocultar y aun justificar la misma violencia en otras dimensiones o niveles. Si el «no es más que» expresa siempre alguna forma de reduccionismo, en el tratamiento de la violencia el reduccionismo ampara una peligrosa ideologización, celestina de la violencia promovida por los intereses sociales dominantes. Al asumir aquí la perspectiva psicosocial es necesario, por tanto, subrayar su particular aporte así como sus necesarias limitaciones.

ciones persona-mundo. El fatalismo como estructura ideológica es el ejemplo por excelencia (ver el capítulo segundo de su *Psicología de la liberación*), y las actitudes no le van a la zaga (ver notas 2 y 4 del capítulo 4). Por lo que atañe al tema que nos ocupa, el de la ideologización de la violencia, el autor volverá sobre él fugazmente en el epígrafe «la elaboración social de la violencia» de este mismo capítulo, y allí nos ofrecerá una de las claves para comprender su magnitud: el fondo ideológico sirve para justificar los intereses de clase; para justificarlos mediante argumentos lógica y éticamente injustificables (la mentira institucionalizada) y para defenderlos eficazmente (valor instrumental de la violencia) contra los vientos y las mareas de la historia, adecuando la organización social a su salvaguarda y definiendo como enemigos (polarización) a quienes se atreven a disentir. También lo hará en el capítulo segundo, en términos muy parecidos, y en un trabajo inédito, escrito en 1980, abre un epígrafe dedicado a «La legitimación y justificación» del exterminio por razones ideológicas: «mientras que la legitimación la ha encontrado en el supuesto programa de reformas, el plan de recuperación económica, el programa de pacificación, los anuncios de diálogo y elecciones libres y el apoyo incondicional de regímenes extranjeros (particularmente Estados Unidos, Costa Rica y Venezuela...). La justificación del diseño del exterminio ha estado fundamentalmente en manos de la Democracia Cristiana Salvadoreña a través de la definición del opositor político, cada vez más desnaturalizada, por medio del discurso ideológico y sus presentaciones a través de los medios masivos de comunicación» (Martín-Baró, I. *¿Genocidio en El Salvador?* Manuscrito no publicado. San Salvador, 1980, 14). Sobre este tema, ver Carlton, E. *War and Ideology*. Londres: Routledge, 1990, y el capítulo de Kevin Magill, Justification for Violence. En L. Kurtz, y J. Turpin (eds.), *Encyclopedia of Violence, Peace, and Conflict. Vol. II*. San Diego, CA.: Academic Press, 1999, 269-281.

Lo que la Psicología social ofrece o puede ofrecer es una visión sobre la violencia, iluminadora si se la introduce en el marco más amplio de otras perspectivas, engañadora si se pretende absolutizarla. Esta perspectiva consiste en analizar la violencia en cuanto surge y se configura en los goznes entre persona y sociedad, en ese momento constitutivo de lo humano en que las fuerzas sociales se materializan a través de los individuos y los grupos. La situación de El Salvador en los primeros años de la década del ochenta nos sirve de continua referencia para contrastar tanto lo que esta perspectiva puede esclarecer como lo que la Psicología no es capaz de explicar.

Conceptos fundamentales

Existe una gran confusión sobre la terminología concerniente a la violencia no sólo en el lenguaje cotidiano, tan sometido a las manipulaciones de los medios de comunicación masiva, sino incluso en los conceptos utilizados por los científicos sociales. La principal confusión se da entre los conceptos de violencia y de agresión.

La palabra violencia viene del latín *vis* que significa fuerza. Violento, nos dice el Diccionario de la Real Academia, es aquel o aquello «que está fuera de su natural estado, situación o modo. Que obra con ímpetu y fuerza... Lo que uno hace contra su gusto, por ciertos respetos y consideraciones... Que se ejecuta contra el modo regular o fuera de razón y justicia». El mismo Diccionario define la agresión como el acto de «acometer alguno para matarlo, herirlo o hacerle cualquier daño» (RAE, 1970, 37).

De estas definiciones se puede deducir que el concepto de violencia es más amplio que el de agresión y que, en teoría, todo acto al que se aplique una dosis de fuerza excesiva puede ser considerado como violento. La agresión, en cambio, sólo sería una forma de violencia: aquella que aplica la fuerza contra alguien de manera intencional, es decir, aquella acción mediante la cual se pretende causar un daño a otra persona. Así, resulta posible hablar de violencia estructural o institucional, ya que las estructuras sociales pueden aplicar una fuerza que saque a las personas de su estado o situación, o que les obligue a actuar en contra de su sentir y parecer. Resulta más difícil hablar de agresión estructural, ya que es difícil probar que una estructura social pretende hacer daño a alguien; en general, la pretensión primaria y objetiva de las estructuras sociales es beneficiar a alguien, al grupo social dominante, lo que entraña de paso la violencia contra los grupos sociales dominados. Sin embargo, sí se puede hablar de agresión institucional cuando una institución —por ejemplo, un ejército— acomete a alguien para causarle daño.

Conviene subrayar que en la misma definición de violencia y de agresión se encuentra incorporado el elemento valorativo. En ambos casos, la Real Academia pone de manifiesto el sentido negativo de los actos y fenómenos expresados por los conceptos de violencia y de agresión. En el caso de la violencia, el factor negativo se cifra principalmente en sacar a algo o a alguno de su estado o situación natural; en el caso de la agresión, el factor negativo se cifra en la intención de quien lo ejecuta de causar un daño a otro. La diversidad de perspectivas sobre este factor valorativo está a la raíz de la confusión conceptual entre violencia y agresión. Un buen número de psicólogos aceptan el carácter negativo de la violencia, pero curiosamente eximen de él a la agresión. La razón de ello estriba en una consideración darwiniana, según la cual la agresividad sería la capacidad de ejercer una fuerza destructiva necesaria para la conservación de la especie. Desde ciertas perspectivas psicoanalíticas, como se verá más adelante, la agresividad es una pulsión tan fundamental como la libido y, como ella, tampoco está en principio ligada a un determinado objeto ni necesariamente todos sus efectos son negativos. En consecuencia, muchos psicólogos consideran que la agresión es la manifestación de la agresividad, una forma de afirmarse uno mismo que de por sí no puede ser considerada buena ni mala. En cambio, esos mismos psicólogos entienden que la violencia es precisamente una forma nociva de agresión. Así, por ejemplo, Hacker (1973, 95) define la agresión como «la disposición y energía humana inmanentes que se expresan en las más diversas formas individuales y colectivas de autoafirmación, aprendidas y transmitidas socialmente, y que pueden llegar a la crueldad», mientras que «la violencia es la manifestación abierta, manifiesta, "desnuda", casi siempre física, de la agresión».

Esta visión de la agresividad se ha filtrado en cierto lenguaje cotidiano. Se habla, por ejemplo, de que el empresario debe ser agresivo, que es necesaria la agresividad para triunfar en el mundo moderno de los negocios o para derrotar a la competencia comercial. Decir en algunos medios que un profesional o un «ejecutivo» es agresivo resulta así una alabanza que no sólo excluye la valoración negativa del término, sino que lo impregna de una valoración positiva. Al analizar los comportamientos que merecen el calificativo de «agresivos», con frecuencia se observa que no son sino la actividad propia de un profesional competente y, como se dice en otros contextos, «dinámico». Sin embargo, hay ocasiones en que el ejecutivo «agresivo» realiza verdaderas agresiones en sentido negativo, es decir, intenta destruir o causar daño a sus rivales, abusa de sus súbditos o explota a sus clientes. Michael Maccoby (1978), en su famoso libro sobre los administradores de las grandes corporaciones, habla de un tipo de ejecutivo al que califica de «luchador de la selva», en el cual descubre una actitud de tipo sádico que le lleva a buscar la eliminación de sus oponentes. Así, la dignificación de la agresividad como característica deseable en el mundo de los negocios pudiera expresar el intento por justificar lo que son prácticas que, al desnudo, resultan socialmente inadmisibles.

La dignificación de las formas de violencia propias de la vida en un sistema capitalista constituye la consecuencia de uno de los problemas que más pueden haber lastrado el análisis psicológico: su identificación con la perspectiva del poder establecido. Si la violencia consiste en aquella fuerza que saca a algo o a alguien de su estado «natural», cómo se defina ese estado constituye el punto crítico para la determinación de lo que es y de lo que no es violento. No se trata simplemente de poner un nombre distinto a los actos violentos que son favorables a los propios intereses; se trata, más de fondo, de la comprensión misma de lo que constituye la violencia. Una sociología del conocimiento psicológico sobre violencia y agresión muestra que, con honrosas excepciones, por lo general la «materia violenta» que se ha tomado como objeto de análisis ha sido el acto contrario o perjudicial al régimen establecido, la agresión física individual, la violencia delictiva o la violencia de las masas, asumiendo en todos estos casos que su carácter negativo deriva del daño causado a la convivencia bajo el orden social imperante. Nada extraño, por tanto, que el objetivo declarado de la mayor parte de los trabajos sobre violencia en Psicología social sea el de reducir o controlar «la violencia antisocial».

Ian Lubek (1979) indica que, en las investigaciones psicosociales sobre la agresión, se encuentran una serie de supuestos rara vez explicitados. El primero de ellos asume que la violencia y la agresión deben ser explicados a nivel individual y aun intra-individual, dejando de lado el papel de los grupos mayores o de las instituciones sociales. Este supuesto encuentra su canalización en un paradigma de investigación que utiliza el esquema E-R para experimentos de laboratorio cuya duración oscila entre diez y cincuenta minutos. El segundo supuesto es el de que la violencia es perjudicial para la sociedad, lo que lleva a identificar «la» violencia con aquella que, de hecho, perjudica al orden establecido y sólo en la medida en que resulta perjudicial. Otro tipo de preguntas funcionales, sobre todo del efecto de las acciones violentas a largo plazo, son descartadas. El tercer presupuesto, según Lubek, lo constituye la convicción de que controlar, reducir y reprimir la violencia es un objetivo válido en cualquier caso; y puesto que la investigación científica «no toma partido», puede ser usada por cualquier instancia que quiera promover el bien social. La falacia de este último presupuesto aparece, según Lubek, cuando se examina en la realidad histórica quién y para qué se aprovecha de los resultados de las investigaciones «asépticas» de la Psicología social y de otras ciencias sociales.

Aquí optamos por mantener el sentido etimológico de los términos violencia y agresión. Consideraremos, por tanto, la violencia como el concepto más amplio que expresa aquellos fenómenos o actos en los que se aplica un exceso de fuerza, y la agresión como el concepto más limitado que se refiere a aquellos actos de violencia con los que se busca causar algún daño a otro. Lo cual nos introduce en otro problema teórico sobre el concepto de agresión. Cabe preguntarse si todo comportamiento que produce lesión o daño a otros es un acto agresivo, o sólo aquel que busca directamente producir esa lesión o daño. En otras palabras, ¿es necesario que la persona tenga una intención nociva para considerar un acto como agresivo? A este respecto, las respuestas de los psicólogos difieren notoriamente.

Ante todo, está la respuesta del conductismo ortodoxo que reclama una definición conceptual que elimine los elementos no verificables a nivel de estímulos y respuestas. Así, por ejemplo, Arnold Buss (1969, 14) excluye expresamente la intencionalidad en su definición de agresión, ya que se trataría de algo privado, de difícil captación e innecesario para el análisis conductual; «más bien, el problema crucial es la naturaleza de las consecuencias coadyuvantes que afectan el origen y la fuerza de las respuestas agresivas». Según el mismo Buss, las respuestas agresivas se caracterizan por descargar estímulos nocivos en un contexto interpersonal. «De este modo, la agresión se define como una reacción que descarga estímulos nocivos sobre otro organismo» (Buss, 1969, 13).

Esta postura no es aceptada por otros psicólogos conductistas menos ortodoxos. Albert Bandura y Richard H. Walters (1974) consideran necesario tomar en cuenta la intencionalidad del acto agresivo, no como propiedad de la conducta, sino como alguna de sus condiciones antecedentes. Leonard Berkowitz (1976, 265), por su parte, considera que es necesario incluir la intención del sujeto si se quiere entender adecuadamente la agresión a la que define como «aquella conducta cuyo fin es lesionar a alguna persona u objeto».

Erich Fromm critica expresamente el enfoque conductista, ya que no es posible según él describir en forma adecuada un comportamiento separado de la persona que lo realiza. «El comportamiento en sí es diferente según el impulso motivante, aunque pueda no ser advertible la diferencia con una inspección somera» (Fromm, 1975, 58).

El problema de fondo que plantean tanto la inclusión de la valoración negativa en la definición de la violencia y agresión como la incorporación de la intencionalidad en cuanto constitutivo esencial del acto agresivo se cifra en el carácter social de una acción. Se trata de determinar si un acto de violencia o de agresión debe ser comprendido como un simple dato positivo, es decir, como una conducta que objetivamente resulta fuerte o dañina, o más bien su comprensión exige valorar la significación de ese hecho tanto a nivel de su autor (persona o grupo) como en el contexto del marco social en que se produce. De esta manera, el análisis de la violencia nos vuelve a enfrentar con el problema del objeto de la Psicología social, es decir, con la disyuntiva entre examinar conductas conceptualizadas a nivel de apariencias mensurables o acciones con un sentido no siempre discernible desde fuera, cuyas raíces y consecuencias hay que buscar a nivel de las estructuras históricas de una sociedad.

Con ello entramos en un tercer problema de orden teórico: la significación psicosocial de las acciones violentas o agresivas. De hecho, no hay ningún acto real de violencia o ninguna agresión que no vaya acompañada de su correspondiente justificación, hasta el punto de que, cuando se produce una agresión irracional, involuntaria o por error, la tendencia inmediata parece ser la de encontrar razones justificativas de la agresión y no tanto la de presentar disculpas al agredido (ver, por ejemplo, Lerner y Simmons, 1966). Violencia y agresión incluyen siempre una valoración social, aunque esa valoración puede ser en unos casos positiva, y negativa en otros. Hacker mantiene precisamente que el dinamismo que impulsa la espiral de la violencia se encuentra en su justificación social, «la violencia, prohibida como delito, es perceptuada, rebautizada y justificada como sanción». De esta manera «la justificación produce y hace progresar lo que quiere negar y esconder: la propia violencia» e «induce a la imitación, tanto de la justificación como de la violencia» (Hacker, 1973, 16).

La justificación constituye así un aspecto esencial para entender la acción violenta y la agresión. La justificación abre o cierra el ámbito social a la realización de determinados comportamientos violentos, así como alimenta la intención de sus hechores. Por ello, el carácter externo del comportamiento debe ser interpretado a la luz de la intención personal y de la valoración social; la misma formalidad del acto como violento o agresivo supone una definición social sin la cual se pueden confundir los golpes percibidos por un espectador en una aglomeración pública con los golpes recibidos por un preso político a manos de sus captores policías. En este sentido, la perspectiva de la Psicología social como estudio de la acción en cuanto ideológica nos obliga a ir más allá de la apariencia visible de la conducta y penetrar en sus raíces históricas, tanto por lo que tiene de expresión de unas estructuras sociales como por los intereses de clase que la persona o grupo involucrados ponen en juego.

Tres presupuestos sobre la violencia

El primer presupuesto es que la violencia presenta múltiples formas y que entre ellas pueden darse diferencias muy importantes. Según Lubek (1979, 263), se trata de «un cambiante conjunto de conductas y actitudes, no de un esquema comportamental permanente y bien definido». Una es la violencia estructural exigida por todo ordenamiento social y otra muy distinta la violencia interpersonal, que puede materializar la estructural o expresar un carácter más autónomo. Una es la violencia educativa por la que los padres y maestros obligan al niño a realizar determinadas actividades o ejercicios, y otra la violencia personal, cuando alguien «se hace violencia» para cumplir con su obligación o superar su repugnancia frente a determinada área. Una es la agresión institucional, mediante la cual un ejército se lanza sobre un estado vecino o sobre una población civil, y otra la agresión interpersonal, producto de la rabia o de la ira. Una es la agresión física, corporal, el ataque que tiende a herir o a matar al adversario, y otra es la agresión moral, simbólica, el insulto o la calumnia mediante la cual se trata de ofender o desprestigiar a alguien.

Englobar éstas y muchas otras formas de violencia en un solo concepto resulta teóricamente conveniente, pero arrastra el peligro de la simplificación distorsionante. Como afirma Hacker (1973, 23), «de la agresión individual, biológica, a la legitimada y organizada socialmente hay un largo camino con muchas etapas». Es necesario, por tanto, mantener presente esta amplia diversidad de actos violentos y agresivos, entre los cuales pueden darse diferencias quizás esenciales que obliguen a eludir explicaciones simples, por atractivas que sean.

Un segundo presupuesto es que la violencia tiene un carácter histórico y, por consiguiente, es imposible entenderla fuera del contexto social en que se produce. La necesaria vinculación entre violencia y justificación obliga a examinar el acto de violencia en el marco de los intereses y valores concretos que caracterizan a cada sociedad o a cada grupo social en un momento determinado de su historia. Ésa es la razón que nos ha llevado a iniciar este capítulo con una breve descripción de la violencia en una situación y momento concreto de la historia de un país, El Salvador.

Al remitir la violencia a cada contexto social histórico se descarta la posibilidad de aceptar un enfoque epidérmico, formalista, que no pondera el significado concreto de cada acto de violencia con respecto a la totalidad social, particularmente por los efectos que produce. Uno de los planteamientos más falaces es el de condenar la violencia «venga de donde venga», haciendo tabla rasa de su génesis, significación y consecuencias. No es de sorprender que este tipo de planteamientos provenga de instancias sociales que pretenden situarse por encima de los conflictos, aunque se encuentran vinculadas a las fuerzas en el poder. Una cosa es el soldado muerto en el enfrentamiento con fuerzas insurgentes y otra muy distinta el sindicalista sacado de su casa, torturado y asesinado por cuerpos policiales adictos a un régimen. Una cosa es la ocupación por la fuerza de un edificio público o de una fábrica en demanda de reivindicaciones gremiales, y otra muy distinta atacar a los huelguistas o a unos manifestantes con bombas y fusiles automáticos. Poner en el mismo saco, conceptual y valorativo, unos hechos y otros es un mecanismo ideológico que ignora el enraizamiento y naturaleza histórica de los actos de violencia.

El último supuesto se refiere a la llamada «espiral de violencia», a la que ya hemos aludido. Es un hecho continuamente verificado que los actos de violencia social tienen un peso autónomo que los dinamiza y los multiplica. La agresión desencadena un proceso que, una vez puesto en marcha, tiende a incrementarse sin que para detenerlo baste con conocer sus raíces originales. La espiral de la violencia es un dato anterior a su interpretación. Puede discutirse sobre los factores que determinan la tendencia de los procesos violentos a crecer tanto cuantitativa como cualitativamente; puede incluso ponerse en cuestión si se trata de un elemento intrínseco o accidental a la violencia misma. Sin embargo, el dato histórico parece incuestionable. Otro problema distinto lo constituye el determinar si esa dinámica de expansión tiene límites. El mismo carácter histórico de los procesos de violencia establece las dimensiones máximas que pueden alcanzar, aunque por lo general sólo *a posteriori* se vea con claridad cuáles eran esas fronteras de posibilidad. Así, por ejemplo, una y otra vez, a pesar de sus ingentes recursos informativos y analíticos de todo tipo, el gobierno norteamericano[10] se ha equivocado sobre el carácter y magnitud de la actual confrontación en El Salvador, sobre la capacidad de las fuerzas insurgentes, sobre la violencia que debía aplicar a su campaña de contrainsurgencia. Como en el caso del Vietnam, los Estados Unidos se han involucrado en una es-

10. La referencia a la participación del gobierno norteamericano en el conflicto bélico (ver notas 9 y 10 de la Introducción) alcanza las más de las veces un tono de acidez que el lector comparte una vez puestos los datos sobre el tapete. Lo hará de manera explícita en el capítulo 4, cuando analiza las actitudes de diversos grupos políticos, entre ellos Estados Unidos, ante la resolución del conflicto. Volverá a implicar a Estados Unidos en las tareas de la guerra sucia y de la guerra psicológica (ver epígrafe «Tres dimensiones del terrorismo político en El Salvador» del capítulo 5), y acusará directamente a la super-potencia norteamericana de terrorismo de estado en un corto artículo, «El terrorismo de estado norteamericano» (*Estudios Centroamericanos, 433*, 1984, 813-816), que da comienzo con una afirmación rotunda: «Al subir al poder del país más poderoso de la tierra en 1981, Ronald Reagan afirmó que su administración concedería a la lucha contra el terrorismo la misma importancia que la administración de su antecesor, el señor Jimmy Carter, había concedido a la defensa de los derechos humanos. Este cambio no representaba una simple variación de énfasis o tono; representaba un cambio radical de perspectiva. Como ha ocurrido en conjunto con la política norteamericana, tanto la interna como la internacional, se han dejado de lado los intereses de las mayorías pobres para propiciar los intereses de las minorías ricas». La participación de asesores norteamericanos en el conflicto salvadoreño fue un hecho público que sigue estando cubierto de sombras, sobre todo en lo que atañe a su implicación directa en la guerra sucia y en la guerra psicológica: en el diseño del terror, para decirlo con más propiedad. En algún momento, Martín-Baró hace referencia a un documento interno del Departamento de Estado Norteamericano que lo implica directamente en la organización y entrenamiento de las bandas paramilitares articuladas en el Ejército Secreto Salvadoreño (ESA). Años más tarde, cuando los contactos entre el gobierno y el FMLN empiezan a abrirse camino como la única salida a la guerra, volverá a la carga: «El empecinamiento y estancamiento en la guerra se debe, primero y fundamentalmente, al obcecamiento del gobierno norteamericano por exigir una solución militar en el área y, por tanto, a su bloqueo sistemático a toda alternativa que no incluya la desaparición del movimiento revolucionario y, en concreto, del FMLN. Estados Unidos impone su proyecto al gobierno salvadoreño, sobre todo a través de su control de la Fuerza Armada y como pago a su masiva ayuda política y económica» (Martín-Baró, I. El Salvador 1987. *Estudios Centroamericanos, 472/472*, 1987, 43). En el capítulo 4 queda reflejada la opinión de los salvadoreños sobre la injerencia y el papel de Estados Unidos en la guerra de El Salvador.

piral de violencia contra el pueblo salvadoreño, totalmente imprevista en el momento de comprometer a sus primeros asesores y sus
primeros embarques de ayuda militar.

Constitutivos de la violencia

En todo acto de violencia cabe distinguir cuatro factores constitutivos: la estructura formal del acto, la «ecuación personal», el contexto posibilitador y el fondo ideológico.

En primer lugar, la estructura formal del acto. Se trata de la
«conducta» como forma extrínseca, pero también de la formalidad
del acto como totalidad de sentido. Todo acto violento tiene una
configuración caracterizada por la aplicación de un exceso de fuerza sobre una persona o grupo de personas, sobre una organización
o un proceso. Con la estructura formal se responde a la pregunta
primera de «¿qué es esto?», afirmando que se trata de un acto de
violencia o de agresión. Ahora bien, puesto que se trata de definir el
carácter del acto en cuestión, una diferencia fundamental estriba en
distinguir entre los actos de violencia instrumental y los actos de violencia terminal.

Un acto de violencia instrumental es aquel realizado como medio
para lograr un objetivo diferente, mientras que el acto de violencia
final es aquel realizado por sí mismo, es decir, el acto buscado como
fin. No es lo mismo, por ejemplo, asesinar por venganza al rival
odiado que ha destrozado nuestras aspiraciones, que asesinar al rival que compite con nosotros y nos impide la realización de nuestras aspiraciones. En un caso, el asesinato es querido en sí mismo;
en el otro, sólo se quiere la muerte como un medio para lograr los
propios objetivos. El ejemplo puesto muestra la cercanía entre ambas formas de violencia y la posibilidad de juntar ambas en una sola
o de pasar de la una a la otra. Sin embargo, como formalidad, y por
tanto, como estructura de significación, la diferencia es importante. Sólo así se concibe la posibilidad de separar el acto de violencia
de su intencionalidad, de eliminar la implicación personal y convertir la violencia en una práctica profesional casi aséptica. Uno de
los problemas más comunes respecto a la violencia consiste en tra-
tarla predominantemente como forma terminal, lo que lleva al presupuesto de la maldad o trastorno de las personas que la ejercen.
Por el contrario, la experiencia e incluso los estudios experimentales llevan a pensar que la principal forma de violencia entre los seres humanos es de orden instrumental, y que, por decirlo en una

frase, no se mata tanto por pasión cuanto por interés (Sabini, 1978).

El segundo aspecto del acto de violencia es la llamada «ecuación personal», es decir, aquellos elementos del acto que sólo son explicables por el particular carácter de la persona que lo realiza. Todo acto de violencia puede llevar la marca de su hechor, y es un dicho típico de las novelas o películas policíacas que cada criminal deja su huella peculiar en sus asesinatos, algo así como si se tratara de un macabro test proyectivo. Sea o no cierta la afirmación sobre la marca del criminal, es indudable que los factores personales pueden determinar el carácter del acto violento o de agresión y hasta constituir en algunos casos su causa primordial. No todos los actos de violencia, ni siquiera quizá la mayoría, son atribuibles a trastornos de la personalidad o inclinaciones sádicas; sin embargo, ciertas formas patológicas conducen con frecuencia a la ejecución de actos violentos o a agresiones sin más desencadenante que los problemas particulares del propio individuo.

Pero si es cierto que algunos actos de violencia o ciertos aspectos de las acciones violentas son directamente atribuibles a los rasgos propios de la persona, es también cierto que el acto de violencia puede despersonalizarse a través de estructuras que separan al responsable de la violencia respecto a su víctima o mediante la rutinización profesional. Como veremos más adelante, la institucionalización de la violencia puede propiciar tanto su aplicación sistemática mediante mecanismos organizativos, legales e impersonales, como la actividad fría del profesional que asesina metódicamente, no como sociópata, sino como técnico[11].

---

11. Ésta ha sido precisamente una de las hipótesis que se han barajado con más consistencia a la hora de dar cuenta del episodio más sombrío de todo el siglo xx: el Holocausto. Hannah Arendt vivió en sus propias carnes la incomprensión descalificadora y hasta el escarnio a raíz de la publicación de su conocida obra sobre Adolf Eichmann: la representación social de los responsables de las atrocidades del Holocausto no podían tener cabida fuera de la más sórdidas y oscuras de las patologías. Pero durante el juicio, Arendt vio a un tipo normal, alejado de toda forma de fanatismo antisemita, poco comprometido con la ideología nazi («Eichmann no ingresó en el partido debido a sus íntimas convicciones, y nunca llegó a compartir las convicciones de los otros miembros», escribe Arendt, H. *Eichmann en Jerusalén. Un estudio sobre la banalidad del mal*. Barcelona: Lumen, 1999, 56), con escasas inquietudes intelectuales y adornado con esa alevosía que concede la ignorancia. Un hombre banal, de encefalograma plano al que «cuanto más se le escuchaba más evidente era que su incapacidad para hablar iba estrechamente unida a su incapacidad para *pensar*, particularmente para pensar desde el punto de vista de otra persona» (Arendt, 1999, 80).

El tercer factor constitutivo de la violencia es el contexto posibilitador. Para que se realice un acto de violencia o de agresión debe darse una situación mediata e inmediata, en la que tenga cabida ese acto. Tanto el desencadenamiento como la ejecución de la acción violenta requieren de un contexto propicio. Ahora bien, es necesa-

En una palabra, no apareció el monstruo que todos esperaban, sino un burócrata gris que seguía sin rechistar las órdenes emanadas de la autoridad. Stanley Milgram recoge el testigo, y en una de las investigaciones más memorables de toda la historia de la Psicología traza con paso teórico y metodológico firme la línea a seguir para poder explicar tanto el comportamiento de Eichmann como el de sus sujetos experimentales: *a*) «la obediencia es el mecanismo que hace de eslabón psicológico entre la acción del individuo y el fin político. Es la argamasa que vincula a las personas a los sistemas de autoridad» (Milgram, S. *Obediencia a la autoridad*. Bilbao: Desclée de Brouwer, 1980, 15); *b*) ello conduce, y ésa es la lección fundamental de sus investigaciones, a que «las personas más corrientes, por el mero hecho de realizar las tareas que les son encomendadas, y sin hostilidad particular alguna de su parte, pueden convertirse en agentes de un proceso terriblemente destructivo» (Milgram, 1980, 19); *c*) uno de los mecanismos que están a la base de este proceso destructivo «lo constituye la tendencia del individuo a verse tan absorbido por los aspectos estrechamente técnicos de su tarea, que pierde la visión de las más amplias consecuencias de la misma» (Milgram, 1980, 20); *d*) y una de las consecuencias más letales es «la desaparición de todo sentido de responsabilidad»; una especie de «estrechamiento de la preocupación moral» (Milgram, 1980, 20). El sociólogo polaco Zygmunt Bauman, en una obra no exenta de polémica, amplía las hipótesis de Milgram (de hecho le dedica un capítulo, «La ética de la obediencia —lectura de Milgram—»): «El uso de la violencia es más eficiente y rentable cuando los medios se someten únicamente a criterios instrumentales y racionales y se disocian de la valoración moral de los fines» (Bauman, Z. *Modernidad y Holocausto*. Madrid: Sequitur, 1997, 134), y ello acontece en la confluencia de dos procesos paralelos: *a*) la división del trabajo meticulosa y funcional, el establecimiento de una «distancia práctica y mental del producto final [en virtud de la cual] la mayor parte de los funcionarios de la jerarquía burocrática pueden dar órdenes sin saber cuáles serán sus efectos» (Bauman, 1997, 136), y *b*) la sustitución de la responsabilidad moral por la responsabilidad técnica a raíz de la cual «la actuación del burócrata se convierte en un fin en sí misma. Solamente se puede juzgar por sus criterios intrínsecos de conveniencia y éxito» (Bauman, 1997, 138). Enzo Traverso recuerda que fue precisamente Max Weber quien lanzó la advertencia contra el peligro de supeditar la «racionalidad ética» a la «racionalidad con finalidad», una racionalidad puramente productiva y utilitaria: desde ahí este politólogo italiano vuelve a hacer una lectura estremecedora del Holocausto en «La historia desgarrada. Ensayo sobre Auschwitz y los intelectuales» (Barcelona: Herder, 2001). Peter Weiss es un dramaturgo. Fue uno de los observadores de un proceso celebrado en Fráncfort en 1964-1965 cuyo telón de fondo seguía siendo Auschwitz. Él se limita a recoger, prácticamente al pie de la letra, las declaraciones de testigos, inculpados, fiscal, juez y defensores, pero su obra, «La indagación. Elegía en 11 cantos» (Barcelona: Grijalbo, 1968), tiene la fuerza incontestable de los protagonistas, la frescura del recuerdo todavía vivo, la contundencia de los hechos. Es, sin duda, la mejor prueba de la división del trabajo, de la racionalidad que sólo busca el cumplimiento del deber, de la fuerza de la obediencia (ver nota 24 del próximo capítulo).

rio distinguir entre dos tipos de contextos: un contexto amplio, social y un contexto inmediato, situacional. Ante todo, debe darse un contexto social que estimule o al menos permita la violencia. Con ello nos referimos a un marco de valores y normas, formales o informales, que acepte la violencia como una forma de comportamiento posible e incluso la requiera. En un medio, por ejemplo, donde el machismo es considerado como una virtud que debe poseer todo hombre que se precie, la violación es contextualmente propiciada, incluso aunque las leyes formales la puedan castigar. De la misma manera, cuando la violencia constituye uno de los valores máximos de una forma de vida, como ocurre en ciertos medios castrenses, el acto concreto de violencia o de agresión es la consecuencia más natural, sin que con frecuencia puedan controlarse que las formas o momentos en que se producirá no rompan las normas mismas de la vida militar. En su análisis sobre un tipo de violencia injustificable ejercida en un experimento de laboratorio sobre otras personas, Stanley Milgram (1980) llegó a la conclusión de que el contexto de autoridad característico de nuestra sociedad capitalista hacía posible la aparición de esa agresión.

Se da, en segundo lugar, un contexto inmediato de la acción violenta. Bajo el control directo de sus padres o maestros, a los niños les resulta difícil pelearse; abandonados a su suerte y en circunstancias competitivas, la pelea no tarda en estallar entre ellos. Un hombre con un arma en la cintura es más probable que se involucre en actos violentos que un hombre desarmado, así como en un medio donde los grupos y sus dirigentes dirimen sus conflictos en forma violenta, es más fácil que otras personas tiendan también a resolver sus problemas interpersonales en forma violenta que en un medio más pacífico.

Cabe decir, entonces, que un contexto violento estimula la violencia (Berkowitz, 1976). En la medida en que este contexto se encuentre institucionalizado, es decir, convertido en normas, rutinas y medios materiales, la violencia podrá alcanzar cotas mayores. De ahí que cuando para controlar y eliminar ciertas formas de violencia se establecen otras formas de violencia, el resultado es un aumento global de la violencia: incrementar los cuerpos armados, multiplicar sus instrumentos mortíferos, ubicar guardias públicos y privados por doquier resulta, casi fatalmente, en cuerpos armados que utilizan sus armas e instrumentos mortíferos, en guardias que hacen uso de su poder y provocan así la represalia violenta sin que, en última instancia, se pueda distinguir lo que es defensa de lo que es ataque, lo que es protección de lo que es agresión. Un viejo refrán castellano lo expresa con crudeza: «Cría cuervos y te sacarán los ojos»[12]. Como han señalado diversos psicólogos recientemente, quizás el efecto peor de la violencia mostrada a través de la televisión no sea tanto el refuerzo o estímulo a la violencia de los televidentes cuanto la transmisión de la idea de que se vive en un mundo de violencia, donde el que no agrede corre el peligro de ser arrasado por la agresión de los demás (Gerbner y Gross, 1976). El cuarto y último elemento constitutivo de la violencia es su fondo ideológico. La violencia, incluso aquella violencia considerada gratuita, remite a una realidad social configurada por unos intereses de clase de donde surgen valores y racionalizaciones que determinan su justificación. «La mayor parte de la destrucción social es realizada por personas que sienten que tienen algún tipo de per-

12. El recurso a este sólido refrán castellano nos pone sobre la pista de uno de los argumentos que Martín-Baró acaricia con más asiduidad a lo largo de su obra: el de los mecanismos de reproducción del orden social al que, como hemos comentado, dedica un epígrafe en *Sistema, grupo y poder*. San Salvador: UCA Editores, 1989, 75-87). El modelado, entendido en los términos de la teoría del aprendizaje social, es uno de ellos, y a él se está refiriendo en este momento. Pero no ha sido éste el recurso teórico más frecuente, sino el derivado de una posición que defiende la existencia de un permanente flujo de relaciones entre el orden social y la estructura psicológica: ése es el argumento central de los tres primeros capítulos de su *Psicología de la liberación*: a) la existencia de «aspectos sociales e históricos en la concreción de la existencia humana que afectan esencialmente la estructura caracteriológica» (Martín-Baró, I. *Psicología de la liberación*. Madrid: Trotta, 1998, 41); b) la concepción del fatalismo como la interiorización de la dominación social (Martín-Baró, 1998, 95-97); c) la imagen que de sí mismos tienen los salvadoreños, los rasgos que se atribuyen (sufridos, explotados, alienados, dependientes) como argumento para el mantenimiento de ese orden social que ellos mismos sufren. El orden social acaba por incorporarse a la estructura psicológica, y desde allí tiene asegurada su supervivencia, muchas veces sin necesidad de recurrir a controles externos. Esa reproducción no acontece en el vacío: hay un contexto que la posibilita, y hay una historia que ha convertido su ejercicio en algo eficaz, tanto que ha acabado por instaurarse como norma de convivencia social (ver epígrafe «La institucionalización de la violencia» en este mismo capítulo). A la hora de hacer una valoración global de las consecuencias de la guerra para infancia, Florentino Moreno es tajante en su conclusión: «Es la legitimación de los hechos de violencia lo que más puede impactar en la conducta privada de los niños que viven una guerra» (Moreno, F. *Infancia y guerra en Centroamérica*. San José: Flacso, 1991, 50). La guerra ha alimentado la violencia para varias generaciones, ha engendrado criaturas que han mamado en las ubres de la hostilidad, la desconfianza, el resentimiento y la rigidez en las relaciones sociales: «La guerra mostró por largo tiempo a los ciudadanos las ventajas del uso de la violencia para lograr los propios propósitos; esto es aplicable no sólo a los combatientes durante la guerra, sino a buena parte de la población» (Cruz, J. M. Los factores posibilitadores y las expresiones de la violencia en los noventa. *Estudios Centroamericanos*, 588, 1997, 980).

miso para hacer lo que hacen, hasta el punto de sentirse justicieros, y por lo general consideran a sus víctimas como inferiores a los seres humanos o de algún modo ajenos a su condición» (Sanford y Comstock, 1971, ix). Es indudable que la violencia tiene su propia racionalidad en el sentido de que la aplicación de fuerza produce determinados resultados. Esto no quiere decir que los actos violentos y menos aún los agresivos sean siempre racionales y mucho menos razonables. La racionalidad de la violencia concreta, personal o grupal, tiene que ser históricamente referida a la realidad social en la que se produce y a la que afecta, pues es a la luz de esa realidad donde los resultados logrados muestran su sentido. La violencia exige siempre una justificación frente a la realidad a la que se aplica; y es ahí donde la racionalidad de la violencia confluye con la legitimidad de sus resultados o con la legitimación por parte de quien dispone del poder social. Lo que responde a los intereses del poder establecido se encuentra ya legitimado o tiende a serlo. Así, la justificación desde el poder de un acto violento lo legitima y lo hace racional al interior del sistema establecido. Matar a otra persona deja de ser delito para convertirse en necesidad social, tan pronto como esa persona es definida como enemigo[13] de la patria y su asesinato es amparado por la autoridad.

13. A la construcción de la imagen del enemigo dedica Martín-Baró una especial atención a la hora de abordar directamente el espinoso asunto de la guerra. Y lo hace por entender que se trata del proceso que media entre la polarización y la deshumanización de la víctima: el estereotipo del enemigo (en los epígrafes «La imagen del enemigo» y «Los estereotipos de los rivales» del capítulo 2 se nos ofrecen algunos datos) extrema caprichosamente las atribuciones negativas que se hacen respecto a las personas incluidas, con razón o sin ella (razones interesadas, en todo caso), dentro de esa categoría. De ahí a la devaluación (este término aparecerá dentro de poco de la mano de Paulo Freire), a la deshumanización de la víctima (ver epígrafes «Efectos de la violencia sobre el represor» y «El trauma psicosocial como deshumanización» en los capítulos 5 y 7) y a su demonización «como recurso psicológicamente necesario para poder ejecutar el acto violento contra ella», dirá en el próximo capítulo, hay un paso que se suele dar con inusitada facilidad. La creación de la figura del enemigo como uno de los resortes básicos para ideologizar e institucionalizar el uso de la violencia (ver epígrafe «El nombre de la violencia» del próximo capítulo). En el capítulo 6 se nos ofrecen datos muy ilustrativos de cómo los niños asimilan estos esquemas estereotipados. Eric Carlton, por su parte, nos invita a un iluminador recorrido histórico desde los egipcios hasta los actuales genocidios racistas con ayuda de la siguiente hipótesis: «El argumento central de este libro es que la guerra no es función de exigencias políticas o económicas, sino que está más bien definida por imperativos ideológicos. Esto significa que antes de analizar cómo se libra debemos mirar hacia las creencias que se manejan para justificarla» (Carlton, E. *War and Ideology*. Londres: Routledge, 1990, 18). Para los atenienses, por ejemplo, dichas creencias pasaban por

Que el mismo acto sea considerado como acción criminal o acción cívica, como manifestación de terrorismo o de patriotismo, sólo se entiende a la luz del poder social que establece el marco de la legalidad y justifica las acciones de violencia por su relación con los intereses dominantes. La violencia se enraíza así en la estructuración de los intereses de clase, que promueven su justificación o condena según la propia conveniencia.

Si se puede hablar con propiedad de una «violencia institucionalizada» en América Latina es porque existe un tipo de violencia contra la población mayoritaria que está incorporada al ordenamiento social, que es mantenida por las instituciones sociales y que se encuentra justificada y aun legalizada en el ordenamiento normativo de los regímenes imperantes. La explotación de los trabajadores, sobre todo del campesino y del indígena, la continua represión a sus esfuerzos organizativos, el bloqueo factual a la satisfacción de sus necesidades básicas y a las exigencias de su desarrollo humano, todo ello como parte del funcionamiento «normal» de las estructuras sociales, constituye una situación en la que la violencia contra las personas está incorporada a la naturaleza del orden social, bien llamado «desorden organizado» o «desorden establecido»[14].

considerar como enemigos a quienes se oponían a la democracia; para los cartaginenses, sin embargo, enemigo era todo aquel que rivalizaba económicamente con ellos; para los romanos eran los bárbaros, y así sucesivamente. El enemigo como una interesada construcción social (ver a este respecto Smith, D. The social construction of enemies. *Sociological Theory, 14,* 1996, 203-240).

14. «Votar en El Salvador: Psicología social del desorden político»: ése era el título de la conferencia que Ignacio Martín-Baró había preparado para el III Encuentro de Psicología Social celebrado en Las Palmas en septiembre de 1983. Llegado el momento, el conferenciante dejó de lado sus papeles e improvisó una emocionada narración de los acontecimientos que sobrevinieron en San Salvador durante los funerales por monseñor Romero, de los que había sido testigo presencial. La conferencia que nunca impartió fue publicada posteriormente bajo el mismo título en el libro de Comunicaciones del Congreso. Posteriormente sería reeditada en el *Boletín de la AVEPSO, 2,* 1987, 28-36, y da acabada cuenta del contorno que enmarca su posición teórica: «Para entender el comportamiento político en un país como El Salvador, el referente estructural no puede ser un orden social, sino un desorden establecido» (Martín-Baró, I. Votar en El Salvador. Psicología social del desorden político. En *III Encuentro Nacional de Psicología Social.* La Laguna: Departamento de Psicología Social y Laboral y Asociación Canaria de Sociología, 1984, 138). En su *Psicología de la liberación* habla también de un «desorden establecido», que se alza sobre «la situación infrahumana en que se encuentran las grandes mayorías de los pueblos latinoamericanos», y que perfila una realidad donde encuentran natural acomodo toda suerte de tropelías (ver notas 1, 2 y 7 de la Introducción).

Según Haber y Seidenberg (1978), la violencia es construida socialmente, en el sentido de que cada orden social establece las condiciones en que se puede producir la violencia de forma justificada. Este proceso de construcción social depende de cuatro factores y circunstancias que no residen en el acto mismo de violencia: *a*) el agente de la acción: tiene que ser considerado como un agente legítimo para realizar ese acto violento, lo que significa que el poder establecido le haya dado el «derecho» de ejercer esa fuerza; *b*) la víctima: cuanto más bajo el estatus social de una persona o grupo, más fácilmente se acepta la violencia contra ellos; *c*) la situación en que se enmarca: un acto de violencia con el que una persona se defiende contra una agresión, resulta en principio más justificable que un acto de violencia buscado por sí mismo como expresión pasional o instrumento de otros objetivos; *d*) el grado del daño producido a la víctima: cuanto mayor sea el daño producido a la víctima más justificado tiene que aparecer el acto de violencia.

El análisis de estos cuatro elementos que definen qué actos de violencia serán justificados en cada sociedad, muestra que la justificación legitimadora de la violencia no depende tanto de su racionalidad en abstracto cuanto de su racionalidad de cara a los intereses del poder establecido, es decir, de la medida en que un determinado acto de violencia contribuya a mantener y propiciar esos intereses. En la situación de guerra civil de El Salvador, el militar o policía puede ejercer cualquier tipo de violencia, desde el pequeño robo hasta la violación, la tortura y el asesinato en masa, sin que por lo general sus superiores le hagan ningún reclamo o la autoridad judicial le pida cuentas. La diferenciación de las personas o grupos que pueden ser víctimas de la violencia en forma justificada muestra a las claras que se trata de un juicio clasista, expresión de los intereses sociales dominantes. En este sentido, Paulo Freire (1970) intuyó con acierto que lo que otros psicólogos han calificado como «devaluación de la víctima», necesaria para tranquilizar la conciencia de quien comete un acto de violencia injusta (Lerner y Simmons, 1966), se encuentra ya tipológicamente interiorizada en la dialéctica de opresor y oprimido: para el opresor, aplicar violencia al oprimido es algo «natural».

La estrecha vinculación entre justificación de la violencia e intereses sociales dominantes muestra que, en definitiva, la violencia no es medida por sí misma, sino por sus productos. Se justifica aquella violencia que favorece los propios intereses, lo que, al interior de un orden social establecido, significa el apoyo a los intereses dominantes. Por desgracia, ésta parece haber sido la perspectiva adoptada, en forma más o menos implícita, por la mayor parte de los análisis psicológicos. Ahora bien, el mismo principio puede llevar a una consideración más profunda y menos extrínseca de la violencia, aunque de difícil aplicación: la violencia en cuanto medio para superar situaciones negativas, en cuanto generadora de nuevas posibilidades históricas, en cuanto partera de mejores condiciones de vida. Si la condición humana fuera de armonía mutua y de claridad frente a los objetivos de la existencia colectiva, la violencia interpersonal e intergrupal no tendría sentido alguno; sin embargo, cuando lo que impera es el conflicto de intereses entre personas y grupos, cuando la violencia sirve a unos para utilizar como instrumentos a otros, entonces la violencia está ya de hecho presente en la historia humana, y puede hacer necesaria la aparición de una forma de violencia diferente. Esto ha sido reconocido por los pensadores más diversos que han postulado la necesidad de un «contrato social» para controlar los abusos de los más fuertes, haciendo posible la convivencia colectiva y el respeto al «bien común», y que incluso han aceptado el derecho al tiranicidio y la insurrección.

La presencia factual de la violencia en la existencia humana nos obliga a preguntarnos sobre su carácter intrínseco. Muchos psicólogos afirman que la violencia deshumaniza tanto a la víctima como al agente: a la víctima, que es privada de su libertad y de su dignidad, instrumentalizada como objeto al servicio de intereses ajenos o eliminada como obstáculo a esos intereses; al agente, porque, al tratar de ese modo a otros, él mismo se somete y esclaviza a los intereses que exigen la deshumanización de otros.

Sin embargo, ¿es la violencia deshumanizadora por sí misma? ¿Es la violencia condenable «venga de donde venga», como suelen afirmar los voceros ideológicos de ciertas instituciones de las sociedades capitalistas? Si son los productos históricos los que, en última instancia, definen el sentido y carácter de un acto, habrá que examinar en cada caso el resultado producido por una acción violenta. No es lo mismo el acto de violencia necesario para imponer las cadenas de la esclavitud al negro africano que será llevado a América o al indígena americano para que trabaje la mina y la hacienda, que el acto de violencia mediante el cual el negro rompe con su situación de esclavitud o el indígena se rebela contra el patrón que le mantiene atado a la mina y a la hacienda. Roto el encubrimiento ideológico de los intereses establecidos, es necesario invertir la justificación de la violencia a partir de sus productos: deshumaniza la violencia matriz

91

que instaura una situación de opresión (Freire, 1970), no aquella violencia que, al romper los vínculos de la esclavitud, hace libres al opresor y al oprimido, cada uno atado a un extremo de la cadena de la opresión.

Frantz Fanon, un psiquiatra argelino que, como hombre de raza negra pero formado en la cultura blanca de la metrópolis francesa, vivió desde dentro la revolución de su país, ha planteado con más claridad y desnudez que nadie el problema de la violencia liberadora de los esclavos. Según Fanon (1963, 32), la violencia colonizadora engendra al colonizador y al colonizado, «el mundo colonizado es un mundo cortado en dos. La línea divisoria, la frontera, está indicada por los cuarteles y las delegaciones de policía». Se trata de un mundo maniqueo, en el que el colono hace del colonizado un subproducto humano, cuando no la quintaesencia del mal, y a él se refiere con un lenguaje zoológico; esos animales, esos perros, esas sabandijas. Pero si el mundo de la colonia es engendrado por la violencia, sólo mediante la violencia se podrá lograr su liberación, tanto política y social como psicológica: «El hombre colonizado se libera en y por la violencia [...]. Sólo la violencia ejercida por el pueblo, violencia organizada y aclarada por la dirección, permite a las masas descifrar la realidad social». La violencia liberadora permite quebrantar las raíces de la situación colonial así como las raíces psicológicas del colonizado, ya que «la cosa» colonizada se convierte en hombre en el proceso mismo por el cual se libera» (Fanon, 1963, 31)[15].

---

15. La puerta a una violencia liberadora (violencia «desde abajo» la hemos denominado en la Introducción: ver nota 24) la había dejado entreabierta la Conferencia de Medellín. Martín-Baró ofrece una vertiente algo más elaborada de este argumento: es necesario tener en cuenta la significación psicosocial de las acciones violentas, las razones que las justifican y el fin que persiguen. De ahí que no pueda ser condenable toda violencia «venga de donde venga, haciendo caso omiso de su génesis, significación y consecuencias», acaba de decirnos en el epígrafe «Tres presupuestos sobre la violencia» de este mismo capítulo, un argumento reiterado en los capítulos siguientes. Perdidos entre sus documentos personales, hay una simple hoja escrita a mano, probablemente en 1980, cuyo título consuena con el tema que estamos abordando: «Trauma psicosocial y resistencia liberadora». Sobre el primero habrá ocasión de hablar detenidamente en los dos últimos capítulos. La «resistencia liberadora», sin embargo, no volverá a hacer acto de presencia en sus escritos con esa denominación, aunque los contenidos que incluye bajo ese título no nos son del todo ajenos: «El impacto de la guerra y sus modalidades es diverso, según involucramiento, tiempo. Algunos se benefician y lucran; otros sacan lo mejor de sí mismos. Mecanismos de resistencia: a) conocimiento y conciencia: sentido de lo que ocurre frente ignorancia, desconcierto. El sentido puede venir de la fe religiosa o de la convicción políti-

Es importante subrayar que no se trata aquí de justificar cualquier acto de violencia y mucho menos de acudir al juego de la racionalizaciones, bautizando como bueno el acto que se condena en el enemigo (Hacker, 1973). Y no se trata de un cambio de nombre, sencillamente porque no se trata de un mismo acto de violencia; la diferencia esencial estriba, no en la forma extrínseca del acto sino en su producto, es decir, en el resultado al que aboca el acto de violencia. La violencia instauradora de la opresión produce la esclavitud y la deshumanización, reificando a unas personas como instrumentos de otras; la violencia liberadora del oprimido busca romper la relación deshumanizadora y, por lo mismo, busca la humanización no sólo de sí mismo, sino también del opresor.

De aquí no se sigue que cualquier acción violenta del oprimido sea por lo mismo una acción liberadora; es claro que los oprimidos actúan en ocasiones hacia los demás siguiendo el modelo impuesto por los opresores (Freire, 1970). Pero incluso aunque explícitamente el oprimido busque con un acto de violencia su liberación, el verdadero carácter del acto no será determinado tanto por la intención de su agente cuanto por el producto que alcanza. La historia muestra que la convivencia humana ha progresado a través de la violencia de los «condenados de la tierra» justamente resentidos del destino que se les imponía; mas no toda revuelta ha llevado a un progreso histórico ni toda rebelión contenía los gérmenes de la liberación. Distinguir unos actos de otros no es fácil, pero es necesario para una comprensión más adecuada de la violencia.

LA PERSPECTIVA PSICOSOCIAL SOBRE LA VIOLENCIA

Existe en la actualidad una gran variedad de puntos de vista sobre la violencia, que se basan en disciplinas diferentes. Cada uno de estos puntos de vista enfatiza algunos de los elementos propios de la violencia, sin que su complejidad permita absolutizar alguna de esas perspectivas. Incluso al interior de una misma disciplina como es la

ca; *b*) involucramiento personal: frente a impotencia, sentido de lucha [que se fundamenta en una] opción política o en la utopía cristiana; *c*) redes de solidaridad frente a la soledad: red familiar, redes comunitarias, redes nacionales e internacionales». Al comienzo del capítulo 4 lo expresa con toda crudeza: «El fraude de 1972 constituyó, muy posiblemente, el momento en que un buen sector de la población comprendió que no había otro camino posible hacia el cambio social en El Salvador que el de las armas, y empezó a organizarse en ese sentido».

Psicología social se encuentran enfoques y modelos muy distintos. Aquí presentamos los principales modelos psicosociales agrupados en tres enfoques: un enfoque instintivista, un enfoque ambientalista y un enfoque histórico.

Enfoque instintivista: la Etología

La idea fundamental de este tipo de modelos es que la violencia y la agresión son la expresión de fuerzas instintivas, cualquiera que sea su carácter y su función. El ser humano es considerado como una especie animal, con sus peculiaridades sí, pero parte y producto de la evolución de las especies, y por tanto, sujeto a las mismas leyes básicas. Examinaremos aquí dos modelos instintivistas: el modelo etológico y el modelo psicoanalítico.

Aunque la Etología se define como el estudio del comportamiento de los animales en su medio ambiente natural, un buen número de etólogos ha extendido sus análisis y reflexiones al ser humano. En concreto, Konrad Lorenz, considerado por muchos como el padre de la moderna Etología, ha escrito todo un libro para analizar el fenómeno de la agresión, cuyos resultados aplica al ser humano (Lorenz, 1971, especialmente capítulo 2).

Según Lorenz (1971, 3), la agresión es aquel «instinto que lleva al hombre como al animal a combatir contra los miembros de su misma especie». La agresión, como cualquier otro instinto, constituye de por sí un mecanismo evolutivo que ayuda en el proceso de conservación del individuo y de selección de las especies. La agresión entre las especies, afirma Lorenz, no es por tanto un fenómeno diabólico, sino un fenómeno natural, requerido incluso por la misma vida.

Puesto que la agresión constituye una fuerza instintiva, opera según un modelo de tipo hidráulico; la energía instintiva se va acumulando y va produciendo un estado tensional que, ante los estímulos adecuados (estímulos desencadenantes), hace posible el comportamiento agresivo. Esto significa que el individuo tiene que dar salida periódicamente a la energía acumulada si no quiere correr el peligro de sufrir un «desbordamiento incontrolado». El instinto agresivo debe ser descargado, y cuando el individuo se siente sometido a un exceso de presión, busca los estímulos o situaciones desencadenantes: el individuo anda, como se suele decir, «buscando pleito».

Por ello, según Lorenz, conviene ofrecer salidas «constructivas» a las tendencias agresivas, y no dejar que el instinto se desborde. Precisamente porque el instinto constituye una estructura abierta a determinaciones finales, es posible ganar a la energía agresiva para actividades constructivas. Así, «la desviación y reorientación del ataque es probablemente el medio más genial inventado por la evolución para encarrilar la agresión por vías inofensivas» (Lorenz, 1971, 68). Tanto la ritualización simbólica y pacífica de ciertos comportamientos originalmente destructores, como la reorientación de los procesos agresivos hacia objetos inocuos, pueden convertirse en motivaciones independientes para la acción.

El problema con el instinto agresivo del ser humano estriba, según Lorenz, en que su evolución no ha incorporado las pautas rituales y reorientadoras o las normas de control (las normas y valores morales), que se transmiten a través del aprendizaje individual. De ahí los desequilibrios y desadaptaciones, así como la posibilidad siempre abierta de que la fuerza instintiva de un individuo o grupo no esté compensada suficientemente por pautas constructivas o mecanismos inhibidores.

La Sociobiología, que constituye una heredera contemporánea de la Etología, ha concedido gran importancia al tema de la agresión. Según Edward O. Wilson (1974) existen ocho formas principales de agresión: la territorial, la de dominio, la sexual, la disciplinar paterna, la del destete, la moralista, la predatoria y la anti-predatoria. Para Wilson, la mayor parte de los comportamientos agresivos entre los miembros de una misma especie pueden ser entendidos como un recurso competitivo. En el ser humano, la agresión es de naturaleza adaptativa, lo cual no quiere decir que todas las culturas tengan que ser agresivas, «basta con que los procesos agresivos sean evocados en ciertas condiciones de presión, como las que ocurren cuando se produce escasez de alimentos o en momentos de alta densidad poblacional» (Wilson, 1974, 254-255).

La agresión territorial es quizás una de las formas preferidas por los etólogos para explicar procesos de agresión individual y colectiva. De hecho, la guerra que en 1969 opuso a los ejércitos de Honduras y El Salvador ha sido puesta como ejemplo de un conflicto originado por la presión demográfica sobre un territorio: los hondureños habrían acudido a las armas para defender su territorio contra la invasión de la población salvadoreña, forzada a buscar los recursos vitales más allá de las fronteras de su propio país (Ehrlich y Ehrlich, 1972).

La idea central acerca de la territorialidad consiste en que cada individuo o grupo exige un espacio territorial, necesario para obtener los recursos vitales. Ese territorio es investido con significados simbólicos, que consagran su inviolabilidad y el derecho a su defensa. Por tanto, la invasión de ese territorio por otro animal o grupo provoca una agresión defensiva. Quizás el propugnador más extremo de la tesis sobre la territorialidad sea Robert Ardrey (1966), quien considera la territorialidad humana como un instinto que lleva al individuo a conseguir y defender su propiedad territorial. La amenaza más obvia a la territorialidad proviene de la densidad demográfica, bien sea de los habitantes de un territorio bien sea de los habitantes de un territorio vecino. Según Wynne-Edwards (1962), la territorialidad constituye un vínculo entre el comportamiento social y el control de la población: cuando una población animal empieza a crecer y amenaza así con agotar los recursos necesarios para su subsistencia, el impulso a mantener el control sobre un mínimo de territorio lleva a los individuos, por lo general los machos, a competir unos con otros y a eliminarse hasta lograr un equilibrio entre individuos y territorio disponible (Brown, 1972, 11-53). Según Paul Leyhausen (1971, 108), el espacio en su misma forma física «es indispensable para la salud biológica y de modo especial la anímica y mental del hombre en una sociedad humana». El peligro de la superpoblación no radicará sólo en la dificultad de lograr suficientes medios de subsistencia, sino en la tensión producida por la continua inmediatez entre los individuos al interior de un espacio limitado.

El paso de la territorialidad animal a la territorialidad humana supone un salto metafórico que genera mucha confusión (Edney, 1974). Es ambiguo aplicar el concepto de territorialidad a una serie de fenómenos humanos, incluido el hacinamiento, que dependen de aspectos sociales y culturales muy diversos. El espacio entre los seres humanos no es sólo una condición determinada *a priori* por exigencias biológicas o instintivas, sino que es ante todo un producto social. Como indica Hacker (1973, 128), «la delimitación del espacio vital en el que los imperativos se justifican automáticamente, viene determinada por reglas de propiedad arbitrarias (individuales, sociales y nacionales), que se presentan como algo natural».

Remitir actos de agresión y comportamientos violentos a imperativos territoriales como si se tratara de reacciones instintivas, «naturales», constituye una típica ideologización encubridora de intereses sociales más obvios. Que la densidad poblacional de un determinado territorio no tiene por qué constituir causa particular para la violencia humana lo prueban sociedades como las que viven en los Países Bajos europeos. Incluso en situaciones de escasez y miseria, como lo son las de muchos habitantes de San Salvador, las personas aprenden a convivir sin que se pueda afirmar que el hacinamiento esté a la raíz de los comportamientos violentos (Martín-Baró, 1979).

William Durham (1977) ha refutado la tesis de que la guerra entre Honduras y El Salvador haya sido consecuencia de la presión demográfica, en el sentido de una carencia objetiva de recursos. Por el contrario, durante los años anteriores a la guerra, El Salvador habría experimentado un crecimiento de sus recursos con respecto al número de sus habitantes. El problema no se cifraría entonces tanto en la escasez por falta de recursos cuanto por acaparamiento de esos recursos. Lo que nos lleva al hecho de que la territorialidad entre los seres humanos está más vinculada a las normas de la convivencia social que a imperativos instintivos de un tipo u otro. Las normas en las sociedades capitalistas son impuestas por el grupo dominante, que se ampara en el principio de la propiedad privada para mantener el control de los principales recursos de un país. Apelar a la territorialidad de esas circunstancias constituye una justificación con términos instintivos de lo que es consecuencia de una situación de acaparamiento social y, por tanto, una racionalización de la violencia ejercida desde el poder en favor de los intereses dominantes.

El enfoque instintivista: el Psicoanálisis

No existe entre los psicoanalistas actuales un acuerdo total sobre la explicación de los comportamientos agresivos, sobre todo debido a que muchos de ellos rechazan la última formulación de Freud sobre el papel de una pulsión de muerte. Ciertamente, Freud fue modificando a lo largo de su vida su visión sobre la sexualidad, y quien en 1908 había rechazado la hipótesis formulada por Alfred Adler de una pulsión agresiva autónoma, postula en 1920 la existencia de una pulsión de muerte, de la que la pulsión agresiva sería tan sólo una parte.

Resulta importante ante todo subrayar que Freud habla de pulsión (*Trieb*) y no de instinto. Una pulsión es «un proceso dinámico consistente en un *impulso* (carga energética, factor de motilidad) que hace tender al organismo hacia un fin. Según Freud, una pulsión tiene su origen en una excitación corporal (estado de tensión); su fin es suprimir el estado de tensión que reina en la fuente pulsional gracias al *objeto*; la pulsión puede alcanzar su fin» (Laplanche y Pontalis, 1971, 336).

En su primera teoría sobre las pulsiones, Freud reconoce la existencia de comportamientos agresivos y el papel de la agresividad en

97

fenómenos tan importantes como el complejo de Edipo, donde se funden deseos amorosos y odio. Sin embargo, no piensa que pueda atribuirse a una sola pulsión específica el impulso a lograr el fin venciendo obstáculos, que sería propio de cualquier pulsión. Incluso explicará los comportamientos sádicos por las relaciones entre las pulsiones sexuales y las pulsiones de auto-conservación, aunque reconozca la existencia de una función o pulsión de dominio que busca asegurar el control sobre el objeto.

En su segunda teoría, Freud postula la existencia de una pulsión de muerte, que se contrapondría a la pulsión de vida y que tendería a la reducción completa de las tensiones, es decir, a devolver al ser vivo a un estado inorgánico (Freud, 1969). «Las pulsiones de muerte se dirigen primeramente hacia dentro y tienden a la auto-destrucción; secundariamente se dirigirían hacia el exterior, manifestándose entonces en forma de pulsión agresiva o destructiva» (Laplanche y Pontalis, 1971, 348). Por tanto, la pulsión agresiva es aquella parte de la pulsión de muerte que se dirige hacia fuera, que se orienta hacia los demás con la ayuda de la musculatura. En este sentido, la agresividad sería para Freud una fuerza desorganizadora, una fuerza de destrucción que tiende a dañar, real o simbólicamente, a los demás. La pulsión agresiva va siempre mezclada con la sexualidad, y puede adoptar cualquier conducta como vehículo de agresión.

En 1932, Freud escribió una famosa carta a Einstein, preguntándose sobre el porqué de la guerra (Freud, 1970a). Freud parte del principio general de que los hombres, como otros seres animales, tienden a resolver sus conflictos mediante la violencia. Ahora bien, la violencia individual es vencida por la violencia de muchos unidos entre sí, y esta violencia se convierte en ley. Pero el mismo hecho de que la ley sea expresión de los intereses propios de un grupo, propicia la violencia de los grupos oprimidos a fin de obtener más poder, y así en una sucesión que explica la aparición de las guerras. Todo ello es expresión de la naturaleza pulsional de los seres humanos y de la inevitable imbricación de las pulsiones de vida y muerte. «Es inútil tratar de liberarse completamente de las pulsiones agresivas humanas; basta con intentar desviarlas de modo que no tengan que canalizarse en una guerra» (Freud, 1970a, 19). Así, pues, cuando Freud tiene que aplicar su teoría de las pulsiones a la violencia en la historia humana, muestra la inevitable presencia de las pulsiones agresivas en la configuración del orden social y en la resolución de los conflictos de interés entre los diversos grupos, y acepta con fatalismo que la única posibilidad consiste en orientar la agresividad hacia tareas constructivas.

Si enfocamos la teoría freudiana hacia una situación como la guerra civil de El Salvador, encontramos una fácil aplicación a varias de las ideas expuestas en la carta de Freud a Einstein. No hay duda de que se puede descubrir en la realidad salvadoreña esa permanente tendencia pulsional a resolver los conflictos mediante el recurso a la violencia, tanto a niveles personales como grupales. Así, ha sido tradicional que los campesinos dilucidaran a machetazos sus pleitos dominicales de faldas, y hasta hace pocos años los hijos de la pequeña burguesía capitalina resolvían sus diferendos deportivos en peleas generalizadas con cinchos y cadenas que hicieron famosos los campeonatos de baloncesto colegial. Esto daría pie a muchos psicoanalistas a ver la actual guerra civil como la expresión de un complejo de Edipo mal resuelto a nivel de colectivo, como el estallido de una rebelión contra la figura paterna, animada por ideas de la «religión del hijo», el cristianismo. Con todo, bien se podría asegurar con Freud (1970a, 14-15) que «los miembros oprimidos del grupo hacen constantes esfuerzos por obtener más poder y presionan para que las leyes reconozcan todos los cambios logrados en esa dirección, es decir, de una justicia desigual a una justicia igual para todos». Por tanto, la guerra sería la manera como los salvadoreños menos favorecidos por el ordenamiento social tratarían de hacer avanzar sus intereses.

Sin embargo, el psicoanálisis conceptualiza los intereses causantes de la guerra a un nivel individual, no colectivo y mucho menos de clase social (Fornari, 1972). Desde la perspectiva freudiana, carece de importancia la especificidad sociopolítica de los acontecimientos históricos que han llevado a que la guerra estallara en El Salvador en el momento en el que ha estallado y de la forma clasista que lo ha hecho; basta con reconocer que la semilla de la discordia estaba presente en la desigualdad impuesta por el régimen imperante en la tendencia constante de todos y cada uno de los individuos, en El Salvador como en cualquier otro país, a mejorar su condición mediante el recurso a la violencia, y en la incapacidad de los gobernantes salvadoreños para ofrecer una satisfacción suficiente a los deseos de sus súbditos. En este sentido, la visión freudiana se centraría en la guerra como recurso para lograr la satisfacción de los deseos individuales más que en la especificidad de unos acontecimientos sociales que cerraron las puertas a cualquier otra salida que no fuera la guerra.

Crítica de los enfoques instintivistas

La deficiencia más seria de los enfoques instintivistas sobre la agresión humana consiste en no tomar en cuenta la especificidad que adquiere la violencia en el ser humano. Se trata de una visión de corte biológico para la que la cultura y el carácter social de la violencia humana constituyen vicisitudes de fuerzas biológicas primordiales, sin que representen procesos cualitativamente distintos.

Un segundo problema de los enfoques instintivistas lo constituye el modelo hidráulico según el cual funcionarían las fuerzas instintivas. De acuerdo con estos enfoques, la agresión es una de las formas como el organismo busca restablecer su equilibrio, dando salida a la energía instintiva originada en el propio individuo. El modelo hidráulico sobre la violencia ampara la idea sobre la inevitabilidad de que periódicamente los individuos tengan que dar salida a las fuerzas nacidas del instinto o de la pulsión agresiva.

En tercer lugar, y en relación con las dos críticas anteriores, la visión instintivista sobre la violencia constituye una visión a-histórica; la inevitabilidad de las fuerzas pulsionales o instintivas, su periódica recurrencia, su carácter individual —aunque común a la especie— permite que la violencia sea analizada sin tomar en cuenta los procesos históricos, ocultando así su carácter clasista. Se trataría de fuerzas que brotan en el ser humano independientemente de sus circunstancias, si bien los factores circunstanciales ofrecen el marco para que las fuerzas instintivas se desplieguen de una u otra manera.

Los enfoques instintivistas tienen también su aspecto positivo. Es indudable que la historia humana no nos permite ser muy optimistas sobre la eliminación de la violencia en la vida de las sociedades. Los enfoques instintivistas nos recuerdan el hecho de que la violencia ha jugado y sigue jugando un importante papel en la historia, y el fatalismo que arrastra el considerar la violencia como un elemento instintivo sirve como antídoto frente al optimismo ingenuo de quienes piensan que superar la violencia es cuestión de tiempo y buena voluntad. Así, al recordarnos la fuerza primordial de las pulsiones o instintos agresivos, este enfoque nos obliga a prestar atención a todos aquellos mecanismos que permitan la orientación y control de la violencia. Si el ser humano no tiene en su dotación instintiva mecanismos que le permitan encauzar constructivamente sus tendencias agresivas, es responsabilidad de la sociedad proporcionar los canales correspondientes y buscar formas pacíficas de resolver los conflictos de intereses, tanto personales como grupales.

El enfoque ambientalista: el modelo de la frustración-agresión

Un buen número de psicólogos, sobre todo aquellos vinculados a la orientación norteamericana sobre el aprendizaje, subrayan el papel que juegan los factores situacionales en la determinación de la violencia y agresión humanas. Una síntesis radical de esas posiciones la ofrece la afirmación de J. P. Scott de que «los resultados de todas las investigaciones subrayan que no hay pruebas fisiológicas de alguna necesidad interna o de alguna fuerza pulsional espontánea hacia la lucha; toda la estimulación hacia la agresión procede de las fuerzas presentes en el medio ambiente externo» (citado por Hacker, 1973, 142). Presentamos aquí dos enfoques ambientalistas: el modelo de la frustración agresión, a medio camino entre la visión instintiva y la ambiental, y el modelo contemporáneo del aprendizaje social de la violencia.

En 1939, un grupo de psicólogos de la Universidad de Yale publicó una de las obras que más ha repercutido en el análisis psicológico de la violencia y agresión (Dollard, *et al.*, 1939). La intención principal de este grupo consistía en lograr una síntesis entre la teoría psicoanalítica y la experimentación empírica; más en concreto, se plantearon algunas hipótesis fundamentales del psicoanálisis freudiano sobre la agresión en términos operativos que permitieran su verificación empírica. Para ello, utilizaron el modelo del aprendizaje propuesto por Clark L. Hull. De este modo, el grupo de Yale tradujo ciertos conceptos de Freud en variables observables y en proposiciones hipotéticas, verificables mediante la experimentación de laboratorio.

El postulado básico del grupo de Yale se encuentra en la primera página de su obra: «La agresión es siempre una consecuencia de la frustración. Más específicamente, la proposición establece que la conducta agresiva presupone siempre la existencia de una frustración y, a su vez, la existencia de la frustración siempre conduce a alguna forma de agresión». (Dollard *et al.*, 1939, 1). Por frustración entienden estos psicólogos aquel estado o condición que se produce cuando se impide a un individuo realizar una respuesta buscada como objetivo, mientras que la agresión es aquel acto que busca producir daño en un organismo (Dollard *et al.*, 1939, 11). La tendencia a la agresión varía en función directa del grado de frustración experimentada por el individuo. En concreto, tres son los factores principales que determinan, según el grupo de Yale, la fuerza de la tendencia hacia la agresión: *a)* la fuerza con que se tendía hacia la respuesta frustrada; *b*) el grado de interferencia experimentado, y *c*) el número de frustraciones sufridas (p. 28).

Ciertamente, la formulación original era demasiado rígida ya que proponía un vínculo universal («siempre») entre frustración y agresión. Por otro lado, los términos principales estaban definidos también en una forma muy genérica. Muy pronto los mismos autores cayeron en la cuenta de la excesiva amplitud de su hipótesis fundamental y uno de ellos, Neal E. Miller, la redujo a términos más moderados: «La frustración produce tendencias hacia diferentes tipos de respuestas, una de las cuales es la tendencia hacia alguna forma de agresión» (Miller, 1941, 338). Esta reformulación suponía un cambio significativo. Sin duda, siempre que se produjera una agresión habría que buscar algún tipo de frustración antecedente. Pero el hecho de que alguien fuera frustrado no permitía predecir que fuera a realizar algún tipo de agresión, ya que la instigación producida por la frustración podría canalizarse por otros tipos de respuestas no agresivas.

Según John Sabini, (1978), la hipótesis sobre la relación entre frustración y agresión puede entenderse desde una perspectiva sociológica y desde una perspectiva psicológica. La visión sociológica coincidiría con la hipótesis de Robert K. Merton (1968), según la cual hay momentos o situaciones en las cuales las personas no pueden lograr los objetivos más valorados socialmente por los medios comunes. La agresión sería entonces una forma extraordinaria, una forma innovadora de lograr esos objetivos ansiados, aunque al margen de la ley: «Ciertas áreas del vicio y del delito constituyen una respuesta "normal" a una situación en la que se ha asimilado el énfasis cultural acerca del éxito pecuniario, pero en la que se tiene poco acceso a los medios convencionales y legítimos para alcanzar éxito» (Merton, 1968, 199). La perspectiva psicológica estaría constituida por la visión freudiana de que la agresión puede ser una consecuencia directa y en cierto modo irracional ante el bloqueo de los deseos, y fue ésta la perspectiva asumida por el grupo de Yale.

El modelo de la frustración-agresión constituye una de esas explicaciones que encuentra fácil reflejo en la experiencia personal de casi todas las personas. Es indudable que cada uno de nosotros puede mencionar un sinnúmero de ocasiones donde pequeñas frustraciones nos han exasperado y hasta nos han hecho comportarnos en forma violenta. La no obtención del objeto buscado, el regaño del jefe en el trabajo, la multa de tráfico inesperada en el momento en que más prisa teníamos, todo ello nos ha irritado y nos ha llevado a pelearnos con el compañero de labores, a regañar a nuestros hijos o a gritar a cualquier otro conductor que se interpusiera en nuestro camino.

A pesar de la frustración que nos produce la multa que nos impone el policía, lo más probable es que no descarguemos contra él nuestra agresión. Más aún, la experiencia actual enseña a los salvadoreños que, frente a «la autoridad», más vale tragarse el orgullo y hasta la dignidad humana; cualquier signo de resistencia o de defensa frente a las humillaciones que nos causa es motivo suficiente para ser acusado de «resistir a la autoridad», cuando no de «subversivo», y ser llevado preso o «desaparecido». Esto ya lo predecía el modelo del grupo de Yale, cuando afirmaba que la tendencia a la agresión sería inhibida si se anticipaba que la persona a la que habría que atacar tenía poder para defenderse y aun para castigar al agresor (Dollard et al., 1939, 33). Si la persona que causa la frustración constituye una autoridad o alguien con poder sobre el frustrado, sin duda la tendencia a agredirle rara vez progresará. Esto significa no sólo que la posible conexión entre frustración y agresión no es mecánica y resulta menos irracional de lo que a veces se piensa, sino que esa conexión puede depender de factores estrictamente sociales.

Dollard y sus colegas opinan que los actos de agresión ofrecen al individuo una satisfacción equivalente, en el sentido de que cualquiera de ellos da salida a la instigación desencadenada por la frustración. Esto les permite aceptar el mecanismo de la catarsis, según el cual cualquier acto agresivo reduce la tendencia a la agresión (Dollard et al., 1939, 50). Así, la agresión inhibida frente a la autoridad se manifestaría frente al propio súbdito, y la hostilidad contra el poderoso se desahogaría frente al débil. Con frecuencia se ha señalado que el proletario latinoamericano compensa su frustración machista en el mundo del trabajo convirtiéndose en un tirano al interior del hogar; la agresión que no osa dirigir contra el patrono la da salida frente a su esposa y sus hijos (Gissi Bustos, 1976). Esto recuerda lo que un psicólogo llamó «el efecto del ciclista», según el cual las personas inclinan la espalda hacia arriba, pero para pedalear dan patadas hacia abajo.

A pesar de su innegable atractivo y de la aparente evidencia de la hipótesis que relaciona frustración y agresión, la investigación empírica no ha conducido a una clara confirmación de su postulado fundamental. La razón de esto hay que buscarla en parte en la misma imprecisión teórica de la formulación original. El concepto de agresión empleado es muy amplio y no distingue entre agresión fi-

103

nal o instrumental, ni entre ataque y defensa. Otro tanto cabe afirmar del concepto de frustración: no toda interferencia a un objetivo resulta frustrante, sino que la experiencia de la frustración dependerá de otros factores, como la expectativa del individuo o el grado de justificación de la interferencia.

No es lo mismo una interferencia razonable y justificada que una interferencia injustificada e irrazonable, como no es lo mismo la interferencia producida por causas accidentales que la interferencia intencionalmente pretendida por otros. Más aún, es claro que hay que distinguir entre la interferencia a aquellos actos que buscan la satisfacción de necesidades básicas de la persona, lo que constituye una verdadera violación a sus derechos, de aquella interferencia que bloquea actividades secundarias. Esto último puede resultar irritante para la persona, pero, por lo general, se acepta como una exigencia inevitable del bien común. Finalmente, la reformulación de Miller no sólo hace casi imposible predecir cuándo una frustración conducirá a la agresión y cuándo no, sino que vuelve muy difícil afirmar si los actos ulteriores a una frustración constituyen comportamientos agresivos o comportamientos de otra naturaleza.

La tesis sobre la relación entre frustración y agresión es todavía más problemática cuando se pretende pasar del nivel individual al nivel colectivo. Nada más sencillo que elaborar una larga lista de las frustraciones sufridas por el pueblo salvadoreño en los años previos a la guerra civil, desde la insatisfacción de sus necesidades más fundamentales hasta el bloqueo sistemático a sus justas reivindicaciones o la sangrienta manipulación y escamoteo a sus demandas políticas tanto en las urnas como en las calles. Jesús Arroyo (1971) aplicó en parte esta tesis para analizar una famosa huelga del gremio magisterial salvadoreño, que hizo tambalear al gobierno de turno y constituyó un antecedente importante de las movilizaciones populares que se producirán a lo largo de los setenta. Se podría así afirmar que la guerra que actualmente enfrenta a los «condenados de la tierra» salvadoreña con el poder establecido es el resultado de una frustración secular y progresiva. Sin embargo, esta aplicación de la hipótesis de Yale resulta muy problemática. Quizás la dificultad fundamental radica en el salto entre lo psicológico y lo social, con el peligro de caer en una forma de psicologismo. Trasladado al nivel colectivo, el fenómeno de la frustración tiene un carácter distinto. No se puede afirmar, por ejemplo, que el «sujeto colectivo» experimente el bloqueo en la búsqueda de su objetivo de la misma manera que se puede afirmar a nivel individual. Los mismos autores afirman que «toda frustración ocurre en el interior de los individuos» (Dollard *et al.*, 1939, 170). Con frecuencia, los individuos más activos en los movimientos reivindicativos o en la confrontación bélica no han experimentado en su vida personal las frustraciones que sirven de base a los reclamos. Con ello no se niega la posibilidad de que experiencias colectivas de frustración estén entre la causas que llevan a un motín o a una insurrección; lo que se pone en duda es que estas experiencias puedan entenderse como la suma de frustraciones individuales de los miembros de la colectividad.

En años recientes, Leonard Berkowitz ha propuesto una formulación revisada de la hipótesis de la frustración-agresión, con lo cual trataría de superar las principales deficiencias aparecidas en el trabajo empírico. Berkowitz (1976) enfatiza la relación entre el estado emocional interno de la persona y los estímulos del medio ambiente en que se encuentra. La tesis revisada, afirma Berkowitz (1976, 268) tiene que reducir los fenómenos que pretende explicar ya que «hoy sabemos que no es necesario que una persona esté frustrada para que realice una acción agresiva». El cambio propuesto por Berkowitz se centra en tres puntos: *a*) se acepta el planteamiento de que la frustración genera una predisposición para los actos agresivos. Sin embargo, se mantiene que esta predisposición puede surgir también de otras fuentes, por ejemplo, mediante la adquisición de hábitos agresivos; *b*) los estímulos externos juegan un papel esencial como señales para la ejecución de los actos agresivos. De hecho, la predisposición a la agresión no se materializa en comportamientos agresivos a no ser que se produzcan en el medio las señales apropiadas de que se puede ejecutar el acto agresivo; *c*) se limita la capacidad explicativa de la frustración como origen de la agresión, ya que muchos comportamientos agresivos se deben a otras causas.

El punto más original en el planteamiento de Berkowitz lo constituye su énfasis en el papel de los factores ambientales que funcionan como señales, «semáforos» simbólicos que dan paso o no al acto agresivo. Así, según Berkowitz (1976, 272), «la fuerza de la respuesta agresiva que se dé a la señal apropiada se puede considerar como una función de: *a*) el valor señalador agresivo de ese estímulo —la fuerza de la asociación entre el estímulo evocador y los determinantes pasados o presentes de la agresión—, y *b*) el grado de predisposición agresiva: la intensidad de la rabia o la fuerza de los hábitos agresivos». El modelo sobre la agresión de Berkowitz está representado en el Cuadro 2.

Cuadro 2. EL MODELO DE BERKOWITZ (1975, 224)

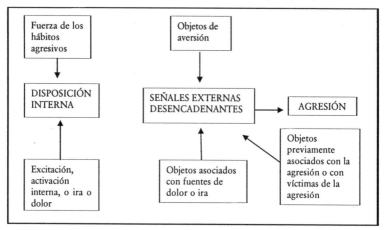

Berkowitz ha desarrollado un amplio programa de investigaciones experimentales para verificar sus hipótesis acerca del comportamiento agresivo. Uno de los esquemas que más utilizó fue el siguiente: al llegar la persona al laboratorio, se encontraba con un colaborador secreto del experimentador que mostraba un comportamiento normal u ofensivo (insultante); después, se le exponía a una estimulación neutra o vinculada a la agresión, una película por lo general; finalmente, la persona tenía la oportunidad de administrar descargas eléctricas al colaborador en un contexto socialmente justificado. Se trataba, por tanto, de un clásico diseño con dos variables independientes, el comportamiento del colaborador (ofensivo o no) y las señales (neutras o agresivas), y una variable dependiente (medida por el número y la duración de las descargas realizadas sobre el colaborador). El Cuadro 3 presenta una síntesis de los resultados obtenidos en un estudio de Berkowitz y Geen (1966), donde las señales utilizadas fueron dos películas, una que mostraba carreras de caballos (neutral) y otra que mostraba una tremenda paliza propinada a un boxeador (agresiva). Como puede observarse, los resultados parecen confirmar el modelo de dos factores propuesto por Berkowitz.

El modelo de Berkowitz supone un esfuerzo valioso por conservar la intuición central de la hipótesis sobre la relación entre frustración y agresión. En definitiva, Berkowitz plantea la «socialización» de las tendencias agresivas, que tienen que pasar por el filtro

106

Cuadro 3. RESULTADOS (BERKOWITZ Y GEEN, 1966)

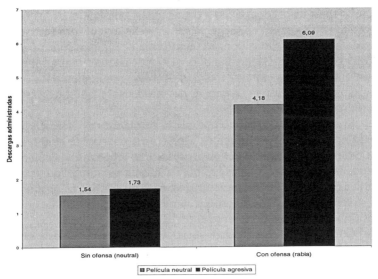

Sin ofensa (neutral) Con ofensa (rabia)

Película neutral ■ Película agresiva

de las situaciones sociales en que se producen. No se trata, entonces, de sumar un factor situacional más a la tendencia pulsional; lo esencial en las señales ambientales no reside en la materialidad de los estímulos por sí mismos, sino en el significado que esos estímulos evocan en la persona (Berkowitz, 1974). El que se produzca un comportamiento agresivo no es el resultado de una tendencia que es desencadenada por los estímulos apropiados; aun supuesto el surgimiento de una tendencia agresiva, la agresión comportamental requiere un contexto social propicio, al menos en la interpretación perceptiva del agresor.

El enfoque ambientalista: el aprendizaje social

Uno de los modelos teóricos que más aceptación ha tenido en Psicología social en las dos últimas décadas ha sido el aprendizaje social, que constituye un intento por incorporar los factores cognoscitivos propios del sujeto al marco de la concepción conductista. De ahí que, aun cuando la línea central de este modelo sigue siendo el aprendizaje, su aporte más significativo lo constituye el papel asignado a procesos vicarios, simbólicos y auto-reguladores en el funcionamiento psicológico (Bandura, 1977).

107

Frente a la visión instintivista, el aprendizaje social subraya la importancia de la adquisición y condicionamiento social de los comportamientos agresivos. Según este modelo, puede producirse la agresión sin que ello suponga la existencia de algún instinto o pulsión agresiva. Para Albert Bandura (1973), cualquier teoría sobre la agresión tiene que explicar tres puntos: cómo se adquieren los comportamientos agresivos, cómo se desencadenan y qué factores determinan su persistencia.

El aprendizaje social acepta que la forma mejor y más efectiva para adquirir comportamientos agresivos la constituye el aprendizaje directo, es decir, aquellos procesos que refuerzan los comportamientos agresivos realizados por la misma persona. Practicar la violencia o la agresión y practicarla con éxito (refuerzos positivos), fortalece ese tipo de respuestas y aumenta la probabilidad de que se las utilice en forma preferente ante determinadas situaciones.

Con todo, el aprendizaje social ha puesto más énfasis en el aprendizaje indirecto del comportamiento agresivo. La razón fundamental estriba en que el aprendizaje directo sólo explica el afianzamiento de comportamientos que ya se pueden realizar, es decir, conductas ya existentes en el repertorio de respuestas de la persona, mientras que el aprendizaje vicario pretende explicar la adquisición de conductas nuevas, respuestas que con anterioridad no figuraban en el repertorio de un individuo.

El aprendizaje vicario es aquel que se realiza sin necesidad de una experiencia directa: es un aprendizaje simbólico, que se fija mediante la contemplación de modelos. «El efecto de los modelos produce el aprendizaje a través de su función conformativa. Al observar a los modelos, las personas adquieren principalmente representaciones simbólicas de las actividades realizadas, y esas representaciones sirven como guías para su ejecución apropiada» (Bandura, 1977, 22-24). El Cuadro 4 presenta los cuatro procesos que componen el aprendizaje por observación según Bandura: la atención, la retención, la reproducción motora y la motivación.

Aplicada a la violencia y a la agresión, la tesis del aprendizaje social significa que no hace falta que los individuos realicen conductas agresivas y que éstas sean reforzadas para aprender a actuar violentamente; basta con observar el espectáculo de la violencia para que se produzca el aprendizaje. La visión de la violencia supone un doble aspecto: por un lado la persona adquiere el conocimiento sobre nuevas formas de comportarse agresivamente; por otro lado, experimenta un refuerzo vicario, positivo o negativo, según que la conducta violenta observada sea premiada o castigada. En este sentido, la persona aprende «en cabeza ajena» las ventajas e inconvenientes de la violencia.

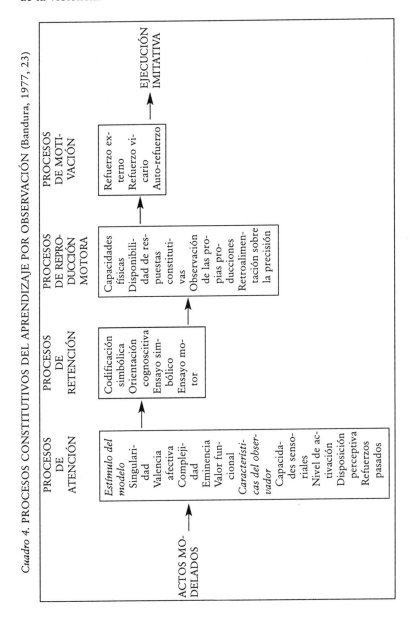

Cuadro 4. PROCESOS CONSTITUTIVOS DEL APRENDIZAJE POR OBSERVACIÓN (Bandura, 1977, 23)

PROCESOS DE ATENCIÓN	PROCESOS DE RETENCIÓN	PROCESOS DE REPRODUCCIÓN MOTORA	PROCESOS DE MOTIVACIÓN
Estímulo del modelo Singularidad Valencia afectiva Complejidad Eminencia Valor funcional *Características del observador* Capacidades sensoriales Nivel de activación Disposición perceptiva Refuerzos pasados	Codificación simbólica Orientación cognoscitiva Ensayo simbólico Ensayo motor	Capacidades físicas Disponibilidad de respuestas constitutivas Observación de las propias producciones Retroalimentación sobre la precisión	Refuerzo externo Refuerzo vicario Auto-refuerzo

ACTOS MODELADOS →

EJECUCIÓN IMITATIVA

Es bien conocido un estudio sobre el aprendizaje de la violencia realizado por Bandura, Ross y Ross (1963). Un grupo de niños pequeños pudo contemplar a un adulto que golpeaba una figura de plástico: unos niños contemplaron un modelo real, otros contemplaron al modelo en una película, otros lo contemplaron en dibujos animados, mientras que un grupo de control observaba un modelo no agresivo y otro no observó ningún modelo. Posteriormente, los experimentadores «frustraron» a los niños, invitándoles primero a jugar con una serie de juguetes muy atractivos, pero diciéndoles luego que esos juguetes estaban reservados para otro grupo de niños y que ellos tendrían que conformarse con los juguetes que había en otra habitación. Entre esos juguetes había algunos que ya habían visto antes, como los muñecos. Los resultados mostraron que los niños que habían contemplado al modelo agresivo realizaron más conductas agresivas que los que no lo habían visto. Además, los niños tendían a imitar el tipo de agresión contemplado en el modelo (golpear y gritar a los muñecos), tanto si lo habían visto directamente como si lo habían visto en película (ver también Bandura y Walters, 1974).

Los efectos de la observación no se limitan al modelamiento de nuevas conductas en el observador; también producen la inhibición o desinhibición de respuestas ya existentes en el repertorio del observador o producen comportamientos emulativos frente al modelo. Por supuesto, la inhibición o desinhibición de comportamientos agresivos dependerá de si el modelo es castigado o premiado por su conducta agresiva.

El aprendizaje social acepta que la mejor manera de mantener los hábitos agresivos es premiarlos (Bandura, 1973, 183). Sin embargo, también aquí el refuerzo vicario puede cumplir funciones estabilizadoras. De particular importancia es el refuerzo que el individuo da a su propio comportamiento (el auto-refuerzo). La evaluación, positiva o negativa, que cada cual hace de su proceder representa una de las principales fuentes de control del comportamiento humano; sin embargo, los criterios y formas de autoevaluación son también aprendidos y dependen en buena medida de las respuestas y refuerzos sociales de los demás.

Una de las áreas en que más se ha aplicado el enfoque del aprendizaje social de la violencia es la de los medios de comunicación masiva, sobre todo la televisión. De ser ciertos los planteamientos de estos psicólogos, el espectáculo cotidiano de la violencia por la televisión puede tener unos efectos nefastos en las personas, principalmente en los niños. El debate es acalorado (¡violento a veces!) ya que en él entran en juego poderosos intereses comerciales, y todavía no se puede considerar clausurado. Ciertamente, casi nadie piensa que el espectáculo de la violencia televisiva pueda servir de catarsis, como parecían indicar ciertos estudios (Feshbach y Singer, 1971). Ahora bien, no es totalmente claro que la visión de la violencia televisiva pueda relacionarse directamente con los comportamientos agresivos cotidianos. Así, por ejemplo, un interesante estudio de Stanley Milgram y Lance Shotland (1977) trató de verificar si las personas tendían a imitar en la vida real la conducta antisocial vista en la televisión (el robo de un fondo para la caridad). La conclusión a la que llegaron los experimentadores fue negativa: «Personalmente, los investigadores encuentran repugnante la constante presentación de violencia en la televisión. Pero eso es algo totalmente distinto que afirmar que produce conducta antisocial entre los espectadores. Nosotros no hemos podido encontrar pruebas al respecto» (Milgram y Shotland 1977, 336). Frente a la afirmación de Milgran y Shotland cuyo estudio fue subvencionado por la cadena CBS, está la afirmación contraria de otros investigadores, como la presentada en el Recuadro 2[16].

Recuadro 2. TELEVISIÓN Y VIOLENCIA

Los niños ven una gran cantidad de televisión y, aun cuando se pueden plantear muchas cuestiones sobre los diversos estudios realizados, éstos muestran consistentemente que hay una relación entre ver violencia y diversas medidas de agresividad. Esta conclusión se mantiene aunque se de-

---

16. La bibliografía en torno a la posible influencia de los contenidos violentos emitidos a través de los medios de comunicación de masas, especialmente de la televisión, sobre el comportamiento agresivo de los niños es muy abundante y apenas cabe la posibilidad de hacer un mínimo balance en una nota al pie de página. Ello no obstante, en el reciente libro de Urra, J., Clemente, M. y Vidal, M. Á.: *Televisión, su impacto en la infancia.* Madrid: Siglo XXI, 2000) hay una excelente y actualizada revisión, así como datos empíricos referentes a la realidad española. Otras referencias igualmente pertinentes y accesibles en castellano serían: Clemente, M. *Violencia y televisión.* Madrid: Nóesis, 1996; Sanmartín, J., Grisolía, J. S., y Grisolía, S. *Violencia, televisión y cine.* Madrid: Ariel, 1998; Alonso, M., Matilla, L., y Vázquez, M. *Teleniños públicos, teleniños privados.* Madrid: Ediciones de la Torre, 1996; Urra, J. *Violencia. Memoria amarga.* Madrid: Siglo XXI. Bryant, J., y Zillmann, D. (eds.), *Los efectos de los medios de comunicación. Investigaciones y teorías.* Barcelona: Paidós, 1998; Estallo, J. A. *Los viodeojuegos. Juicios y prejuicios.* Barcelona: Planeta; García Silberman, S. y Ramos, L. *Medios de comunicación y violencia.* México: FCE, 1998; Popper, K., y Condry, J. *La televisión es mala maestra.* México: FCE, 1998.

jen de lado los resultados de los estudios más criticables. Las encuestas han mostrado una correlación entre ver violencia en la vida cotidiana y la agresividad de cada día, y esta relación ha resistido la prueba de controlar el influjo de otras variables. En los experimentos de laboratorio se ha demostrado que los niños pequeños frecuentemente imitan la violencia presentada por televisión. También se ha demostrado en experimentos de laboratorio que la presentación de violencia por televisión aumenta la probabilidad o el grado de agresión ulteriores de carácter no imitativo. En experimentos naturales, la visión de películas y programas violentos en circunstancias relativamente normales aumenta la agresión ulterior en situaciones de la vida real.

Los niños incluso de edad preescolar pueden aprender nuevas conductas agresivas simplemente con contemplar una presentación simbólica, y la conducta agresiva parece aprenderse con mucha facilidad. El contemplar la presentación de violencia televisiva puede desinhibir o facilitar la ejecución de formas ya adquiridas de conducta agresiva.

Aunque la agresión tras la contemplación de la violencia está regida por las sanciones que gobiernan la vida social, la manera como la televisión presenta la violencia puede influir en la importancia y eficacia de esas sanciones. Si en la presentación se castiga la violencia, es probable que se inhiba la agresividad. Si se muestra que la violencia es premiada, no tiene consecuencias, se justifica o es realizada por una figura atractiva —y todos éstos son rasgos típicos de la programación televisiva contemporánea— aumenta la probabilidad de violencia ulterior.

Los niños, los pequeños y los jóvenes más agresivos son más influidos por la violencia de la televisión, probablemente porque no están completamente socializados contra la realización de conductas agresivas. El continuo espectáculo de la violencia televisiva puede insensibilizar a los niños hacia las consecuencias negativas de la violencia en la vida real.

Los efectos del contenido violento de la televisión pueden ser en cierto modo disminuidos por los comentarios e interpretaciones de los adultos que ven la televisión con los niños (Comstock, Chaffee, Katzman, McCombs y Roberts, 1978, 249)[17].

Crítica de los enfoques ambientalistas

Hay tanta distancia entre el modelo de la frustración-agresión y el modelo del aprendizaje social sobre la agresión, que es difícil ofrecer una crítica de conjunto. Sin embargo, hay una idea fundamental

17. Ver nota 21 del capítulo 2.

que aparece en ambos modelos: las raíces de la violencia y de la agresión no hay que buscarlas tanto en el interior de las personas, cuanto en las circunstancias en que viven y se encuentran. Ya sea que la persona vea frustradas sus aspiraciones, ya sea que aprenda a lograr sus objetivos mediante la violencia, en ambos casos la fuente de la violencia se encuentra fuera del individuo mismo. Esto quizá constituye el mejor aporte de los modelos ambientalistas al estudio de la violencia humana. Si no se extrapola o absolutiza, este énfasis en los factores situacionales constituye una importante antítesis de la postura instintivista. En definitiva, es la sociedad, cada sistema social el que propicia situaciones que exigen violencia o el que enseña a lograr el éxito a través de la violencia. En esto, tanto pueden influir los valores realmente promovidos y reforzados a través de los modelos de identificación social (Bandura) como el sentido que los mismos objetos materiales evoquen en las personas (Berkowitz).

Lamentablemente, los modelos ambientalistas no superan con frecuencia la inmediatez de los estímulos circunstanciales o el cómo más aparente de la transmisión de conductas. En ello son fieles a la tradición conductista. Pero la importancia de los factores situacionales no se cifra tanto en su poder inhibidor o desinhibidor cuanto en el hecho de que al inhibir o desinhibir los comportamientos violentos están sirviendo de canalización a determinadas fuerzas e intereses sociales. Por ello, esos factores deben ser contemplados a la luz de la totalidad social en la que se encuentran y que les da su sentido. Hay que hacer aquí la misma observación que respecto al fenómeno de la facilitación social: el que se aprenda o no a actuar violentamente, el que se inhiba o desinhiba la violencia no es un proceso mecánico, sino un proceso en el que entran en juego los determinismos sociales. Por eso es importante examinar no sólo cómo se aprende o se desencadena la violencia, sino qué tipo de violencia se aprende o desencadena, dirigida contra quién o qué, y con qué efectos en la realidad concreta de una sociedad. Dicho de otra manera, el determinismo ambiental de la violencia tiene que ser visto a la luz de los intereses personales y sociales a los que en definitiva beneficia o perjudica.

Una gran cantidad de estudios empíricos y experimentales sobre la violencia y la agresión no supera el nivel de nimiedades intranscendentes. Con frecuencia se pretende pasar de respuestas de papel y lápiz, o de experimentos sobre pequeñas descargas eléctricas dadas en el laboratorio tras sufrir un insulto y/o ver una película, a las agresiones de la vida real, lo que supone un gigantesco salto lógico, sin que la reflexión teórica reconozca adecuadamente la insignificancia de los datos empíricos. Es un hecho que se han realizado muchos estudios de laboratorio sobre la violencia y la agresión, pero muy pocos sobre la violencia en la vida real, tan poco comprensible en términos de variables independientes «puras». Esto no quita valor a los datos experimentales disponibles, pero debe obligarnos a situarlos en su debida perspectiva (ver una excelente crítica al respecto en Lubek, 1979). La vivencia cotidiana de una guerra civil como la que experimenta El Salvador, el espectáculo cotidiano de una agresión sistemática y generalizada contra buena parte del pueblo salvadoreño, el encuentro personal y no mediado con los horrores de la tortura, el asesinato y la crueldad, nos obligan a poner en un contexto crítico los aportes de las teorías ambientales.

Con todo, estas teorías ofrecen una línea de reflexión que puede ayudar a comprender la dinámica de la llamada «espiral de la violencia». La misma violencia promovida por el poder social establecido causa la continua frustración de aspiraciones fundamentales y enseña a todos cómo lograr los objetivos perseguidos por cada cual. En otras palabras, la violencia que busca eliminar toda oposición es fuente de una creciente tendencia agresiva (en la medida en que frustra) y ofrece modelos de comportamiento violento cuya aprobación y justificación refuerza como caminos para el éxito social.

El enfoque histórico

Frente a los enfoques instintivista y ambientalista, hay un tercer tipo de modelos sobre la violencia que trata de subrayar su carácter histórico. El planteamiento histórico toma distancia crítica de los enfoques que pretenden analizar de la misma manera la violencia de los animales que la del ser humano y que terminan por ignorar la especificidad humana. Como señala Fromm (1975, 83), «el hombre de los instintivistas vive el pasado de la especie, y el de los conductistas el presente de su sistema social. El primero es una máquina que sólo puede producir pautas heredadas del pasado; el segundo es una máquina que sólo puede producir las normas sociales del presente. Instintivismo y conductismo tiene en común una premisa básica: que el hombre no tiene psique con estructura y leyes propias».

El modelo histórico sobre la violencia humana parte de dos presupuestos fundamentales: a) existe una naturaleza específica del ser humano, naturaleza abierta a potencialidades de todo tipo, entre ellas la de la violencia y la agresión; b) esta naturaleza es de carácter histórico. La historicidad de la naturaleza humana significa desde el punto de vista social que cada persona se materializa en el marco de una sociedad concreta como parte y expresión de unas fuerzas sociales; desde el punto de vista personal significa que cada individuo sigue un proceso que le es peculiar, y que configura su propia biografía. Un esfuerzo significativo por analizar la violencia con un enfoque histórico lo realizó en los últimos años de su vida Eric Fromm (1975). Como miembro, aunque cada vez más lejano, de la Escuela de Fráncfort, Fromm intentó siempre conjugar los planteamientos psicoanalíticos sobre el individuo con algunas de las intuiciones más fundamentales de Marx acerca de la dinámica social. Fromm parte del supuesto freudiano de que el ser humano no es una «caja negra» y mucho menos «vacía» sino que está dotado de tendencias pulsionales vinculadas a su organismo. Ahora bien, para Fromm hay que distinguir entre las pulsiones orgánicas y las no orgánicas o del carácter. Las pulsiones orgánicas, tradicionalmente llamadas instintos, son aquellas tendencias que tienen como función garantizar la supervivencia del individuo y de la especie, son comunes a todos los seres humanos y están programadas filogenéticamente. Entre estas pulsiones orgánicas, Fromm cita el alimento, la lucha, la huida y la sexualidad.

Las pulsiones no orgánicas no son parte de la dotación filogenética del ser humano, más bien echan sus raíces en el carácter. No son por tanto comunes, sino que su adquisición depende de la evolución de cada grupo o persona. Entre estas pulsiones no orgánicas Fromm menciona el deseo de amar y de ser libre, la destructividad, el narcisismo, el sadismo y el masoquismo. Como se ve, las pulsiones del carácter pueden ser tanto constructivas como destructivas.

La pulsión orgánica hacia la lucha constituye una forma de violencia defensiva que «está al servicio de la supervivencia del individuo y de la especie, es biológicamente adaptativa y cesa cuando cesa la amenaza» a los intereses vitales del individuo (Fromm 1975, 18). En cambio, hay otro tipo de violencia, la que Fromm califica como «agresión maligna», que es una pulsión no orgánica, que lleva a la destructividad y crueldad propias del hombre. Puesto que la agresión maligna no es heredada genéticamente, «el problema consiste en examinar en qué modo y grado son las condiciones concretas de la existencia humana causantes de la calidad e intensidad del placer que el hombre siente matando y torturando» (Fromm, 1975, 192). Se trata, por tanto, de un problema que requiere una respuesta histórica: son las situaciones sociales concretas las que determinan la aparición de estas formas malignas de violencia. Es aquí donde la visión freudiana sobre el individuo empalma con la concepción marxista sobre los procesos sociales y su dinámica.

Como ya se indicó en otro momento, Fromm considera que cada estructura social va conformando el carácter de las personas a través de los procesos de socialización, de tal modo que las exigencias objetivas de los intereses materializados en las estructuras de una sociedad se van convirtiendo en motivaciones psíquicas en las estructuras del carácter de cada individuo.

Cada forma de sociedad (o clase social) necesita emplear la energía humana del modo específico necesario para el funcionamiento de esa sociedad. Sus miembros han de desear hacer lo que tienen que hacer para que la sociedad funcione debidamente. Este proceso de transformación de la energía psíquica en energía psicosocial específica es transmitido por el carácter social (Fromm, 1975, 256).

Supuesta la apertura del ser humano a las formas malignas de agresión, su configuración se deberá a las condiciones establecidas por la organización social que requieren este tipo de comportamientos violentos. Ante determinadas exigencias sociales de éxito mediante la dominación o la opresión, los individuos desarrollan un carácter que tiende a buscar su satisfacción en la negación y destrucción del otro. Así, situaciones de continua explotación inhumana engendran el tipo de personas necesarias para su subsistencia, personas que afirman su identidad en forma «necrofílica», es decir, impidiendo la humanización de los demás.

El modelo de Fromm parece tener una obvia aplicación al caso de El Salvador. Es fácil entender que el sistema secular de opresión existente en este pequeño país ha ido moldeando diferenciadamente a las personas según su ubicación social. No es de extrañar, entonces, encontrar que quienes han disfrutado tradicionalmente del poder económico, político y social hayan desarrollado una particular insensibilidad que les permite mantener los mecanismos de la opresión que ellos exigen para su desarrollo humano. Su vida se alimenta así del despojo a los demás, y consideran natural que la privación de los otros alimente su saciedad, su lujo y su despilfarro. Junto a ellos, está el carácter policial de quienes custodian esta situación opresiva mediante la utilización directa de la fuerza física sobre las clases dominadas. Golpear, violar, torturar y matar son prácticas «connaturales» a quienes ha tocado viabilizar directamente las exigencias de orden planteadas por el régimen social. Finalmente, la

116

gran mayoría de la población ha podido desarrollar un carácter que acepta la agresión maligna contra sí misma, y por tanto, que presupone la sumisión a las exigencias opresivas del régimen establecido. A pesar de que el modelo de Fromm ilumina las raíces básicas de la violencia humana, su aplicación a los casos concretos resulta insatisfactoria. Como muestra el párrafo anterior, el modelo de Fromm se queda a un nivel bastante abstracto que no da razón suficiente de las formas específicas que en cada persona adquieren las exigencias sociales. Dicho de otra manera, el modelo de Fromm no recorre aquellas mediaciones psicosociales que llevan de la estructura social a la estructura de la personalidad, y de las personas a sus acciones concretas de cada día. En este sentido, el modelo de Fromm debe ser completado (y quizás corregido) siguiendo precisamente el proceso histórico por el que las personas desarrollan las formas concretas de agresión maligna.

HISTORIA PSICOSOCIAL DE LA VIOLENCIA

Una comprensión adecuada de la violencia desde la perspectiva psicosocial requiere que recorramos su particular «historia» integrando aquellos elementos y procesos diversamente enfatizados por cada uno de los enfoques, pero que sólo reciben su sentido en el contexto de la totalidad. Hemos dividido esta historia de la violencia en cinco pasos: *a)* apertura humana a la violencia y a la agresión; *b)* el contexto social; *c)* la elaboración social de la violencia; *d)* las causas inmediatas; y *e)* la institucionalización. En este último punto nos detendremos un poco más, pues muestra una importante faceta de la violencia sin la cual no se entienden las grandes matanzas realizadas en el presente siglo al abrigo de regímenes legales.

La apertura humana a la violencia y a la agresión

Si los seres humanos utilizamos la violencia para lograr nuestros objetivos, si de hecho nos agredimos unos a otros con una frecuencia e intensidad que no disminuye a lo largo de los siglos, ello significa sin duda que hay algo en nosotros, en nuestra propia constitución, que nos convierte en sujetos de violencia. Para algunos, ese algo es una fuerza instintiva, enraizada filogenéticamente en nuestro organismo y que permite la conservación del individuo y de la especie en la lucha por la vida. Para otros, ese algo es una maleabilidad original cuya conformación última está sujeta a los determinismos circunstanciales que a cada individuo le toque vivir. En cualquier caso, se trata de una apertura radical que hace que la violencia constituya una de las posibles formas como el ser humano desarrolla sus potencialidades y se relaciona con sus semejantes.

En el sentido estricto del término, tal como lo emplean los etólogos, no pensamos que pueda hablarse de un instinto agresivo en el ser humano. Incluso se hace difícil aceptar la existencia de una pulsión de muerte como la postulada por Freud, a no ser que se interprete su sentido a un nivel más de orden metafísico que psicológico. Sin embargo, parece indudable que todo ser viviente tiene una tendencia a conservar la vida, y que esa tendencia pueda traducirse en comportamientos violentos frente a las amenazas. Al menos a ese nivel básico, la distinción entre defensa y ataque, entre lo que Fromm llama agresión benigna y maligna, es clara e importante; la claridad, sin embargo, desaparece tan pronto como el acto violento es puesto en un contexto histórico, donde son múltiples los factores de todo tipo que incluyen en su realización.

Cabría preguntarse, con todo, si la tendencia a la violencia tiene raíces genéticas. Son conocidas las afirmaciones de Cesare Lombroso sobre el criminal nato, a quien podría reconocerse por sus estigmas atávicos, sus rasgos primitivos. Lombroso mantenía que el criminal se encontraba «a medio camino entre el idiota y el salvaje», y poco a poco fue ampliando la red para incluir en esa categoría a todo tipo de personas defectuosas, tanto si sus defectos podían ser considerados rasgos primitivos como si no. Pero si la doctrina decimonónica de Lombroso ya hace tiempo que cayó en desuso, todavía se piensa que ciertas combinaciones genéticas —por ejemplo, la presencia de un segundo cromosoma Y en la dotación sexual del varón— estarían a la raíz de ciertas tendencias agresivas. Al parecer, investigaciones más recientes no han podido encontrar relación alguna entre los cromosomas XYY y las tensiones agresivas (Hacker, 1973, 195).

Lo que sí se puede afirmar es que los comportamientos violentos tienen su base en la estructura neurofisiológica del organismo humano. J. M. R. Delgado (1972, 146) mantiene que la violencia está «cerebralizada», es decir, que aunque las causas desencadenantes de la agresión se encuentren en las circunstancias externas, «los mecanismos esenciales están necesariamente relacionados con procesos intracerebrales de actividad neuronal». Delgado ha podido demostrar en diversos animales que, aunque se estimule en forma artificial un acto agresivo, el animal sólo ejecutará la agresión cuando se encuentre frente a un miembro de su especie que ocupe una posición idéntica o inferior a la suya, pero no frente a un miembro de jerarquía social superior.

En síntesis, el ser humano es un ser abierto a la violencia y a la agresión como posibilidades comportamentales que tienen su base en la configuración de su propio organismo. Que estas posibilidades se materialicen dependerá de las circunstancias sociales en que se encuentren los individuos y las exigencias particulares que cada persona tenga que confrontar en su propia vida.

El contexto social: la lucha de clases[18]

Como ocurre con la acción pro-social, resulta esencial situar su surgimiento en un contexto concreto, ya que de él depende esencialmente la definición de lo considerado como beneficioso para la sociedad. La necesidad de remitir al contexto social es, si cabe, todavía más importante al analizar la violencia, sobre todo para entender el sentido de su justificación y, por consiguiente, determinar su carácter.

La sociedad salvadoreña, como el resto de las sociedades latinoamericanas, se encuentra profundamente escindida en grupos, cuyos intereses resultan irreconciliables. Esta irreconciliabilidad de intereses sociales está a la raíz de la oposición objetiva entre los dos grupos

18. Ésta va a ser la hipótesis que andará rondando Martín-Baró: la guerra como la cristalización de la lucha de clases, como marco del fondo socio-histórico de la violencia bélica. Lo irá explicitando, a veces con una claridad rayana en la crudeza, a lo largo de los tres siguientes capítulos: «La guerra civil en El Salvador —nos dirá en el capítulo 4— es una guerra de clases, y mientras no se cambie la estructura socioeconómica del país, será una guerra que ha de resurgir tozudamente cada vez con mayor virulencia». A la clase social dedicó nuestro autor páginas llenas de agudeza y frescura en el capítulo tercero de *Acción e ideología*, cuyo título, «Las estructuras sociales y su impacto psicológico» refleja de manera muy precisa su posición teórica. A lo largo de las 30 páginas del segundo epígrafe, «Realidad psicosocial de las clases sociales», Martín-Baró va desgranando un argumento de claro tono marxiano, que lo coloca a veces al borde del holismo sociológico (ver nota 4 del capítulo «Presupuestos psicosociales del carácter» en *Psicología de la liberación*. Cit.): la concepción de la clase social no sólo como una variable situacional (variables objetivas relacionadas con las condiciones materiales de la existencia), sino como una variable estructural, como un aspecto «... que influye a la totalidad de la realidad humana y, por consiguiente, que determina el sentido de todo quehacer humano» (*Acción e ideología*. Cit.). Sobre la taxonomía «explotador»-«explotado», ver nota 8 del capítulo 3 de *Psicología de la liberación*.

principales —burguesía frente a proletariado, en sentido amplio—
que es lo que se conoce como lucha de clases. En cada momento, el
ordenamiento social existente constituye el producto del balance de
fuerzas sociales. Así, el orden social mantenido en El Salvador es el
producto del dominio de una pequeña minoría capitalista sobre la
gran masa popular y refleja en todas sus articulaciones los intereses
de clase de esa minoría. Esto significa que la misma configuración
de la organización social en El Salvador constituye ya un estado de
violencia dominadora de los pocos sobre los muchos, de los poderosos sobre los impotentes. Esta situación es la que ha sido calificada de violencia estructural y que ha sido denunciada como un «desorden establecido».

No hace falta profundizar mucho en el análisis para poner de manifiesto la violencia estructural[19] en El Salvador. Basta con citar al-

19. Pero Martín-Baró sí ha profundizado en ello en las páginas precedentes en
cuyo transcurso nos ofrece una sólida explicación: cuando la violencia se institucio-
naliza pasa a dotarse de sus propios mecanismos de racionalización. Éstos se dejarían
definir en términos relativamente simples: la existencia de un orden social clasista,
que defiende con todos los argumentos a su alcance, los ideológicos y los materiales,
su situación de privilegio, sin dejarse importunar por el desorden que ello causa ni
por las consecuencias que conlleva su férreo mantenimiento: así son las cosas, así las
ha dispuesto la naturaleza, así lo ha querido algún dios caprichoso, y así hemos de
aceptarlas. La violencia estructural, apunta Kathleen Weigert en un capítulo muy digno de ser tenido en cuenta, «emerge de una desigual distribución del poder y de los
recursos» (Weigert, K. Structural Violence. En L. Kurtz y J. Turpin, (eds.). *Encyclopedia of Violence, Peace, and Conflict. Vol. III. Cit.*). De alguna manera, ésa era la propuesta de Johan Galtung, cuando urge la distinción entre «violencia personal» y «violencia estructural», y relaciona la segunda con la explotación y la marginalización
(Galtung, J. Violence, peace, and peace research. *Journal of Peace Research, 6,* 1969,
167-191), una diferenciación sobre la que vuelve años después para señalar directamente a la explotación como pieza central de la estructura violenta arquetípica, que
tiene su correlato en una violencia cultural (Galtung, J. Cultural violence. *Journal of
Peace Research, 27,* 1990, 291-305). Ervin Staub, uno de los más reconocidos especialistas en este campo, puso después dos ejemplos muy diversos sustentando sobre
la misma hipótesis: tanto la violencia genocida como la que tiene lugar entre los jóvenes estadounidenses son un proceso societal que no puede ser cabalmente comprendido sin la inestimable ayuda de los procesos grupales, de las condiciones sociales (económicas, políticas, tecnológicas, etc.) y de la cultura (Staub, E. Cultural-societal roots
of violence. *American Psychologist, 51,* 1996, 117). No en vano la injusticia estructural, la ambición y la lucha por el poder (ver epígrafe «La cuestión del poder» en la
Introducción) aparecen liderando las respuestas a la pregunta «¿cuál cree usted que
es la causa principal de la guerra en nuestro país?» incluida en la Encuesta de Opinión Pública que regularmente pasaba el IUDOP. Aunque con oscilaciones porcen-
tuales algo llamativas, en mayo de 1988 la injusticia estructural se erigía en la primera causa para el 35,6% de los salvadoreños; un porcentaje que descendía al 14,2% en
diciembre de ese mismo año, cuando la ambición era mencionada por el 25,3% como

gunas de las situaciones mantenidas por el sistema y que bloquean la posibilidad factual de que las mayorías satisfagan, así sea en forma elemental, sus necesidades primarias (Seminario, 1983). La distribución de los recursos logrados es tal que tres de cada cuatro niños salvadoreños padecen algún grado de desnutrición, una de cada dos familias carece de vivienda, uno de cada dos salvadoreños adultos es analfabeto, y en promedio, el salvadoreño apenas tiene oportunidad de acudir una vez a consulta médica cada dos años.

La violencia estructural no se reduce a una inadecuada distribución de los recursos disponibles que impide la satisfacción de las necesidades básicas de las mayorías; la violencia estructural supone además un ordenamiento de esa desigualdad opresiva mediante una legislación que ampara los mecanismos de distribución social de la riqueza y establece una fuerza coactiva para hacerlos respetar. El sistema cierra así el ciclo de violencia justificando y protegiendo aquellas estructuras que privilegian a los menos a costa de los más. Más aún, el control sobre las instituciones sociales permite a la clase dominante imponer los objetivos a la sociedad entera y hasta plantear un determinado estilo de vida como ideal de existencia, objetivos y estilo de vida que refuerzan la organización social al servicio de sus intereses de clase.

Puesto que el orden social es producto y reflejo del dominio de una clase social sobre el resto, la conclusión más importante que de ahí se sigue es también la más obvia; la violencia ya está presente en el mismo ordenamiento social y, por tanto, no es arbitrario hablar de violencia estructural. Esta violencia no es una violencia de individuos; ni siquiera es necesario que exista conciencia personal sobre ella. Por el contrario, se trata de una violencia de la sociedad en cuanto totalidad y, mientras no entre en crisis, se impone con una connaturalidad de la que no se es consciente en forma refleja. Pero que la violencia está allá y que supone una continua coerción impuesta a las clases dominadas, ha sido puesto de manifiesto históricamente con los movimientos de desobediencia cívica no violenta. Con su rechazo pacífico a seguir las reglas del juego, los partidarios

---

la causa prioritaria de la guerra. El propio Martín-Baró ofrece una explicación que no deja de ser plausible: «A medida que pasa el tiempo, se prolonga la guerra y se frustran los conatos de diálogo y negociación de paz, las personas tienden a fijarse menos en las condiciones y circunstancias que desencadenaron el conflicto, y a prestar más atención a las condiciones inmediatas de ambición e intransigencia de los contendientes» (Martín-Baró, I. *La opinión pública salvadoreña, 1987-1988*. San Salvador: UCA Editores, 1989, 77).

de Ghandi, Martin Luther King o Monseñor Helder Cámara hicieron que aflorara la violencia del sistema y saliera a las calles a imponer por la mano militar aquellas exigencias coactivas que alimentan los privilegios del sector social en el poder.

Así como la existencia de un orden social clasista vuelve ambigua la definición de lo que es pro-social al identificarlo con aquello que favorece los intereses dominantes en el sistema establecido, de la misma manera define como violentas no aquellas fuerzas aplicadas desde las propias instituciones del orden social para su propia conservación y reproducción, sino aquellas otras, y sólo ellas, que se ejercen con el fin de alterar o cambiar las estructuras sociales. Como veremos más adelante, esta definición social de la violencia constituye el mecanismo ideológico mediante el cual el dominador justifica en sí mismo todo aquello que condena en el dominado[20].

El trasfondo de violencia estructural es el marco en el que surge y hay que interpretar cualquier forma de violencia o agresión que se produzca. Esto no quiere decir que la violencia estructural explique sin más todo acto violento o agresivo de cualquier persona; lo que se quiere decir es que ese comportamiento no será adecuadamente comprendido si no es en el contexto de la violencia estructural. El asesinato cometido por el campesino salvadoreño en una pelea dominguera no puede ser juzgado de la misma manera que el asesina-

---

20. Y puede hacer, y hace, algo más: dota de significado a las cosas, a las personas y a las acciones que estas ejecutan. Lo hace mediante el control de la opinión pública (ver nota 29 de la Introducción y nota 8 del capítulo 3), de la manipulación de los medios de comunicación de masas (ver nota 24 del capítulo 3) y finalmente de la violencia aniquiladora. Una vez más el fondo ideológico. En este caso bordeando una pregunta que arranca de las mismas entrañas de una de las propuestas teóricas más sólidas en toda la Psicología social, la de George H. Mead: si el proceso psicológico nuclear estriba en la incorporación a la mente del significado de las cosas (o de las personas; el significado de «enemigo», por poner un ejemplo familiar a lo largo de estas páginas), una de las reflexiones psicosocialmente más pertinentes estriba en dilucidar el origen y procedencia de dichos significados. En la Introducción se perfila una respuesta: la conexión de la violencia con estructuras de significado podría ser una consecuencia natural del principio de instrumentalidad que se identifica preferentemente con el poder, la fuente más regular de los significados. En páginas previas (epígrafe «Conceptos fundamentales» de este mismo capítulo) se complementa esta hipótesis; «la materia violenta que se ha tomado como objeto de análisis ha sido el acto contrario o perjudicial al régimen establecido». Pero no se agota aquí la relevancia psicológica del significado; su vertiente más sombría aparece cuando nos acercamos a su destrucción y a las consecuencias que de ello se derivan. Éstas aparecen con una fuerza devastadora en los sujetos sometidos a tortura (ver nota 8 de este mismo capítulo) y en los refugiados (ver a este respecto la nota 2 del capítulo 3).

to que realiza el distribuidor de drogas neoyorkino; ni puede tener la misma significación la violencia ejercida por quien se mueve en un contexto de desempleo, miseria y hambre que la de quien se mueve en un contexto de abundancia y saciedad. Es posible que la explicación fundamental de ciertos actos de violencia —muchos o pocos— resida en la misma persona y en sus características peculiares; con todo, incluso esos mismos factores individuales deben ser interpretados a la luz de la totalidad social en la que esa persona se ha formado y vive.

La existencia de un estado de violencia estructural nos lleva a una última reflexión, muy importante para el análisis psicosocial de la realidad salvadoreña; la violencia de los oprimidos no es una violencia originaria. En otras palabras, cuando los sectores sociales oprimidos recurren a la violencia para lograr su liberación se trata de una violencia derivada. Como ya lo planteó Paulo Freire (1971), es la violencia del opresor la que instaura una situación opresiva, sin que al oprimido le quede con frecuencia otro medio para liberarse de su situación que acudir también a la violencia. Este hecho fue reconocido por el mismo Freud (1970a), a pesar de su fatalismo positivista. Quienes se encuentran en el poder afirman que es la violencia de los insurgentes la que produce un estado de guerra civil en El Salvador. Es una consideración estática, esto es cierto. Sin embargo, a la luz de la historia es innegable que los insurgentes no han hecho más que radicalizar un proceso de liberación. La espiral de violencia no comenzó con el levantamiento de los oprimidos, sino con el establecimiento de su opresión; la respuesta no violenta de los movimientos y organizaciones populares hizo aflorar y multiplicarse la violencia represiva del régimen, que a su vez forzó a los sectores oprimidos a levantarse en armas.

La elaboración social de la violencia

En el marco del desorden establecido, cada grupo y persona va elaborando su identidad y escribiendo su biografía. El proceso de socialización, mediante el cual los individuos llegan a ser personas humanas y miembros de una sociedad, supone la apropiación de las exigencias del sistema imperante. El «control social» constituye esa violencia interiorizada por cada persona, que le lleva a encauzar su desarrollo por unos caminos y no por otros. Es importante no incurrir en idealismos abstractos: toda formación humana supone una cierta dosis de coerción y el propio crecimiento personal requiere opciones. Elegir un camino siempre implica descartar otros posibles. El problema no se cifra en esta dosis lógica de coerción formativa, sino en el carácter mismo de la coerción impuesta. En la medida en que el ordenamiento interiorizado, las exigencias sociales apropiadas requieran la sumisión de las personas a un orden opresivo que los enajena y deshumaniza, en esa medida el proceso de socialización constituye un mecanismo de violencia institucional. El fatalismo[21] con que amplios sectores del pueblo latinoamericano han aceptado tradicionalmente su destino personal, y que se refleja en la expresión salvadoreña «uno de pobre...», es un claro indicio psicosocial de una violencia estructural interiorizada.

Los procesos de socialización pueden ser desglosados de acuerdo a los aprendizajes que se van realizando en las diversas etapas del desarrollo humano y en los diversos ámbitos de la personalidad y vida de cada cual. Este enfoque nos lleva a formular dos preguntas: ¿cuáles son los principales modelos que de hecho se ofrecen en nuestra sociedad?; ¿cuáles son las conductas realmente reforzadas en los diversos grupos sociales?

La pregunta sobre los modelos sociales se origina en la tesis del modelo del aprendizaje social que subraya que el surgimiento de conductas nuevas se debe sobre todo al conocimiento adquirido mediante la observación del comportamiento de los demás. En otras palabras, el niño aprende aquellos comportamientos que ve realizar en su entorno, sobre todo los que realizan las figuras más significativas en su vida y que conducen al logro de los objetivos perseguidos. Cabe entonces preguntarse en forma más concreta qué modelos ofrecen los padres, las personas influyentes, los medios de comunicación social. Hay que interrogarse en particular si estos modelos no ofrecen continuamente el espectáculo de comportamientos violentos. La situación actual de El Salvador, donde el término «autoridad» es sinónimo de violencia arbitraria sobre el súbdito, donde los principales representantes del orden social muestran que su principal recurso es la fuerza violenta, no deja muchas dudas sobre cuáles son los principales modelos ofrecidos a los niños o sobre la variedad de conductas violentas y agresivas que les es dado contemplar día tras día.

La pregunta sobre los refuerzos sociales surge de los modelos clásicos del aprendizaje que mantienen que se aprenden y se man-

---

21. Sobre el fatalismo, ver los tres primeros capítulos de *Psicología de la liberación*, preferentemente el capítulo segundo, «El latino indolente».

tienen sólo aquellos comportamientos suficientemente reforzados. Una idea sobre adónde van con más frecuencia los refuerzos en nuestra sociedad la puede dar algunos de los principales valores que, en forma más implícita que explícita, rigen la vida cotidiana. Uno de esos valores es el individualismo, es decir, la idea de que el individuo constituye el criterio último del bien y del mal, que son las necesidades e intereses de cada individuo y no de la totalidad social el fundamento y el objetivo últimos de la convivencia en sociedad. Al privilegiar el bien individual sobre el bien colectivo (simple suma de los bienes individuales), se estimula la violencia y la agresión como medios para lograr la satisfacción individual. El hombre se vuelve lobo contra su prójimo.

El individualismo va ligado a otro valor característico de la sociedad capitalista: la competencia. El medio primordial para lograr la satisfacción individual es la competencia, es decir, aquel tipo de actividad donde el éxito de uno requiere la derrota de los demás. El planteamiento de la competencia como arena para la mayor parte de las actividades propias de la vida social desemboca casi connaturalmente en la utilización de la fuerza, en la violencia estratégica y la agresión táctica contra los rivales, reales o posibles.

A la raíz del individualismo y de la competencia está el valor máximo del sistema capitalista: la propiedad privada. Al considerar que la plenitud de la persona se logra mediante el tener y acumular privados, el sistema establecido refuerza aquella violencia y agresión que hace posible la consecución y mantenimiento de los bienes de todo tipo. En una situación de escasos recursos, como es la de El Salvador, la capitalización no se puede lograr si no es mediante la violencia ejercida en la distribución de los beneficios del trabajo productivo: la propiedad privada se vuelve, por lo mismo, privadora de lo que otros necesitan, alimentando la holganza de los pocos con la miseria de los muchos.

Si el sistema establecido tiende a transmitir y a reforzar patrones de violencia, es importante subrayar que con ello también siembra las semillas de su propia destrucción. Quienes como parte de los sectores oprimidos tienen que interiorizar una violencia que les deshumaniza; quienes tienen que aceptar la imposición de unos esquemas y formas de vida que les impiden la adecuada satisfacción de sus necesidades más fundamentales; quienes aprenden que los mismos comportamientos que utilizados por los sectores dominantes llevan al éxito, a ellos como miembros de las clases dominadas les están vedados, se encuentran en la posición de revertir esa violencia, esos valores y esos comportamientos aprendidos en contra de sus opresores. Afectivamente, este proceso es posibilitado por el resentimiento.

El término resentimiento, es bien sabido, suele ser utilizado con un sentido negativo: indicaría un rechazo contra algún hecho o persona sin suficiente base o justificación, un odio social gratuito (Castilla del Pino, 1976). Sin embargo, ésta es una comprensión simplista del resentimiento, que pone de manifiesto la ideologización devaluadora de todo lo que supone oposición a los intereses sociales dominantes. La aplicación más normal del calificativo «resentido» se dirige a aquellos que, tras haber sufrido una situación social desfavorable, pretenden cambiar ese estado de cosas y para ello buscan lograr el poder político.

Examinado con objetividad, el resentimiento no sólo es natural, sino que parece deseable. Todo sentimiento constituye una forma de evaluar algo positiva o negativamente: el amor supone un tipo de valoración positiva, el odio, una evaluación negativa. Resulta normal que las personas evalúen negativamente aquellas circunstancias, aquel orden social que les mantiene en condiciones infrahumanas. Re-sentir algo indica entonces la toma de conciencia sobre el propio sentimiento o evaluación negativa de ese algo. Pero sólo en la medida en que se resientan las situaciones de opresión e injusticia será posible que las personas y grupos traten de superarlas. Como dice Castilla del Pino (1976, 115), el progreso histórico de las sociedades no ha sido alcanzado «por donación graciosa y generosa de los que obtuvieron antes que los demás situaciones preferentes; por el contrario, debemos considerar que, en cada instante, se ha tratado de una dolorosa conquista, de una inestimable reivindicación de personas originariamente resentidas» (ver Recuadro 3). Que el campesino o el obrero salvadoreño abriguen un hondo resentimiento contra los cuerpos de seguridad que les han violentado, reprimido y acosado como animales no tiene nada de condenable ni menos de gratuito; constituye, por el contrario, un justo sentimiento que posibilita el que se busque un orden social donde los cuerpos policiales sirvan al bien común, y no a las exigencias opresoras de unos pocos.

Las causas inmediatas de la violencia

Mediante lo que hemos llamado la «elaboración social de la violencia» se ponen las causas mediatas de los comportamientos violentos, tanto por los valores que los justifican y amparan como por las prácticas que se transmiten y refuerzan. Sin embargo, es importante examinar las causas inmediatas, aquellos elementos que precipitan o desencadenan los comportamientos violentos, la agresión. Aquí se puede integrar varios de los aportes ofrecidos por los distintos modelos teóricos sobre la violencia.

En primer lugar, parece razonable que ciertos comportamientos violentos o agresivos sean desencadenados por la rabia o el resentimiento ocasionados por la frustración de aspiraciones y objetivos

---

Recuadro 3. EL RESENTIMIENTO SOCIAL (Castilla del Pino, 1976)

Resentido se ha hecho sinónimo de personas de trasfondo turbio, oscuro, de radical mala intención, de impulsos primariamente destructivos del orden establecido, procedentes de un penoso y muchas veces inconfesado, reconocimiento del propio fracaso existencial.

La idea de la génesis gratuita del resentimiento contiene implícita la de la absoluta responsabilidad del hombre respecto del modo elegido por él para ser el que es. Esta concepción falsa imagina al hombre como un ser que adviene al mundo en un abstracto pie de igualdad frente a los otros hombres, y cada cual en hipotética libertad de adoptar cualquier dirección, buena o mala. La introducción de vectores sociales en el desarrollo del individuo ha venido a demostrar bien a las claras que el hombre es el que es, pero sobre todo, el que se le hace hacer.

La génesis del resentimiento no es, ni podría serlo, cuestión meramente personal, una actitud gratuita, libre, responsable. Una sociedad con resentidos es una sociedad defectuosa, simple y llanamente porque los hizo posibles.

Es posible —casi seguro— que la conciencia de la desigualdad sea el punto originario en toda actitud resentida. Pero no es probable que pueda mantenerse con el carácter inauténtico que se le supone, allí donde el resentimiento se torna fecundo. La supresión de los privilegios de la nobleza que suscitó la Revolución francesa, por ejemplo, no pudo ser planteada evidentemente sin la primaria y elemental envidia hacia los nobles. Pero tornar esta envidia en pretensión justa de igualdad para todos, y no en el simple desalojar a aquellos para ocupar sus puestos vacantes, supone, sin duda alguna, la preexistencia en los resentidos de una conciencia ética superior, difícilmente alcanzable a través de la inautenticidad de la envidia, y sin la sensibilización moral que le ocasionó su propia situación doliente. Ha sido el dolor, y en manera alguna la mala conciencia, la que ha dado lugar aquí a una reivindicación justa.

El estar resentido sensibiliza al sujeto ante las formas injustas de una sociedad rígidamente acomodada en un «orden» reprobable. El resentimiento ha dado lugar, en cada situación histórica concreta, a un paso más y mejor sobre la estimativa precedente del ser humano.

---

concretos. A escala inmediata, la represión policial de una manifestación pacífica, por ejemplo, puede desencadenar ciertos actos de violencia destructiva contra objetos simbólicos (coches, comercios) o contra los mismos cuerpos policiales. A escala más amplia, la imposibilidad repetidas veces comprobada de lograr por medios pacíficos satisfacción a las necesidades de la propia familia puede empujar hacia formas más radicales de enfrentar la situación, tanto poniendo la violencia personal al servicio del régimen establecido como poniéndola en su contra. Como ya se vio, no es posible conceder a la hipótesis que vincula a la frustración con la agresión un carácter excesivamente amplio y menos universal. Con todo, siempre puede resultar iluminador explorar la existencia de frustraciones a la raíz de ciertas formas de violencia, sobre todo de aquellas que tienen un carácter reivindicativo social y que denotan la conciencia sobre una privación injusta de la persona o la violación de alguno de sus derechos más fundamentales.

Un segundo tipo de desencadenantes de los actos violentos lo constituyen ciertos estímulos ambientales. Ahora bien, conviene insistir una vez más que el poder estimulante hacia la violencia de determinados objetos no depende tanto de lo que materialmente son, cuanto de lo que esos objetos significan para las personas y grupos al interior de una determinada sociedad. Por ello, hay que examinar las situaciones propensas a estimular comportamientos agresivos no como la suma de estímulos aislados, sino en cuanto «escenarios comportamentales» (Barker, 1968) socialmente configurados. Estos «escenarios» no deben concebirse en forma estática, como una estructura prefigurada que reclama formalmente la ejecución de actos agresivos (sin excluir que a veces así sea; por ejemplo, al asistir a determinados enfrentamientos deportivos en los que se anticipa un final violento). Deben concebirse más bien como situaciones continuamente generadas por una mezcla dinámica de actores, objetos y simbolismos sociales.

Uno de los factores que con más facilidad desata los comportamientos violentos es la posibilidad de realizarlos. La configuración de situaciones de poder, real o simbólico, es una de las fuentes principales de la violencia social. El individuo que se encuentra en un momento dado al frente de una institución poderosa o de un fuerte organismo puede sentirse movido a utilizar la fuerza a su disposición para su beneficio particular o el de su propia clase, tanto más si la violencia o agresión ejercida por esa institución u organismo puede contar de antemano con la justificación social. El joven casi adolescente convertido instantáneamente en autoridad por la imposición de un uniforme y, sobre todo, por el poderoso rifle puesto en sus manos, está siendo colocado en un verdadero trampolín de comportamientos violentos, cuyos resortes inmediatos requieren un control del que por lo general carece.

Quizá uno de los desencadenantes más importantes de la violencia sea la emulación y presión grupal. Los grupos pueden entrar en cierta dinámica viciosa que trastoca la perspectiva global e impone la emulación mutua de sus miembros hasta grados inconcebibles a nivel individual. El campesino incorporado a un cuerpo de seguridad puede verse obligado por la presión de su grupo a participar y aun sobresalir individualmente en comportamientos violentos, en agresiones irracionales contra personas indefensas. El acto violento ya no es realizado por lo que se logra al producir daño a otro, sino por el valor que otorga a su ejecutor al interior del grupo del que es miembro. Es muy probable que muchos de los actos violentos y de las agresiones más brutales realizadas por delincuentes comunes o por grupos paramilitares deban referirse a esta presión grupal y a esta dinámica viciada, alimentada en ambos casos por la estructura que los posibilita y potencia.

Finalmente, el desencadenamiento de la violencia constituye, las más de las veces, un proceso asumido en forma consciente y racional como instrumento para lograr algún fin. Tras revisar los principales estudios experimentales sobre la violencia y agresión, Sabini (1978, 369) llega a la conclusión de que «la agresión es por lo general un acto instrumental destinado a lograr algún fin; o una respuesta a la humillación ocasionada por un insulto; o una respuesta a la violación de ciertos criterios comunitarios —todo lo cual no es nada profundo, ni intrapsíquico, ni difícil de entender». Un análisis de los asesinatos realizados en El Salvador entre 1980 y 1982, muestra que la mayor parte de ellos corresponde a un objetivo político e involucra una planificación y ejecución más racional que pasional, incluso cuando incluye elementos de crueldad objetiva. De la misma manera, la violencia delictiva puede ser una búsqueda «innovativa» de los objetivos socialmente ansiados (Merton). Asimismo, la violencia insurgente es, al menos en sus comienzos, la consecuencia de una decisión racional de promover el cambio social una vez que se han cerrado el resto de las opciones o se ha probado que los caminos pacíficos no constituyen una alternativa que pueda competir con la violencia establecida.

La institucionalización de la violencia[22]

La violencia abierta como una posibilidad al ser humano, asumida y desarrollada a través de los procesos de socialización, encuentra su formalización última en su justificación. Como Hacker (1973, 16) insiste machaconamente, «la justificación produce y hace progresar lo que quiere negar y esconder: la propia violencia». Todo acto de violencia requiere una justificación social y, cuando carece de ella, al menos en los términos establecidos por la moral convencional del caso, la genera por sí misma (Lerner y Simmons, 1966). Es un hecho que cada orden social determina las formas y grados de violencia permitida. Como ya se indicó, son cuatro los elementos en función de los cuales se define la violencia socialmente aceptada: quién puede realizarla, contra quién, en qué circunstancias y en qué medida (Haber y Seidenberg, 1978). Ahora bien, puesto que el orden social se fundamenta no tanto en un consenso de toda la población cuanto en el dominio logrado por una clase, el factor fundamental para justificar la violencia consiste en definir qué violencia es beneficiosa para los intereses de esa clase social; en caso de que esos intereses estén en peligro, los cuatro elementos pueden ser ignorados y de hecho lo son.

Ahora bien, el mismo carácter de clase del orden social y de la violencia justificada arrastra su posible rechazo por quienes tienen intereses sociales opuestos o distintos. La violencia justificada en función de unos intereses parciales resulta una violencia inaceptable para quien no participa de esos intereses y más todavía para quien

22. Si hablamos de institucionalización, nos ha dicho en el epígrafe «Constitutivos de la violencia», es «porque existe un tipo de violencia contra la población mayoritaria que está incorporada al ordenamiento social, que es mantenida por las instituciones sociales y que se encuentra justificada y aun legalizada en el ordenamiento normativo de los regímenes imperantes». En efecto, el Informe de la Comisión de la Verdad caracteriza el periodo comprendido entre 1980-1983 como el de «La institucionalización de la violencia». Y lo argumenta de la siguiente manera: «La instauración de la violencia de manera sistemática, el terror y la desconfianza en la población civil son los rasgos esenciales de este período. La desarticulación de cualquier movimiento opositor o disidente por medio de detenciones arbitrarias, asesinatos, desaparición selectiva e indiscriminada de dirigentes devinieron en práctica común» (ONU. *De la locura a la esperanza. La guerra de 12 años en El Salvador*. San Salvador: Arcoiris, 1993, 24). Institucionalización de la violencia, institucionalización de la mentira, institucionalización de la guerra (ése es el título del artículo que forma parte del capítulo 6). Y de ahí a la mente, a la subjetividad. Ése es el esquema preferido por nuestro autor.

se vuelve víctima de esa violencia por mantener otros intereses. Se entra así en un resbaladizo juego de denominaciones, donde «la violencia, prohibida como delito, es perceptuada, rebautizada y justificada como sanción. La propia violencia se describe y se siente como derecho natural, deber, defensa propia y servicio a objetivos superiores» (Hacker, 1973, 16). En última instancia, «la agresión no provocada, injustificada, la agresión "propiamente dicha", la única agresión "real", es siempre la invención demoníaca y la diabólica cualidad de los otros» (Hacker, 1973, 21).

La definición social de la violencia es precisamente una poderosa arma empleada por la clase dominante desde el poder: el carácter de la violencia y de la agresión no se determina tanto por la formalidad del acto mismo cuanto por su producto. Esto es lo ocurrido en los últimos años respecto a la definición de lo que es y de lo que no es terrorismo. En principio, terrorismo es definido por el diccionario como «la dominación por el terror», aquella «sucesión de actos de violencia ejecutados para infundir terror» (RAE, 1970, 1.259). Sin embargo, como señalan Chomsky y Herman (1979, 85) «el uso actual en Occidente ha restringido su sentido, por razones puramente ideológicas, a la violencia al por menor de quienes se oponen al orden establecido». Así, por ejemplo, Walter Laqueur (1980, 25-27) considera que el terrorismo es «una estrategia para la insurrección» propia de algunos movimientos políticos, pero distinta según él de la violencia política ejercida por los gobiernos.

Sin embargo, un análisis objetivo que trata de examinar los hechos a la luz de la definición, encontrará que el terrorismo es una de las estrategias más utilizadas por las dictaduras y tiranías para conservar el poder. Hacker (1976) mantiene que existe un terrorismo desde arriba y un terrorismo desde abajo, y en ambos casos se utiliza la violencia para lograr el poder. Sin embargo, el mismo Hacker reconoce que, mientras el terrorismo desde arriba es el resultado de una decisión política que a la vez sirve como su propia justificación, el terrorismo desde abajo brota de la experiencia de una situación de injusticia remediable (ver Recuadro 4). En este sentido, poner ambos terrorismos al mismo nivel resulta cuando menos una decisión cuestionable. No se pretende aquí ignorar o negar el daño producido por los terroristas «desde abajo»; pero resulta poco objetivo e ideológicamente sospechoso poner a la par el terror esparcido por las SS hitleriana con el «terror» producido por los movimientos de resistencia europeos durante la segunda Guerra mundial. Por lo mismo, no se ve por qué el terrorismo de los secuestros de la OLP sería igual y aun peor que el terrorismo de los bombardeos masivos del ejército israelí. Cuando menos parece que la magnitud de uno y otro establece una diferencia, no sólo cuantitativa, sino también cualitativa. Si a ello se añade la posibilidad que tiene todo gobierno de recurrir a otros medios, la diferencia entre ambos «terrorismos» se agranda.

Recuadro 4. TERRORISMO DESDE ARRIBA – TERRORISMO DESDE ABAJO
(Hacker 1976, 275-307)

Frederick Hacker distingue entre el terrorismo desde arriba y el terrorismo desde abajo. Uno y otro presentan características comunes, pero también rasgos peculiares. A continuación se presentan algunos de estos rasgos.

El terrorismo desde arriba:

1. El terror es tanto la causa como la consecuencia del terrorismo. El terror desde arriba afirma que se impone por el beneficio de aquellos que serán vapuleados a fin de ser formados. Como cuestión de principio, es totalitario y total, y no respeta a nada ni a nadie.
2. En un régimen totalitario, todo el mundo ha sido sentenciado de antemano y está a prueba sin saber con qué condiciones.
3. El terror ofrece su propia justificación. Los regímenes de terror se establecen y mantienen con la promesa de proteger a los súbditos contra el terrorismo de abajo.
4. El terror libera y legitima la violencia. Mientras se bloquean todas las posibilidades de libertad, expresión y realización personal, se estimula y gratifica la agresión sin límites al servicio del poder establecido.
5. A fin de justificar el uso inmisericorde de la violencia, el régimen de terror tiene que encontrar o inventarse un enemigo tan cruel como él mismo. Así, todo lo malo es atribuido a ese enemigo.
6. El terror crea su propio lenguaje, que pretende explicar todo, pero no logra clarificar nada. Todo hecho concreto es ligado a esquemas universales y abstractos, que no se pueden verificar.
7. El terror corrompe.

El terrorismo desde abajo:

1. La motivación básica para el terrorismo desde abajo es la percepción y experiencia de la injusticia y la creencia de que esa injusticia no es inevitable, sino remediable.
2. Los medios de comunicación masiva inspiran e influyen ciertas formas de terrorismo.
3. La violencia del terrorismo desde abajo está indisolublemente ligada a su justificación.

---

4. Con frecuencia los actos terroristas tratan de provocar la aparición de la violencia estructural, latente en el sistema.
5. El terrorismo desde abajo constituye una representación teatral planeada para lograr la participación de la audiencia.
6. El terrorismo promete la salvación instantánea.
7. Aunque rechazan las reglas de la sociedad, los terroristas desde abajo añoran esas reglas y aspiran a ser aceptados en el concierto de quienes rigen los destinos de las naciones.

El caso es todavía más ilustrativo en la situación de guerra de El Salvador. Para los medios de comunicación social, terroristas son sólo los grupos y las acciones insurgentes. Sin embargo, los actos de terror son realizados, casi sin excepción, por fuerzas gubernamentales o paramilitares vinculadas al poder económico y político. Mientras la versión oficial tilda de terrorismo el sabotaje a la red de energía o de comunicaciones realizado por los insurgentes, calla y hasta justifica como acciones de patriótico heroísmo, requeridas por la lucha contra los «terroristas», una cadena continua de cateos, secuestros, campañas estimulando la delación, «desaparición» de personas, torturas sistemáticas, hostigamiento de la vida privada, bombardeos de aniquilación, asesinatos, exhibicionismo macabro y matanzas colectivas. Estos hechos son los que fundamentalmente mantienen aterrorizada a la población salvadoreña y los que han impedido que la insurgencia haya logrado tomar las riendas del poder político del país.

El terrorismo «desde arriba» constituye una instancia extrema de la institucionalización de la violencia. Es precisamente la incorporación de la violencia como parte de las instituciones del sistema establecido la que potencia sus efectos a niveles inalcanzables por las personas. Más aún, sólo mediante la institucionalización y aun la burocratización de la violencia se puede llegar a agresiones masivas de la magnitud que se han dado en el presente siglo[23].

23. Como es habitual en Martín-Baró, su aproximación al tema del terrorismo toma como principal referente la realidad concreta del conflicto salvadoreño y su propia postura al respecto, la cual orienta casi toda su atención hacia aquel tipo de actos violentos que son cometidos por las fuerzas oficiales o extraoficiales (los temidos escuadrones de la muerte: ver nota 8 de la Introducción) que actúan al servicio del orden establecido y al amparo del poder. Por consiguiente, Martín-Baró se alinea junto a otros muchos estudiosos del fenómeno terrorista que han tratado de resaltar el hecho histórico de que precisamente hayan sido los estados modernos quienes incurrieran en los actos más graves de terrorismo, es decir, en el uso sistemático y de-

Ya Hannah Arendt (1963)[24] concluía en un brillante estudio a partir del juicio de guerra al dirigente nazi Adolf Eichmann que la explicación de las matanzas realizadas por el Tercer Reich no tenía que buscarse en el carácter patológico o apasionado de los nazis, sino, por el contrario, en un frío procedimiento administrativo, en la suma de actos burocráticos e intranscendentes realizados por miles o millones de ciudadanos, desempeñando su trabajo y cumpliendo con su deber.

Stanley Milgram (1980) realizó una serie de estudios experimentales acerca del poder de la autoridad para lograr la realización de este tipo de crímenes «administrativos» o «burocráticos». Un grupo de adultos voluntarios de la población de New Haven acudió al laboratorio de Psicología de la Universidad de Yale, donde se les dijo que iban a participar en un experimento sobre los efectos del castigo en el aprendizaje. Al llegar cada persona al laboratorio, se encontraba con el experimentador y otra persona adulta, que de hecho era un colaborador secreto del experimentador. Éste les decía a ambos que uno tenía que hacer de maestro y el otro de alumno. La persona siempre salía como maestro y su tarea consistía en preguntar pares de palabras; cada vez que el «alumno» cometiera un error, debería darle una descarga eléctrica con un aparato especial en un orden de intensidad creciente. La máquina tenía treinta palancas, cada una de ellas para un tipo de descarga, desde 15 voltios hasta 450, con una etiqueta que indicaba su carácter: de suave y moderado a muy fuer-

liberado de la violencia con fines intimidatorios y disuasivos (ver los trabajos de Slann, M., The State as Terrorist. En M. Slann y B. Schechterman, *Multidimensional Terrorism*, Boulder, Colorado: Lynne Rienner, 1987, y de Wilkinson, P., *Terrorism versus Democracy*. Londres: Frank Cass, 2001). Como apunta uno de los grandes especialistas, el profesor Paul Wilkinson, el recurso estatal al terrorismo denunciado por Martín-Baró en los años ochenta siguió constituyendo una de las manifestaciones más frecuentes del fenómeno durante la década de los noventa, junto a otras tales como el terrorismo nacionalista, el de los grupos fundamentalistas islámicos o el terrorismo vinculado al crimen organizado (ver el libro de Paul Wilkinson, y también el artículo de Schimd, A. P. y Jongman, A. J., Violents conflicts and Human Rights Violations in the mid 1990s. *Terrorism and Political Violence, 9,* 166-192). Por otra parte, y como se puede comprobar en sus propios comentarios, Martín-Baró señala con acierto el empleo retórico que suele hacerse del término «terrorismo», cuestión que también ha venido siendo subrayada en los últimos años por los expertos (por ejemplo, en el volumen editado por Martha Crenshaw, *Terrorism in context*, Pennsylvania: The Pennsylvania State University Press, 1995; también, entre nosotros, puede verse el trabajo de De la Corte, L., Sabucedo, J. M. y Moreno, F., Violencia política: terrorismo. En L. de la Corte, A. Blanco y J. M. Sabucedo (eds.), *Psicología y derechos humanos*. Barcelona: Icaria, 2002).

24. Ver nota 11 de este mismo capítulo.

te y peligroso. Las dos últimas palancas solo tenían las letras XXX. La prueba consistía en verificar hasta qué nivel de descarga darían las personas a los «alumnos» bajo la indicación de la autoridad. Milgram pensaba que la mayoría de las personas no llegaría más allá de los primeros niveles, y tanto un grupo de psiquiatras como de otras personas consideraron que nadie seguiría en el experimento hasta alcanzar el nivel final. El Cuadro 5 presenta en forma sintética la predicción de los psiquiatras y los resultados obtenidos en el primer experimento.

Cuadro 5. MÁXIMO DE DESCARGAS SUMINISTRADAS (Milgram, 1980, 37-44)

Nivel de descarga	Categorías	Predicción psiquiatras (N = 39)	Resultados (N = 40)
Ninguna descarga		2	0
1-4	Suave	2	0
5-9	Moderado	25	0
9-12	Fuerte	17	0
13-16	Muy fuerte	2	0
17-20	Intenso	1	5
21-24	Muy intenso	0	8
25-28	Peligroso	0	1
29-50	XXX	0	26

Estos abrumadores resultados han sido repetidos con pequeñas variantes en diversos lugares y circunstancias. Lo terrible de ellos, dice Milgram en la conclusión de su estudio, es que se trata de «la destrucción ordinaria y rutinaria ejecutada por gente normal obedeciendo órdenes» (Milgram, 1980, 166). Como acota Sabini al reflexionar sobre estos resultados, la conciencia de la mayoría de nosotros se encarga de inhibir la tendencia a la agresión que nos viene cuando estamos furiosos; sin embargo, «la agresión que nos pide la autoridad es patrocinada por nuestra lealtad, por nuestro sentido de responsabilidad y, lo que es más paradójico, por nuestra conciencia. (Sabini, 1978, 365).

Recuadro 5. REQUISITOS PSICOSOCIALES
DE LAS MATANZAS MASIVAS (Milgram, 1980, 173)[25]

Según el psicólogo social Stanley Milgram, el análisis de varias matanzas masivas ocurridas en los últimos años muestra una serie de situaciones constantes:

25. «Acabo de regresar de una rápida gira por Estados Unidos —escribe en una

1. Las personas realizan sus tareas con un sentido administrativo más que moral.
2. Los individuos establecen una distinción entre matar a otros como el cumplimiento de un deber y hacerlo como fruto de sentimientos personales.
3. Lo que las personas experimentan como exigencias morales de lealtad, responsabilidad y disciplina no son en realidad más que exigencias técnicas para el mantenimiento del sistema.
4. Con frecuencia se modifica el lenguaje, de manera que las acciones no entren en conflicto, al menos a nivel verbal, con los conceptos morales inculcados en la educación de las personas normales.
5. En forma invariable, el subordinado pasa la responsabilidad a los niveles superiores.
6. Las acciones son casi siempre como justificadas con intenciones constructivas y llegan a ser vistas como nobles a la luz de algún objetivo ideológico.

Según Troy Duster (1971), para realizar una matanza con la conciencia tranquila hacen falta varias condiciones. La más importante consiste en deshumanizar a la víctima, negándole su carácter de persona; no es alguien como nosotros, sino una «alimaña», un «subversivo», un «comunista», y «el único comunista bueno es el comunista muerto».

Una segunda condición es una confianza ciega en las instituciones sociales y en su contribución al bien de la sociedad. Una tercera condición es el sometimiento de la persona a las reglas de la organización, que asume toda la responsabilidad. Finalmente, hace falta

carta fechada en San Salvador el 26 de diciembre de 1984—, donde fui a firmar unos acuerdos interuniversitarios y tener un par de charlas. Aproveché para visitar a algunos de los "prohombres" de la Psicología social: Berkowitz, en Madison; Kohlberg, en Harvard, y Milgram en Nueva York. El que mejor impresión me causó fue Milgram, a pesar de que ha tenido tres infartos; está haciendo unos curiosos experimentos en los que, de alguna manera, retoma su idea de la persona asumida por otro. Berkowitz parece estar empilado ahora con una idea algo periclitada y, para mis oídos, no poco simplona: que la agresión es desencadenada por el "afecto negativo". Creo que vuelve a la vieja tesis de la frustración-agresión con un entusiasmo digno de mejor causa. Me preguntaba si en mi experiencia el sufrimiento podía llevar a una superación personal y a un mejoramiento de las personas; obviamente a partir de la experiencia que vivimos aquí, tuve que responderle que sí, aunque dependiera de otros muchos aspectos [...]. En Nueva York estuve también con el viejo Proshansky, un judío chispeante y mordaz, quien está de Rector de la City University of N.Y. Me divierte poder platicar con estas personas, fuera de que me permite entender mucho mejor sus puntos de vista y despojarles del velo de las alturas.»

una justificación que motive a la acción, justificación que por lo general no desborda el nivel genérico del «interés de la patria» o de «la seguridad nacional» (ver Recuadro 5).

Entre el crimen pasional y el terrorismo de estado, entre el asesinato del ladrón inexperto y la matanza ejecutada por un ejército profesional y muy tecnificado hay abismos cuantitativos y cualitativos. Los rasgos de la personalidad pueden explicar la violencia desencadenada por la rabia o el odio; sólo la naturaleza de instituciones opresivas, puestas al servicio de los intereses de la clase dominante en cada situación histórica, puede explicar la agresión masiva sobre poblaciones enteras y la participación de cientos de personas en estas acciones, no como reflejo de sus problemas personales, sino como desempeño frío y responsable de sus obligaciones cotidianas.

2

POLARIZACIÓN SOCIAL Y VIOLENCIA[1]

LA POLARIZACIÓN GRUPAL

La guerra civil que desde enero de 1981 se vive en El Salvador prueba que existen cuando menos dos poderosos grupos sociales cuyas diferencias son tan profundas que han conducido a la confrontación armada. Las causas últimas de esta guerra hay que buscarlas en una historia de grave injusticia hacia la mayor parte de la población y en la persistente inflexibilidad del sistema sociopolítico salvadoreño para cambiar y encontrar soluciones a los problemas sociales por la vía pacífica. Con todo, hay aspectos de la guerra que no se pueden entender adecuadamente sin examinar los procesos psicosociales que les subyacen. Las formas de violencia empleadas o la moral de los combatientes son, por ejemplo, dos aspectos cuya comprensión requiere un análisis de los factores subjetivos.

La polarización bélica no es un fenómeno que resulte sin más de la contraposición objetiva de intereses sociales, sino que pasa por el tamiz de las vivencias personales y de grupo. A veces, diferencias muy grandes son manejadas sin que los rivales se sientan forzados a resolverlas mediante la violencia, mientras que, en otras oportunidades, diferencias menores son vividas como situaciones extremas que reclaman el uso de la fuerza. Por otro lado, la guerra no sólo afecta a los contendientes mismos, sino a toda la población que, directa o

1. Este capítulo es el resultado de la unión de dos artículos: Polarización social en El Salvador. *Estudios Centroamericanos, 412*, 1983, 129-142; y La violencia en Centroamérica. Una visión psicosocial. *Revista Costarricense de Psicología, 12/13*, 1988, 21-34.

indirectamente, mediante la propaganda, la coacción o la simple fuerza de los hechos, se siente presionada a tomar partido por uno u otro de los bandos. En este sentido, resulta importante preguntarse sobre el grado y carácter de la polarización de los grupos enfrentados en El Salvador así como sobre la actitud de los restantes grupos sociales no directamente involucrados en la lucha.

Entendemos aquí por polarización[2] aquel proceso psicosocial por el cual las posturas ante un determinado problema tienden a reducirse cada vez más a dos esquemas opuestos y excluyentes al interior de un determinado ámbito social. Se da polarización social cuando la postura de un grupo supone la referencia negativa a la postura de otro grupo, considerado como rival. Se trata, por tanto, de un fenómeno dinámico, un proceso de fuerzas sociales donde el acercamiento a uno de los polos arrastra no sólo el alejamiento, sino el rechazo activo del otro (ver también Gurvitch, 1971). Al polarizarse, la persona se identifica con un grupo y asume su forma de captar un problema, lo que le lleva a rechazar conceptual, afectiva y comportamentalmente la postura opuesta y a las personas que la sostienen. Desde el punto de vista cognoscitivo, la persona polarizada reduce su percepción acerca del grupo rival a categorías simplistas y muy rígidas, que apenas contienen una mínima identificación grupal y una fuerte caracterización negativa de orden moral. La polarización social es por esencia un fenómeno grupal que ocurre sobre el trasfondo de una sociedad escindida en clases y que involucra la elaboración de intereses sociales. Cuanto más importante sea el problema en cuestión, habrá más grupos afectados por la polarización social, y aunque es posible que una creciente polarización

<hr/>

2. El fenómeno de la polarización ha sido esgrimido en la Introducción como uno de los nutrientes de la cultura de la violencia y del clima necesario para la confrontación. Y ya en esas páginas adelantábamos su estrecha relación con la construcción de la imagen del enemigo (ver nota 13 del primer capítulo). Lo hacíamos dentro del epígrafe «El fondo ideológico de la violencia», uno de cuyos componentes más sombríos es precisamente la mentira. De hecho, polarización y mentira volverán a aparecer asociados en los capítulos 3 y 7, justamente en los apartados dedicados al análisis psicosocial de la guerra, con un detalle teórico nada ingenuo: el epígrafe de la polarización antecede al dedicado a la mentira. Tampoco debe pasar desapercibida su conexión con la división clasista de la sociedad: a ello apunta directamente al comienzo del epígrafe «La polarización social» del capítulo tercero: «La verdadera polarización social que tiene lugar en El Salvador se mueve en la coordenada de la contradicción fundamental entre las necesidades e intereses de un pueblo hambriento y explotado y las necesidades e intereses de una minoría oligárquica, refinada y explotadora».

reduzca el núcleo de los polos rivales a los sectores más radicalizados (Milgram y Toch, 1969), sus consecuencias se harán sentir en más ámbitos y sectores de la vida social. Así, por ejemplo, la preferencia por un equipo deportivo produce una polarización frente a los partidarios del equipo rival, por lo general sin mayor trascendencia; pero la preferencia por una opción religiosa o política alternativa puede llevar a una profunda polarización que determine serias divisiones sociales interclasistas y aun intraclasistas.

En 1906, William G. Sumner formuló la tesis del etnocentrismo[3], según la cual la lucha por la existencia produce la división entre grupos y así cada persona puede distinguir entre un endogrupo o «nosotros», que es el grupo al que ella pertenece, y un exogrupo o «ellos», que son todos los demás. Para Sumner (1906, 12), mientras las relaciones entre los miembros de un mismo grupo son armoniosas y se basan en la cooperación, las relaciones con los miembros del exogrupo son de hostilidad y competencia. Las personas etnocéntricas miden a los demás por los criterios y valores de su propio grupo; de ahí que cualquier creencia, comportamiento o actitud que no responda a esos criterios será juzgada negativamente y condenada. Aunque varios aspectos de la hipótesis de Sumner no han sido ratificados por los datos (LeVine y Campbell, 1972), la idea central sobre la dicotomización psicosocial de la existencia entre un «nosotros» y un «ellos», así como la tendencia a absolutizar la propia perspectiva sobre la vida y a imponer los propios criterios a los demás grupos cuenta con abundante apoyo empírico.

La polarización social constituye un proceso de agudización en la ruptura y oposición entre dos grupos rivales, cada uno de los cuales constituye un «nosotros» frente al «ellos» del grupo opuesto. De ahí que uno de los fenómenos característicos de la polarización social sea el de la «imagen especular»[4]: de un lado y otro, las personas

3. Martín-Baró recurre a esta misma hipótesis, ayudándose también de Sumner, en un heterodoxo epígrafe, «La percepción de grupos», incluido en el capítulo quinto de *Acción e ideología*, a la hora de abordar el tema de la categorización social como preludio a la definición del estereotipo, unos conceptos que de inmediato nos recuerdan la sólida y fértil teoría de la identidad social de Henri Tajfel, a quien veremos de inmediato. La tesis del etnocentrismo hace acto de presencia en el capítulo segundo de *Sistema, grupo y poder*, en el epígrafe «El conformismo como rasgo de personalidad», y aparece asociada, como es de rigor, con la teoría de la personalidad autoritaria.

4. En otras dos ocasiones, al menos, encontraremos la referencia a esta metáfora: en el epígrafe «La polarización social» del capítulo tercero, y en el último capítulo, dentro del epígrafe «La guerra civil en El Salvador», en términos conceptual-

atribuyen al propio grupo las mismas características formales positivas y los mismos rasgos negativos al enemigo (Bronfenbrenner, 1961; White, 1961, 1966). Unos y otros ponen la bondad en la postura del endogrupo y la maldad en el grupo ajeno, de modo que la imagen se refleja de un grupo a otro y sólo cambia el término de la predicación. Lo que no indican los teóricos de la «imagen especular» es que, por un lado, se trata de una equivalencia formal, es decir, ambos rivales se ven como la inversión de bondad y maldad, pero no se da necesariamente una equivalencia material, pues los contenidos específicos de las respectivas categorizaciones pueden variar: burgués-comunista, opresor-subversivo, imperialista-terrorista. Por otro lado, la reciprocidad perceptiva de las imágenes grupales nada dice sobre su veracidad o falsedad objetivas. Que ambas imágenes se correspondan formalmente no significa por lo mismo que ambas sean igualmente verdaderas o falsas; es posible que una de ellas se acerque más a la realidad objetiva que la otra y, por tanto, que las imágenes que tiene uno de los grupos sean objetivamente más verdaderas que las que tiene el otro.

La identificación con una postura grupal que se produce en el proceso de polarización involucra la utilización de unos esquemas perceptivos para el conocimiento del grupo rival tanto más simples y rígidos cuanto mayor sea el alejamiento y oposición entre los grupos. Estos esquemas simples y rígidos para la percepción intergrupal constituyen los estereotipos sociales, que no sólo canalizan cognoscitivamente la polarización, sino que la refuerzan y aumentan. De hecho, los estereotipos tienen la virtud de hacer posible y aun de generar aquello mismo que afirman. Ya en 1922, Walter Lippmann afirmaba que los estereotipos constituyen «imágenes en nuestras cabezas» que mediatizan nuestras respuestas hacia el medio ambiente.

Henri Tajfel (1981) afirma que los estereotipos cumplen cuatro funciones sociales. En primer lugar, los estereotipos orientan cognoscitivamente a la persona determinando qué datos de la realidad va a captar, cómo los va a recibir y cómo los va a interpretar. En segundo lugar, los estereotipos contribuyen a que la persona preserve sus valores, precisamente al sesgar su percepción de la realidad descartando la información conflictiva y privilegiando la información más confirmadora. En tercer lugar, los estereotipos contribuyen a la ideologización de las acciones colectivas explicando sus «verdade-

mente idénticos a los que aparecen en este capítulo. Ver también nota 13 del capítulo primero.

ras» causas y ofreciendo su justificación moral. Finalmente, los estereotipos mantienen la diferenciación social de bondad y maldad, de «buenos» y «malos», en una referencia mutua y dinámica de los grupos sociales, que incluso puede cambiar según las circunstancias y necesidades.

El estereotipo por excelencia en las situaciones de polarización social es el de «el enemigo». El enemigo político sirve para encarnar la causa de todos los males sociales y para justificar, en consecuencia, aquellas acciones en su contra que de otro modo resultarían ética y políticamente inaceptables; el enemigo permite también afirmar la propia identidad grupal, reforzar la solidaridad y control al interior del endogrupo, y ser esgrimido como amenaza permanente para movilizar los recursos sociales hacia los objetivos buscados por el poder político establecido (Finlay, Holsti y Fagen, 1976). Resulta entonces congruente que ciertos regímenes políticos mantengan una cosmovisión donde los enemigos son más que los amigos y, ciertamente, juegan un papel mucho más importante para la movilización social.

El estereotipo del enemigo puede desempeñar un papel significativo en el desarrollo de un conflicto, en la medida en que contribuye a endurecer la polarización y a bloquear los mecanismos de comprensión y acercamiento entre los rivales. Daniel Heradstveit (1981), en un análisis sobre los obstáculos psicológicos a la paz entre árabes e israelíes, indica que la imagen del enemigo dificulta la búsqueda de solución en tres formas: a) atribuyendo lo malo del enemigo a sus características estables y lo bueno a factores o presiones circunstanciales, es decir, a condiciones transitorias, poco confiables («la oferta de diálogo es sólo una táctica y, en el fondo, una trampa»); b) mostrando que el enemigo tiene muchas opciones posibles mientras que uno mismo actúa forzado, como reacción a los movimientos enemigos («la guerra nos ha sido impuesta desde fuera»); c) psicologizando las causas del conflicto al enfatizar las creencias o palabras del enemigo más que sus intereses y acciones objetivas («los comunistas sólo buscan llegar al poder para luego deshacerse de sus compañeros de viaje»). En este trabajo nos proponemos examinar si en el actual conflicto salvadoreño los grupos rivales utilizan el estereotipo del enemigo y, en caso afirmativo, qué grado de polarización pone de manifiesto ese estereotipo. Interesa también verificar si la población formalmente no involucrada en el conflicto participa en alguna medida de esa polarización social.

143

METODOLOGÍA

Para responder a las anteriores cuestiones, se realizaron tres estudios: *a*) un análisis de contenido de las informaciones hechas públicas por los contendientes; *b*) una encuesta en amplios sectores de la población metropolitana sobre las imágenes de los grupos rivales; y *c*) un sondeo de opiniones entre estudiantes universitarios sobre las posturas políticas de los principales grupos involucrados en el conflicto. Para el primer estudio, se examinaron las informaciones aparecidas en los periódicos matutinos *El Diario de Hoy* y *La Prensa Gráfica*, de enero a junio de 1982, responsabilizadas por el Comité de Prensa de la Fuerza Armada (COPREFA) o atribuidas a alguna fuente oficial (civil o militar); por otro lado se examinaron aquellos boletines publicados por el FMLN que fue posible conseguir, y que en su mayoría estaban responsabilizados por el grupo de las Fuerzas Populares de Liberación «Farabundo Martí» (FPL) para el mismo periodo de tiempo. El objetivo fue extraer los adjetivos usados por unos y otros para calificarse mutuamente, y la frecuencia de su utilización.

Dada la disparidad cuantitativa de los recursos disponibles para este trabajo (un promedio de 98 «noticias» por mes en COPREFA en los periódicos, frente a tres boletines por mes del FMLN), la diversa representatividad del material respecto a los grupos rivales en su totalidad, así como la distinta naturaleza informativa del material de parte y parte, apenas se podía pretender más que una aproximación superficial a la imagen del enemigo presentada. Así pues, lo que se hizo fue ordenar los adjetivos utilizados por unos y otros según la frecuencia de su utilización y según su valor semántico y psicosocial.

En el segundo estudio se intentó detectar en varios sectores de la población metropolitana de San Salvador la existencia de diversas imágenes estereotipadas. Para ello, se elaboró un cuestionario al que se tituló «Escalas de la vida cotidiana». Tras unas instrucciones sobre el objetivo del cuestionario («lograr un conocimiento lo más adecuado posible de los diversos tipos de personas a fin de poder ayudar a cada cual según sus características propias»), y unas instrucciones sobre cómo responderlo, se presentaban cuatro situaciones que involucraban a una mujer, un comerciante, un militar y un miembro del FDR o FMLN. En cada caso, se proporcionaba una aparente información sobre cada uno de estos tipos de personas y una serie de escalas bipolares en las que había que calificarlos. En realidad, la identificación se limitaba a nombrarlos a fin de que, a partir de su identificación nominal, las personas encuestadas pudieran proyectar la imagen que tuvieran de esos tipos señalando su calificación en varias escalas (inteligente-ignorante, trabajador-haragán, violento-pacífico, etc.).

Tras una fase de pre-test la versión definitiva del cuestionario fue aplicada por un lado a una larga población de adultos de los sectores medios, mayores de 20 años, contactados por un grupo de estudiantes de Psicología en diversas partes del área metropolitana de San Salvador. Por otro lado, el cuestionario fue aplicado a los últimos cursos de bachillerato en diversos centros escolares de la capital. El número total de cuestionarios válidos fue de 1.254. El 52,5% de los encuestados se encuentra entre los 15 y los 19 años, un 31,6% entre los 20 y los 29 años, y el restante 15,9% adicional tiene 30 años o más. El 53% del grupo son hombres, y el restante 47% son mujeres. Aunque el cuestionario no fue aplicado a una muestra rigurosamente seleccionada, se siguieron unos criterios que permitieran alcanzar a personas de los diversos sectores medios metropolitanos entre los 15 y los 50 años, lo que respalda el valor representativo de los resultados obtenidos respecto a esos sectores.

El tercer estudio consistió en una encuesta realizada a una muestra estratificada y representativa del estudiantado de la Universidad Centroamericana «José Simeón Cañas» de San Salvador (UCA). De las 1.320 encuestas pasadas, 126 (9,6%) no fueron respondidas o fueron invalidadas. El número final de encuestas válidas, 1.194, representa un 24% aproximadamente de la población total, con una probabilidad inferior al 1% de que el error en los porcentajes de respuesta fuera mayor al 0,1. El instrumento utilizado fue un breve cuestionario anónimo sobre una serie de opiniones en las que había que calificar con respuesta escalar tipo Likert a cuatro de los principales grupos políticos de El Salvador en el momento actual: ARENA, el FDR-FMLN, la Fuerza Armada y el Partido Demócrata Cristiano. El cuestionario fue pasado con dos grupos sucesivos en forma experimental, y la versión definitiva fue aplicada a la muestra universitaria entre el 13 y el 15 de octubre de 1982. Siguiendo los porcentajes del alumnado de la UCA, el 15,2% de los encuestados pertenece a la Facultad de Ciencias del Hombre y de la Naturaleza (CCHN), el 51,3% a la de Ciencias Económicas (CCEE), y el 33,5% a la de Ingeniería. El 61,4% es del sexo masculino y la edad promedio de los encuestados es de 22,3 años. El 63,7% declaró no tener un empleo remunerado, aunque los estudiantes de Ingeniería presentaban al respecto un porcentaje mucho más bajo (11,2%) que los de las otras facultades.

RESULTADOS

La imagen del enemigo

En el Cuadro 1 se presentan los principales adjetivos utilizados por el COPREFA (o fuentes oficiales) para calificar a los miembros del FDR-FMLN, y los calificativos aplicados por los boletines del FMLN a la Fuerza Armada. Como se puede apreciar, la variedad de adjetivos aplicados por los boletines de los insurgentes al grupo enemigo es mayor que los aplicados a ellos por COPREFA. La explicación más probable reside, al menos en parte, en la diferente naturaleza del medio analizado, ya que las informaciones gubernamentales pretenden mantener un tono de objetividad, mientras que las informaciones de los insurgentes buscan explícitamente una función dinamizadora, lo cual no quiere decir que las unas sean menos propagandísticas que las otras a nivel semántico y de impacto psicosocial. Un análisis de significación permite sintetizar la imagen del enemigo transmitida con estos adjetivos en tres notas o elementos: el objetivo que se les atribuye, el carácter de los instrumentos que se les achaca y la identidad que se les concede (ver Cuadro 2). La primera observación que sugiere el Cuadro 2 es el porcentaje tan pequeño de veces que la información oficial califica en forma «descriptiva» a los insurgentes (como «guerrilleros» o «rebeldes»),

Cuadro 1. ADJETIVOS APLICADOS AL ENEMIGO EN LOS MEDIOS ESCRITOS
ENERO-JUNIO DE 1982

IMAGEN DEL FDR-FMLN		IMAGEN DEL GOBIERNO-FA	
Adjetivo	%	Adjetivo	%
Terroristas	47,8	Imperialismo yanqui	21,9
Subversivos	29,7	Enemigo	16,5
Extremistas	17,8	Genocida/Asesino/Criminal	15,3
Guerrilleros	2,7	Tiranía militar/ Dictadura	10,7
Mercenarios	1,0	Represivos/torturadores	8,3
Rebeldes	0,5	Ejército títere	7,9
Otros	0,5	Oligarquía criolla	6,6
		Esbirros/verdugos	5,0
		Otros	7,8
TOTAL	100,0	TOTAL	100,0

porcentaje mucho menor que el uso equivalente en términos analíticos en los boletines analizados del FMLN. El término descriptivo usado por los insurgentes es «enemigo», término que nunca aparece en las informaciones oficiales. Sin duda, el esquema manejado por el gobierno y la Fuerza Armada de «lucha contra la subversión» no permite el reconocimiento de un enemigo formal, lo que, por el contrario, es exigido por el esquema de revolución propio de los insurgentes. En conjunto, la imagen del enemigo proyectada por ambas partes es de carácter muy negativo, tanto en el objetivo final que se le atribuye cuanto en el juicio valorativo sobre la forma como intenta lograrlo. Mutuamente se reprochan el empleo de la violencia, que califican de una manera peyorativa. Sin embargo, es importante subrayar la diferenciación del contenido de las imágenes, formalmente paralelas, a través del sentido de los calificativos utilizados, y que ponen de manifiesto el transfondo ideológico de clase que alimenta al fenómeno psicosocial.

Cuadro 2. LA IMAGEN DEL «ENEMIGO» EN LA GUERRA DE EL SALVADOR

Elementos de la imagen	*FDR-FMLN*	*GOBIERNO-FA*
1. Objetivo perseguido:	Destruir el orden social existente	Mantener el régimen explotador y dependiente
Adjetivos:	Subversivo, extremista	Imperialismo yanqui, tiranía militar, ejército títere
Porcentaje:	47,7%	50,0%
2. Actividad instrumental:	Violencia irracional contra la sociedad.	Violencia represiva contra el pueblo
Adjetivos:	Terrorista, facineroso, delincuente	Genocida, represivo, asesino torturador
Porcentaje:	48,8%	32,7%
3. Identificación:	Guerrillero, rebelde	Enemigo
Porcentaje:	3,5%	17,3%

Los estereotipos de los rivales

En el Cuadro 3 se presentan gráficamente los resultados obtenidos en sectores medios metropolitanos sobre la imagen del militar y del revolucionario. Las «Escalas de la vida cotidiana» asumen la posibilidad de un punto neutro, lo que significa que, cuando los puntajes de un rasgo se encuentran en la cercanía de dicho punto, ese rasgo no forma parte de la imagen colectiva. Sólo cuando el puntaje promedio de un rasgo supera un nivel cuantitativo, fijado en 1,5 para este estudio, se puede asumir que las personas asocian fuertemente ese rasgo con ese tipo de personaje. De este modo, un examen de los resultados muestra que el militar es visto como astuto (1,74), ambicioso (1,71) y violento (1,54), mientras que la imagen social del revolucionario se compone sobre todo de los rasgos de violento (1,66) y ambicioso (1,51).

Los resultados presentados en el Cuadro 3 indican que hay un notorio paralelismo entre la imagen que se tiene del militar y la que se tiene del revolucionario: hay coincidencia en percibir a ambos como ambiciosos y violentos. Con todo, hay diferencias significativas en las imágenes de uno y otro. Así, por ejemplo, el militar es visto como más astuto y más ambicioso que el revolucionario, pero también como más inteligente. En conjunto, parece que la imagen colectiva que se tiene del militar es más definida y, probablemente, más estereotipada que la que se tiene del revolucionario, lo cual no es de extrañar si se tiene en cuenta que hay un conocimiento sólo reciente y en muchos casos indirecto del revolucionario.

Examinando los resultados en relación a la edad de las personas, se encontró que las personas mayores de 19 años tenían una imagen del militar más negativa que las menores de 19 años al considerarlo más ambicioso y violento, aunque también más ingenuo. Asimismo, se encontraron algunas diferencias entre hombres y mujeres en algunos de los rasgos atribuidos tanto al militar como al revolucionario. Con todo, estas diferencias no cambian en forma significativa las imágenes ofrecidas.

Al realizar un análisis factorial tanto de los rasgos atribuidos al militar como de los atribuidos al revolucionario, se encontró que, en ambos casos, el análisis producía tres factores principales, dos de los cuales daban cuenta de un alto porcentaje de la varianza de casi todos los rasgos. Uno de estos factores podía calificarse de «cualidades humanas», y saturaba sobre todo los rasgos de inteligencia, generosidad, laboriosidad y valentía. El otro factor fue calificado de «mili-

Cuadro 3. IMAGEN DEL MILITAR Y DEL REVOLUCIONARIO EN SECTORES MEDIOS DE SAN SALVADOR (AGOSTO DE 1982)

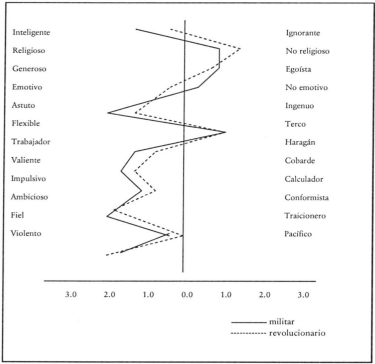

Inteligente						Ignorante
Religioso						No religioso
Generoso						Egoísta
Emotivo						No emotivo
Astuto						Ingenuo
Flexible						Terco
Trabajador						Haragán
Valiente						Cobarde
Impulsivo						Calculador
Ambicioso						Conformista
Fiel						Traicionero
Violento						Pacífico

3.0   2.0   1.0   0.0   1.0   2.0   3.0

——— militar
------------ revolucionario

tarista», y saturaba los rasgos de violencia, ambición y, en menor grado, de astucia. Resulta entonces interesante subrayar que las imágenes que los sectores encuestados tienen del militar y del revolucionario se componen de rasgos al parecer saturados por un mismo factor «militarista».

Opiniones sobre los grupos rivales

De las diez opiniones presentadas en el cuestionario, los resultados más significativos para el presente estudio muestran que a la pregunta «¿Qué capacidad real cree usted que tienen para dirigir al país los siguientes grupos?», el 76,7% de los encuestados atribuyen a la Fuerza Armada ninguna o poca, y a la Democracia Cristiana bastante-mucha (43,8%). Por lo que atañe a la pregunta «¿En qué medida considera usted que los siguientes grupos se mueven más por inte-

149

reses y ambiciones particulares que por intereses nacionales?», destaca una amplia percepción de ambición por parte de todos los grupos políticos (88,1% ARENA, 76,7% Democracia Cristiana, 75,4% Fuerza Armada y 48,3% FDR-FLMN). Esta última misma fuerza política es la que más credibilidad concita (36,8%), mientras que ARENA provoca la mayor desconfianza (84,6%), seguida de la Fuerza Armada (82,6%), la Democracia Cristiana (78,7%) y el FDR-FMLN (63,2%). A la pregunta «¿Cuán abiertos cree usted que están los siguientes grupos para un diálogo con sus contrarios?», se responde en los mismos términos: poca percepción de apertura al diálogo, encabezada por ARENA (78,7%) y seguida por la Fuerza Armada (84,8%). Al FDR-FMLN se le atribuye bastante-mucha apertura en un 38,8% de los casos, mientras que a ARENA tan sólo en el 12,3%. Si tomamos en cuenta todos los aspectos posibles, «¿cuál de los siguientes grupos le parece a usted que tiene una orientación más apropiada para El Salvador?»: el FDR-FMLN, responde el 40,5% de los encuestados, seguido de cerca por la Democracia Cristiana (34,1%), ARENA (14,8%), y la Fuerza Armada (10,7%). Las respuestas a esta pregunta se pueden tomar como índice de las preferencias políticas de los universitarios encuestados.

En conjunto, los resultados de la encuesta muestran que un porcentaje mayoritario de la UCA mantiene una opinión negativa acerca de los cuatro grupos incluidos en la encuesta. Este punto es crucial si consideramos que el estudiantado de la UCA es parte en principio de sectores no directamente involucrados en el conflicto. Con todo, las diferencias apuntan hacia una valoración menos negativa del FDR-FMLN y del PDC que de ARENA y de la FA. A los dos primeros se les considera con más capacidad para dirigir adecuadamente al país, aunque sólo con respecto al FDR-FMLN opina mayoritariamente que la motivación básica no es la ambición particular. En general, todos los grupos merecen al estudiantado una baja credibilidad, aunque también aquí es el FDR-FMLN el que aparece como más creíble. En lo que respecta a la apertura al diálogo, una vez más FDR-FMLN y PDC comparten la opinión menos desfavorable del estudiantado. Es importante subrayar aquí que la encuesta fue realizada con anterioridad a que se hiciera pública la última oferta de diálogo del FDR-FMLN en octubre de 1982.

Hay algunas diferencias significativas en los resultados obtenidos entre los estudiantes de las distintas facultades, efecto que parece deberse en parte a factores como el sexo, edad y ocupación de los encuestados, factores todos ellos en que difieren los estudiantes de las tres facultades de la UCA. Con todo, las diferencias no afectan en lo fundamental a los puntos centrales del presente trabajo. La cuestión principal de este estudio es si se observa una polarización en las opiniones expresadas. Habrá polarización si las personas manifiestan opiniones radicalmente opuestas hacia los rivales a partir de su preferencia por uno y otro grupo. De hecho, los resultados muestran que, por ejemplo, quienes consideran a ARENA como el grupo más apropiado para El Salvador, le conceden una gran representatividad entre la población salvadoreña, mientras atribuyen una baja representatividad al FDR-FMLN, y lo contrario ocurre con los que consideran al FDR-FMLN como el grupo más apropiado para El Salvador (ver Cuadro 4). El mismo tipo de resultados se obtiene en todas las opiniones, excepto en la opinión sobre la independencia de los diversos grupos respecto a fuerzas extranjeras, donde no se produce esta polarización. Una tal discrepancia de opiniones no parece explicable sin que estén operando los mecanismos cognoscitivos y afectivos propios de un estado de polarización social.

Cuadro 4. REPRESENTATIVIDAD POBLACIONAL ATRIBUIDA AL GRUPO
PREFERIDO Y AL GRUPO RIVAL

GRUPO PREFERIDO	GRUPO JUZGADO	REPRESENTATIVIDAD ATRIBUIDA			
		10% o menos	*20%*	*30%*	*40% o más*
ARENA	ARENA	7,5	15,0	44,9	32,6
	FDR-FMLN	71,4	19,3	5,0	4,3
FDR-FMLN	FDR-FMLN	3,5	7,5	25,9	63,1
	ARENA	73,1	17,6	7,3	2,0

A fin de verificar si la polarización se produce sólo grupalmente (resultados agregados) o también se da a nivel individual, se correlacionaron las opiniones vertidas por cada individuo juntándolos en posibles grupos rivales: FDR-FMLN frente a ARENA; FDR-FMLN frente a la FA, y FDR-FMLN frente al PDC. Los resultados de los coeficientes de correlación producto-momento de Pearson obtenidos en cada caso para las diversas opciones examinadas se encuentran en el Cuadro 5.

Como puede verse, todos los coeficientes de correlación, con la excepción de los correspondientes a la opinión sobre la indepen-

Cuadro 5. COEFICIENTES DE CORRELACIONES ENTRE LAS OPINIONES
SOBRE GRUPOS RIVALES DE QUIENES LOS CONSIDERAN COMO
LOS GRUPOS MÁS APROPIADOS

OPINIÓN	GRUPOS RIVALES ELEGIDOS		
	FDR-FMLN ARENA	*FDR-FMLN FA*	*FDR-FMLN PDC*
Representatividad	-.63	-.56	-.31
Capacidad de dirección	-.52	-.59	-.19
Independencia	.06	.10	.25
Ambiciones particulares	-.31	-.34	.02
Credibilidad	-.50	-.39	-.06
Apertura al diálogo	-.38	-.28	-.03
Carácter democrático	-.55	-.46	-.16
Esfuerzo por la paz	-.46	-.32	-.17
Respeto a los derechos humanos	-.42	-.35	-.13
N.º promedio de personas	537	500	731

dencia de los grupos, son negativos, lo que confirma la polarización de las opiniones. Ahora bien, los coeficientes de la primera rivalidad, FDR-FMLN y ARENA, son mayores que los de la segunda, FDR-FMLN y FA; ésta a su vez son mayores que los de la tercera rivalidad. Estos resultados expresan con claridad que la polarización más enconada, al menos a nivel de opiniones, se produce entre los partidos del FDR-FMLN y ARENA, quienes mutuamente se perciben como los contendientes principales en la actual confrontación.

ANÁLISIS Y CONCLUSIONES

Ningún dato mejor que la guerra misma y el continuo enfrentamiento en el campo de batalla para comprobar la existencia de una grave polarización social en El Salvador. Con todo, los datos del presente trabajo ayudan a captar mejor algunos de los procesos psicosociales de las personas y grupos involucrados en esta polarización. Es indudable que, al menos a nivel informativo-propagandístico, ambos rivales utilizan el estereotipo del enemigo. La caracterización que se obtiene al examinar los calificativos aplicados al contendiente es extremadamente peyorativa, y entraña un rechazo tanto al objetivo fundamental perseguido por el rival como al medio empleado para conseguirlo. La violencia que se condena en el enemigo, se justifica en el propio grupo. El esquema utilizado por el Gobierno y la FA no les permite aceptar al FDR-FMLN como «enemigo», lo que de algún modo involucraría el reconocimiento de un estado de guerra civil. De ahí que su caracterización mantenga a los insurgentes como quebrantadores del orden y de la legalidad, enemigos del orden público o delincuentes, pero no como enemigos proponentes de un nuevo orden y legalidad. Por el contrario, los insurgentes utilizan con frecuencia el término «enemigo» para caracterizar a la FA o a las fuerzas sociales en el poder, con lo que reafirman su propia identidad como contendientes en el marco de una guerra civil.

Un dato importante que aparece con claridad en este estudio es la polarización que se produce en las opiniones de las personas a partir de su identificación con los grupos rivales. En la medida en que las personas tienden a identificarse con los grupos más centrales en la confrontación, sus puntos de vista sobre la realidad se vuelven más polarizados y sus opiniones más extremas (ver Cuadro 5). En este sentido, los resultados de la encuesta entre estudiantes universitarios de la UCA parecen apuntar a dos fenómenos importantes: *a)* la mayoría de esta población tiene una opinión negativa de los grupos contendientes lo que, a nivel cognoscitivo, supone una toma de distancia respecto a ellos; *b)* en la medida en que las personas optan por uno u otro de los rivales, aparece el efecto de la «imagen especular», donde las virtudes del grupo preferido (el «endogrupo») se reflejan como defectos del grupo rival y viceversa. Sólo en una situación sometida al influjo de una seria polarización es posible que los mismos procesos sean percibidos en forma tan radicalmente distinta por personas que se mueven en los mismos ámbitos sociales, pero que se inclinan por diferentes grupos.

Si es cierto, pues, que, a medida que las personas se identifican con uno y otro de los grupos rivales su percepción de los problemas y acontecimientos tiende a polarizarse, los datos del presente estudio parecen indicar que no toda la población de El Salvador se encuentra polarizada y que incluso hay amplios sectores que intentan mantener una distancia emocional respecto a los contendientes. En concreto, las imágenes que los sectores medios metropolitanos tienen acerca del militar y del revolucionario nos hablan de una imagen con ciertos rasgos estereotipados, pero no muy diferente la una de la otra. Si al militar se le ve como astuto, ambicioso y violento, el revolucionario es percibido también como no menos violento y ambicioso. En esta percepción de ambos grupos, la constante es un factor «militarista» que puede caracterizarse como el uso de la fuerza violenta para mantener o acceder al poder. Lo interesante es que, a pesar de sus diferencias, no se produce una percepción polarizada de militar y revolucionario, sino que las mismas personas tienen una imagen semejante de uno y otro.

Esta precepción esterotipada con rasgos militaristas de los rivales puede interpretarse como un esfuerzo de los sectores medios metropolitanos por lograr un cierto distanciamiento psicológico de unos y otros. Se diría que estos sectores captan a ambos como «la misma cosa», como grupos violentos y ambiciosos, independientemente de que su preferencia se incline más hacia un lado u otro o de que otorguen más razón a unos que a otros. En todo ello parece haber un intento por evadir la polarización, por no entrar en la dinámica de la confrontación, por salir del esquema de oposición rígida que sirve de justificación a la guerra.

Tanto los datos sobre las imágenes rivales como los datos sobre las opiniones políticas de los universitarios nos llevan a pensar que un amplio sector de la población salvadoreña no se siente identificado con ninguno de los grupos involucrados en la contienda, de los que incluso trata de distanciarse psicológicamente. La opción psicosocial de estos sectores no parece ser en apoyo a uno u otro de los grupos, sino en apoyo o rechazo de lo representado por ellos. Creemos así que el presente estudio muestra una resistencia de esta población a la solución militarista y una preferencia, más o menos explícita, por una solución política al conflicto del país. Creemos también que sólo en esta línea puede entenderse el sentido de la votación del 28 de marzo de 1982, cualquiera fuera su magnitud real y el creciente apoyo con que parece contar la propuesta de un diálogo para la paz.

Más aún, de acuerdo a informes fidedignos provenientes de las zonas más conflictivas del país, allá donde las poblaciones cambian frecuentemente del control de las fuerzas gubernamentales al control de las fuerzas insurgentes, también los campesinos tendrían una postura similar a la encontrada en los sectores medios metropolitanos. Según un reportaje de Christopher Dickey (1983) desde Corinto, departamento de Morazán, las personas expresan de diversas maneras su rechazo a la vía militarista de ambos bandos y anhelan un pronto retorno a la paz mediante una solución política.

Pero si se aspira a lograr la paz por medios políticos y no por la aniquilación militar de uno de los contendientes, si se aspira a conseguir algún día la reconciliación entre los salvadoreños, si se piensa que no será posible sobrevivir como nación a no ser que se alcance alguna nueva forma de pacto social, es necesario buscar formas que permitan una comunicación más sana entre los grupos y personas. Los estereotipos tienden a convertirse en profecías que por sí mismas realizan lo que anuncian, con lo que perpetúan el distanciamiento y la polarización entre los grupos. El estereotipo del enemigo justifica aquel tipo de acciones contra los grupos rivales que obliga al rival a actuar como se presuponía. Hasta las acciones mejores o los gestos más conciliatorios son mal interpretados si se les ve al interior del esquema del «enemigo». En estas circunstancias, la mente está cerrada y todo diálogo será entre sordos.

La búsqueda de una salida al conflicto requiere el esfuerzo por tratar con más objetividad al grupo rival. Eliminar caracterizaciones peyorativas, fuertemente emocionales, dejar de atribuir intenciones maléficas a todo lo que el grupo rival hace o dice, aceptar y reconocer lo positivo del otro, son aspectos aparentemente secundarios, pero que pueden cambiar en forma significativa el clima de polarización en que actualmente vivimos. Si las informaciones de ambos contendientes merecen poca credibilidad, incluso a los propios partidarios, es en buena medida porque se capta su falta de objetividad.

El FMLN ya ha dado algunos pasos conciliatorios en la dirección apuntada. Es indudable que las informaciones transmitidas desde julio de 1982 a través de «Radio Venceremos», la voz oficial de los insurgentes, han ido siendo cada vez más objetivas y más liberadas de estereotipos sobre el «enemigo»: la FA es tratada con mayor respeto y se insiste en no condenar en forma genérica a toda la institución armada. En forma todavía más significativa, el respeto en el trato a los prisioneros militares y la discreción propagandística sobre su liberación a través de Cruz Roja Internacional constituyen pasos positivos hacia una superación de los elementos más negativos de la polarización psicosocial. Por desgracia, no se ven pasos equivalentes en el grupo rival, aunque quizá el mismo hecho de aceptar la devolución de prisioneros de guerra a través de la Cruz Roja podría interpretarse como un primer movimiento hacia la convergencia social y hacia un reconocimiento de los insurgentes como tales que haga posible un diálogo para la paz. Con todo, un largo camino queda todavía por delante antes de que sea posible una comunicación entre los rivales donde cada palabra o cada acto de uno u otro no estén condenados de antemano a enconar todavía más los ánimos y a agudizar la oposición.

CENTROAMÉRICA, ENCRUCIJADA DE LA VIOLENCIA[5]

Desde hace no menos de una década, Centroamérica se ha convertido en una verdadera encrucijada de violencia. Para unos, los conflictos centroamericanos son una simple versión de la confrontación entre el este socialista y el oeste capitalista[6]; para otros, se trata más bien de una expresión del conflicto entre el norte, rico y prepotente, y el sur pobre y explotado; otros consideran, en fin, que se trata fundamentalmente del afloramiento de un conflicto estructural interno entre los intereses elitistas de las minorías sociales explotadoras y las necesidades básicas de las mayorías oprimidas. Muy posiblemente, en Centroamérica confluyen los tres tipos de conflicto, aun cuando su influjo sobre los procesos sea de muy diversa naturaleza y magnitud. Pero, cualquiera que sea la explicación más cercana a la realidad, el hecho innegable es que la violencia abruma hoy a los pueblos centroamericanos, que se encuentran sumergidos en un costoso desangramiento cotidiano e imposibilitados así para pronunciar con libertad su palabra histórica.

En El Salvador se calcula que los muertos por la guerra pasan ya de los 65.000, la mayoría de ellos civiles, muchos de ellos tras ser brutalmente torturados o «desaparecidos». En Nicaragua, el Instituto de Formación Permanente (INSFOP) eleva a 1.215 la cifra de civiles muertos por la agresión de «la contra» entre 1981 y 1986 (CODEHUCA, 1986, 22). Ahora bien, sólo en el período comprendido

5. Con este epígrafe da comienzo el artículo «La violencia en Centroamérica: una visión psicosocial». Fue el título de una conferencia pronunciada por Martín-Baró el día 26 de octubre de 1987, en la Universidad de Costa Rica durante las II Jornadas de Psicología Social. Dicha conferencia fue publicada por la *Revista Costarricense de Psicología*, 12/13, 1998, 21-34, y posteriormente pasaría a formar parte del número monográfico que la *Revista de Psicología de El Salvador*, 9, 1990, 123-146, dedicó a quien fuera su fundador y director.
6. Éste sería el caso de la administración norteamericana, tal y como hemos adelantado en la Introducción (ver el epígrafe «El Salvador: la violencia que no cesa» y la nota 10 del capítulo 1): «Según sus propias declaraciones, tanto Reagan como Haig veían en El Salvador un simple caso de confrontación entre el este y el oeste, entre el capitalismo cristiano y el comunismo ateo, entre la democracia norteamericana y el totalitarismo ruso. El Salvador, para ellos, era un ejemplo de la agresividad política expansionista de la Unión Soviética a la que los Estados Unidos debían poner inmediato fin» (Martín-Baró, I. La guerra civil en El Salvador. *Estudios Centroamericanos*, 387/388, 1988, 126). Esta confrontación, ni que decir tiene, forma parte del fondo ideológico de la violencia; en este caso bajo la excusa de la salvaguarda de la seguridad nacional, a la que posteriormente se referirá el autor (ver nota 15 en este mismo capítulo).

entre el 6 de agosto y el 15 de octubre de 1987, el Comandante Humberto Ortega, Ministro de Defensa de Nicaragua, reconoció que se habían producido 1.372 muertes en combates: 783 «contras», 224 soldados del ejército sandinista y 365 civiles; y en Guatemala, el Comité Pro-justicia y Paz (1985, 155) contabiliza 905 civiles asesinados por fuerzas militares o paramilitares en un solo año, entre noviembre de 1984 y octubre de 1985. No parece exagerado calcular que, en promedio, una persona muere cada hora en Centroamérica como fruto de la violencia política. Si al número de muertos añadiéramos el de los heridos, tendríamos probablemente que multiplicar la cuenta y decir que cada veinte minutos un centroamericano sufre en su cuerpo el efecto de la violencia sociopolítica. Y si a ese número añadiéramos el de todas aquellas personas que, como consecuencia de las mismas confrontaciones, son amenazadas o aprisionadas, tienen que esconderse o salir huyendo de su hogar, probablemente llegaríamos a la pavorosa consecuencia de que cada tres minutos un centroamericano paga en carne propia las consecuencias de la violencia bélica que abate al istmo.

Téngase en cuenta que hasta aquí no hemos mencionado más que un tipo de violencia social: la de naturaleza político-militar. Si a ella añadiéramos otras formas de violencia social, tanto las que se dan al interior del hogar (la violencia del hombre hacia la mujer, la de los padres hacia los hijos), como las que se dan en los diversos ámbitos de la vida pública, tendríamos un panorama tan desolador como realista. Está comprobado, por ejemplo, que las guerras precipitan un incremento de la delincuencia y criminalidad llamada común (ver, por ejemplo, Archer y Gartner, 1984). En El Salvador y Guatemala, por ejemplo, se ha podido comprobar el acelerado aumento de quienes, al abrigo o como consecuencia de la confrontación bélica, han asumido la violencia como su herramienta de trabajo, y han convertido el asalto y aun el secuestro en su ocupación habitual.

Frente a esta avalancha de violencia, política y social, el acuerdo firmado el 7 de agosto del presente año en Guatemala por los presidentes centroamericanos y conocido como «Esquipulas II»[7] es

---

7. El día 7 de agosto de 1987, en efecto, los cinco presidentes centroamericanos firmaban el «Procedimiento para establecer la paz firme y duradera en Centroamérica», más conocido por Esquipulas II. Fue un rayo de luz: «Esquipulas II supone un compromiso con un programa de reconciliación, pacificación y democratización de cada país centroamericano. Para conseguir la reconciliación nacional, cada presidente se comprometía a iniciar un diálogo con los grupos opositores, a decretar una

un notable esfuerzo por resolver al menos los aspectos más críticos del problema. Sin embargo, no cabe hacerse muchas ilusiones: las dificultades con que, desde su misma aprobación, han empezado a tropezar la aplicación de estos acuerdos muestra no sólo lo enraizado de los conflictos centroamericanos, incluso en su manifestación más extrema como es la guerra, sino el poder de las fuerzas e intereses sociales que militan más o menos abiertamente contra el éxito de este plan de paz, comenzando por el interés hegemónico y miope del actual gobierno norteamericano.

Pero aún cuando Esquipulas II tuviera éxito, todavía no se podría esperar razonablemente que desapareciera el flagelo de la violencia generalizada. Se reducirían, eso sí, las formas más masivas de asesinato, como son los operativos militares. Sin embargo, aún habría que resolver el problema de los «escuadrones de la muerte» así como el de todas aquellas unidades represivas que operan al abrigo, más o menos firme, de las estructuras militares legales. El caso de Colombia, a pesar de sus obvias diferencias, resulta diciente. Tras el acuerdo logrado entre el presidente Betancour y los grupos guerrilleros en 1984, un buen grupo de simpatizantes políticos de los insurgentes formaron un partido político, la Unión Patriótica (UP), y

amnistía y a crear una comisión de reconciliación. Para lograr la paz, se exhortaba a los gobiernos regionales y extrarregionales a cesar en su apoyo a toda fuerza irregular, a establecer un alto el fuego y a impedir el uso del propio territorio para realizar acciones desestabilizadoras contra los otros gobiernos del área. Finalmente, para afianzar la democracia, los gobiernos se comprometían a impulsar un proceso pluralista y participativo, que se basara en la promoción de la justicia social, el respeto a los derechos humanos y el derecho de cada pueblo a determinar libremente su modelo económico, político y social sin injerencias de ningún tipo» (Martín-Baró, I. *La opinión pública salvadoreña (1987-1988)*. San Salvador: UCA Editores, 1989, 102). Demasiado bonito para ser verdad: fue, en efecto un sueño efímero. Dos meses después de firmar el acuerdo, los días 5 y 6 de octubre, en un intento por mantener vivo el diálogo, se reunían en la nunciatura de San Salvador las partes en conflicto, pero «el recrudecimiento de la actividad represiva en el país y, en particular, el asesinato del coordinador de la Comisión de Derechos Humanos (no gubernamental), Herbet Anaya Sanabria, representó el tirón final que rompió la cuerda y, más probablemente, la oportunidad para justificar su ruptura: el FMLN decidió suspender provisionalmente una nueva reunión acordada para México, y el gobierno de Duarte, al que le faltaba el mínimo de aire para seguir cualquier tipo de negociación, se aferró apresuradamente a su suspensión definitiva, alegando su cumplimiento de Esquipulas II y la falta de voluntad de los insurgentes» (Martín-Baró, I. El Salvador 1987. *Estudios Centroamericanos, 471-472*, 1988, 25). Ver también Dobles, I. Guerra psicológica y opinión pública: Costa Rica y El Salvador en el contexto de Esquipulas II. En M. Montero (coord.). *Acción y discurso. Problemas de Psicología política en América Latina*. Caracas: Eduven, 1991, 230-255.

158

se lanzaron a la lucha en el marco de la legalidad. Desde aquel momento de 1984 hasta el 11 de octubre de 1987, 471 dirigentes y simpatizantes de la UP fueron asesinados por «escuadrones de la muerte», la mayoría de ellos con claras vinculaciones al interior de la Fuerza Armada. El más significativo de esos asesinatos fue el del ex candidato presidencial de la UP, Jaime Pardo Leal. Este hecho pone de manifiesto una vez más que, en definitiva, la violencia sociopolítica originaria no es la de quienes tratan de cambiar los ordenamientos sociales injustos, sino la de quienes, desde sus privilegios prepotentes, se oponen a cualquier transformación significativa, cualquiera sea la forma como se busque.

Una reconciliación social que permite establecer un nuevo marco para la convivencia, en el que se reduzca al mínimo el empleo de la violencia, abierta o encubierta, no es sólo un problema de orden político; es un problema también de orden psicológico y cultural. De poco serviría lograr una paz entre los grupos contendientes si se mantienen las mismas estructuras sociales de explotación y dominio, los mismos valores de competencia y poder, el mismo estilo ideal de vida consumista que lleva al acaparamiento injusto y arrastra la discriminación social. Es aquí donde entra el papel de la Psicología y donde el reto se nos plantea a los psicólogos centroamericanos[8]: ¿qué podemos aportar nosotros en concreto, desde la especificidad

---

8. En el capítulo quinto de *Psicología de la liberación*, podemos encontrar una respuesta que vuelve a reproducir en algún otro momento (ver nota 13 de la Introducción): «No se puede hacer Psicología hoy en Centroamérica sin asumir una seria responsabilidad histórica; es decir, sin intentar contribuir a cambiar todas aquellas condiciones que mantienen deshumanizadas a las mayorías populares, enajenando su conciencia y bloqueando el desarrollo de su identidad histórica. Pero se trata de hacerlo como psicólogos, es decir, desde la especificidad de la Psicología como quehacer científico y práctico» (Martín-Baró, I. *Psicología de la liberación*. Madrid: Trotta, 1998, 171). El horizonte de la Psicología latinoamericana es «el de constituirse en una Psicología de la liberación [...] que la Psicología descentrase su atención de sí misma, de su estatus científico y social, para dedicarse en forma eficaz a atender los problemas lacerantes de las mayorías populares latinoamericanas; que se propiciase una nueva forma de buscar la verdad desde las propias mayorías populares, y que se iniciase una nueva praxis psicológica que, al contribuir a la transformación del hombre y la sociedad latinoamericanos, nos permitiese conocer uno y otra, no sólo en lo que de hecho son, sino también en su negatividad, es decir, en todas aquellas potencialidades negadas por los actuales ordenamientos sociales» (Martín-Baró, I. Retos y perspectivas de la Psicología latinoamericana. En G. Pacheco, y B. Jiménez, *Ignacio Martín-Baró —1942-1989— Psicología de la liberación para América Latina*. Guadalajara: ITESO, 1990, 71). En el último epígrafe del capítulo 3, «El aporte de la Psicología social», se concretan algunas de estas posibles contribuciones.

de nuestro conocimiento, para contribuir a enfrentar el problema de la violencia en nuestros países? Pongámoslo en términos sencillos: ¿qué haríamos cada uno de nosotros si los presidentes centroamericanos nos pidieran elaborar un plan de trabajo para combatir junto con otros especialistas la violencia en el área? Confrontados con una propuesta así, probablemente comprendamos lo precario de nuestro conocimiento sobre la violencia y lo poco que en la práctica podemos hacer para enfrentar este problema (Departamento, 1986).

Sin embargo, no alcanzo a ver pregunta alguna de mayor importancia para nosotros, psicólogos, en los momentos históricos actuales. Por eso, con toda la humildad de quien sabe cuán limitado es su conocimiento, pero con la insistencia de quien sabe que es un asunto vital en el que está en juego su credibilidad científica y profesional, debemos poner manos a la obra. Nuestros pueblos juzgarán si nuestro aporte es grande o pequeño, importante o secundario; en todo caso, que se nos juzgue por acertar o fracasar en el empeño, no por haber eludido nuestro compromiso.

Dos pasos nos parecen necesarios para examinar el aporte que la Psicología puede hacer frente al problema de la violencia generalizada en Centroamérica. En primer lugar, es preciso desenmarañar[9] el análisis diagnóstico que parece prevalecer en el área acerca de la naturaleza y causas de la violencia imperante. Esto nos obliga a revisar algunos puntos críticos de lo que se podría llamar «la historia psicosocial de la violencia» centroamericana[10]. En segundo lugar,

---

9. Desenmarañar no es otra cosa que desideologizar. Desenmascarar el ocultamiento sistemático de la realidad fue uno de los objetivos a los que concedió un marchamo psicosocial bajo el concepto de «desideologización». A él dedicamos los capítulos 4 y 5 del anterior volumen: «Si a la Psicología social le compete el estudio de lo ideológico en el comportamiento humano, su mejor aporte al desarrollo de la democracia en los países latinoamericanos consistirá en desenmascarar toda ideología antipopular, es decir, aquellas formas de sentido común que operativizan y justifican un sistema social explotador y opresivo. Se trata de poner al descubierto lo que de enajenador hay en estos presupuestos en que se enraíza la vida cotidiana y que fundamentan la pasividad, la sumisión y el fatalismo» (Martín-Baró, I. *Psicología de la liberación.* Cit.). Y unas páginas más adelante establece el nexo entre desideologización y mentira: «La mentira social constituye la elaboración ideológica de la realidad en forma tal que sea compatible con los intereses de la clase dominante, fijando así los límites en que se puede mover la conciencia colectiva [...]. En el caso de El Salvador, esto se ha traducido en: *a)* el ocultamiento sistemático de los problemas más graves del país; *b)* la distorsión sobre los intereses y fuerzas sociales en juego, y *c)* la asimilación de un discurso enajenador sobre la propia identidad, personal y social» (pp. 188-189).
10. Ésta es la tarea que he llevado a cabo en el capítulo precedente.

debemos examinar todos aquellos elementos que nos ofrece la investigación psicosocial para intervenir constructivamente en el ámbito de la violencia (para una revisión muy comprehensiva, centrada sobre todo en la violencia política, ver Zimmerman, 1983). Nos arriesgaremos, así, a proponer un plan tentativo de trabajo psicosocial que pueda ser discutido y criticado, pero que nos permita al menos ir abriendo perspectivas nuevas al quehacer de la Psicología centroamericana.

EL NOMBRE DE LA VIOLENCIA

El primer problema que nos plantea el análisis de la violencia es de orden semántico: el término violencia es demasiado genérico y constituye un paraguas bajo el cual se cubren procesos y comportamientos muy diferentes. Violencia es ciertamente el bombardeo sobre un cantón donde se sospecha que hay guerrilleros, pero lo es también la «cincheada» que el papá da al hijo como castigo; violencia es el asesinato del líder sindical, pero no menos violencia es el enfrentamiento pasional entre dos pretendientes celosos; violencia es la tortura infligida al opositor político en una cárcel clandestina, pero también lo es el asalto en el que se despoja de sus pertenencias al ciudadano que espera un bus en el centro de la capital. Ahora bien, si el término violencia conviene por igual a la agresión física que al ataque moral, a la represión política que a la coerción educativa, a la destrucción militar en gran escala que al enfrentamiento pasional entre amantes, su significado se vuelve muy abstracto y vago. Y las abstracciones —que no es lo mismo que las teorizaciones— con frecuencia más que desvelar tienden a ocultar la realidad.

En un reciente análisis, Cueva (1987) mantiene la necesidad de adjetivar el concepto de democracia si se quiere entender la naturaleza de los procesos políticos que se están produciendo en los países latinoamericanos. «Democracias conservadoras», «democracias reformistas», «democracias revolucionarias»: el solo uso de estos términos suena casi a provocación en una coyuntura en que la ideología dominante intenta borrar hasta el más leve vestigio de discusión y análisis sobre los contenidos y orientaciones de la democracia realmente existente (Cueva, 1987, 61). La pretensión de una democracia sin adjetivos significa en la realidad política de Latinoamérica la instauración de regímenes cuya formalidad democrática puede esconder la continuidad renovada de formas de dominación tradicionales y un esfuerzo por desarticular, práctica y teóricamente, toda lucha popular.

Algo similar debe afirmarse respecto a la violencia, aunque aquí no se trata de adjetivar sino de sustantivar. En efecto, el diccionario define el término «violencia» como la «calidad de violento»; es decir, que el significado del sustantivo se remite al adjetivo. Y es que no existe la violencia en abstracto; lo que existen son actos violentos, formas concretas de actuar violentamente. Por ello, el carácter de la violencia debe ser juzgado en cada caso examinando los actos que califica. La violencia no tiene que ser adjetivada, sino sustantivada a fin de discernir su naturaleza, su alcance y sus raíces, es decir, de captarla en su concreción histórica. Nada más encubridor entonces que la afirmación que condena en abstracto a toda violencia «venga de donde venga», pero que, en la práctica, como acertadamente señalan Chomsky y Hermann (1979, 88 y 92), sólo se aplica a los actos violentos de quienes se oponen al orden social (un ejemplo típico de un análisis sesgado en esta dirección se encuentra en Merari y Friedland, 1985).

Es necesario, por tanto, volver los ojos a las formas concretas de violencia que se dan en nuestros países en los momentos actuales, en lugar de arrancar de definiciones genéricas, teorizaciones abstractas o presupuestos de sentido común. En 1983, planteaba la existencia de tres modalidades predominantes de acciones violentas en la realidad salvadoreña: la violencia de los comportamientos delictivos, la violencia de la represión sociopolítica y la violencia de la confrontación bélica[11]. En aquel entonces subrayaba el predominio estructurante de la violencia represiva, aun cuando señalaba el avance, cuantitativo y cualitativo, de la violencia bélica. Hoy día, el mismo análisis aplicado no sólo a El Salvador, sino a Centroamérica en su conjunto, debe reconocer la primacía que ha tomado la violencia bélica sin que ello haya supuesto la desaparición de la violencia represiva, aun cuando sí su disminución cuantitativa, sobre todo con relación a la escalada militar de las guerras, y su evolución cualitativa (para el caso de El Salvador, ver Martín-Baró, 1987a)[12]. Esquipulas II constituye el reconocimiento indirecto de la magnitud alcanzada

11. Una vez más la distinción manejada en las primeras páginas del primer capítulo. A ella acudirá en el próximo, al comienzo del epígrafe «El desbordamiento de la violencia».
12. Este artículo está incorporado a esta selección de textos y constituye la primera parte del próximo capítulo.

162

por la violencia bélica, que llega a poner ya en peligro la misma viabilidad histórica de los estados centroamericanos.

Vale la pena señalar que las acciones de los «escuadrones de la muerte»[13], ese producto híbrido de oligarcas y militares, hijo no reconocido de la compulsión hegemónica de los Estados Unidos y de las exigencias de seguridad de los regímenes latinoamericanos, juntan las tres formas señaladas de violencia: la bélica, la represiva y la delincuencial. La bélica, porque los «escuadrones» se nutren normalmente de las unidades militares o de los cuerpos de seguridad, y porque con frecuencia son los encargados de desarrollar aquella parte de la guerra llamada «sucia» que las legislaciones y los acuerdos internacionales expresamente prohíben. La represiva, porque su blanco lo constituye la población civil, no el ejército enemigo, y su objetivo consiste en lograr mediante la coerción violenta aquel control político que no se logra mediante la convicción ni el consenso social. La delincuencial, porque todo su operar se da al margen de la ley y porque, a menudo, el mismo operar represivo constituye o deriva en un modo de vida, un simple negocio ilícito al estilo de las mafias profesionales.

Las formas señaladas de comportamiento violento reflejan en algunos casos las características personales de sus ejecutores. Ciertamente, la crueldad hacia las víctimas que se observa en ciertos asaltos o el trato que se da a la población civil en determinados operativos militares reflejan a menudo los rasgos de sus autores más que una exigencia objetiva de los actos mismos. Sin embargo, lo característico de las formas predominantes de las acciones violentas en los momentos actuales de Centroamérica es su despersonalización, por no decir su profesionalización: se realiza el asalto o el bombardeo, el secuestro o la tortura con el mismo desapasionamiento tecnócrata con que se repara un reloj o se cocina un pollo. Ello mismo pone en cuestión ya de partida los enfoques psicológicos predominantes que tratan de encontrar en el individuo la explicación a los actos de violencia.

Como es bien sabido, con frecuencia el agresor tiene que recurrir a la devaluación de la víctima (Lener y Simmons, 1966), a su deshumanización y aun demonización, como recurso psicológicamente necesario para poder ejecutar el acto violento contra ella (Samayoa, 1987). Recuerdo a este respecto haber escuchado la gra-

---

13. Sobre los escuadrones de la muerte, ver nota 8 de la Introducción y nota 5 del capítulo tercero.

bación de la conversación entre el piloto de un bombardero salvadoreño y su comandante en el puesto de mando. El piloto, que sobrevolaba la población de Tenancingo, veía a un grupo de personas, arrebatadas por el pánico, intentando cobijarse en la iglesia del lugar, y transmitía a su jefe que se trataba de civiles a los que no podía disparar; pero desde el puesto de mando se le insistía que «todo lo que se moviera eran enemigos», que no eran más que «subversivos» y, por tanto, que disparara. Obviamente, es más fácil disparar contra un «terrorista» que contra un joven campesino, aplicar la tortura a una «alimaña comunista» que a un disidente político, bombardear a un grupo de subversivos que a un grupo de familias. La Psicología ha enseñado a los estrategas militares la conveniencia de poner entre el soldado y sus víctimas mediaciones técnicas, que hagan de un asesinato masivo una simple operación técnica de apretar un botón frente a una pantalla electrónica. Pero cuando los amortiguadores técnicos no son posibles, se busca establecer «amortiguadores psicológicos», como lo son la devaluación de la víctima y hasta su animalización (Fanon, 1963). Lo cual nos lleva a un segundo punto esencial para clarificar el problema de la violencia centroamericana: su ideologización.

Todo acto de violencia va indefectiblemente acompañado por su justificación. Por lo general, la justificación precede y desencadena el comportamiento violento; pero, en aquellos casos en que se da un acto de violencia casual o no pretendido, la realización del acto busca su inmediata justificación. Como en el caso de los «actos fallidos» freudianos que al pasar por la conciencia se convierten en racionales, el acto violento tiende en forma casi mecánica a cubrir su desnudez con la ropa de las justificaciones. Pero no se trata en modo alguno de un proceso mecánico, se trata de una consecuencia lógica de la naturaleza calificativa de la violencia. Si toda forma de violencia reclama una justificación es porque no la tiene en sí misma. Lo cual lleva a la consecuencia de que la violencia no puede ser considerada en abstracto como buena o mala, lo que contradice uno de los presupuestos implícitos de la mayoría de enfoques psicológicos; la bondad o maldad de la formalidad violenta proviene del acto que la sustantiva, es decir, de lo que un acto en cuanto violento socialmente significa e históricamente produce. Y aquí es donde aparece con toda claridad el carácter ideológico de la violencia.

¿Qué se quiere decir cuando se afirma que la violencia tiene un carácter ideológico? Por lo menos dos cosas: *a*) que expresa o canaliza unas fuerzas e intereses sociales concretos en el marco de un conflicto estructural de clases, y *b*) que tiende a ocultar esas fuerzas e intereses que la determinan. Eso significa que el sentido de un acto violento hay que juzgarlo a la luz de las fuerzas e intereses que en cada caso concreto promueve y, por tanto, de su efecto en la realidad histórica. Para entender lo que es un acto violento no basta con saber de qué acto se trata; hay que saber quién lo realiza, en qué circunstancias y con qué consecuencias (Haber y Seidenberg, 1978). Sólo así se explica que el asesinato condenado en el adulto normal sea excusado en el retrasado mental; y sólo así se comprende que el mismo acto calificado como asesinato cuando lo realiza un guerrillero sea conceptuado como acto heroico cuando lo realiza un policía. El acto es el mismo; su significado social es el que varía. Y ese significado proviene fundamentalmente de su vinculación con unos intereses sociales, es decir, de si favorece a los intereses de unos o a los de otros.

En El Salvador, tanto el gobierno como diversos organismos para-gubernamentales han desarrollado recientemente, con el apoyo y asesoría norteamericana, una intensa campaña para combatir el uso de las minas, ya que éstas afectan a la población civil y constituyen, por consiguiente, una violación a sus derechos humanos. El problema es que esta campaña se dirige exclusivamente contra el FMLN, al que se achacan víctimas propias y ajenas, víctimas reales de las minas pero también de otro tipo de acciones. ¿Dónde estriba la ideologización de la campaña? En que las minas, para el discurso imperante, son siempre «minas terroristas», «minas subversivas», «minas del FMLN», pero nunca «minas de la Fuerza Armada» o «minas norteamericanas». Y, sin embargo, se sabe que el ejército usa minas sistemáticamente, como parte de su estrategia militar, y que sus minas también producen víctimas entre la población civil[14]. Por tanto, cuando la Fuerza Armada critica las minas del FMLN argumentando desde el respeto a los derechos humanos, está ideologizando el empleo de las minas que sería bueno y justificable en su caso, malo

---

14. Al manejo propagandístico de la campaña sobre las minas ya se había remitido Martín-Baró en algún otro momento; y lo había hecho con argumentos muy similares a los expuestos: «Es indudable que las minas causan también víctimas entre la población civil. Este hecho es el que ha sido recogido, magnificado, caricaturizado y utilizado profusamente por la propaganda de la Fuerza Armada, acusando al FMLN de violador de los derechos humanos de la población afectada. A las minas del FMLN se le han atribuido víctimas propias y ajenas, víctimas de las minas o de cualquier otra arma, víctimas reales y ficticias» (Martín-Baró, I. El Salvador 1987. *Estudios Centroamericanos*, 471/472, 1988, 34).

y reprobable en el caso del FMLN. La defensa de los derechos humanos no representa así un valor real que rija el propio comportamiento, en este caso de la FA, sino un simple instrumento más para combatir al enemigo. Lo que determinaría la bondad o maldad de esa particular violencia que consiste en utilizar las minas sería el que favorezca a los propios intereses o a los intereses rivales. El carácter ideológico de los comportamientos violentos nos permite comprender dos tesis bien conocidas, aunque insuficientemente analizadas: a) el que siempre y únicamente se considere como malo e injustificable el comportamiento violento del otro, no el propio, y b) el que la justificación social de la violencia engendra la proliferación tanto de las justificaciones como de la violencia misma (ver Hacker, 1973, 15-18).

La creación de la figura del enemigo, tanto si corresponde a alguien real como si no, constituye uno de los resortes básicos para la ideologización de la violencia (Wahlström, 1987). Según el análisis de Finley, Holsti y Fagen (1976, 18-19), el enemigo cumple tres tipos de funciones: psicológicas, sociológicas y políticas. Psicológicamente, «los enemigos ayudan a identificar las fuentes de frustración y justifican los actos que de otro modo podrían ser impropios o ilegales; actúan como foco de la agresividad y como medio de distraer la atención de otros problemas apremiantes y más difíciles y proveen un contraste mediante el cual podemos medir o inflar nuestra propia valía y nuestros valores». Sociológicamente, los enemigos sirven para alentar y fortalecer las políticas represivas, para promover la solidaridad y cohesión interna del grupo, para justificar la realización de diversos planes así como para encauzar la conducta y las creencias en la línea deseada. Finalmente, el enemigo sirve también funciones políticas en los procesos de decisión y de socialización, ayudando a configurar las imágenes ideales de lo que una sociedad debe ser y hacer y diferenciando así entre «nosotros, los buenos» y «ellos, los malos» (Ascher, 1986).

En Centroamérica, la imagen del «enemigo» se utiliza como espantajo mortal que justifica aquello mismo que dice querer combatir. Es claro que el «gran enemigo» esgrimido por las fuerzas centroamericanas en el poder es el del «comunismo soviético», que tomaría carne en el gobierno sandinista de Nicaragua. El sandinismo se ha convertido así en el gran «enemigo» de los gobiernos del área, que se sienten justificados para agredir a sus propios ciudadanos a fin de evitar la presunta agresión sandinista, para reprimir toda disidencia a fin de evitar la presunta amenaza del totalitarismo comunista y hasta para atacar militarmente a la propia Nicaragua mediante «la contra», a fin de contrarrestar la presunta exportación militar de la revolución sandinista. La existencia de este «enemigo» justifica y promueve precisamente aquello que dice querer evitar: la represión, el totalitarismo intransigente, la agresión bélica. Todo lo que se haga o se diga que se hace contra ese enemigo está por lo mismo justificado, aunque sea utilizando el mismo tipo de acciones violentas que se atribuyen y se condenan en el enemigo.

Sería ciego negar que una imagen de enemigo es creada también por los nicaragüenses o por los insurgentes salvadoreños, y que esa imagen sirve funciones similares. Como han mostrado diversos estudios, la imagen del enemigo constituye un fenómeno característico de las situaciones de polarización sociopolítica, que hace a los contrincantes verse mutuamente con los mismos rasgos, aunque invertidos, de tal manera que, desde ambas perspectivas, el propio grupo es «el bueno» y el grupo enemigo es «el malo» (Bronfenbrenner, 1961; White, 1966). Sin embargo, debemos cuidarnos mucho de asumir una total simetría en el fenómeno de la «imagen especular», lo que supondría que se trata de un fenómeno totalmente subjetivo, sin correlato en la realidad objetiva. Es en cada caso el análisis histórico del fenómeno el que debe mostrarnos su veracidad o falsedad, su validez reveladora de la realidad o su carácter de encubrimiento ideológico. Porque, en definitiva, el hecho de que unos y otros se descubran mutuamente con los mismos rasgos no prejuzga de por sí el que la percepción de los unos se aproxime más a la realidad objetiva que la percepción de los otros. La violencia centroamericana no es ciertamente creada por la imagen del enemigo, y mucho menos por aquel que en un momento concreto es identificado por unos u otros como la encarnación histórica de aquel enemigo; sin embargo, esa imagen sirve no sólo para justificar la violencia ya existente sino para promover su incremento.

Ahora bien, la alta dosis de coerción violenta requerida para mantener los ordenamientos sociales en la situación estructural de injusticia que caracteriza a Centroamérica hace que el sistema requiera una justificación más estable que la imagen circunstancial de un enemigo. Y esa justificación la ha suministrado en la década de los setenta la doctrina de la «seguridad nacional»[15] que ha ido sien-

---

15. No pierda de vista el lector un desarrollo argumental que da comienzo con el carácter ideológico de la violencia, tiene en la construcción de la imagen del enemigo su eslabón central, y desemboca en la seguridad nacional a la que es necesario

do substituida por la doctrina sobre los «conflictos de baja intensidad». Ambas doctrinas coinciden en que la sociedad capitalista confronta un conflicto de poder entre los intereses sociales de las clases dominantes y los intereses de las clases dominadas, y que todos los ámbitos de la existencia están sometidos a ese conflicto estructural, favoreciendo unos intereses y otros. La lucha contrainsurgente debe ser, en consecuencia, una lucha total que incorpore a todos los sectores y todos los aspectos de la vida social (Comblin, 1978).

La diferencia más significativa entre la doctrina de la seguridad nacional y la doctrina sobre los conflictos de baja intensidad[16] consiste probablemente en la insistencia de esta última en el papel de la llamada «guerra psicológica» con lo que se busca ganar «las mentes y corazones» de las personas para aceptar las exigencias del orden imperante y, por consiguiente, para asumir como buena y hasta «natural» aquella violencia que sea necesaria para mantenerlo. En última instancia, la guerra psicológica busca lo que podríamos llamar

supeditarlo todo, incluida la vida de quienes supuestamente la ponen en peligro. Una doctrina (ver nota 3 del capítulo «El papel desenmascarador del psicólogo» en el volumen *Psicología de la liberación*) que forma parte de la obstinada presencia de Estados Unidos en la política salvadoreña en general, y en la guerra sucia más en particular (ver la notas 9 y 10 de la Introducción y nota 10 del primer capítulo). En esa guerra sucia (guerra paralela la denomina Martín-Baró en el próximo capítulo) que se juega en los conflictos de baja intensidad (ver nota 7 del capítulo 3), y se adentra por un terreno psicológico al infiltrarse en la mente y en los corazones de la población (ver epígrafe «Guerra paralela» del próximo capítulo). En realidad, la doctrina de la seguridad nacional es un excelente ejemplo de mentira institucionalizada, ya que «... constituye una formulación dogmática y sacralizante, una verdadera religión cuyo dios es el capitalismo, cuyo mandamiento fundamental es el culto a la propiedad privada y cuyo sumo sacerdote es el presidente de los Estados Unidos. A la seguridad nacional deben supeditarse todos los derechos humanos, públicos y privados» (Martín-Baró, I. *Raíces psicosociales de la guerra en El Salvador*. Manuscrito inédito. San Salvador, 1982, 140). La Conferencia de los obispos latinoamericanos en Puebla se había pronunciado también al respecto en unos términos poco indulgentes: «En los últimos años se afianza en nuestro continente la llamada Doctrina de la Seguridad Nacional, que es de hecho, más una ideología que una doctrina. Está vinculada a un determinado modelo económico-político, de características elitistas y verticalistas que suprime la participación amplia del pueblo en las decisiones políticas. Pretende incluso justificarse en ciertos países de América Latina como doctrina defensora de la civilización occidental cristiana. Desarrolla un sistema represivo, en concordancia con su concepto de «guerra permanente». En algunos casos expresa una clara intencionalidad de protagonismo geopolítico» (CELAM. *Puebla. La evangelización en el presente y en el futuro de América Latina*. San Salvador: UCA Editores, 1979, 150).

16. Sobre los conflictos de baja intensidad, y sus relaciones con la guerra sucia y la guerra psicológica se detendrá en el próximo capítulo, especialmente en el epígrafe «La guerra paralela».

una militarización de la mente humana. Difícilmente se puede comprender la violencia actual en Centroamérica sin captar en qué medida los sectores dominantes tienen su mente militarizada y aceptan como bueno cualquier forma de violencia que les permita mantenerse en el poder y en el disfrute de sus privilegios.

En síntesis, las formas predominantes de violencia en la actual situación centroamericana son, en este orden, las acciones bélicas, las represivas y las delictivas. Las más significativas de estas acciones se justifican frente a la amenaza de un enemigo poderoso y omnipresente que se llama comunismo y que adopta diversas caras según el caso: expansionismo soviético, totalitarismo sandinista, subversión marxista-leninista, terrorismo guerrillero. La necesidad de combatir a ese enemigo justifica la aplicación de aquellas mismas medidas violentas que se afirma pretender impedir. Ahora bien, la aplicación de actos violentos para preservar al régimen frente a la amenaza del «enemigo» pone de manifiesto la ideologización de la violencia, es decir, que con la violencia se pretende responder a los intereses sociales de las clases dominantes y que la formalización de la violencia como negativa depende de quién ejecute un acto y a quién beneficie su realización.

En modo alguno se pretende incurrir en un reduccionismo sociopolítico que reduzca toda forma de acción violenta a problemas estructurales relacionados con la lucha de clases. Se ha mantenido que una de las formas predominantes de violencia en Centroamérica es la delictiva, muchas de las agresiones violentas penadas por la ley son consecuencia directa de problemas personales o de factores de personalidad estrictamente individuales. Sin embargo, creo también que ni siquiera esas formas de violencia se entienden si no se contextualizan social y políticamente. La violencia de los padres hacia sus hijos, por ejemplo, refleja tanto los conflictos al interior de la familia como las características de una cultura que ha puesto el destino de los hijos casi totalmente en las manos de sus progenitores, con frecuencia poco preparados para esta responsabilidad. Pero ni la familia es una isla autónoma, ni la cultura emerge o se transmite con abstracción de las condiciones históricas de una sociedad. Por eso, hasta las formas más pulsionales de comportamiento violento tienen que ser situadas en el aquí y ahora de unas circunstancias que posibilitan unas formas de actuar y no otras, que ofrecen unos patrones y no otros. A lo largo de 1987, por mencionar un caso concreto, casi un centenar de personas murieron en El Salvador debido a bombas arrojadas por soldados en casas particulares, en vehículos públicos o en medio de fiestas y bailes. En la mayoría de los casos, los hechores se encontraban ebrios o se dejaron llevar por un arrebato pasional. Pero poco entenderíamos de esta nueva forma de violencia delictiva si nos quedáramos en el plano de la explicación psicológica individualista, incluso de las formulaciones más recientes cognoscitivo-neoasociacionistas (Berkowitz, 1984) y no situáramos ese comportamiento en el contexto histórico de un conflicto estructural de clases, de una guerra que se prolonga ya por siete años y de un aparato ideológico que convierte al soldado en «autoridad», legitimando *a priori* su comportamiento violento.

Ahora bien, aceptada la irreductibilidad entre diversas formas de violencia y, por tanto, descartando cualquier tipo de explicación reduccionista, cabe preguntarse por qué se recurre tanto a los comportamientos violentos en la actual situación centroamericana. ¿Por qué los gobiernos echan privilegiadamente mano de la violencia para preservar el orden social, y no de otras formas de actuar político? ¿Por qué el padre de familia utiliza con tanta frecuencia el cinturón con sus hijos, el patrón lanza a la policía o a sus guardaespaldas contra los obreros y el grupo de manifestantes destroza los buses de transporte público?

Sabemos bien que el comportamiento violento puede provenir de una multiplicidad de causas y que, con frecuencia, un mismo comportamiento remite a diversas causas. Hay también diversos factores que influyen en un momento determinado para que la acción elegida sea de carácter violento y no otra. Pero si es cierto que la violencia puede tener diversas causas y desencadenantes circunstanciales, parece que las más de la veces hay una razón prioritaria para utilizar la violencia como forma de comportamiento: su utilidad instrumental[17]. Como acertadamente señala John Sabini (1987, 369) en su análisis de los estudios experimentales de la Psicología sobre la violencia y la agresión, «la agresión es por lo general un acto instrumental, destinado a lograr algún fin». La elección tan persistente y a todos los niveles de violencia como forma preferida de comportamiento se debe a una razón muy sencilla: es eficaz. En otras palabras, con la violencia se consigue en nuestra sociedad lo que al parecer no se puede conseguir por otros medios. Por tanto, puede que la violencia no sea muy racional en muchos casos, pero ciertamente es útil en casi todos.

---

17. Sobre la utilidad instrumental de la violencia, ver epígrafe «Constitutivos de la violencia» del capítulo previo.

Ahora bien, que la razón primordial para el uso de la violencia en los países centroamericanos sea su utilidad y su eficacia tiene un sentido y unas consecuencias muy distintas según las diversas formas de violencia. Que la violencia sea el medio más eficaz para mantener el orden establecido tiene un sentido muy distinto a que sea el medio más eficaz para cambiar ese orden. En un caso, se trata de la falta de voluntad o de la incapacidad de quienes se encuentren en el poder para resolver los problemas sociales, lo que les permitiría mantener el orden social a partir del consenso más que de la coerción, del convencimiento más que de la represión terrorista. En el caso de quienes pretenden cambiar el orden social significa que ese orden no les ofrece alternativas más eficaces para lograr sus propósitos que la de la violencia. El caso de El Salvador es claro al respecto, ya que repetidas veces los sucesivos regímenes han bloqueado todo esfuerzo por lograr los cambios sociales a través de medios pacíficos, no violentos, incluso en el marco de sus propias reglas electorales. De la misma forma, distinto es el sentido que tiene la utilidad de la violencia en el caso del papá que castiga a sus hijos que en el del policía que tortura al líder sindical, en el del asaltante que mata a su víctima que en el del soldado que hace volar por los aires a los asistentes a un baile. En unos casos, el aspecto más importante es la falta de alternativas comportamentales, en otros, la presión grupal o cultural, y en otros la obnubilación ideológica al servicio de unos intereses sociales.

Ahora bien, la utilidad instrumental de la violencia como razón más común para su frecuente empleo abre una ventana a la intervención psicosocial. El objetivo es claro: hacer que los comportamientos violentos, sobre todo aquellos que más hieren los derechos fundamentales de las personas y grupos, sean menos útiles, que se vuelvan socialmente ineficaces. Cómo lograr este objetivo es el reto que, en concreto, tenemos planteado los científicos sociales, incluidos los psicólogos, en Centroamérica. Con vistas a este objetivo intentaré sintetizar brevemente los recursos que la investigación psicosocial nos ofrece y cómo se pueden aprovechar esos recursos en un programa que contribuya a sacar a nuestros países de esa encrucijada de violencia generalizada en que hoy se encuentran.

UN PLAN PSICOSOCIAL CONTRA LA EFICACIA DE LA VIOLENCIA

Podemos distinguir dos grandes bloques de aportes de la Psicología al análisis de la violencia: aquellos que se refieren a las agresiones individuales y aquellos que se refieren a las agresiones institucionales. Hagamos un rápido recuento de los más significativos, la mayoría de los cuales nos son bien conocidos.

Desde un punto de vista etológico, Konrad Lorenz[18] insistió hace tiempo en la necesidad de promover válvulas de escape sociales para dar salida constructiva a las tendencias agresivas (Lorenz, 1971). Lorenz, en concreto, proponía la multiplicación de encuentros deportivos y competencias de todo tipo que llevaran los conflictos sociales al terreno de la confrontación simbólica de tal manera que las tensiones agresivas se resolvieran en forma ritual. Los planteamientos de Lorenz han sido fuertemente criticados, y no seré yo quien ahora los defienda. Sin embargo, la corriente etológica representada por Lorenz constituye una importante llamada de atención sobre la profundidad del enraizamiento de la violencia y la agresión en el psiquismo humano y, por consiguiente, sobre la necesidad de no confiar en que incluso las mejores políticas sociales vayan a erradicar toda forma de violencia y agresión. Esto no significa de por sí aceptar la existencia de un instinto de agresión y menos aún el presupuesto de que las formas de violencia que se dan históricamente entre nosotros sean sin más connaturales al ser humano y, por tanto, inevitables; pero sí apunta a la necesidad de no incurrir en utopías ingenuas sobre la erradicabilidad de todo tipo de violencia humana.

El enfoque ya clásico del grupo de Yale (Dollard, *et al.*, 1939)[19] pone de manifiesto cómo la vida cotidiana se puede constituir en una fuente continua de tendencias hacia la agresión al frustrar de múltiples maneras la actividad de las personas orientada hacia la satisfacción de sus necesidades. Esta condición es particularmente obvia en nuestros países, donde la mayoría de la población, como hemos indicado, no puede ni siquiera encontrar respuesta adecuada a sus necesidades más básicas. La salida que tradicionalmente se ha propuesto para que la frustración no aboque a la agresión ha sido la

---

18. Ver epígrafe «Enfoque instintivista: la Etología», incluido en el primer capítulo.

19. A este enfoque dedica también un epígrafe en el capítulo anterior bajo el título «El enfoque ambientalista: el modelo frustración-agresión».

de propiciar formas catárticas, es decir, encontrar modos como las personas puedan desahogar sustitutivamente su frustración sin causar daños a terceros. Es bien conocido el ensayo de algunas empresas que ofrecían a sus trabajadores la posibilidad de desfogar su encono golpeando a muñecos con las caras de sus jefes. Pero, fuera de que el método no ha ofrecido los resultados que sus promotores esperaban, resulta inaceptable ya que deja sin tocar las raíces de la frustración de las personas y más bien serviría para perpetuar las situaciones generadoras de frustración.

Una alternativa más reciente para encauzar la energía generada por las frustraciones hacia objetivos alternativos a la agresión, lo constituye el entrenamiento en el control personal (Carr y Binkoff, 1981). El control personal consiste en una serie de técnicas, empleadas en la práctica clínica, que pretenden dar a la persona recursos para orientar su comportamiento a los fines que estime convenientes sin verse arrastrado a acciones violentas por la fuerza de los problemas y frustraciones cotidianas. Estas técnicas incluyen métodos de relajamiento, formas de autoconocimiento, habilidades mentales y otras más. Por supuesto, si estas técnicas se plantean como una forma de dejar intactas las fuentes de frustración personal, se trata de una forma de «opio psicologista»; pero concebidas como un complemento personal a otras soluciones pueden constituir un aporte de mucho interés, particularmente para ciertos casos o ciertas formas de violencia.

Los estudios basados en el enfoque del aprendizaje social[20] representan un puente entre la violencia personal y la violencia institucional, precisamente por su énfasis en los procesos educativos, formales e informales. Quizá los trabajos más conocidos al respecto son aquellos que se centran en el aprendizaje de modelos agresivos a través de los medios de comunicación masiva. Estos estudios han sido y siguen siendo aún fuertemente debatidos, debido al hecho de que tocan intereses económicos muy poderosos (Freedman, 1984, 1986; Friedrich-Cofer y Huston, 1986). Con todo, podemos suscribir la moderada conclusión de que «la mayoría de investigadores de esta área están actualmente convencidos de que la violencia excesiva en los medios de comunicación aumenta la probabilidad de que por lo menos algunos de los espectadores actúen más violentamente» (Huesman y Malamuth, 1986, 1).

20. Ver epígrafe «El enfoque ambientalista: el aprendizaje social» en el capítulo 1.

Hasta ahora, la principal política que han motivado los estudios sobre la violencia en los medios de comunicación ha sido el intento de lograr que la televisión disminuya su dosis de violencia, en particular en aquellos programas orientados a la audiencia infantil. Pero un somero análisis de las programaciones televisivas en nuestros países basta para convencernos sobre la futilidad de este intento. Concretamente, Chicas y Güezmes (1984) pudieron contabilizar en una semana de programación de tres canales comerciales de televisión de El Salvador 4.280 escenas de carácter violento, lo que supone un promedio de 204 escenas violentas por día y canal. Incluso aparece que la tendencia de las programaciones es hacia el incremento y no hacia la disminución de las escenas agresivas (Fernández, 1985, 50)[21]. De ahí que algunos psicólogos hayan empezado a ensayar otras formas para impedir o paliar el aprendizaje social de la violencia a través de los medios de comunicación. Así, por ejemplo, varios psicólogos sociales vinculados con la Univerisidad de lllinois han diseñado y experimentado varias formas de intervención entrenando a los padres de familia o a los niños a fin de lograr una pos-

[21]. La continua referencia a los medios de comunicación de masas tiene dos claras vertientes: una, la principal, los vincula con la creación y posterior alimentación del fondo ideológico; la otra se mueve dentro de un espacio más tradicional, el de la influencia de los medios de comunicación de masas sobre el comportamiento agresivo o violento de los espectadores (ver la última parte del epígrafe «El enfoque ambientalista: el aprendizaje social» incluido en el primer capítulo). Recordemos la hipótesis de Bandura: «Observar la conducta de modelos que han recibido por ello un castigo suprime generalmente la imitación en los observadores. Observar, por el contrario, modelos implicados en actividades amenazantes o censurables sin que de ellas se siga ninguna consecuencia adversa reduce las dudas y restricciones del observador para actuar de esa misma manera» (Bandura, A. *Aggression. A social learning analysis*. Eglewood Cliffs, N.J.: Prentice-Hall, 1973, 129). Martín-Baró mantiene una postura moderada ambigua respecto a esta teoría, pero la investigación posterior no ha mostrado condescendencia con esta relación lineal. Lo hizo muy pronto Seymour Feshbach aduciendo la capacidad del sujeto (incluso de los más pequeños) para diferenciar entre contenidos «reales» o «fantasiosos», al mismo tiempo que Kaplan y Singer ponían al descubierto, en clave metodológica, la falta de fiabilidad y de validez de los estudios que han manejado esa relación directa. Y en la actualidad se hace imprescindible la consideración de tres variables mediadoras entre los contenidos violentos y la manifestación de conductas agresivas: a) características del contexto sociocultural relativas a la violencia; b) la mediación de factores microsociales (los tres modelos de mediación parental, de la que habla Nathanson, A. Identifying and explaining the relationship between parental medaition and children's agresión. *Communications Research, 26*, 1999, 124-143), y c) la elaboración personal. Un esquema muy psicosocial, por lo demás (ver Blanco, A. La polifacética relación entre violencia televisiva y comportamiento agresivo. Epílogo a J. Urra, M. Clemente y M. Á. Vidal, *Televisión: impacto en la infancia*. Madrid: Siglo XXI, 2000, 129-156).

tura crítica frente a los personajes y escenas de los programas de televisión (Huesmann *et al.*, 1983; Eron, 1986; Huesmann, 1986). Al parecer, los resultados obtenidos hasta ahora son más bien modestos, pero van en la dirección correcta de propiciar un proceso de concientización y, por tanto, una actitud crítica frente a los medios de comunicación masiva.

Programas más amplios y ambiciosos son los que persiguen otros psicólogos que tratan de lograr un influjo significativo en la educación escolar y, más en general, en los procesos de socialización. Ervin Staub (1988), por ejemplo, propone una compleja agenda para promover un marco cultural de actitudes y motivaciones propicio a la cooperación más que a la competencia, a la convivencia solidaria más que a la agresión y la guerra. Staub parte del supuesto de que los antagonismos ideológicos, los conceptos culturales propios y otras precondiciones de la violencia no pueden ser cambiadas directamente, sino en la medida en que se produzcan nuevos tipos de relaciones intergrupales e interpersonales. Roberto Roche y Andrés García Robles (1987) han tratado de traducir esta orientación en programas concretos aplicados en escuelas y otros centros educativos. Lo interesante de estos planteamientos es que, aceptado el enraizamiento social de la violencia y sin ignorar la dificultad de un cambio social radical, proponen formas concretas para ir abriendo alternativas personales y grupales a través de la educación escolar.

Hay otros dos estudios bien conocidos que tienen importantes consecuencias sobre las raíces institucionales de la violencia y agresión: el estudio de Stanley Milgram sobre la obediencia[22] y el de Philip Zimbardo[23] sobre el aprisionamiento. Es bien conocido el estudio de Milgram (1980) en el que personas consideradas normales llegan a convertirse en torturadores en el lapso de unos breves minutos, al abrigo de una institución académica y aparentemente encadenados a la voluntad de una autoridad legitimada. Lo terrible de

22. Al final del capítulo primero se hace una descripción más detallada de este famoso estudio.
23. El estudio original de Zimbardo está traducido al castellano en uno de los primeros «Temas de Discusión» de la *Revista de Psicología Social, 1*, 1986, 85-119. Posteriormente, el propio Zimbardo ha vuelto sobre este tema: como conferenciante invitado en el Congreso Nacional de Psicología Social celebrado en Salamanca (Zimbardo, P. Situaciones sociales: su poder de transformación. *Revista de Psicología Social, 12*, 1997, 99-112), y con motivo del 25 aniversario del experimento de la prisión de Stanford (Haney, C. y Zimbardo, P. The Past and the Future of U.S. Prisión Policy. *American Psychologist, 53*, 1998, 709-727).

los experimentos de Milgram es que muestran descarnadamente que la agresión más cruel puede convertirse en un acto ejecutado en el claroscuro de una violencia sometida a los imperativos de la ley, incluso contra los propios principios éticos del actor y despojado de todo sentido.

El hecho de considerarse atado a una autoridad y de delegar en ella la responsabilidad de los actos es una de las circunstancias que más ha facilitado históricamente las agresiones en masa y los asesinatos más crueles[24]. Lo que ocurre, en el fondo, es un desmembramiento de la estructura formal del acto, de tal manera que la conducta en cuanto materialidad de la acción es separada de su sentido: cada sujeto no asume más que una porción del acto en cuanto totalidad y, por consiguiente, la responsabilidad personal queda limitada a la precisión técnica del eslabón, pero no a lo que produce la cadena del acto o de la actividad. Al final de la segunda Guerra mundial, los juicios de Nürenberg[25] dejaron en claro que ninguna persona podía ser eximida de su responsabilidad frente a comportamientos genoci-

24. «Se presume, sin admitir prueba en contrario, que quienes a la fecha de comisión del hecho revistaban como oficiales jefes, oficiales subalternos, suboficiales y personal de tropas de las Fuerzas Armadas, policías y penitenciarías, no son punibles por los delitos a que se refiere el artículo 10.1 de la ley 23.049, por haber actuado en virtud de obediencia debida». Así comienza el texto legal 23.492, conocido como «Ley de Obediencia Debida», aprobada en diciembre de 1986 por el gobierno argentino, un sórdido homenaje al oprobio y a la sinrazón. Como en su día, lo más recuerda Martín-Baró, lo fue el perdón al teniente William Calley, responsable de la ejecución indiscriminada de civiles en My Lai durante la guerra del Vietnam. Herbert Kelman y Lee Hamilton dedican una atención especial a este caso en la que sigue siendo obra de referencia inevitable, una obra cuyo objetivo se centra en el análisis de las consecuencias que se siguen cuando la autoridad da órdenes que exceden los límites de la moral o de la ley: la tensión entre la autoridad y la responsabilidad. «Un crimen de obediencia es un acto ilegal o inmoral perpetrado como consecuencia de órdenes o directrices emanadas de la autoridad. Lo mismo que la obediencia se sigue de la autoridad, los crímenes debidos a la obediencia se siguen del ejercicio desenfrenado o erróneo de la autoridad» (Kelman, H. y Hamilton, L. *Crimes of Obedience. Toward a Social Psychology of Authority and Responsibility.* New Haven: Yale University Press, 1989, 307). Ése fue el argumento de Stanley Milgram (ver nota 11 del primer capítulo y el epígrafe «La institucionalización de la violencia» de ese mismo capítulo); un argumento pleno de vigencia al que el *Journal of Social Issues* dedica en 1995 un número monográfico, «Perspectives on Obedience to Authority: The Legacy of the Milgram Experiments», en el que Lee Hamilton vuelve sobre el tema: «Crimes of Obedience and Conformity in the Workplace: Surveys of Americans, Russians, and Japanese», y otro clásico, John Darley, reflexiona sobre «Constructive and Destructuve Obedience: A Taxonomy of Principal-Agent Relationships».

25. Ver nota 11 del primer capítulo.

das alegando su vinculación a la cadena de una autoridad legalmente constituida. Pero tras el vergonzante perdón norteamericano al Teniente Calley, corresponsable de la matanza de My Lai en Vietnam, las leyes del llamado «punto final» aprobadas en Argentina y Uruguay, que eximen a los miembros de las Fuerzas Armadas de su responsabilidad en los actos de represión masiva durante las recientes dictaduras militares, suponen un grave retroceso histórico así como una grave ofensa a la voluntad de justicia de las instituciones militares como a la capacidad del sistema democrático para tratar con equidad a todos los miembros de la sociedad.

Tocamos aquí un punto crucial para la proliferación de la violencia en Centroamérica: su impunidad al abrigo de la ley[26]. Mien-

---

26. Más allá de su imprescindible vertiente jurídica, la impunidad abre sus brazos de par en par al valor instrumental de la violencia. Y lo hace por partida doble: por haber logrado a su través la consecución de los objetivos, y por haber quedado inmune a la acción de la justicia. Con ello ya sería suficiente, pero hay algunas otras consideraciones que no deben escapar a la perspectiva psicosocial: *a*) la impunidad rompe de nuevo el sentido común y siembra de dudas algunas de las reglas elementales en la convivencia social; *b*) supone una amenaza contra los marcos sociales de lo simbólico, nos dice René Kaes en el capítulo «La impunidad, amenaza contra lo simbólico» de una obra imprescindible en este terreno (En D. Kordon, L. Edelman, D. Lagos y D. Kersner. *La impunidad. Una perspectiva psicosocial y clínica.* Buenos Aires: Sudamericana, 1995); *c*) niega la memoria, y con ello deja expedito el camino para volver sobre la barbarie (ver nota 2 del capítulo 7): «El fenómeno de la impunidad está íntimamente ligado a ese desvanecimiento de la memoria en este mundo en permanente evasión; un mundo que alimenta el poder oculto del olvido con el que se erigen las barreras del desconocimiento y de la ignorancia sin las cuales las falsificaciones del pasado, hechas en nombre de intereses puntuales, no tendrían ni incidencia ni seguidores», ha escrito acertadamente Iva Delgado en la Introducción a *Impunidad y derecho a la memoria. De Pinochet a Timor* (Madrid: Sequitur, 2000, 2), y finalmente *d*) deja abierta la herida del trauma psicosocial. Cuando la Comisión de la Verdad se enfrenta a desmenuzar los orígenes y la historia de los Escuadrones de la Muerte hace la siguiente advertencia: «El Salvador tiene una larga historia de violencia perpetrada por grupos que no son del estado, ni de criminales ordinarios. Ha sido por décadas una sociedad fragmentada, con un débil sistema de justicia, y una tradición de impunidad por abusos cometidos por oficiales y miembros de las familias más poderosas». (ONU. *De la locura a la esperanza. La guerra de 12 años en El Salvador.* San Salvador: Arcoiris, 1993, 182). El Informe de Amnistía Internacional de 1990 da comienzo denunciando idéntica actitud: «Miembros del ejército que en muchas ocasiones actuaron como "escuadrones de la muerte" fueron supuestamente responsables de la muerte o desaparición de decenas de civiles entre los que figuraban dirigentes sindicales y eminentes catedráticos y profesores. Muchos perecieron en atentados con artefactos explosivos y asaltos de las fuerzas de seguridad a instalaciones sindicales y universitarias. Las autoridades declararon que investigarían los abusos pero, en la mayoría de los casos, apenas se tomaron medidas para llevar a los responsables a los tribunales» (Instituto de Derechos Humanos de la UCA. *Los dere-*

tras los principales actos de violencia queden impunes, mientras los principales promotores de la agresión masiva y del terrorismo de Estado queden amparados por el manto de la conveniencia institucional y/o de presuntas «razones de estado», no cabe esperar una reducción significativa ni en las formas ni en la cantidad de actos violentos. Por el contrario, es muy de temer que la violencia siga siendo el instrumento más adecuado para el logro de cualquier objetivo, personal o grupal. En un reciente estudio, Dane Archer y Rosemary Gartner (1984) examinaron datos sobre acciones violentas en 110 naciones y 44 grandes urbes y llegaron a la conclusión de que la mayor parte de sus hallazgos podían explicarse con una hipótesis aparentemente sencilla: que cuando un país violenta a los seres humanos mediante guerras o ejecuciones, incita de hecho a sus ciudadanos a una violencia mayor. ¿Qué esperar entonces de nuestros países, donde la agresión institucionalizada llega a niveles tan pavorosos como las campañas del terrorismo estatal realizadas en El Salvador y Guatemala?

Los estudios de Milgram nos alertan entonces sobre la necesidad de devolver a cada acto su sentido y a cada actor su responsabilidad personal y social. Difícilmente se va a lograr esto mientras no se propicien por lo menos dos cosas: una toma de conciencia sobre la corresponsabilidad colectiva y una profunda revisión de los sistemas de justicia, sobre todo de las legislaciones penales. En ambas tareas el psicólogo puede y debe participar, sobre todo ofreciendo análisis lúcidos sobre la estructura de los comportamientos y, por tanto, mostrando las condiciones psicológicas que hace posible la vivencia de la responsabilidad así como los puntos hacia donde hay que orientar las sanciones sociales (tanto los premios como los castigos) y donde puede realizarse la intervención educativa y correctiva.

chos humanos en El Salvador en 1989. San Salvador: UCA Editores, 1990, 371).
Otras referencias de interés: Equipo de Salud Mental del Centro de Estudios legales y Sociales (CELS). Efectos de la impunidad en el sujeto y en el cuerpo social. En D. Becker y E. Lira (coord.), Derechos humanos: todo es según el dolor con que se mira. Santiago de Chile: ILAS, 1989, 163-175; Mattarollo, R. Proceso a la impunidad de crímenes de lesa humanidad en América Latina. Estudios Centroamericanos, 1992, 867-882; Plataforma Argentina Contra la Impunidad. Contra la impunidad. En defensa de los derechos humanos. Barcelona: Icaria, 1998; Amaya, E. y Palmieri, E. Debilidad institucional, impunidad y violencia. San Salvador: PNUD, 2000; Lira, E., Loveman, B., Misuf, T. y Salvat, P. Historia, política y ética de la verdad en Chile, 1891-2001. Reflexiones sobre la paz social y la impunidad. Santiago de Chile: LOM, 2001.

Un último aporte para la comprensión de la violencia institucional nos lo da el estudio de Philip Zimbardo sobre el encarcelamiento (Zimbardo *et al.* 1986). Su prisión experimental en un sótano de la Universidad de Stanford mostró cómo personas catalogadas como psicológicamente maduras se dejaban arrastrar en apenas un par de días por la fuerza del rol de guardián que les tocaba desempeñar hasta llegar a ejecutar actos de gran crueldad hacia aquellas otras personas que desempeñaban el papel de presos. No interesaba aquí tanto discutir si la transformación operada por la ejecución de los roles se debía a la fuerza condicionante de la institución como tal, es decir, a la estructura sistematizada de relaciones entre guardianes y presos, o se debía más bien a la imagen que sobre lo que debía ser un guardián tenían de antemano las personas. En cualquier caso, se trata de los cambios inducidos al asumir un papel socialmente prescrito que, en este caso, lleva al ejercicio de comportamientos de agresión grave.

Ya estudios anteriores de Zimbardo (1970) habían tratado de mostrar cómo la despersonalización o desindividualización de los actos estimulaba la destructividad y la violencia. Cabe entonces preguntarnos en qué medida la violencia que se da entre nosotros en las circunstancias actuales se encuentra institucionalizada en roles socialmente prescritos y asumidos con su carga de violencia impersonal y, por tanto, sin que el ejecutor tenga que cargar con el peso de la responsabilidad por lo que hace. El estudio de Zimbardo representa, entonces, un valioso complemento al aporte de Milgram, ya que muestra cómo el sistema social ofrece institucionalmente roles que requieren ejercer la violencia en forma impersonal y sin carga de responsabilidad para el ejecutor. ¿Cómo no va a ser eficaz y conveniente la violencia en estas condiciones? Por ello, al psicólogo le toca propiciar una vez más una necesaria conciencia crítica de las personas que les ayude a descubrir lo que de intolerable y deshumanizador hay en las exigencias de la normalidad cotidiana impuesta como connatural, y que les muestre cómo separar el desempeño de la norma, la ejecución personal, de la exigencia social. Sabemos de muchos casos de soldados que disparan sus cargadores al aire para después informar que han causado tantas bajas al enemigo. Entrenar para la desviación social es, en este sentido, una forma de educar para la paz en sociedades como las nuestras, estructuradas y mantenidas con altas dosis de violencia.

CONCLUSIÓN

Recapitulemos. En Centroamérica nos encontramos con una situación de violencia generalizada que hunde sus raíces últimas en unas condiciones conflictivas de injusticia estructural, que se alimenta de justificaciones ideológicas, y que se propaga y multiplica dada su utilidad para lograr aquellos objetivos que el sistema social no ofrece por otros conductos. Frente a esta situación, la Psicología reclama una intervención a múltiples niveles, desde aquellos más personales hasta aquellos más sociales. Como indican Goldstein, Carr, Davidson y Wehr (1981, x), «se puede entender mejor la agresión, facilitar su control y promover alternativas a ella si se la enfoca simultáneamente desde la perspectiva individual, grupal, comunitaria y societal». Hay que retomar la «historia psicosocial» de nuestra violencia[27] desde sus raíces personales y sociales hasta su elaboración institucional en roles y en leyes, pasando por todas las instancias socializantes y todos los mecanismos circunstanciales que la facilitan y refuerzan. De acuerdo a los estudios mencionados, un programa de intervención psicológica debería incluir, por lo menos, cuatro grandes objetivos:

1. Entrenar a las personas en el control personal y en el desarrollo de capacidades y hábitos que les permitan canalizar simbólicamente o constructivamente sus frustraciones.

2. Desarrolar en la escuela y en el hogar una conciencia crítica tanto frente a los modelos sociales que se transmiten a través de las diversas instancias socializadoras como frente a las exigencias institucionalizadas de determinados roles sociales, desenmascarando los intereses que promueven y las falsas justificaciones con que se recubren. Esto requiere, entre otras cosas, desmontar la ideología del «enemigo», ubicando los problemas allá donde realmente se encuentran y no derivándolos en «chivos expiatorios».

3. Promover socialmente actitudes de cooperación y, sobre todo, un estilo de vida austero y solidario, consistente con los recursos objetivos de los países, que refuerce continuamente el compartir, no el acaparar, el éxito colectivo, y no sólo el triunfo individualista.

4. Propiciar aquel nuevo ordenamiento de las relaciones sociales que devuelva la totalidad de su sentido a cada comportamiento y

---

27. Lo ha hecho ya en el capítulo anterior, en el que le ha dedicado un amplio apartado, que se verá complementado a lo largo del volumen con epígrafes dedicados a sus consecuencias psicosociales (capítulo 3) al uso institucional y a los efectos de la violencia represiva (capítulo 5), a sus consecuencias traumáticas para la población en general (capítulo 7), y para los niños más en particular (capítulo 6).

que obligue a cada actor (persona o grupo) a asumir la parte de responsabilidad social que le corresponde, lo que en la práctica significa contribuir a un proceso de cambio radical de las estructuras de control alienante, propias del actual ordenamiento social.

Sólo en este contexto social nuevo, la violencia dejará de ser el medio más económico y eficaz entre nosotros, sea para desahogarse, para satisfacer necesidades o para lograr reivindicaciones y cambios sociales. En última instancia, en una sociedad afectada por un conflicto de opresión e injusticia estructural tan grande como el de nuestros países, la solución a los principales problemas de violencia pasa necesariamente por la transformación de esas estructuras, aunque no basta con ella.

Volvamos al punto de partida. El problema de la violencia generalizada que actualmente se vive no es primero ni fundamentalmente un problema psicológico, sino un problema económico, político y social. Sin embargo y por ello mismo, es también un problema psicológico. Hasta ahora, el aporte del psicólogo a la resolución de este gravísimo problema ha brillado por su ausencia, cuando no por su anuencia más o menos implícita con la situación, conformándose en el mejor de los casos con paliar algunas de las consecuencias individuales más visibles de esa violencia. Esto, obviamente, ha sido y seguirá siendo necesario, pero no suficiente y quizá ni siquiera lo más importante.

El esbozo de programa aquí propuesto representa una alternativa incipiente, que puede y debe ser criticada, corregida y ampliada pero que, en todo caso, pretende abrir ventanas hacia un horizonte distinto y estimular a los psicólogos centroamericanos a aventurarse en esa dirección y contribuir así a construir un hombre nuevo en una sociedad nueva. Está el problema; está el reto, y están, sobre todo, las mayorías de nuestros pueblos cuyo sufrimiento no permite ya más dilaciones; sólo falta nuestra respuesta histórica.

II

DESORDEN POLÍTICO, INJUSTICIA SOCIAL Y GUERRA

3

EL PSICÓLOGO SOCIAL ANTE LA GUERRA CIVIL[1]

GUERRA Y DEMOCRACIA EN EL SALVADOR

Para entender los problemas psicosociales de los refugiados[2] es esencial lograr una comprensión de las circunstancias desencadenantes

1. Este capítulo es el resultado de dos artículos: «De la guerra sucia a la guerra psicológica. El caso de El Salvador», y «Un psicólogo social ante la guerra civil en El Salvador». El primero de ellos se remonta a la ponencia presentada por Ignacio Martín-Baró en el XXI Congreso Interamericano de Psicología. Este Congreso se celebró en La Habana del 28 de junio al 3 de julio de 1987, y la ponencia de Martín-Baró formaba parte del Simposio «Los efectos psicológicos de la fuga, el exilio y el retorno: la salud mental del refugiado», organizado por Adrianne Aron. La ponencia sería publicada como capítulo en un libro editado por la organizadora del Simposio (Martín-Baró, I. From dirty War to Psychological War: The case of El Salvador. En A. Aron, A. (ed.), *Flight, Exile and Return: Mental Health and the Refugee*. San Francisco: CHRICA, 1988, 3-22). Posteriormente sería publicado en el *Boletín de la AVEPSO, 12*, 1989, 18-26, y como capítulo en Martín-Baró, I. (ed.), *Psicología social de la guerra*. San Salvador: UCA Editores, 1990, 159-172. Finalmente sería uno de los artículos incluido en el número monográfico que la *Revista de Psicología de El Salvador, 35*, 1990, 109-122, dedicó a Ignacio Martín-Baró.
2. Adrianne Aron lleva años siguiendo de cerca la peripecia psicológica de los refugiados salvadoreños en California, y el panorama que describe no es precisamente alentador: «En California, donde se han asentado dos tercios de los salvadoreños que han huido para salvarse, los psicólogos han identificado en la población refugiada una verdadera epidemia de trastornos de estrés postraumático» (Aron, A. Problemas psicológicos de los refugiados salvadoreños en California. En I. Martín-Baró (ed.), *Psicología social de la guerra*. San Salvador: UCA Editores, 1990, 470). Nora Sveaass, que trabaja también con refugiados en Oslo, le ha puesto nombre a algunos de esos trastornos: se trata, dice, de volver a reconstruir el mundo de significados, de recuperar la auto-estima dañada por la humillación (ver nota 26 en este mismo capítulo), de no dejarse avasallar por la memoria dolorida, de volver a en-

de su huida (Kunz, 1981; Stein, 1981). No es lo mismo el político exiliado tras el derrocamiento de un gobierno que el profesional que sale de su país a la búsqueda de un espacio vital; ni es lo mismo contrar un espacio donde poder desarrollar las competencias propias, de reforzar las habilidades de afrontamiento y de adaptación (Sveaass, N. *Restructuring meaning after uprooting and violence. Psychosocial interventions in refugee receving and in postconflict societies.* Tesis Doctoral. Departamento de Psicología. Universidad de Oslo, 2000). Los refugiados no fueron objeto directo de estudio por parte de Martín-Baró; tan sólo hay noticia de una ponencia, «Los niños desplazados en El Salvador», presentada en el «Taller de intercambio de experiencias sobre el trabajo psicosocial y psicoterapéutico con los niños y la población desplazada» celebrada en México, entre el 18 y el 22 de febrero de 1985. Ello no obstante, la importancia que nuestro autor le concedía queda reflejada en su libro *Psicología social de la guerra.* Cit., cuyos cuatro últimos capítulos están expresamente dedicados a este tema: «Problemática psicológica del retornado del exilio en Chile: algunas orientaciones psicoterapéuticas» (Eugenia Weinstein), «Jóvenes chilenos que retornan: perspectivas de una reparación grupal» (M.ª Isabel Castillo y Elena Gómez), y el de Adrianne Aron. El drama de los refugiados no fue ajeno a los intereses de la UCA; más bien todo lo contrario: el Instituto de Derechos Humanos (IDHUCA), bajo la dirección de Segundo Montes, otro de los jesuitas que sucumbió a la sinrazón aquel 16 de noviembre de 1989, llevó a cabo una intensa labor de investigación, que quedaría plasmada en varias publicaciones, de entre las que cabría destacar: Montes, S. La situación de los desplazados y refugiados salvadoreños. *Estudios Centroamericanos, 434,* 1984, 904-920; Montes, S. El problema de los desplazados y refugiados salvadoreños. *Estudios Centroamericanos, 37-56,* 1986; Instituto de Investigaciones UCA. *Desplazados y refugiados.* San Salvador: UCA Ediciones, 1985; IDHUCA. En busca de soluciones para los desplazados. San Salvador: UCA Editores, 1986. A éstas, cabe añadir algunas otras investigaciones de corte eminentemente psicológico: Serrano, D. y Mónico, A. *Estudio exploratorio de los desórdenes psicológicos en los niños de un refugio en Santa Tecla.* Tesis de Maestría en Psicología (bajo la dirección de Martin-Baró). UCA de San Salvador, 1983; Achaerandio, L. Introducción al problema de los desplazados en El Salvador. *Boletín de Psicología, 9,* 1983, 4-10; Fernández, A. Características psicológicas del niño refugiado. *Boletín de Psicología, 9,* 1983, 17-23; Aron, A. Problemas psicológicos de los refugiados salvadoreños en California. *Boletín de Psicología, 23,* 1986, 7-20. Desde hace años, el «Centro Psicosocial para Refugiados» perteneciente al Departamento de Psiquiatría de la Universidad de Oslo, está llevando a acabo una encomiable labor de docencia, investigación y provisión de servicios psicosociales a los refugiados. De entre su ya dilatada lista de publicaciones, destacaríamos las siguientes: Reichelt, S. y Sveaass, N. Therapy with refugee families: What is a «good» conversation? *Family Process, 33,* 1994, 247-262; Reichelt, S. y Sveaass, N. Developing meaningful conversations with families in exile. *Journal of Refugee Studies,* 7, 1994, 125-143; Hauff, E. *The stresses of war, organized violence and exile: A propective community cohort study of the mental health of Vietnamese refugees in Norway.* Oslo: University of Oslo, 1998; Sveaass, N. y Castillo, M. From war hero to cripple: An interview study on psychosocial intervention and social reconstruction in Nicaragua. Peace and Conflict. *Journal of Peace Psychology, 6,* 2000, 113-133; Sveaass, N. Psychological work in a post-war context: experiences from Nicaragua. *Community, Work, and Family, 3,* 2000, 37-63. Todo ello sin olvidar la obra, de in-

quien huye hastiado de la violencia bélica que quien tiene que escapar para salvar su vida, taloneado por los escuadrones de la muerte.

Según la imagen oficial, fundamentalmente aceptada por los grandes medios de comunicación masiva internacionales, El Salvador habría entrado desde 1984 en un proceso de democratización, proceso iniciado por unas elecciones presidenciales bastante libres y caracterizado por una progresiva apertura de espacios políticos y una notoria mejora en el respeto a los derechos humanos de la población. El Salvador habría dejado así de ser «la oveja negra» del mundo occidental, para convertirse en ejemplo de un pequeño país que, con la ayuda de los Estados Unidos, estaría luchando por salir del subdesarrollo y por combatir democráticamente las ambiciones del comunismo internacional que pretendería hacer de él una simple base para sus pretensiones hegemónicas.

Desgraciadamente, la imagen oficial es una imagen distorsionada de la realidad, periódicamente cuestionada por los acontecimientos internos. Sin ir más lejos, durante los meses de mayo y junio de 1987, una serie de hechos han llevado al temor de una reaparición de los escuadrones de la muerte y de una reproducción de las peores formas de terrorismo estatal vividas durante 1981-1982[3]. Entre

discutible referencia, que en 1994 editaran Marsella, J., Bornemann, T., Eklad, S. y Orley, J. *Amidst peril and pain. The Mental Health and Well-Being of the World's Refugees*. Washington: American Psychological Association.

3. Ese temor lo confirmaba la Asamblea General de la Organización de los Estados Americanos en su décimo periodo de sesiones: «Asimismo, la Comisión ha observado con verdadera preocupación la reaparición de los escuadrones de la muerte. En efecto, en el mes de mayo del año en curso apareció un grupo clandestino autodenominado ARDE, o Acción Revolucionaria de Exterminio, anunciando que "ajusticiaría" a los traidores de la patria del FMLN» (IDHUCA. *Los derechos humanos en el Salvador en 1989*. San Salvador: UCA Editores, 1990, 365). Por lo demás, los años 1980-1982 fueron los más cruentos de la guerra a tenor del rastro de víctimas que dejó. El Informe de la Comisión de la Verdad, lo refleja con un frío dramatismo: «Socorro Jurídico Cristiano «Arzobispo Oscar Romero», reporta los siguientes números de víctimas de la población civil: 1980: 11.903; 1981: 16.266; 1982: 5.962. (ONU. *De la locura a la esperanza. La guerra de 12 años en El Salvador*. San Salvador: Arcoiris, 1993, 24). Martín-Baró cifraba el número de víctimas de la represión política durante estos primeros compases de la guerra en 24.544 (ver figura 1 y nota 7 del primer capítulo), y en un artículo publicado al hilo más cercano de los acontecimientos (La guerra civil en El Salvador. *Estudios Centroamericanos, 387/388*, 1981, 17-32) hace una detallada descripción del estallido formal de la guerra (ese es precisamente el título del segundo de los epígrafes), ofreciendo datos de las acciones militares del FMLN y de la Fuerza Armada en cada uno de los Departamentos del territorio salvadoreño. Un dato significativo: entre enero y febrero de 1981 el total de acciones militares del FMLN alcanzó la nada despreciable cifra de 1.046. Y una pre-

esos acontecimientos está el secuestro, tortura y decapitamiento de un líder sindical campesino, el secuestro y desaparición de otros tres líderes sindicales, y el apresamiento y degüello de tres campesinos que lograron escapar con vida, todo ello por hombres identificados como miembros de la Fuerza Armada; el dinamitamiento del local de un comité de madres de presos y desaparecidos políticos, y una nueva lista negra hecha pública por el Ejército Secreto Anticomunista (como muestra, ver una narración en «Carta a las Iglesias», 1987). Estos hechos han obligado al gobierno y a la Fuerza Armada a desmentir inmediatamente su responsabilidad al respecto y a renovar su compromiso público con la democracia y el respeto a los derechos humanos.

El temor por la reaparición del terrorismo de Estado es, cuando menos, ingenuo; porque, si no en su forma, en sus objetivos la guerra sucia en ningún momento ha dejado de ser un ingrediente esencial para el proyecto sociopolítico de Estados Unidos en El Salvador. Más allá de interpretaciones ideológicas de uno u otro signo, los datos no dejan ninguna duda al respecto; y los datos muestran que, en 1986, se produjeron en El Salvador no menos de 122 asesinatos atribuidos a los escuadrones de la muerte, es decir, diez asesinatos por mes, sin contar otras matanzas y violaciones a los derechos humanos más fundamentales atribuidas a las fuerzas gubernamentales (IDHUCA, 1987).

Y es que el proyecto norteamericano tiene como su meta esencial la eliminación del movimiento revolucionario y sólo secundaria o derivadamente la instauración de la democracia en el país. Por ello, en un primer momento se trató de lograr la aniquilación de los grupos insurgentes en forma rápida y brutal, combinando el accionar militar con una campaña de represión masiva a la población civil. Pero tras el fracaso de esa campaña, el proyecto ha entrado en una nueva fase que pretende lograr el mismo objetivo bajo formas

monición: «En la medida en que esta guerra civil tiende a prolongarse sobre un país ya de por sí pobre y explotado por décadas de un capitalismo irracional, los daños materiales y sobre todo humanos pueden alcanzar niveles difícilmente superables en varias generaciones. Si todo este sufrimiento no es sino el costo de un parto histórico en el que surja una nueva sociedad basada en la solidaridad y en la justicia, la guerra civil de El Salvador habrá encontrado su justificación histórica. Pero si todo este sufrimiento resultara inútil [...] la guerra civil de El Salvador resultaría haber sido el irracional desangramiento de un pueblo digno de mejor suerte» (Martín-Baró, I. La guerra civil en El Salvador. *Estudios Centroamericanos, 387/388,* 1981, 32). Sobre estos extremos abundará en este mismo capítulo, concretamente en el epígrafe «El desbordamiento de la violencia».

democráticas que justifiquen el proyecto mismo. Ello produce una permanente contradicción entre las necesidades militares y las exigencias políticas, entre el objetivo de eliminar toda oposición y protesta significativas, y la necesidad de ofrecer o aparentar respeto al libre juego político. Así, el proyecto norteamericano para El Salvador se ha visto obligado a buscar una forma de guerra sucia que le permitiera alcanzar sus fines, eludiendo sus costos políticos. Y la respuesta se cree haber encontrado en la guerra psicológica.

Nuestra tesis es que la guerra psicológica[4] que actualmente desarrolla la Fuerza Armada en El Salvador es la heredera de la guerra

4. Los capítulos 6 y 7 de *Psicología de la liberación* (Madrid: Trotta, 1998) resultan imprescindibles para comprender en su justa medida tanto la guerra sucia como la guerra psicológica. En una medida que para Martín-Baró resulta especialmente lacerante por el protagonismo que la religión ha venido jugando en este proceso: ver a este respecto el epígrafe «La religión del orden y la guerra psicológica» en el capítulo tercero de De la Corte, L. *Memoria de un compromiso. La Psicología social de Ignacio Martín-Baró*. Bilbao: Desclée de Brouwer, 2001, 170-174, y el artículo de De la Corte, L. Religión y política desde un punto de vista psicosocial. Reflexiones a partir de la obra de Ignacio Martín-Baró. *Revista de Ciencias de las Religiones*, 6, 2001, 33-46). Pero más allá de sus concomitancias religiosas, la guerra psicológica mantiene un estrecho maridaje con los conflictos de baja intensidad. Éstos tienen en los escuadrones de la muerte su brazo más sanguinario (ver nota 8 de la Introducción, y nota 5 de este mismo capítulo, y el epígrafe «Tres dimensiones del terrorismo político en El Salvador» en el capítulo 5), en la mentira institucionalizada su soporte ideológico, en «La militarización de la existencia» (ése es el título de uno de los epígrafes del capítulo 6) y en el trauma psicosocial una de sus consecuencias psicológicamente más dañinas. Todo ello forma parte del terror. En uno de sus artículos, Martín-Baró explica alguna de estas relaciones: «Siguiendo las exigencias de la estrategia propia de los «conflictos de baja intensidad», la Fuerza Armada ha intensificado la llamada «guerra psicológica», cuyos objetivos son ganar «la mente y corazones» de la población civil, sobre todo de aquella que se encuentra en las principales zonas conflictivas o de aquella que puede simpatizar con los insurgentes, y quebrantar la moral de los propios combatientes rebeldes [...]. La guerra psicológica es la heredera directa de la llamada «guerra sucia», y sus mecanismos incluyen tanto las campañas propagandísticas como las acciones de amedrentamiento y aún de aterrorización. El recurso principal de que se vale la guerra psicológica es la inducción del sentimiento de inseguridad en las personas y grupos, y el ofrecer consiguientemente como «tabla de salvación» la protección, apoyo y ayuda de la Fuerza Armada» (Martín-Baró, I. El Salvador, 1987. *Estudios Centroamericanos, 471/472*, 1988, 33). Y así es como «La cuestión del poder» (título del último epígrafe de la Introducción) nos ofrece sus dos caras: su capacidad de coerción y su preeminencia en la definición de la ideología. Ignacio Dobles aborda algunos de estos temas (ver Dobles, I. Guerra psicológica y opinión pública: Costa Rica y El Salvador en el contexto de Esquipulas II. En M. Montero (coord.), *Acción y discurso. Problemas de Psicología política en América Latina*. Caracas: Eduven, 1991, 230-255). Elisabeth Lira, otra psicóloga asidua en estas páginas, va más allá en su tratamiento de la guerra psicológica al vincularla con la quiebra

sucia que se realizó entre 1980 y 1983, ya que esta modalidad de guerra paralela permite lograr los mismos objetivos y produce similares consecuencias psicosociales en la población, pero logra salvaguardar la imagen de la democracia formal, tan necesaria a Estados Unidos para conservar el apoyo de la opinión pública y aun de otros gobiernos democráticos hacia su política en el área. No se pretende decir que guerra sucia y guerra psicológica sean idénticas, sino que la guerra psicológica es la nueva modalidad de la guerra sucia en la actual etapa del conflicto salvadoreño.

LA GUERRA PARALELA

Examinaremos nuestra tesis contrastando tres aspectos esenciales de la guerra sucia y de la guerra psicológica: sus objetivos, sus medios y las consecuencias psicosociales que producen.

Objetivos

La guerra sucia no se dirige sólo, ni quizá primordialmente, a aquellos que de una forma abierta se levantan en armas contra un régimen establecido; la guerra sucia va orientada contra todos aquellos sectores e individuos que constituyen la base de apoyo material o intelectual, real o potencial, de los insurgentes. Pero como no existe una justificación, ni política ni legal, para dirigir a todo un ejército o a las fuerzas de seguridad de un país contra la propia población civil, la tarea se encomienda a grupos clandestinos, los famosos «escuadrones de la muerte»[5]. De esta manera, se puede realizar un pro-

de la subjetividad colectiva y asociarla directamente con el terror como «instrumento político de control de las mayorías» (ver Lira, E. Guerra psicológica: intervención política de la subjetividad colectiva. En M. Montero (coord.), *Acción y discurso. Problemas de Psicología política en América Latina*. Cit., 256-274). En ambos capítulos, el lector interesado encontrará bibliografía pertinente.

5. En «ese producto híbrido de oligarcas y militares, hijo no reconocido de la compulsión hegemónica de los Estados Unidos», como los ha definido en el capítulo precedente, concurren los tres tipos de violencia que se vienen manejando en este volumen: la bélica, la represiva y la delincuencial. A ellos hemos prestado atención desde las primeras páginas de la Introducción, y en el capítulo 5 se los relacionará directamente con el terrorismo de estado. Son la mano militar de la guerra sucia, y el rostro difuminado del terror. A veces no tanto; la mismísima Comisión de la Verdad, en el capítulo dedicado a los escuadrones de la muerte, señala al mayor Roberto D'Aubuisson como el cabecilla de algunos de estos grupos criminales. La descrip-

grama de eliminación sistemática de enemigos, reales y potenciales, sin manchar públicamente la imagen de las fuerzas que lo ejecutan. Esto es lo que ocurrió en El Salvador entre 1980 y 1983: grupos de «hombres armados vestidos de civil» secuestraron, torturaron, asesinaron e hicieron desaparecer a miles de salvadoreños sospechosos de colaborar con el movimiento revolucionario o de simpatizar con su causa. Cálculos conservadores elevan a no menos de 27.000 las víctimas de esta guerra sucia entre 1980 y 1983, es decir, uno de cada doscientos salvadoreños (CUDI, 1980-1983). La impunidad con que operaban estos grupos fue siempre total, lo que no hubiera sido posible sin la connivencia, apoyo y patrocinio de los poderes militar y político del país.

La guerra sucia logró tres importantes objetivos: a) desarticular las organizaciones de masa populares: la existencia misma de organizaciones que no fueran simpatizantes del gobierno se volvió imposible y aquellos militantes que no fueron eliminados tuvieron que irse a la montaña o a la clandestinidad, o abandonaron la lucha, agarrotados por el terror; b) eliminar a muchas de las figuras más significativas de oposición: por ejemplo, la dirección del Frente Democrático Revolucionario (organismo político que agrupa a las principales organizaciones opositoras); el rector de la Universidad de El Salvador, el Dr. Félix Ulloa, y el arzobispo de San Salvador, monseñor Oscar Arnulfo Romero; y c) debilitar las bases de apoyo del movimiento revolucionario en todos los sectores de la población: profesionales, estudiantes, trabajadores, campesinos. En este sentido, no cabe duda de que la guerra sucia tuvo éxito; un éxito macabro, ciertamente, pero éxito al fin y al cabo.

Sin embargo, la guerra sucia arrastraba también graves costos: a pesar del anonimato con que se realizaba el trabajo de los escuadrones, resultaba difícil convencer a la opinión pública mundial que eso podía ocurrir sin la connivencia de las fuerzas oficiales. Constituía entonces una ardua tarea justificar el apoyo casi incondicional que ofrecía Estados Unidos a un régimen que se hacía acreedor a la condena por su violación sistemática a los más fundamentales derechos

ción que de ellos hace la propia Comisión guarda semejanzas muy notables con la que hiciera Martín-Baró: «Se trata de la organización de grupos de personas usualmente vestidas de civil, fuertemente armadas, que actuaban clandestinamente, y ocultaban su afiliación e identidad. Secuestraban a miembros de la población civil y de grupos rebeldes. Torturaban a sus rehenes, los hacían desaparecer y usualmente los ejecutaban» (ONU. *De la locura a la esperanza. La guerra de 12 años en El Salvador.* Cit., 181).

humanos[6], y más aún lograr para él nuevos apoyos internacionales. A la hora de defender al régimen salvadoreño en los foros internacionales, el gobierno de Ronald Reagan se quedaba prácticamente solo, quizá con la compañía de regímenes como el de Pinochet o el de Stroessner.

Por ello, desde 1984, y ante los inesperados éxitos militares de los insurgentes que amenazaban incluso con desarbolar al ejército nacional, se plantea la necesidad de una nueva fase para la guerra salvadoreña: era preciso seguir adelante con el proyecto de eliminar al movimiento revolucionario, lo que exigía una intensificación del accionar contrainsurgente, en particular de la guerra aérea, pero había que eludir los costos políticos de la represión masiva que obstaculizaban el desarrollo de la misma guerra militar. Se volvía necesario por tanto iniciar un proceso legitimador de la guerra, y nada más seductivo en el mundo occidental que la democracia formal. Se propuso, entonces, un proceso de democratización que avanzase a la par del proceso de pacificación, de tal manera que las conquistas militares se transformaran en victorias políticas y el quehacer político sellara la victoria militar. La figura de Napoleón Duarte jugaría un papel crucial en esta nueva fase, tanto por su imagen de hombre democrático como por sus conexiones con la Internacional Demócrata Cristiana, tan influyente en los países europeos y en otros países latinoamericanos.

Si se hubiera buscado realmente la instauración de una democracia y se hubiera ido a las causas estructurales del conflicto, quizás el nuevo plan hubiera tenido éxito; pero ello hubiera supuesto una subordinación de la guerra a la democracia y no a la inversa y, por tanto, hubiera supuesto hacer de la guerra un instrumento político y no de la política un instrumento más de guerra. Esta visión desbordaba completamente el diagnóstico del gobierno norteame-

---

6. Las últimas publicaciones en castellano sobre este tema nos remiten a las siguientes obras: Nino, C. S. *Ética y derechos humanos*. Barcelona: Paidós, 1996; Mayor Zaragoza, F. y Droit, R. *Los derechos humanos en el siglo XXI. Cincuenta ideas para su práctica*. Barcelona: Icaria-Unesco, 1998; Senent de Frutos, J. A. *Ellacuría y los derechos humanos*. Bilbao: Desclée de Brouwer, 1998; Shute, S. y Hurley, S. *De los derechos humanos*. Madrid: Trotta, 1998; De Sebastián, L. *De la esclavitud a los derechos humanos*. Barcelona: Ariel, 2000; Herrera Flores (ed.). *El vuelo de Anteo. Derechos humanos y crítica de la razón liberal*. Bilbao: Desclée de Brouwer, 2000; Globalización y Derechos Humanos. *Isegoría, 22*, (número monográfico), 2000; De la Corte, L., Blanco, A. y Sabucedo, J. M. *Psicología y derechos humanos*. Barcelona: Icaria, 2003.

ricano, convencido de que en El Salvador tenía que lidiar su particular guerra con el expansionismo soviético y, por tanto, de que el peligro a la paz y a la democracia provenía de la «agresión comunista» y no de unas condiciones internas de miseria opresiva y de injusticia estructural. Así, impulsada por la obsesión anticomunista de la administración Reagan, la nueva fase de la guerra salvadoreña ha tratado de aplicar la doctrina de los «conflictos de baja intensidad»[7] (Barry, 1986; Castro, 1986; Barry, Castro y Vergara, 1987), produciendo una democracia formalista totalmente supeditada a los planes bélicos, es decir, a servir de cobertura política a la continuación de la guerra militar contra los movimientos revolucionarios.

Según Barry (1986, 23-35), la guerra de baja intensidad se plantea en tres frentes: el campo de batalla mismo (utilizando tácticas similares a las de la guerrilla y tratando de involucrar en la lucha a todas las instancias sociales), las instituciones estadounidenses (como el Congreso), y la opinión pública, nacional e internacional. Ahora bien, en ninguno de estos tres frentes se atiende adecuadamente las causas profundas de la guerra salvadoreña y, por tanto, las raíces del descontento y la rebeldía. De ahí que la nueva fase haya requerido, como la anterior, una política de eliminación sistemática de las bases de apoyo al movimiento insurgente. Eso sí, la eliminación debía adoptar nuevas formas que respetaran el marco establecido por la

---

7. «Los CBI asumen que las raíces últimas de un conflicto se encuentran en la insatisfacción de una población, y por tanto, que no basta con una victoria de tipo militar, sino que es necesario ganar las mentes y los corazones de la gente, que es la que genera, alimenta y apoya a la insurgencia», escribe Martín-Baró en el capítulo 7 de *Psicología de la liberación*. Lo volverá a repetir, utilizando los mismos términos, al comienzo del próximo epígrafe («Medios»). Quitar el agua al pez, ése fue, a decir de la Comisión de la Verdad, uno de los «patrones de violencia de los agentes del estado y sus colaboradores» (así reza precisamente el título de uno de los epígrafes del capítulo IV (ONU. *De la locura a la esperanza. La guerra de 12 años en El Salvador.* Cit.). Conquistada la mente, se abren de par en par las puertas para la militarización de la existencia (ver los epígrafes «La habituación objetiva a la guerra» y «la interiorización subjetiva de la guerra» en el capítulo 6). La última parte del epígrafe «El Salvador: la violencia que no cesa» de la Introducción está dedicada a los CBI, un eufemismo, se dice en otra publicación de la UCA «... con el que se ampara una guerra que no requiere la utilización de la maquinaria bélica estadounidense, pero que alcanza a todos los cuerpos de la realidad, a todos los sectores y personas, apunta a todos los aspectos de la vida humana» (Departamento de Psicología y Educación de la UCA. Psicología, diálogo y paz en El Salvador. *Estudios Centroamericanos, 711*, 1986) y adquiere ese carácter totalizador del que nos hacíamos eco al comienzo del capítulo primero (ver nota 3).

guerra de baja intensidad y las exigencias formales de la democracia. Surge así la necesidad de la guerra psicológica, es decir, de aquellos programas que buscan la anulación de los enemigos, no mediante su eliminación física, sino mediante su conquista psíquica. Se trata de aniquilar al enemigo como tal, ganando «su mente y su corazón». De esta manera ya no será necesario ocultar en el anonimato a los autores de esta guerra paralela, sino que incluso podrá ensalzárseles como patriotas y héroes nacionales.

La guerra psicológica pretende, por tanto, ser la forma democratizada de lograr los mismos fines que la guerra sucia. Pero, ¿se trata realmente de una forma democrática de hacer la guerra?

Medios

Ante todo, hay que subrayar que la guerra psicológica es, al fin y al cabo, una manera de hacer la guerra. Como la guerra sucia y, en definitiva, como toda guerra, busca la victoria sobre el enemigo por medio de la violencia. Hablar de «guerra democrática» no deja de ser un contrasentido. Según los unos, la guerra psicológica persigue conquistar las mentes y los corazones de la población, de tal manera que descarte cualquier otra alternativa política (Aguilera, 1986); según los otros, la guerra psicológica no pretende más que «corromper la conciencia social del adversario» (Volkogonox, 1986, 39). Pero, en el mejor de los casos, la guerra psicológica no se propone lograr la adhesión política de la población como un objetivo en sí mismo que sea la consecuencia de haber respondido a sus necesidades personales y sociales, sino como un medio para impedir que apoye al enemigo. En otras palabras, lo que se busca es el apoyo de la población, no satisfacer sus demandas; ganar su mente y corazón, aun cuando su situación y sus condiciones de vida no cambien y sus necesidades queden realmente insatisfechas. Aquello que la guerra bélica y la guerra sucia buscan mediante la eliminación física, la guerra psicológica lo busca mediante la descalificación o inutilización mental. Como en el caso de la tortura, los métodos psíquicos sustituyen a los físicos, pero en ambos casos se trata de quebrar a la persona, de acabar con su autonomía y su capacidad de oposición, de no dar campo a su libertad y a sus opciones.

Es importante aclarar que la guerra psicológica no se reduce al ámbito de la opinión pública, como pudiera creerse, o que sus métodos se circunscriben a campañas propagandísticas; la guerra psicológica pretende influir en la persona entera, no sólo en sus creencias y puntos de vista, y se vale de otros medios además de las campañas propagandísticas.

Desde el punto de vista psicosocial, el recurso principal del que echan mano tanto la guerra sucia como la guerra psicológica para eliminar el apoyo al enemigo bélico es el sentimiento de inseguridad, un sentimiento que nada tiene de subjetivo, sino que corresponde fielmente a un ambiente social objetivo en el que las personas tienen que desenvolverse, y que es creado intencionalmente por los detentadores del poder (Lira, Weinstein y Salamovich, 1985-1986). Para crear ese ambiente de inseguridad, la guerra sucia se sirve de la represión aterrorizante, es decir, de la ejecución visible de actos crueles que desencadenan en la población un miedo masivo e incontenible. Así, mientras la represión misma produce la eliminación física de las personas que constituyen el blanco directo de sus acciones, su carácter aterrorizante tiende a paralizar a todos aquellos que, de una u otra manera, puedan sentirse identificados con algún aspecto de la víctima; de ahí la necesidad que tiene el terrorismo de Estado y, en concreto, la guerra sucia, de que la población se entere de los hechos, aunque la publicidad como tal le resulte contraproducente.

También la guerra psicológica busca crear un clima de inseguridad para lograr sus fines. Pero en lugar de utilizar la represión aterrorizante, emplea lo que pudiéramos llamar la represión manipuladora. Ya no se trata de paralizar completamente a la población civil, pero sí de inhibir su rebeldía potencial o de impedir al menos su apoyo efectivo al enemigo. Es necesario, por tanto, que las gentes conserven una dosis de miedo, y ello se logra mediante una sistemática e imprevisible dosificación de amenazas y estímulos, de premios y castigos, de actos de amedrentamiento y muestras de apoyo condicionado. Así, la guerra psicológica combina actos de «acción cívica» (modalidad militar de la beneficencia pública) con operativos de gran violencia bélica, trato comprensivo a las personas tras su aprisionamiento imprevisto, ofertas dadivosas tras hostigamientos agotadores a los diversos grupos y sectores sociales. En todo momento, los ejecutores de la guerra psicológica asumen un comportamiento prepotente que deja claro quién es el señor, quién da o quita, quién define y decide. La militarización de la vida cotidiana y de los principales espacios sociales contribuye a la omnipresencia del control prepotente y de la amenaza represiva. Ocasionalmente, un acto de represión aterrorizante reavivará el sentimiento de miedo agudo en la población. De este modo se propicia un ambiente de inseguridad, imprevisible en sus consecuencias, que reclama de parte de las personas una sumisión completa a los dictados del poder.

Uno de los mecanismos de presión psicológica más comúnmente empleados en la tortura es el de hacer sentir a la persona que se encuentra sola, que sus familiares, amigos y compañeros la han abandonado, que ya nadie se preocupa por ella (Watson, 1978; Corominas y Farré, 1978; Peters, 1985). De manera análoga, uno de los métodos característicos de la guerra psicológica consiste en hacer sentir solos a los grupos y sectores que pueden representar un apoyo potencial al movimiento revolucionario. En El Salvador se ha tratado de aislar mediante «cordones sanitarios» de todo tipo a aquellas poblaciones u organismos de quienes se sospecha que pueden ayudar o simplemente simpatizar con los insurgentes. Hay cercos y retenes que impiden a quienes viven en zonas conflictivas entrar o salir libremente de sus poblaciones, transportar víveres o medicinas y aun vivir y trabajar allí. Los miembros de organizaciones humanitarias son sistemáticamente hostigados, detenidos, interrogados y registrados, cuando no amenazados y aprisionados, insultados y golpeados; públicamente se les acusa de servir de fachada e instrumento a los movimientos revolucionarios y se hace pender permanentemente sobre ellos la amenaza de peligro a su vida. Y cuando, como en el caso de los comités de madres, este hostigamiento permanente no basta para paralizarlos, se les dinamita el local como un claro aviso de que pueden volverse a tomar medidas de mayor magnitud.

En este contexto de inseguridad, adquiere más fuerza la propaganda oficial con su insistente invitación a «incorporarse al proceso democrático», puesto que «ahora ya se puede expresar y canalizar públicamente la oposición». A través de una campaña omnipresente, los medios de comunicación masiva darán a conocer continuas deserciones, reales o presuntas, de militantes insurgentes junto a informaciones sobre los fracasos militares de la guerrilla y su recurso «desesperado» al terrorismo más rastrero, abonando así el sentimiento de inseguridad y abandono del simpatizante, es decir, su sentimiento de impotencia y de futilidad ante una lucha que, al parecer, no tiene porvenir ni sentido.

Tanto la guerra sucia como la guerra psicológica constituyen formas de negar la realidad. En el caso de la guerra sucia, el anonimato, la clandestinidad y la impunidad convierten a los «escuadrones de la muerte» en movimientos fantasmales, de los que incluso se teme hablar. Más aún, la desaparición de muchas de sus víctimas,

196

sistemáticamente negadas por las instancias oficiales, que incluso hacen recaer sobre ellas la insinuación de que se han ido a la guerrilla, vuelve su existencia y su quehacer más irreal, más ajeno a las categorías de la realidad. En el caso de la guerra psicológica, la propia realidad cotidiana es negada como tal y redefinida por la propaganda oficial[8]. Los continuos partes oficiales se convierten en la «realidad», por más obvia que sea su distorsión de los hechos. Esta definición de la realidad desde el poder establecido, masivamente difundida por todos los medios de comunicación, acecha e invade la conciencia de las personas, que no pueden formalizar su percepción

8. «La propaganda es uno de los presupuestos básicos de nuestra civilización contemporánea», escribía al comienzo de su peripecia intelectual (Martín-Baró, I. Propaganda; deseducación social. *Estudios Centroamericanos*, 243, 1968, 367), y como hemos comentado en capítulos previos (ver nota 29 de la Introducción), los estudios de opinión pública conforman una de sus seis trayectorias intelectuales. Ésta en concreto culminará con la creación y dirección del IUDOP en 1986. Su interés se fundamenta en el convencimiento de que uno de los instrumentos de que se sirve el desorden establecido es la ocultación de la realidad mediante la manipulación de la opinión pública, algo que se hace necesario combatir como paso previo para la desideologización (ver capítulo 5 de *Psicología de la liberación*. Cit.). En la Introducción al primero de los volúmenes publicados por el IUDOP deja claramente explicitados los motivos de esa nueva aventura intelectual: «Todos los actores políticos pretenden ser los verdaderos representantes de los intereses del pueblo, pero ninguno de ellos se esfuerza por averiguar sistemáticamente el parecer de los diversos sectores que componen la sociedad salvadoreña. Así, se quiere hacer pasar por opinión pública o demanda popular lo que con frecuencia no representa sino el sentir interesado de una minoría. Algunos medios de comunicación masiva son particularmente engañosos en el manejo de la información, y ofrecen como parecer colectivo sus opiniones sectarias, o dan a apreciaciones subjetivas el carácter de hechos objetivos. De este modo, al abrigo de la "libertad de prensa", se manipulan las informaciones transformando la noticia en propaganda y el desacuerdo ideológico en denigramiento cuando no en abierta difamación personal» (Martín-Baró, I. *Así piensan los salvadoreños urbanos 1986-1987*. San Salvador: UCA Editores, 1987, 1. Ver también nota 8 en el capítulo «Religión y guerra psicológica» de *Psicología de la liberación*. Cit.). En el segundo de los volúmenes ya se dejan sentir las consecuencias: «Esta tarea desencubridora y con frecuencia desenmascaradora ha molestado obviamente a quienes pretenden encubrir y enmascarar el sentir del pueblo salvadoreño en beneficio de sus intereses sectoriales o clasistas. A pesar de su existencia relativamente corta, el IUDOP ha tenido que enfrentar ya fuertes ataques desde diversas instancias del poder establecido en El Salvador, las más de ellos con una alta dosis de falsedad cuando no de abierta calumnia» (Martín-Baró, I. *La opinión pública salvadoreña. 1987-1988*. San Salvador: UCA Editores, 1989, 1). Florentino Moreno, buen conocedor de la realidad centroamericana, ofrece una dimensión especialmente macabra de la propaganda: «en las guerras contemporáneas, especialmente en las civiles, los niños son el elemento central de propaganda y guerra psicológica» (Moreno, F. *Infancia y guerra en Centroamérica*. San José: Flacso, 1991, 29) a través de dos argumentos claramente instalados en el más innoble de los chantajes emocionales: el niño-héroe y el niño-mártir.

y vivencia de los acontecimientos, lo que les deja siempre en la incertidumbre de si no estarán equivocadas (Martín-Baró, 1985a). En ese ambiente de mentira institucionalizada se produce una verdadera inversión orwelliana de las palabras. Matar se vuelve un acto encomiable, mientras atender al necesitado se convierte en una acción subversiva; destruir hospitales es ensalzado como un servicio a la patria, mientras que proporcionar atención médica a las víctimas de la guerra es condenado como un quehacer terrorista; ignorar y aun alabar la violencia bélica es virtud cristiana o muestra de nacionalismo, pero denunciar los atropellos o condenar las violaciones a los derechos humanos llega a constituir una «instrumentalización comunista de la fe cristiana» o manifestaciones de «malos salvadoreños».

Consecuencias psicosociales[9]

No es posible establecer una distinción total entre las consecuencias de la guerra militar y las consecuencias de la guerra paralela, ya sea la sucia o la psicológica, puesto que se trata de dos dimensiones complementarias de un mismo proceso. Con todo, aquí nos limitaremos al impacto de la guerra en la población civil, no combatiente, que es a la que por principio se orienta principalmente la guerra paralela.

Sin duda la primera consecuencia la constituye la propia eliminación o anulación física de las personas. El asesinato y el aprisionamiento, la desaparición y la tortura siguen siendo prácticas relativamente comunes en El Salvador, y el hecho de que su cantidad haya disminuido significativamente con respecto a los años de 1981-1982 no quiere decir, ni mucho menos, que hayan desaparecido o que se hayan reducido a niveles cuantitativos y cualitativos «tolerables» (Americas Watch, 1986).

Junto a las lesiones corporales están las marcas psicológicas, tanto las causadas por hechos particulares traumáticos, como las generadas por el ambiente permanente de hostigamiento e inseguridad. Según Guillermo Mártir (1986), la guerra ha producido un significativo incremento de hasta un 20% de las enfermedades psicosomáticas entre los pacientes del Instituto Salvadoreño del Seguro Social. En una reciente encuesta realizada por el IUDOP (1987), un 10% de la población adulta urbana salvadoreña indicaba que las enfermedades más frecuentes entre los miembros de su familia eran las nervio-

---

9. Los tres últimos capítulos de este volumen estarán dedicados a desentrañar cuáles son esas consecuencias.

sas: angustia, tensión, «nervios», etc. Es muy probable que este porcentaje sea todavía mayor en las áreas rurales, sobre todo en las sometidas más directamente al accionar bélico y a las operaciones de guerra psicológica, como parece probar el estudio de Mártir[10].

Una consecuencia psicosocial muy seria de la guerra paralela, tanto de la sucia como de la psicológica, lo constituye el bloqueo al desarrollo de un tipo de identidad personal que asuma una opción política revolucionaria y aun simplemente contraria al sistema establecido como horizonte vital. Las personas se ven directamente agredidas en su carácter de sujetos políticos (Lira, Weinstein y Salamovich, 1985-1986) lo que, en muchos casos, constituye el eje que articula su proyecto de vida. Ceder a la agresión representa una fuente de frustración existencial y de auto-devaluación, mientras que resistir a ella supone arriesgar la propia vida y la de su familia. Como señalan Lira, Weinstein y Salamovich[11], la guerra psicológica propicia la despolitización intencional de las personas. No se trata, entonces, de una indiferencia política de las masas o de un presunto carácter pasivo de los latinoamericanos, sino de una forzosa inhibición de sus opciones político-sociales.

El conflicto ético-político que confrontan las personas, sobre todo en la medida en que sus actos involucran la vida de terceros (la familia y/u otros) termina frecuentemente con la huida del país (Aron, 1987). En algunos casos esta huida es desencadenada por algún hecho aparentemente trivial o relativamente menor, en términos objetivos, sobre todo si se le compara con otras circunstancias vividas por la misma persona con anterioridad; pero, por lo general, se trata de «la gota que desborda el vaso» del aguante de la persona, que siente que su resistencia psicológica se desmorona.

Una consecuencia colectiva muy importante la constituye la devaluación de la lucha por la justicia y el desprestigio moral de quienes asumen las causas revolucionarias. La mentira institucionalizada logra manchar los ideales y comportamientos revolucionarios, vinculándolos a motivaciones sórdidas o relacionándolos con desempeños inmorales. La construcción de un mundo simbólico de carácter orwelliano no deja de afectar así la conciencia colectiva y el horizonte histórico de los pueblos.

10. En los dos últimos capítulos se describen más detalladamente los efectos de la guerra sobre la salud física, y sobre todo, sobre la mental.

11. Ver también Lira, E. Guerra psicológica: intervención política de subjetividad colectiva. En I. Martín-Baró (ed.), Psicología social de la guerra, San Salvador: UCA Editores, 1990, 138-173.

El Cuadro 1 presenta esquemáticamente el paralelismo entre la guerra sucia y la guerra psicológica como dos modalidades de «guerra paralela».

Cuadro 1. GUERRA SUCIA Y GUERRA PSICOLÓGICA

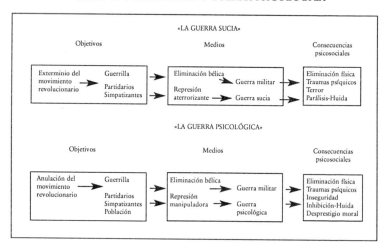

REFLEXIONES FINALES

Si nuestra tesis es válida y la guerra psicológica representa una modalidad de la misma guerra sucia, se siguen algunas conclusiones importantes para la comprensión y tratamiento de los problemas de salud mental de los refugiados salvadoreños.

Aun cuando cuantitativa y cualitativamente la violación a los derechos humanos mediante la represión política haya disminuido, esto no quiere decir que no existan condiciones políticas que obligan a muchas personas a buscar refugio en el extranjero. En este sentido, creemos que tan erróneo es afirmar que en El Salvador nada ha cambiado al respecto entre 1981 y el momento actual, como mantener que hoy día sólo las circunstancias económicas justifican la migración de los salvadoreños hacia otro país. Resulta entonces esencial analizar las nuevas modalidades de la guerra paralela y precisar en qué medida la guerra psicológica puede estar produciendo resultados psicosociales tan deletéreos como los de la guerra sucia y, por tanto, forzando a la huida. Además, esta reflexión tiene tanta importancia para enfrentar los problemas de los que huyen como para los de aquellos que, voluntaria o forzosamente, vuelven al país.

Resulta crucial enfatizar la necesaria dimensión colectiva y, por tanto, política de la salud mental[12]. Como muy bien indica Eugenia Weinstein (1987, 38) «un daño socialmente causado sólo puede ser socialmente reparado». No se puede pensar, entonces, que los problemas de los refugiados son adecuadamente solubles mediante la psicoterapia, ya sea individual o grupal. Los problemas de los refugiados requieren una verdadera «socioterapia»[13], en el sentido apuntado por Adrianne Aron (1987, 17-18) de una reconstrucción social de su vida y la de su propia comunidad, desgarradas por la represión y la guerra.

Una última reflexión concierne a la responsabilidad ética de los psicólogos. Se sabe que algunos profesionales cooperan, con mejor

---

12. Ver capítulo 7 de este volumen.

13. No es esta una propuesta meramente literaria, sino la consecuencia más obvia de la epistemología socio-histórica en la que se desenvuelve la propuesta de Martín-Baró, una propuesta que sustituye al existencialismo dinámico al que había rendido culto en sus primeros escritos (ver a este respecto notas 1 y 12 de la Introducción a *Psicología de la liberación*, y sobre todo nota 3 del capítulo «Presupuestos psicosociales del carácter»). A Ignacio Ellacuría no le pasó desapercibida esta primera apuesta teórica de Martín-Baró. En las palabras introductorias a uno de los primeros trabajos del vallisoletano ya quiere dejar constancia de su filosofía historicista en unos términos que no cabe duda hicieron mella en el todavía joven profesor de Psicología: «Sin embargo, escribía Ellacuría, para los efectos del diagnóstico uno puede y debe preguntarse varias cuestiones: 1) si es antes —en el sentido de primariedad y no de mera primigeneidad— el individuo o la comunidad social; 2) si el todos de la comunidad social es algo más que la suma de los cada uno que la constituyen y de sus relaciones intersubjetivas o incluso físicas y biológicas; 3) si la posible especificidad y primariedad de lo social no exigiría una metodología aparte. Que haya cierta anterioridad del individuo sobre la comunidad social, que el individuo se vea determinado por su referencia a la estructura de lo social, no puede negarse y por tanto no habría Psicología real sin referencia a los demás entre sí. Más aún, que la comunidad social esté configurada parcialmente por una cierta autonomía de los individuos y de los grupos, tampoco puede negarse y, por tanto, mal haría un estudioso de la sociedad que ignorase los logros tan positivos de la Psicología social. Incluso de una Psicología social como la preferida por el autor de este libro, cuya clara tendencia, aunque no exclusiva, es la de basarse en una Psicología dinámica» (Ellacuría, I. *Presentación a Martín-Baró, I. Psicodiagnóstico de América Latina*. San Salvador: LEA, 1972, vii). Todo ello como preámbulo para una recomendación final: son necesarios «planteamientos psicológicos más objetivistas y menos montados sobre interpretaciones psicoanalíticas [...] para pasar de un psicodiagnóstico a un sociodiagnóstico de la realidad latinoamericana». El último epígrafe del capítulo sexto de este mismo volumen lleva por título «Socioterapia de la guerra» y allí volveremos a encontrar una línea argumental muy hermanada con la propuesta de Ellacuría.

o peor conciencia, a la realización de la guerra psicológica. Cabe preguntarse si no ha llegado el momento no sólo de clarificar el carácter ético de esta cooperación sino de contrarrestar la guerra psicológica con una campaña masiva en favor de una auténtica paz (Departamento, 1986), y ello como parte esencial de esa «socioterapia» necesaria al país.

UNA SITUACIÓN LÍMITE[14]

Desde 1980, El Salvador se ha convertido en una situación límite: más de 30.000 muertos y medio millón de refugiados en un país de apenas 5 millones de habitantes son testimonio trágico, pero fehaciente, de que vivir hoy en El Salvador exige poner en juego la propia vida, es decir, aquello que se es y que se cree. Las situaciones límite son el mejor crisol epistemológico allá donde aparecen los rostros desnudos de normalidad y locura, de conciencia y alienación, de vida y de muerte[15].

14. Con este epígrafe da comienzo el artículo «Un psicólogo social ante la guerra civil en El Salvador» (*Revista de la ALAPSO*, 2, 1982, 91-111), cuya historia se remonta al año anterior. Del 2 al 5 de septiembre de 1981 celebrábamos en Madrid el II Encuentro de Psicología social, organizado por los Departamentos de Psicología Social de las Universidades Autónoma y Complutense de Madrid. A dicho Encuentro asistieron varios colegas latinoamericanos, gracias a una ayuda de Instituto de Cooperación Iberoamericana. Uno de ellos era Ignacio Martín-Baró, y junto a él estuvieron Gerardo Marín, Héctor Cappello, José Miguel Salazar, Maritza Montero, Héctor Betancourt, Nelson Serrano, Luis Escovar, Bárbara Marín, Nidza Correa, M.ª Luisa Morales, M.ª Luz Javiedes. Martín-Baró intervino el día 4 de septiembre a las 11 de la mañana, dentro de una Mesa Redonda coordinada por Federico Munné, «El rol del psicólogo social». El título de su comunicación era «Un psicólogo social ante la guerra civil en El Salvador».

15. Aunque no lo mencione, es más que probable que Martín-Baró esté pensando en aquellos «rostros desnudos» que atenazaron la mirada de los obispos latinoamericanos en la Conferencia de Puebla, «rostros de niños golpeados por la pobreza desde antes de nacer [...] rostros de jóvenes desorientados por no encontrar su lugar en la sociedad [...]; rostros de indígenas y con frecuencia de afro-americanos que viven marginados y en situaciones inhumanas; rostros de campesinos que viven relegados en casi todo nuestro continente [...]; rostros de obreros frecuentemente mal retribuidos y con dificultades para organizarse y defender sus derechos [...]; rostros de marginados y hacinados urbanos con el doble impacto de la carencia de bienes materiales frente a la ostentación de la riqueza de otros sectores sociales; rostros de ancianos frecuentemente marginados de la sociedad del progreso que prescinde de las personas que no producen» (CELAM. *Puebla. La evangelización en el presente y en el futuro de América Latina*. San Salvador: UCA Editores, 1979, 66). Es, una vez más, el principio de realidad sobre el que se fundamenta la racionalidad histórica (ver notas 6 y 7 de la Introducción).

Ya desde comienzos de la década de los setenta se perfilaba en El Salvador un grave conflicto social, al cerrarse uno tras otro, con obstinada irresponsabilidad, todos los atisbos de solución. Con el golpe de Estado de 1979, el conflicto entra en una fase de formalización y aceleramiento que necesariamente desemboca en la guerra civil (Martín-Baró, 1981a). Todos los ámbitos de la vida reflejan hoy este conflicto y la crueldad de una guerra que amenaza con desangrar criminalmente a un pueblo entero. El pueblo salvadoreño vive una cotidiana situación límite: mientras el sistema social se desintegra dejando al descubierto los mecanismos últimos en los que hasta ahora se apoyaba la convivencia, la identidad y el ser mismo de los salvadoreños son puestos a prueba, tanto física como psicológicamente, y día con día son muchos los que huyen, se derrumban o mueren asesinados.

La actual guerra civil en El Salvador, además de cuestionar la validez de un sistema social que se nos ha impuesto siempre como una exigencia de la misma naturaleza humana[16] y no como una posibilidad histórica entre otras, nos permite mirar al desnudo los presupuestos psicosociales de una forma de convivencia que ha resultado deshumanizadora para la mayoría de las personas. El presente estudio pretende examinar la situación actual de El Salvador desde la perspectiva de la Psicología social a fin de bosquejar un posible aporte a la solución de tan graves problemas.

16. A desmontar la creencia de que el orden y la estructura sociales son producto de algún oculto mecanismo instalado en la naturaleza humana o en la inescrutable voluntad de algún ser superior dedicó Martín-Baró algunas de sus páginas más contundentes, como aquellas en las que se ocupa del estudio del fatalismo y de la religión (ver capítulos 2, 6, 7 y 8 de *Psicología de la liberación*), y sobre todo, aquellas en las que se adentra por entre los nexos que unen ambos extremos. Entre otras razones, porque entiende que «dada la religiosidad de los pueblos latinoamericanos, la confluencia de fatalismo y creencias religiosas constituye uno de los elementos que más contribuye a garantizar la estabilidad del orden opresor. Cuando la definición del propio destino se asume casi como un artículo de fe, la sumisión frente a las condiciones de la vida se interpreta como obediencia a la voluntad de Dios y la docilidad social se convierte en una virtud religiosa [...]. De este modo el fatalismo proporciona a las clases dominantes una eficaz punta de lanza para la defensa de sus intereses de clase» (Martín-Baró, I. *Psicología de la liberación*. Cit., 98). El Concilio Vaticano II cambió las directrices: «La nueva concepción sobre la historia de salvación llevaba a no asumir las realidades sociales existentes como el producto de un designio divino, sino como un producto humano» (Martín-Baró, 1998, 207). En las notas 4, 5 y 12 del capítulo 8 de *Psicología de la liberación* se abunda sobre esta misma hipótesis: orden natural, fatalismo y opresión, una trilogía letal sobre la que asienta sus reales un desorden social caracterizado por la injusticia, la pobreza y la violencia.

ANÁLISIS PSICOSOCIAL DE LA CRISIS SALVADOREÑA

El desbordamiento de la violencia

En el momento actual, se pueden distinguir en El Salvador tres niveles de violencia: la delincuencial, la bélica y la represiva[17]. Ante todo está la violencia delincuencial, más o menos común a toda sociedad, pero que, al abrigo de la situación presente, ha alcanzado proporciones desmesuradas: sea por hambre, desempleo, desesperación o simple oportunismo, las tasas de robo, asalto, secuestro y homicidio han crecido en forma acelerada. En segundo lugar, está la violencia de la guerra formal misma. Sus víctimas no constituyen todavía el porcentaje mayor de muertos del país, y en este rubro las fuerzas gubernamentales parecen llevar la peor parte (Hinton, 1981).

En tercer lugar, están las víctimas de la represión. Cuantitativa y cualitativamente constituyen la triste marca de la actual situación salvadoreña. Como puede verse en el Cuadro 2, las víctimas de la represión política en el periodo de año y medio comprendido entre enero de 1980 y mayo de 1981 son más de 16.000, es decir, casi mil asesinatos por mes, y éstos son cálculos muy conservadores. Las víctimas pertenecen a todos los sectores sociales, aunque al pueblo humilde, campesinos y trabajadores, le toca la peor parte. Los hechores son los llamados Cuerpos de Seguridad, fuerzas combinadas del ejército y bandas paramilitares o que están vinculadas a los mismos Cuerpos de Seguridad u operan con su apoyo y connivencia.

Estas cifras hablan ya de una verdadera orgía de violencia y sangre[18]. Con todo, ni siquiera la gravedad de estos datos muestra en forma adecuada las dimensiones de la violencia que se da hoy en El Salvador. Porque uno de los rasgos que ha ido apareciendo a la luz pública es el de la crueldad. Cruel es, por supuesto, la tortura que las fuerzas policiales aplican a quienes caen en sus manos: es raro el cadáver que no presenta claras muestras de violación y tortura en su cuerpo, a menudo deformado por los castigos. Pero todavía más cruel es la práctica, en verdad repugnante, del descuartizamiento y el exhibicionismo macabro.

---

17. Es la taxonomía a la que se viene aludiendo desde las primeras páginas del primer capítulo.
18. Ver los datos que se ofrecen en el Cuadro 1 del capítulo primero y en la nota 7 del mismo capítulo.

Sólo cuando se juntan estos tres niveles de violencia social y se les tiñe con la dosis de crueldad que a menudo les acompaña se capta en toda su profundidad la gravedad del problema. ¿Qué significa

Cuadro 2. VÍCTIMAS DE LA REPRESIÓN POLÍTICA EN EL SALVADOR EN EL PERIODO 1980-1981 POR MES Y OCUPACIÓN

Ocupación	1980												1981					Total
	EN	FE	MA	AB	MY	JN	JL	AG	SE	OC	NO	DC	EN	FE	MA	AB	MY	
Campesino	129	126	203	198	200	393	524	236	378	200	207	212	1018	537	924	1795	161	7441
Obrero/empleado	10	9	32	30	53	87	52	55	104	110	107	47	74	116	143	148	107	1284
Estudiante	4	22	47	61	14	98	52	77	59	151	120	88	84	31	39	87	51	1085
Maestro	8	6	3	12	21	9	7	4	9	13	14	8	7	10	9	6	5	151
Profesional	2	4	7	–	17	11	8	6	–	2	3	5	5	4	3	2	4	83
Religioso	–	–	1	–	–	1	1	–	–	1	2	7	2	1	–	–	–	16
Desconocida	115	69	195	179	306	429	403	327	275	561	509	320	1143	703	504	303	219	6560
Total	268	236	488	480	611	1028	1047	705	825	1038	962	687	2333	1402	1622	2341	547	16620

Fuente: de enero a mayo de 1980: Socorro Jurídico del Arzobispado de San Salvador. *Asesinatos por motivos políticos desde el 10 de enero hasta el 24 de octubre de 1980*. San Salvador, 1981 (mimeo).
De junio de 1980 a mayo de 1981: CUDI. *Balance estadístico*. San Salvador, 1980-1981 (mimeo).

205

toda esta violencia? ¿Cómo se ha podido llegar allí? ¿Cómo es posible que personas hasta ayer pacíficas, religiosas y en apariencia razonables se hallen hoy envueltas en esa danza macabra de sangre? ¿Cómo explicar que asociaciones respetables y que incluso apelan a valores cristianos y democráticos reclamen histéricamente de las Fuerzas Armadas un baño de sangre todavía más amplio y generalizado?

Para comprender este complejo problema, es necesario partir de tres supuestos y señalar tres constitutivos básicos de la violencia. El primer supuesto es que hay múltiples formas de violencia y que entre ellas pueden darse diferencias muy importantes. El segundo supuesto es que la violencia tiene un carácter histórico y que es imposible entenderla fuera del contexto social en que se produce. El último supuesto es que la violencia tiene un peso autónomo que la dinamiza y que, una vez puesta en marcha, no basta con conocer sus raíces originales para detenerla. Los tres factores constitutivos de la violencia son: un fondo ideológico, un contexto posibilitador, y la «ecuación personal»[19].

Fondo ideológico. La violencia en El Salvador, incluso aquella violencia considerada gratuita, remite a una realidad social configurada por unos intereses de clase de donde surgen valores y racionalizaciones que determinan su justificación (Sanford y Comstock, 1971). Que el mismo acto sea calificado o no como un acto terrorista sólo se entiende a la luz del poder social (Hacker, 1976; Chomsky y Herman, 1979, 85 ss.). El punto que se pretende señalar aquí no es la idea de Simmel (1955) de que un conflicto se agrava al ampararse en exigencias ideológicas de principio, sino el dato más primordial de que la violencia se enraiza en la estructuración de los intereses sociales y su consiguiente elaboración ideológica. Por ello se ha podido hablar con acierto de una «violencia institucionalizada» en América Latina, y Freire ha intuido que la «devaluación de la víctima» (Lerner y Simmons, 1966) se encuentra ya tipológicamente interiorizada en la dialéctica de opresor y oprimido (Freire, 1970; Fanon, 1963).

Contexto posibilitador. Tanto el desencadenamiento como la ejecución misma de la acción violenta requieren de un contexto propicio. Esto ha sido señalado por los modelos más diversos (Berko-

---

19. Son los tres constitutivos de la violencia que hemos visto en el epígrafe del mismo nombre del capítulo primero. Ellos constituyen el armazón para una verdadera «historia psicosocial de la violencia», que Martín-Baró desarrolla con verdadero primor intelectual, cabría añadir, a lo largo de todo este volumen.

witz, 1965; Milgram, 1980). En la medida en que este contexto, en cuanto marco de la violencia, se encuentre institucionalizado, es decir, convertido en normas, rutinas y medios materiales, la violencia podrá alcanzar cotas mayores. Incrementar los cuerpos armados, multiplicar sus instrumentos mortíferos, ubicar guardias públicos y privados por doquier resulta antes o después en cuerpos armados que utilizan sus armas e instrumentos mortíferos, en guardias que hacen uso de su poder sin que en última instancia se pueda ya distinguir lo que es defensa de lo que es ataque, lo que es protección de lo que es agresión. Un viejo refrán castellano lo expresa con crudeza: «Cría cuervos y te sacarán los ojos»[20].

La «ecuación personal». Sin duda, todo acto de violencia puede llevar la marca de sus hechos que, a veces, se constituye en causa primordial. Aquí, sí, pueden entrar desde tendencias reprimidas o frustradas y conductas reforzadas, así sea vicariamente, hasta rasgos patológicos e inclinaciones sádicas. En no pocos casos y cuando el contexto organizativo ha logrado un alto nivel de rutinización, puede darse la violencia fría, profesional, la actividad del hombre que asesina metódicamente, no como sociópata, sino como técnico: el mal se hace algo intrascendente, la tarea cotidiana (Arendt, 1963).

El esquema indicado no pretende hacer una especie de síntesis recuperando elementos de los diversos modelos sobre la violencia, en muchos casos contradictorios. Se trata de subrayar la historicidad de la violencia cuyas raíces últimas se hunden allí mismo donde el hombre se hace persona al convertirse en ser social. En El Salvador, la violencia y la agresión surgen de la misma esencia del orden social imperante, un orden clasista, por necesidad coercitivo en la parcialidad de los intereses que lo determinan. Así, la dosis de fría y sistemática crueldad que en la actualidad remata la violencia represiva es síntoma de la descomposición de un régimen sociopolítico montado sobre la dominación del hombre por el hombre.

A medida que el orden social empieza a desintegrarse[21], sus mecanismos de coerción, antes más o menos interiorizados, afloran en toda su descarnada violencia. Los salvadoreños tienen que contar hoy con la amenaza continua e imprevisible de la muerte, y eso tanto si toman parte activa en el conflicto social como si pretenden permanecer ajenos a él. En cualquier sitio y en cualquier momento pue-

20. Ver nota 12 del primer capítulo.
21. Ver nota 14 del capítulo primero.

de estallar la bomba, iniciarse el tiroteo o comenzar el rastrillo militar. Cada cual se defiende como puede: unos construyen muros alrededor de sus viviendas, compran coches blindados o contratan guardaespaldas; otros huyen al extranjero. A todos sobrecoge el miedo, que unas veces paraliza y otras lleva a realizar acciones de desesperada osadía. Sin embargo, no es la muerte lo que en general atemoriza; lo que se teme es caer en manos de «ellos», ser apresado por «el enemigo». Cuando se llega a una situación así, en que ni siquiera la amenaza de la muerte continua de propios y extraños es capaz de detener el rechazo a la sumisión social, se ha cruzado el umbral que precipita el terror. Porque ya no con el asesinato, sino con la forma cruel de matar, con el exhibicionismo macabro se intentará introducir aquel elemento de temor coactivo necesario para mantener al menos los vestigios de un orden social.

En este contexto de violencia y terror institucionalizado, la violencia personal encuentra apoyo y sentido. La irracional legitimación de la violencia por parte del poder establecido (Haber y Seidenberg, 1978) abre una ancha puerta a la legitimación de casi cualquier forma de violencia individual. Hasta las personas más pacíficas aceptan la inevitabilidad de la violencia, así sea para terminar con la violencia. De este modo, el creciente proceder violento remite a la conciencia social en cuanto saber sobre la identidad conflictiva de los grupos, pero, sobre todo, en cuanto juicio sobre la inevitable necesidad y consiguiente legitimidad moral de la violencia.

La polarización social

Un segundo hecho significativo que la Psicología social descubre en la situación actual es la polarización de las personas en grupos contrapuestos. Según la doctrina oficial expuesta por la Junta de Gobierno y el discurso racionalizador norteamericano, la polarización sería entre grupos de extrema derecha y extrema izquierda, en cuyo centro se encontrarían los actuales gobernantes junto con los sectores mayoritarios de la población salvadoreña. El planteamiento hace agua por todos los lados, empezando por la vaguedad conceptual de los términos de derecha e izquierda, siguiendo por la autoubicación teórica del grupo gobernante en un hipotético centro del espectro político, y terminando por el reclamo de apoyo mayoritario. En todos estos capítulos la explicación oficial se aleja de la realidad, tanto como el discurso norteamericano de que en El Salvador se encuentran enfrentados el Este y el Oeste, la Unión Soviética y los Estados Unidos.

La verdadera polarización social que tiene lugar en El Salvador se mueve en la coordenada de la contradicción fundamental entre las necesidades e intereses de un pueblo hambriento y explotado y las necesidades e intereses de una minoría oligárquica, refinada y explotadora. Que el actual gobierno se haya enajenado también a los núcleos oligárquicos más intransigentes, en nada cambia el hecho básico de que su poder se asiente en los intereses dominantes y sus instrumentos represivos, y que su actuar esté volcado hacia la guerra contra las organizaciones representativas del pueblo.

El modelo más conocido y desarrollado en Psicología social para categorizar la polarización grupal es la llamada «teoría realista del conflicto social», propuesta por Sherif (1958, 1966; Sherif *et al.*, 1961), según la cual el conflicto de intereses genera y agudiza la oposición entre el endogrupo y el exogrupo, entre «nosotros» y «ellos», y causa un cambio en el clima social y en la estructura interna de los grupos mismos. Tajfel (1970, 1975) ha desarrollado el modelo de Sherif, subrayando el papel de la percepción y de la conciencia en la polarización y conflicto grupales, idea que ya había sido sugerida hace tiempo por Simmel (1955). Tajfel no pretende afirmar que la percepción o la conciencia sean independientes de los condicionamientos económicos, sociales o políticos, sino que las variables psicosociales juegan un importante papel en el esfuerzo de los grupos por dar satisfacción a sus intereses logrando un poder sobre los grupos rivales (Tajfel y Turner, 1979). Por su parte, Billig (1976) ha insistido en que la creación de categorías sociales para percibir y caracterizar a los grupos es parte del proceso ideológico en que el poder del grupo dominante impone sus intereses a los grupos dominados, generando en ellos una falsa conciencia sobre su identidad. Por eso el conflicto social se agudizará objetivamente cuando los grupos dominados rechacen la categorización dominante y empiecen a verse a sí mismos con ojos diferentes, es decir, cuando, en términos más latinoamericanos, empiecen a conscientizarse.

La situación actual de El Salvador parece representar, en términos generales, una buena confirmación de la teoría realista del conflicto social. En primer lugar, es una incompatibilidad de intereses materiales la causa última y principal del conflicto social existente. Esta incompatibilidad de intereses puede mostrarse de muchas maneras. Basta aquí indicar que más de la mitad de la población salvadoreña tiene un ingreso mensual promedio de menos de veinte dólares por persona (El Salvador, 1978, 6), carece de techo (Harth *et al.*, 1976; Salegio, 1978), y tiene a todos sus niños en serio estado de desnutrición (El Salvador, 1978), mientras un 5% compite en lujos con las élites de Nueva York, París o San Francisco. Esta situación de profunda desigualdad se ha ido agravando año tras año, hasta que la toma de conciencia por parte de las clases dominadas, situando el origen de sus males en la opresiva explotación de la que son objeto por parte de la oligarquía y no en un fatal destino decidido por Dios, ha hecho aflorar el conflicto cuya virtualidad ya estaba planteada hacía tiempo[22].

Es importante subrayar, entonces, que no es la toma de conciencia lo que ha causado el conflicto; todo lo más ha sido su desencadenante inmediato. Pero la nueva conciencia sobre la propia identidad grupal, en cuanto opuesta a la del grupo enemigo, sí ha influido en la evolución del conflicto. La dicotomización de la realidad en «nosotros» y «ellos», amigos y enemigos, reduce la captación de la realidad y, por consiguiente, reduce el número de opciones que se perciben como abiertas a la propia acción. Las relaciones personales se estrechan al círculo, cada vez más reducido, de aquellos en quienes se puede confiar, cuya identidad de miras fortalece las propias actitudes, pero empobrece el horizonte existencial. Las relaciones con los desconocidos son eludidas en lo posible, o se vuelven un disimulado juego de ficción, a la búsqueda de indicios que permitan categorizar políticamente al otro como amigo o enemigo (Zúñiga, 1975). «Ellos» son percibidos desde el sesgo negativo de su categorización como enemigos, y hasta las acciones conciliadoras mejor intencionadas son vistas como prueba de la maligna astucia del grupo rival.

En términos formales, la percepción dicotómica de uno y otros responde al fenómeno de la «imagen del espejo»[23] señalada por Whi-

---

22. A la conscientización dedicó Martín-Baró algunas de sus páginas más entusiastas; no en vano se trata del preludio de la liberación (ver capítulos 4 y 5, especialmente este último, en *Psicología de la liberación*), y tiene como precedente la desideologización (ver nota 9 del capítulo anterior).

23. Ya lo hemos visto en las primeras páginas del capítulo segundo de este volumen: la polarización conduce a una percepción de la realidad social en blanco y negro, en dos dimensiones que se niegan y se excluyen mutuamente al atribuirse rasgos y características idénticas pero de signo radicalmente contrario: la imagen especular (ver epígrafes «La polarización social» y «La guerra civil en El Salvador» en los capítulos 2 y 7 respectivamente). Pero estas atribuciones, puntualiza ahora, no acontecen en el vacío, sino que están sometidas al principio rector de toda actividad humana: la ideología. De suerte que los contenidos auto y hetero-atribuidos no son el reflejo fiel

te (1961, 1966; Martín-Baró, 1980): los grupos rivales se perciben con las mismas o parecidas categorías, sólo que invirtiendo la identidad de «buenos» y «malos». Sin embargo, en sana epistemología es necesario ir más allá de la formalidad del fenómeno y examinar su correspondencia con la realidad. Porque, en definitiva, el que unos y otros se atribuyan mutuamente similares características negativas no quita para contrastar su validez objetiva, es decir, examinar quién es el que realmente oprime y reprime, quién explota y asesina. Un análisis de este tipo constituye un necesario complemento al esquema de la «imagen especular» que, en el caso de uno de los dos grupos rivales, no es tal imagen, sino simple distorsión ideológica.

La nueva conciencia por parte de los grupos oprimidos ha roto el discurso formal elaborado por los grupos dominantes y las formas tradicionales de conceptualizar y ver la realidad, tanto al nivel formal de los valores sociales y de la legislación imperante, como al nivel informal, pero no menos importante, de la interacción cotidiana. Ese discurso, esa conceptualización, esos valores, han aparecido en todo su carácter ideológico como esquemas correspondientes a los intereses de la clase dominante y no a toda la colectividad. Hoy por hoy, ya no cabe suponer ni siquiera una comunidad mínima de sentido. Dicho en términos más corrientes, pero quizás psicosocialmente más profundos, ha desaparecido «el sentido común», las normas implícitas de la interacción social (Garfinkel, 1967; Turner, 1974). En la convivencia cotidiana ya no se puede asumir que el otro te dice la verdad, incluso en las cosas más intrascendentes; no se puede suponer que los conductores se vayan a detener ante un semáforo en rojo, que las instituciones de ayuda social presten ayuda, que tu lugar de trabajo vaya a seguir en pie mañana y ni siquiera que tu hogar siga siendo tu predio privado.

A pesar de que la teoría realista del conflicto social proporciona un buen marco para el análisis psicosocial del conflicto salvadoreño, hay aspectos concretos e importantes que escapan o quedan oscuros en el modelo. Dos de esos aspectos importantes lo constituyen los sectores que no caen en la polarización y los factores que determinan la evolución del conflicto.

y objetivo de los datos de la realidad, sino de la percepción y manipulación que se pretende hacer de ella para la defensa de los intereses grupales, una defensa especialmente aguerrida en el caso de los grupos dominantes, que abre de par en par las puertas a la construcción de la imagen del enemigo, antesala de su aniquilación psicológica (deshumanización), y presagio de su aniquilación física.

Aun cuando, globalmente considerada, la población salvadoreña se encuentre polarizada entre los intereses minoritarios de la oligarquía y los intereses mayoritarios de las organizaciones populares, el panorama está lejos de constituir un cuadro en blanco y negro. El hecho de que el conflicto salvadoreño se defina como un conflicto de clase, donde no existe un símbolo tan expresivo como lo fue la figura de Somoza en Nicaragua que permitía una clara delimitación de campos, hace que a muchos individuos e incluso sectores les resulte difícil tomar partido. Ante todo, resulta difícil a amplios sectores de la pequeña burguesía, eso que se ha dado en llamar las «clases medias», que en El Salvador apenas constituyen entre un 15 y un 20% de la población total. Los sectores medios tienen un problema objetivo de pertenencia de clase, ya que propiamente hablando no forman parte de la burguesía, pero tampoco del proletariado. Por lo general, sus vinculaciones laborales, su conciencia inmediata y su estilo de vida, real o anhelado, los une a los intereses de la burguesía dominante (Martín-Baró, 1981b). Sin embargo, el margen que les abre su no pertenencia a la burguesía les permite a menudo optar por los intereses del proletariado basándose en una conciencia política o a principios de carácter ético. Ahora bien, el modelo realista de Sherif no ayuda a predecir el comportamiento de estos sectores medios, aunque les afecte tanto como al resto de la población.

Tampoco explica el modelo la evolución del conflicto. En principio, parecería que se trata de un proceso que, por su propia dinámica, tiene que seguir creciendo y que el único fin consecuente con el modelo sería el control o aniquilación de uno de los contendientes por parte del otro. Los medios conocidos para reducir conflictos (el contacto, la cooperación intergrupal y la aparición de una causa o de un enemigo común) a veces producen efectos contrarios a los esperados y, cuando producen éxito, no siempre se sabe bien por qué (Worchel, 1979). Algo que sí se sabe hoy en día es que los conflictos tienden a volverse funcionalmente autónomos de sus causas originarias y, por consiguiente, no basta con saber qué produjo un conflicto para lograr resolverlo.

Es difícil predecir hacia dónde va a evolucionar el conflicto salvadoreño. Por supuesto, factores extrínsecos al conflicto mismo, como la evolución de la situación política en los Estados Unidos, Polonia o Nicaragua, pueden influir decisivamente en la marcha de los acontecimientos en El Salvador. Pero incluso reduciéndonos a los factores intrínsecos es difícil calibrar hacia dónde derivará el conflicto. Algo que es claro es la rapidez con la que se suceden los hechos significativos y con que una coyuntura sigue a otra; las dimensiones tan pequeñas del país hacen que factores pequeños puedan tener consecuencias muy grandes. En el momento presente, ambos contendientes tratan de movilizar en su beneficio a los sectores no polarizados, hasta ahora sin aparente éxito. ¿Quiere esto decir que la polarización social ha tocado ya fondo? Es posible, y el recrudecimiento de las acciones bélicas así parece indicarlo. En todo caso, el modelo utilizado nos deja un tanto al aire sobre dónde debe mirar en un momento en que poder anticipar sería crucial para poder orientar nuestro quehacer.

La institucionalización de la mentira[24]

Un tercer dato importante que la Psicología social descubre en la situación actual de El Salvador es el ambiente generalizado de mentira. En El Salvador hoy en día se vive un clima enrarecido de engaño colectivo a todos los niveles. Ya Poirier (1970) señalaba que una característica de las sociedades eufemísticamente calificadas como «en vías de desarrollo» es el vivir en un ambiente de semi-verdad, que lo es de semi-mentira, donde el discurso ideológico filtra la hiriente objetividad de las condiciones sociales y donde, a base de repetirse una y otra vez, las mentiras terminan por ser creídas incluso por aquellos mismos que las engendran.

La mentira social se produce tanto a nivel grupal como a nivel individual. La oligarquía salvadoreña ejerce un férreo control sobre

---

24. En Martín-Baró hay posiciones teóricas incombustibles que vienen transitando con firmeza a lo largo de este volumen. Una de ellas es la convicción del papel que acaba por jugar en el estallido de la violencia bélica un estado permanente de manipulación y de ocultación de la realidad (ver el primer epígrafe de la Introducción), mucho más parecido a los malabarismos circenses de un predicador desatinado que a un gobierno comprometido con la defensa de los derechos humanos y respetuoso con el disenso (ver también el epígrafe «El fondo ideológico de la violencia» de la Introducción). Se trata de sentar las bases para desvelar la verdadera trama de intereses que estaban detrás del inicio y del mantenimiento del conflicto armado y de desenmascarar la farsa ideológica que estaba sustentando un orden social apoyado sobre la injusticia y la opresión: «La mentira social constituye la elaboración ideológica de la realidad en forma tal que sea compatible con los intereses de la clase dominante, fijando así los límites en que se puede mover la conciencia colectiva» (Martín-Baró, I. *Psicología de la liberación.* Cit., 188). La mentira actúa como esa lluvia fina y pertinaz que acaba por teñir la realidad de un fango pegajoso presente en la práctica totalidad de las actividades cotidianas; es el nutriente preferido del fondo ideológico de la violencia, y desde ahí, calladamente, se adentra en todos y cada uno de los poros de la convivencia social.

los medios de comunicación masivos, que filtran la realidad. Se presenta casi única y exclusivamente aquella imagen de los hechos nacionales e internacionales que favorece a los intereses dominantes, por distorsionada que esa imagen pueda ser. Sobre esta base de control informativo ejercido por la oligarquía, el gobierno ha establecido una censura adicional, en especial sobre las emisoras de radio, que constituyen el medio de comunicación social más accesible a las masas. En la actualidad, los noticieros radiales no pueden transmitir noticias sobre el país, sino sólo noticias internacionales. Más aún, cada día todas las emisoras se ven forzadas a conectar a las horas clave con la Radio Nacional, que emite en cadena un auténtico parte de guerra propagandístico disfrazado de noticiero y con frecuencia el gobierno «encadena» al sistema entero de radio y televisión a fin de transmitir actos oficiales, celebraciones militares o discursos de voceros gubernamentales.

El control y utilización masiva de los medios de comunicación social[25] por parte del poder establecido persigue el obvio objetivo de imponer a la población su particular visión de la realidad. Con todo, no es la falta de objetividad el carácter más hiriente en la imagen de los hechos oficialmente impuesta a la población salvadoreña; lo más grave es su tergiversación moral. No se trata sólo de que se falsee la forma como actúan las personas o los grupos; se trata, sobre todo, de su denigración[26]. El opositor y la víctima son siempre culpabili-

---

25. Ver la nota 8 de este mismo capítulo, y las notas 29 y 30 de la Introducción.

26. *The Psychology of Humiliation* es el título de la tesis doctoral de Evelin G. Lindner, defendida en la Universidad de Oslo. Somalia, Ruanda/Burundi y la Alemania de Hitler comparten, psicosocialmente hablando, una experiencia común: han sido pueblos sojuzgados, dañados en su dignidad y en su orgullo, y forzados a la indefensión. Y cuando esta experiencia acompaña durante el ciclo vital a esas «estirpes condenadas a cien años de soledad», cabe la sospecha de que la humillación pueda desembocar en un trastorno disociativo muy parecido al TEPT, que veremos en los dos últimos capítulos (ver nota 3 del capítulo 6). Con la ayuda de 273 entrevistas realizadas en Somalia, Burundi y Ruanda, esta intrépida psicóloga ha intentado trazar las líneas maestras en las que se inscribe la humillación (la injusticia dibuja, sin duda, su trazo más grueso) y perfilar los pasos para la terapia y la prevención; todo ello con el ambicioso propósito de ofrecer algunas claves para la prevención del genocidio. La investigación de Lindner se deja resumir en la necesidad de tomar en consideración un conjunto de variables afincadas en distintas tradiciones de las ciencias sociales, algunas de ellas nada ajenas a las páginas de este volumen: *a*) distribución de los recursos (teoría de juegos), muy presente a lo largo de este volumen; *b*) dilema de seguridad (teoría de las relaciones internacionales) a la que nos hemos asomado a través de la doctrina de la seguridad nacional; *c*) horizonte temporal (expectativas a corto o largo plazo), y *d*) identidad social, que es donde se inscribe de manera directa la hu-

zados en los comunicados oficiales (Ryan, 1976), incluso en aquellos casos en que el poder gubernamental reconoce más o menos paladinamente haberse equivocado. Así, el opositor político será tratado como delincuente o terrorista, el apresado sin razón sufrirá el maltrato físico y el descrédito moral, y ambos tendrán que mostrarse agradecidos si llegan a salir con vida; porque el destino normal que espera a quien cae en manos de los Cuerpos de Seguridad es la tortura y el asesinato, además de la mancha calumniosa sobre su nombre y su memoria. De acuerdo a un proceso bien conocido en Psicología social, la razón sigue al hecho: si alguien fue apresado, si alguien fue muerto por las fuerzas del orden público, es porque era subversivo, porque era un terrorista, porque era un enemigo de la sociedad.

Cabe preguntarse el porqué de este uso sistemático de la calumnia en los comunicados oficiales. No parece adecuado apelar a un proceso de disonancia cognoscitiva (Festinger, 1957), ya que se trata de un proceso institucionalizado y no de una respuesta individual. Tampoco parece que se pueda explicar apelando a su carácter propagandístico, ya que habría que explicar todavía por qué la propaganda ha de acudir a ese mecanismo calumniador y no a otros recursos. La información calumniosa pone de manifiesto la existencia de un problema moral, que supone la condena implícita de la acción realizada. Pero supone también la necesidad estructural que tiene el régimen de realizar esas acciones condenables y de ocultar su responsabilidad atribuyéndolas a los «enemigos de la patria», a «los malos salvadoreños». En el fondo, se trata de un proceder consecuente con la famosa doctrina de la «seguridad nacional»[27], según la cual la bondad o maldad de los hechos se rige únicamente por la conveniencia del sistema establecido (Comblin, 1977); de este modo, la necesidad de la acción represiva, por injusta que sea, arrastra la necesidad de detractar a la víctima.

En este contexto de mentira institucionalizada se produce la mentira personal, no como acto aislado, sino como postura también

---

millación: categorización, estereotipos, polarización, e imagen del enemigo son conceptos asiduos en las páginas de este volumen (Lindner, E. *The Psychology of Humiliation. Somalia, Rwanda/Burindi, and Hitler's Germany*. Tesis doctoral. Universidad de Oslo. Departamento de Psicología, 2000). Todo apunta a que éste será en el futuro un tema llamado a ocupar un lugar en el panorama de la Psicología social, sobre todo en Europa.

27. Un excelente ejemplo de mentira institucionalizada: la doctrina de la seguridad nacional (ver nota 15 del capítulo 2) como parte del fondo ideológico de la violencia.

sistemática. En un medio donde ya no se puede presuponer la vigencia de las normas básicas de la convivencia social, la identidad personal pierde su punto fundamental de apoyo. Es mejor no mostrar ni decir quién se es o qué se piensa, ocultar los propios valores y las propias opciones. Las personas mantienen una apariencia ficticia, intencionadamente desdibujada y aséptica. Las verdaderas referencias se establecen al nivel de las vinculaciones clandestinas y de las fidelidades secretas. Miles de salvadoreños obligados así a mantener una doble personalidad, en la que la falsedad tiende a identificarse con el papel público y la autenticidad con el papel clandestino. Los planos morales se entrecruzan, y en última instancia a la persona le resulta difícil calificar como bueno o como malo a un determinado acto cuya multiplicidad de sentidos incorpora juicios opuestos y aun contradictorios.

Lo que monseñor Romero[28] significó para el pueblo salvadoreño sólo se entiende frente a este contexto de violencia y mentira social (Martín-Baró, 1981c). Monseñor Romero fue un hombre con una trayectoria límpida, y la verdad transparente de su persona fue el producto de la verdad transparente de su acción. Monseñor Romero decía la verdad de El Salvador y juzgaba los hechos del país desde esa verdad fundamental. En su homilía dominical, retransmitida por radio y escuchada semana tras semana por el pueblo entero,

28. El busto de monseñor Romero domina un cruce de caminos central de la UCA en el que confluyen la capilla donde reposan los restos de los seis jesuitas asesinados en 1989, la residencia de los propios jesuitas y el Centro Pastoral «Monseñor Romero». Su ejemplo personal y su doctrina siguen siendo objeto de una alta consideración personal e intelectual. En el capítulo «Iglesia y revolución en El Salvador» que forma parte del volumen *Psicología de la liberación*. Cit., 217, Martín-Baró dedica un epígrafe a «monseñor Romero, símbolo de la fe liberadora», y en la nota 16 de ese mismo capítulo encontrará el lector abundantes referencias a una figura convertida en símbolo, que la UCA ha tratado de dar a conocer mediante diversas publicaciones (quizás la más relevante siga siendo la de Sobrino, J., Martín-Baró, I. y Cardenal, R. *La voz de los sin voz. La palabra viva de monseñor Romero*. San Salvador: UCA Editores, 1980), sin duda como modelo en unos tiempos tan tenebrosos. Pero para que la desmemoria no haga estragos en los corazones, conviene recordar, una vez más y cuantas veces sea necesario, que monseñor Romero fue asesinado el día 24 de marzo de 1980 por un pistolero a sueldo del ex mayor Roberto D'Auibuisson, líder y fundador del partido ARENA, que ha gobernado en El Salvador durante la última década. La primera de las conclusiones de la Comisión de la Verdad no deja lugar a dudas: «El ex mayor Roberto D' Aubuisson dio la orden de asesinar al Arzobispo y dio instrucciones precisas a miembros de su entorno de seguridad, actuando como escuadrón de la muerte, de organizar y supervisar la ejecución del asesinato» (ONU. *De la locura a la esperanza. La guerra de 12 años en El Salvador*. Cit.).

la mentira oficial aparecía en su desnudez de falsedad y de calumnia. De este modo, monseñor Romero se convirtió en voz de un pueblo sin voz. Su asesinato no fue entonces el producto de una mente desquiciada; su asesinato fue el fruto necesario y la condición de supervivencia de un sistema corrupto, amparado en la mentira social.

EL APORTE DE LA PSICOLOGÍA SOCIAL

Una situación límite, como la que actualmente vive el pueblo de El Salvador, constituye un verdadero reto para cualquier científico social, una situación que nos obliga a revisar nuestro conocimiento, pero, sobre todo, una situación que nos invita a revisar nuestras opciones humanas. Cuando la convivencia social se plantea desde un conflicto irreductible entre grupos, donde el ser de unos implica la negación de otros, los mismos fundamentos del orden social están constituidos violentamente y, por tanto, son fuente permanente de violencia. Sería inútil entonces pretender ajustar las partes dejando intacto el todo que las posibilita y configura. El conflicto salvadoreño pone al descubierto la esencial incapacidad del sistema sociopolítico allí imperante para propiciar la vida humana sin explotación ni injusticia.

El análisis psicosocial pone de manifiesto que en El Salvador se da hoy en día una verdadera perversión del pensar, sentir y hacer social, cuyo resultado es el asesinato sistemático de quienquiera que rechace esa perversión. Ante una situación así, no es posible la asepsia ni desde el punto de vista ético ni desde el punto de vista científico. El psicólogo social es parte de su sociedad, y su saber y hacer están también condicionados y referidos a su contexto histórico. Pero, ¿cómo puede la Psicología social eludir los imperativos del poder dominantes y dar un aporte sustancial a la solución del actual conflicto? En nuestra opinión, al menos de dos maneras: contribuyendo al esclarecimiento de la conciencia colectiva (en el sentido durkheimiano del término) y ayudando a la configuración de un nuevo «sentido común».

Ante todo, la Psicología social puede contribuir a esclarecer la conciencia colectiva. Sabemos que un conflicto social de la magnitud del que vive El Salvador es de muy difícil solución. Ni siquiera el hecho de conocer sus causas nos da la fórmula de cómo resolverlo; con todo, ese conocimiento sí nos indica algunas condiciones necesarias para su resolución. Y una de esas condiciones es el esclarecimiento de la conciencia colectiva, tanto a nivel del saber como a nivel del juzgar. Al psicólogo social le compete ayudar a desmantelar el discurso ideológico que oculta y justifica la violencia, desenmascarar los intereses de clase que establecen la desigualdad social y las actitudes discriminatorias, poner al descubierto los mecanismos y racionalizaciones a través de los cuales la opresión y la represión se legitiman y se perpetúan.

En segundo lugar, la Psicología social puede ayudar en forma significativa a la configuración de un nuevo «sentido común». El prolongamiento de la violencia institucionalizada en El Salvador ha terminado por romper las bases mismas de la comprensión y de la convivencia social del orden imperante; pero, poco a poco, una nueva conciencia colectiva empieza a emerger, quizá como preludio a un orden social diferente. El nuevo vínculo social arranca de la vivencia del sufrimiento prolongado de un pueblo. Es una vivencia nueva no por lo que tiene de doloroso, sino por lo que tiene de liberador, no por su carácter de agonía, sino por su sentido de lucha creadora. Como expresaba un campesino en un campamento de refugiados: «Antes moríamos, nos mataban, y no sabíamos por qué. Ahora, tal vez todos vamos a morir, pero estamos conscientes de que morimos por un pueblo. Y cabalmente es bien distinto». Así, al viejo «sentido común» perdido le va sustituyendo una nueva conciencia, un nuevo sentido común, que nace al calor de la lucha popular. Un sentido que será común sólo a aquellos que participen de ese sufrimiento y de esa lucha. La Psicología social puede ayudar a desentrañar con espíritu crítico ese nuevo «sentido común», a fin de que en verdad sea base de una convivencia más equitativa y humanizante.

En El Salvador y en otros países de América Latina, el pueblo busca construir, como señor de su propia historia, una sociedad basada en la justicia y en la solidaridad. Esta búsqueda constituye una invitación y un reto. A nosotros nos toca ahora decidir si como personas aceptamos la invitación y si como psicólogos sociales somos capaces de responder al reto.

4

ACTITUDES ANTE LA GUERRA[1]

CONFLICTO Y NEGOCIACIÓN

Las actitudes surgen históricamente como la estructura psicosocial que expresa cómo los individuos y los grupos valoran algo a partir de sus raíces de clase y su particular experiencia[2]. Así, para entender

1. Este capítulo tiene como base el artículo íntegro que, bajo el título de «Actitudes en El Salvador ante una solución política a la guerra civil», publicó Martín-Baró en *Estudios Centroamericanos, 390/391,* 1981, 325-348.

2. Martín-Baró opta aquí por una definición heterodoxa de actitud, muy en consonancia con la posición epistemológica del realismo crítico (ver notas 5 y 6 de la Introducción) tal y como se puede apreciar en el capítulo 6 de *Acción e ideología,* donde tras pasar revista a las diversas teorías (la de la comunicación-aprendizaje, el enfoque funcional de Katz, la teoría de la consistencia) y a los métodos para su medición, y hacer un corto excurso sobre la polémica relación entre actitud y comportamiento, reserva para el último apartado su visión de «la realidad de las actitudes». Y lo hace en perfecta sintonía con el modelo teórico al que rinde culto a lo largo de todo este volumen: «Son las personas las que tienen, asumen o adoptan actitudes; sin embargo, las raíces últimas de las actitudes no están en los individuos, sino en las estructuras sociales y de grupo de las que los individuos forman parte. Por ello, el conjunto de actitudes fundamentales de las personas puede concebirse como la estructura en la que cada individuo articula psíquicamente la ideología social. Dicho de otra manera, las personas incorporan psíquicamente la ideología social en forma de actitudes, como un conjunto «psico-lógico» de creencias y evaluaciones sobre el mundo» (Martín-Baró, I. *Acción e ideología.* San Salvador: UCA Editores, 1983, 294). La actitud como variable mediadora entre la ideología y la acción: «La acción se constituye por referencia a una realidad significada y ese significado está dado por unos intereses sociales determinados. La ideología puede ser así vista desde la totalidad de los intereses sociales que la generan, pero también en cuanto dota de sentido a la acción personal y, por consiguiente, en cuanto esquemas cognoscitivos y valorativos de

una actitud, hay que examinar primero el objeto de esa actitud. Por ello, para comprender el sentido de las actitudes que los principales grupos sociales de El Salvador tienen hacia una eventual solución política a la presente guerra civil, es importante recordar la naturaleza del conflicto y la vivencia que de él han tenido los diversos grupos. Podemos sintetizar la guerra civil salvadoreña en cuatro aspectos: sus raíces estructurales, el fracaso del reformismo, la guerra larvada de la seguridad nacional y la confrontación formal de 1981.

Parece evidente que las causas últimas de la guerra civil en El Salvador hay que buscarlas en su estructura social. La sociedad salvadoreña está fundada en un orden profundamente injusto e irracional, donde el 5,6% de la población absorbe el 29,5% del ingreso nacional, mientras el 47% tuvo que conformarse en 1977 con un ingreso mensual menor en promedio a los 50.000 colones (El Salvador, 1978, 6). Cualquiera que sea el indicador social elegido de vivienda, salud, educación, empleo, nivel de participación social u otro, los datos son siempre elocuentes y expresan una radical división entre una minoría nadando en la abundancia y en el lujo, y una inmensa mayoría sumida en una espantosa miseria. El agravante trágico es que esta situación de miseria, en lugar de mejorar, se ha ido empeorando año tras año[3].

Las diferencias abismales en la distribución de la riqueza constituyen una fuente perenne de malestar social y son el producto natural de una estructura viciada de raíz, cuya modificación real sólo es posible mediante cambios revolucionarios. De hecho, los intentos

---

las personas mismas. Estos esquemas son personales y es el individuo el que los actúa, pero su explicación adecuada no se encuentra en el individuo, sino en la sociedad de la que es miembro y en los grupos en los que el individuo echa raíces» (Martín-Baró, I. *Acción e ideología*. Cit., 17-18).

3. Este estado de depauperización generalizada siguió su pulso firme a lo largo de la década de los ochenta. Al final de 1987 nos encontramos con la siguiente situación: «Con base a 1987, un salario nominal de 15 colones en el área metropolitana de San Salvador equivaldría a un salario real de 3,79 colones. Ahora bien, según el Ministerio de Economía, el valor de la «canasta básica familiar» para el mes de marzo, en que se han calculado los salarios reales, ascendía a 1770,88 colones. Prescindiendo de la población aquejada por el desempleo, es claro que un elevado porcentaje de la población activa empleada ha tenido que encontrar imposible adquirir esa canasta básica, que representa cuatro veces el valor del salario mínimo para los trabajadores del comercio, industria y servicios, y más de siete veces para los trabajadores del sector agropecuario. Esta situación, en lugar de tender a mejorar, se ha ido agravando a lo largo de 1987» (Martín-Baró, I. *El Salvador 1987. Estudios Centroamericanos,* 471/472, 1988, 29). El Instituto Universitario de la Opinión Pública (IUDOP) se ideó precisamente para recoger datos fiables sobre cada uno de estos indicadores.

por modificar esa estructura con simples reformas han fracasado en El Salvador uno tras otro. En el área política, los fraudes en las elecciones presidenciales de 1972 y de 1977 sirvieron para confirmar el cierre del sistema a cambios políticos significativos por vía electoral. El fraude de 1972 (Hernández-Pico *et al.*, 1972) constituyó, muy posiblemente, el momento en que un buen sector de la población comprendió que no había otro camino posible hacia el cambio social en El Salvador que el de las armas, y empezó a organizarse en ese sentido. La frustración experimentada ante el fraude de 1977 no hizo sino ahondar esa convicción o abrir los ojos a quienes todavía se resistían a la evidencia de los hechos. En el área socioeconómica, el mejor ejemplo de la inviabilidad del reformismo en El Salvador lo constituyó el estruendoso fracaso del proyecto de Transformación Agraria promovido por el gobierno del Coronel Molina en 1976 (ECA, 1976)[4]. Este fracaso no sólo sirvió para poner al desnudo la

4. En la nota 17 del capítulo segundo de *Psicología de la liberación* (Madrid: Trotta, 1998, 92), ya hacíamos referencia a este espinoso asunto, pero ahora hace acto de presencia en un contexto que merece ser detenidamente desmenuzado. El Plan de Transformación Agraria (TA), sobre el que la población campesina había depositado todas sus esperanzas, es la historia de una nueva decepción, de uno de los contratiempos más encarnizados a las expectativas de cambio que había despertado el gobierno del coronel Molina (principal protagonista del «golpe de los capitanes» al que nos hemos referido en el epígrafe «El Salvador: la violencia que no cesa» de la Introducción) al pretender el cese de la violencia y a comprometerse a garantizar la vigencia de los derechos humanos mediante una serie de medidas que resultaron inaceptables para los sectores más conservadores. La historia de este nuevo fiasco se deja resumir en un par de pinceladas: el 29 de junio de 1976 la Asamblea Legislativa da el visto bueno al Primer Proyecto de TA, que incluye dos sorprendentes propuestas: *a)* limitación de la posesión de tierra a un máximo de 32 hectáreas, y *b)* establecimiento de las formas de expropiación e indemnización. La Asociación Nacional de la Empresa Privada (ANEP), que dará lugar a la Alianza Productiva, y saldrá a colación en un epígrafe de este mismo capítulo, reacciona con violencia y provoca la creación del Frente Agropecuario de la Región Oriental (FARO). El 19 de octubre de 1976, la Asamblea Legislativa da el visto bueno a las enmiendas y el proyecto queda prácticamente decapitado. La UCA como institución hace oír su voz indignada en un artículo que tendrá amplias repercusiones, «A sus órdenes, mi capital» (*Estudios Centroamericanos, 337*, 1976, 637-643). Martín-Baró, urgido siempre por la realidad candente, lo toma como argumento para su tesis de maestría defendida en la Universidad de Chicago en mayo de 1977, bajo la excusa de que la Psicología puede hacer importantes contribuciones a la explicación del conflicto tomando como punto de partida el estudio de las actitudes de los grupos implicados. Define la actitud como la estructuración psicológica de la ideología, «como un constructo básico para explicar la inserción de las personas en los grupos sociales así como para entender la naturaleza social de las propias personas» (Martín-Baró, I. *Social attitudes and group conflict in El Salvador*. Master Thesis. Universidad de Chicago, 1977, 16). Concibe el

impotencia de los gobiernos de turno, aunque contaran con el respaldo de la Fuerza Armada para imponer reformas a la oligarquía, sino que dejó en la población salvadoreña, sobre todo en el campesinado, la amarga vivencia de un nuevo engaño y de tener que pagar con la propia vida el pecado de creer en promesas reformistas. No es de extrañar así el escepticismo con el que pueblo organizado recibió el golpe de estado del 15 de octubre de 1979. Con todo, el golpe contó en un primer momento con el beneficio de la duda por parte de diversos sectores nacionales, deseosos de propiciar urgentes reformas en el país con un mínimo de costo social. Sin embargo, el pronto fracaso del movimiento del 15 de octubre agravó aún más la situación de El Salvador, al que dejó sumido en una orgía de sangre.

A medida que el reformismo mostraba su inviabilidad en El Salvador, su complemento práctico, la represión, aumentaba desmesuradamente hasta constituirse en la tónica principal de la política oficial. Si la crisis de 1932 tuvo que «resolverse» con el asesinato de por lo menos 30.000 campesinos, y desde entonces el sistema había mantenido en el campo una fuerza encargada de abortar cualquier

conflicto, al modo marxista, como el resultado de la confrontación entre grupos a la luz de su acceso diferencial a los instrumentos de producción (de nuevo la cercanía a la teoría realista del conflicto de Sherif que ha dejado explícita en el epígrafe «La polarización social» del capítulo anterior). En el caso que nos ocupa, los grupos en cuestión son tres: el gobierno, la ANEP y FARO, y el objetivo de la investigación reside en el estudio de las actitudes de estos grupos y su posible cambio como consecuencia del debate público. Más allá de resultados concretos, de poco interés en estos momentos, conviene reseñar tres implicaciones teóricas de la investigación: *a)* la utilidad del análisis de contenido como un metodología de estudio; *b)* la concepción de la actitud como la estructura psicológica de la ideología la convierte en puente mediador entre el grupo y el individuo, entre la estructura social y la personalidad, entre los intereses sociales y las acciones individuales; *c)* el modelo de consistencia de las actitudes requiere de alguna consideración adicional, que se deriva de la necesidad de tener en cuenta su «consistencia relacional»: las raíces sociales de la actitud y sus marcos de referencia. «La consistencia relacional de una actitud depende del nivel de conciencia social de la persona que la adopta, sea un individuo o un grupo. Dicha consideración puede ser de utilidad para una mejor comprensión de algunos procesos sociales, especialmente aquellos que están implicados en el cambio actitudinal de algunos grupos» (Martín-Baró, I, *Social attitudes and group conflict in El Salvador.* Cit., 109). La reforma agraria seguirá siendo, pues, un tema pendiente. «Las reformas, particularmente la reforma agraria, siguen estancadas, sin posibilidades objetivas de beneficiar significativamente a la población, por falta de oxígeno político y técnico. Todas las evaluaciones objetivas coinciden en señalar el fracaso global de la reforma agraria, independientemente de lo razonable de sus objetivos o de ciertos beneficios producidos en casos aislados o a sectores muy reducidos del campesinado» (Martín-Baró, I. El Salvador 1987. *Estudios Centroamericanos,* 471/472, 1988, 38).

conato de movilización y aun de simple organización reivindicativa, desde 1948 las periódicas crisis del tímido reformismo promovido por los militares salvadoreños serán también «resueltas» por crecientes oleadas represivas (López Vallecillos, 1976). Desde 1972, el simple mantenimiento del orden social va a requerir una altísima dosis de represión violenta, amparada ya en las racionalizaciones de la llamada doctrina de la seguridad nacional (Comblin, 1978; Campos, 1979)[5]. A medida que la organización popular, campesina y obrera, crece en extensión y en profundidad, crece también la espiral represiva que, tras el fracaso del 15 de octubre, alcanza en 1980 niveles de verdadero exterminio, rayano con el genocidio (González, 1980). La represión instaura un reino de terror paralizante; sin embargo, genera también un profundo y generalizado sentimiento de aversión tanto contra los ejecutores inmediatos de la represión (los cuerpos de seguridad) como contra quienes, desde el poder económico y político, mantienen y dirigen a los instrumentos represivos. La represión sirve así como acicate emocional hacia una confrontación en la que la simple defensa de la propia vida coincide con la defensa de los intereses de clase y el logro de la justicia vindicativa.

El estallido formal del conflicto civil en enero de 1981 parece corresponder a un grado elevado de madurez, política y militar, del movimiento revolucionario así como a la clausura violenta y total del espacio político en El Salvador (Martín-Baró, 1981a). Hay quienes mantienen que para ese entonces ya se habían dejado pasar oportunidades históricas más favorables para la insurrección. Se puede también apuntar a que los hechos mostraron inmadurez militar de los revolucionarios. En cualquier caso, lo que durante 1980 fue una guerra civil larvada se formaliza con orden de movilización del FMLN y su ofensiva general iniciada el 10 de enero. Al ataque de los insurgentes, la Fuerza Armada salvadoreña responde poniendo en juego el máximo de su capacidad, mientras la Junta de Gobierno extrema las medidas de emergencia e intensifica la labor represiva. Ante el peligro de que el apoyo internacional con que cuentan el FDR y el FMLN decida el relativo equilibrio que se establece en el campo de batalla, donde ninguno de los rivales parece capaz de obtener victorias decisivas a corto y aun mediano plazo, los Estados Unidos ponen su maquinaria política y militar al servicio de la Junta de Gobierno. Con ello, se entra en un peligroso proceso de internacionalización viet-

5. Ver nota 15 del capítulo 2, así como el epígrafe «El Salvador: la violencia que no cesa» de la Introducción.

namizante de la guerra que pasa por encima de las raíces estructurales del conflicto, convirtiéndolo en un simple caso de enfrentamiento entre las «superpotencias».

Hasta el momento (mayo de 1981), la ofensiva norteamericana no ha logrado inclinar decisivamente la balanza del conflicto del lado de la Junta, y no parece que vaya a lograrlo a no ser con un masivo desembarco de «marines», operación que resultaría excesivamente costosa en lo político incluso a la administración del señor Reagan; pero lo que sí ha logrado la ofensiva yanqui es un estancamiento de la lucha que apunta ahora a una cruenta y costosa prolongación (Martín-Baró, 1981a). De ahí el que las instancias internacionales más racionales, al mismo tiempo que han condenado la política militarista de los Estados Unidos, hayan empezado a presionar por una solución política del conflicto como el único camino realista, incitando al comienzo de algún tipo de diálogo entre las partes y ofreciendo el servicio de su mediación (ECA, 1981).

La guerra civil en El Salvador es una guerra de clases y, mientras no se cambie la estructura socioeconómica del país, será una guerra que ha de resurgir tozudamente cada vez con mayor virulencia. El problema de fondo consiste en que El Salvador ha estado en manos de una oligarquía intransigente, cerrilmente opuesta hasta al más mínimo cambio o recorte a sus privilegios. En buena medida, esta intransigencia oligárquica ha imposibilitado el éxito, aun parcial, de las reformas sociales intentadas incluso por sectores militares progresistas, como es el caso del 15 de octubre de 1979. Mientras la oligarquía salvadoreña subsista como tal, no habrá condiciones objetivas ni subjetivas para una solución estable a los problemas del país (Mayorga, 1981). Precisamente porque es consciente de ello, la oligarquía salvadoreña siente que su propia subsistencia como clase está en juego en el conflicto actual y a partir de esa conciencia actúa sin escatimar medio alguno.

Frente a la oligarquía intransigente están las masas hambrientas. Para comprender la situación anímica de la mayoría del pueblo salvadoreño hay que tomar en cuenta ante todo su situación objetiva de miseria y de creciente depauperación, así como el sufrimiento adicional causado por la aplicación sistemática de una brutal represión. En segundo lugar, hay que tener en cuenta la progresiva toma de conciencia de ese mismo pueblo sobre lo injusto de su situación, proceso de concientización[6] al que han cooperado desde perspecti-

---

6. Sobre conscientización ver capítulos 4 y 5 de *Psicología de la liberación*.

vas diferentes los sectores católicos más abiertos del país y los sectores revolucionarios. Esta toma de conciencia ha potenciado la organización popular hasta el punto de que, a principios de 1980, podía calcularse que uno de cada tres salvadoreños de los sectores populares estaba vinculado, como miembro o simpatizante, a alguna organización de masas (López Vallecillos y Orellana, 1980). No resulta entonces aventurado suponer que la mayoría del pueblo salvadoreño podría abrigar una gran esperanza respecto al resultado del presente conflicto y que, en principio, sus simpatías estarían del lado de los insurgentes. Ahora bien, este tipo de esperanza, sea o no mayoritario en el pueblo salvadoreño, constituye un arma de doble filo, sobre todo cuando lo esperado tarda en materializarse.

Si la intransigencia de la oligarquía y sus aliados políticos ha sido y sigue siendo el impedimento principal para cualquier tipo de reformas en El Salvador, las necesidades objetivas de las mayorías populares y sus justas aspiraciones constituyen hoy el principal criterio para cualquier resolución realista al presente conflicto. Una solución que no tome en cuenta el poder de la oligarquía y el hambre desesperada de la mayoría, no será de hecho solución. Ciertamente, hay en El Salvador, y en todo Centroamérica, un grave problema geopolítico; pero se trata de un problema que manifiesta no un supuesto expansionismo ruso-cubano, sino las inhumanas condiciones sociales generadas en el área por décadas de explotación irracional bajo el paraguas norteamericano.

Suelen distinguirse tres formas principales de resolución pacífica (no militar) de conflictos: la negociación, la mediación y el arbitraje[7]. La negociación consiste en un proceso de discusión directa

---

7. Dada la trascendencia de este tema en los momentos actuales, recomendaríamos encarecidamente al lector la siguiente bibliografía: Fisher, R. *The social psychology of intergroup and international conflict resolution.* Nueva York: Springer-Verlag, 1990; Bercovitch, J., Anagnoson, J. T. y While, D. L. Some conceptual issues and empirical trends in the study of successful mediation in international relations. *Journal of Peace Research, 28,* 1991, 7-17; Mitchel, C. R. Cómo poner fin a guerras y conflictos: decisiones, racionalidad y trampas. *Revista Internacional de Ciencias Sociales, 127,* 1991, 35-38; Bercovitch, J. y Rubin, J. (eds.). *Mediation in international relations.* Nueva York: The McMillan Press, 1992; Rouhana, N., y Kelman, H. Promoting joint thinking in International Conflicts. *Journal of Social Issues, 50,* 1994, 157-178; Kimmel, P. Cultural perspectives on International negotiations. *Journal of Social Issues, 50,* 1994, 179-196; Bejarano, J. A. *Una agenda para la paz. Aproximaciones desde la teoría de la resolución de conflictos.* Santa Fé de Bogotá: Tercer Mundo, 1995; Moore, C. *El proceso de mediación,* Buenos Aires: Granica, 1995; Lederach, J. P. *Preparing for peace: Conflict transformation across cultures.* Syracuse, N.Y.:

entre las partes interesadas que tratan de llegar a un acuerdo sobre los puntos en litigio. La mediación consiste en una forma particular de negociación o, por lo menos, el preludio de una negociación en la que participa una tercera parte, neutral, en presencia de la cual se desarrolla la discusión o a través de la cual se establece el contacto. El mediador no tiene poder alguno para imponer una solución a la partes en litigio; debe ayudar a la efectividad del proceso, juntando primero a las partes en la mesa de negociaciones y proponiendo después alternativas a los numerosos callejones sin salida en que una negociación suele entrar. Finalmente, el arbitraje consiste en una forma de juicio donde las partes someten la solución del problema a un tercero que goza de todo el poder para imponer la decisión que considere más adecuada.

Aunque hay importantes diferencias entre estas tres formas de solución a un conflicto, sobre todo en un caso de intereses tan profundos y sentimientos tan encontrados como la guerra civil de El Salvador, es muy probable que la mayoría de los grupos interesados no establezca más distinción que entre solución militar y solución política, sin especificación sobre la forma concreta de esta última. El punto es secundario siempre y cuando el eventual rechazo de las partes lo sea a cualquier forma de solución puramente política al conflicto; pero puede ser importante si lo que de hecho se rechaza es el diálogo directo con el enemigo o su reconocimiento como interlocutor válido.

Existen diversos modelos en Psicología social sobre la negociación y la mediación, la mayoría de ellos basados en la teoría de los juegos (Touzard, 1981). Quizá el modelo que más nos puede servir para el presente estudio es el de Walton y McKersie (1976), que analiza la negociación en los conflictos laborales distinguiendo cuatro dimensiones: la dimensión distributiva, la dimensión integrativa, la actitudinal y la intragrupal.

La dimensión distributiva se fija en los objetivos de las partes en conflicto, es decir, en los aspectos estrictamente discrepantes. Cada una de las partes tiene un margen de soluciones aceptables, desde los mínimos tolerables que marcan su punto de resistencia, hasta los ob-

Syracuse University Press, 1995; Fisas, V. *Cultura de paz y gestión de conflictos.* Barcelona: Icaria, 1998. Asimismo, el *Journal of Social Issues* dedica el número 4 del volúmen 54 (1998) a la resolución de conflictos, «Understanding and Resolving National and International Group Conflict», bajo la coordinación de Michele Alexander y Shana Levin.

jetivos propiamente dichos que constituyen el acuerdo más beneficioso que cada parte desearía obtener. La superposición de los márgenes de soluciones aceptables para ambas partes en un mismo diagrama muestra la zona de posible acuerdo o el margen que impide llegar a un acuerdo (ver Cuadro 1). En este último caso, una negociación directa puede resultar inútil y aun contraproducente en la práctica; es necesario buscar primero puntos de coincidencia entre las partes, y ésta es la labor que suele encomendarse a una instancia mediadora.

La dimensión integrativa de la negociación se refiere a aquellos objetivos que pueden ser deseables para ambas partes, y constituye el centro de atención, ya que son los puntos de coincidencia y de interés común los que pueden hacer culminar con éxito una negociación (en el Cuadro 1 sólo en el caso primero habría puntos de coin-

Cuadro 1

1. Negociación posible

Aspiraciones de A

PrA   OA

0   1   2   3   4   5   6   7

OB   PrB

Aspiraciones de B

Zona de posible acuerdo

2. Necesidad de mediación

Aspiraciones de A

PrA   OA

0   1   2   3   4   5   6   7

OB   PrB

Aspiraciones de B

Zona de esencial desacuerdo

Pr: Punto de Resistencia
O: Objetivo

227

cidencia entre las partes, representados por la superposición de las áreas sombreadas en la escala de objetivos). Es importante subrayar que el valor de una instancia mediadora consiste sobre todo en su capacidad para buscar y generar puntos de coincidencia entre las partes, es decir, para idear soluciones nuevas de tal manera que el atractivo del objetivo común haga aceptable a las partes el necesario compromiso al que tendrán que llegar en la dimensión distributiva.

La tercera dimensión está formada por las actitudes de las partes en conflicto. Aunque Walton y McKersie se refieren más explícitamente a las actitudes inmediatas de los negociadores mismos y a sus relaciones interpersonales, se puede asumir que las actitudes de los negociadores son la expresión de las respectivas actitudes de los grupos que representan. Walton y McKersie distinguen cinco posibles tipos de relaciones, cada uno de ellos caracterizado por cuatro atributos, como se señala en el Cuadro 2.

Cuadro 2. ACTITUDES QUE DEFINEN LOS TIPOS DE RELACIONES ENTRE NEGOCIADORES (Walton y McKersie, 1965, 189)

ATRIBUTOS EN TÉRMINOS DE ACTITUDES	TIPOS DE RELACIONES				
	Conflicto	*Protección contra la agresión*	*Acomodación*	*Cooperación*	*Colusión*
Orientación motivacional y actitud hacia otro en el plano de la acción	Tendencias competitivas con vistas a aniquilar o debilitar al otro		Individualista, sin interés por la política del otro	Tendencias cooperativas tendentes a ayudar o preservar al otro	
Actitudes en materia de legitimidad del otro	Negación de la legitimidad	Aceptación a regañadientes	Aceptación del *statu quo*	Reconocimiento total	
Nivel de confianza	Desconfianza extremada	Desconfianza	Confianza limitada	Confianza total	Confianza basada en el chantaje mutuo potencial
Actitud emocional respecto del otro	Odio	Antagonismo	Cortesía neutra	Amistad	Intimidad

La última dimensión de la negociación incluida en el modelo de Walton y McKersie es la que corresponde a los procesos al interior de cada parte. No todos los miembros o sectores que integran cada una de las partes en conflicto mantienen exactamente los mismos puntos de vista respecto a la negociación y a las posibles soluciones al conflicto. En este sentido, una dimensión clave en un proceso de negociación la constituyen los conflictos y arreglos internos de cada una de las partes, así como las tensiones que se pueden generar entre los grupos y sus representantes en una negociación, o entre los grupos y una instancia mediadora.

El objeto del presente estudio se centra en la tercera dimensión del modelo de Walton y McKersie, es decir, en las actitudes de los grupos más importantes ante la eventualidad de una solución política al presente conflicto salvadoreño a través de un proceso de negociación directa o de mediación. Esto no quiere decir que no habrá que prestar atención a las otras dimensiones de la negociación o mediación. Precisamente para poder caracterizar el porqué de las actitudes habrá que aludir a las divergencias y posibles convergencias entre las partes, lo que constituye las dimensiones primera y segunda del modelo de Walton y McKersie. Asimismo, habrá que examinar las eventuales diferencias existentes entre los sectores que componen cada una de las partes enfrentadas (la cuarta dimensión) a fin de evaluar las condiciones de viabilidad de una mediación. Sin embargo, el centro de atención estará en las actitudes de los grupos salvadoreños ante un proceso de negociación.

Generalmente se entiende por actitud la predisposición de una persona a actuar de determinada manera ante un objeto. La actitud consiste en el conocimiento y valoración que se tiene de un objeto, lo que se suele traducir en una determinada forma de actuar frente a ese objeto. Esto no quiere decir que a cada actitud corresponda una única forma de acción, lo que sería más bien un hábito (Duijker, 1967). Una actitud expresa una relación de sentido, la evaluación que un sujeto hace de un determinado objeto, pero que puede expresarse de formas muy diferentes, según sean distintas las circunstancias en que se manifieste la actitud. Lo que permanece constante es la relación de sentido entre el sujeto y el objeto, no las formas concretas del comportamiento[8].

---

8. Es inevitable recordar en estos momentos la noción weberiana de acción social como «una acción en donde el sentido mentado por el sujeto o sujetos está referido a la conducta de *otros*, orientándose por ésta en su desarrollo» (Weber, M. *Economía y Sociedad*. México: FCE, 1964, 5). Lo es, porque el protagonismo que Martín-Baró concede a la ideología como sustrato del comportamiento humano (el que desemboca en la violencia, en este caso), se encuentra mucho más cerca de la «acción» weberiana que del «comportamiento» watsoniano, y se alía decididamente con la comprensión en detrimento de la explicación (ver epígrafe «El fondo ideológico de la violencia» en la Introducción). Lo es, además, porque la acción en cuanto ideológica nos alivia del reduccionismo psicologicista y del mecanicismo naturalista que han dominado la explicación de la violencia en la Psicología social hegemónica (ver epígrafe «La violencia como problema teórico: el enfoque de Martín-Baró» en la Introducción, así como la nota 22).

Las actitudes son estructuras psicológicas del individuo, pero que hunden sus raíces en los grupos sociales. Según el modelo más comúnmente aceptado, las actitudes constan de un elemento cognoscitivo, un elemento afectivo o evaluativo, y un elemento conativo o tendencial-comportamental (Krech, Crutchfield y Ballachey, 1965). Ahora bien, es la realidad objetiva de las clases y grupos sociales la que determina más radicalmente el mundo de intereses y valores de las personas (Berger y Luckman, 1968), moldeando sus esquemas intelectivos y afectivos. Por ello, las actitudes fundamentales de los individuos constituyen la versión psicológica de la ideología propia de su grupo o clase social, cuyos intereses canalizan y concretan en acciones.

Así entendidas, las actitudes no son simplemente el embalse de una forma concreta y única de conducta. Las actitudes son estructuras relativamente complejas y cada uno de sus elementos puede variar a lo largo de varias dimensiones (Krech, Crutchfield y Ballachey, 1965). Para el caso, cabe esperar que los grupos y personas tengan un conocimiento muy diverso respecto a las dimensiones de la guerra civil en El Salvador y, por consiguiente, una actitud más o menos matizada respecto a un eventual proceso de negociación mediada. Es muy posible también que existan sentimientos encontrados e incluso contradictorios acerca de una solución pacífica al conflicto, tanto más vivos cuanto más directamente se haya sufrido sus consecuencias. El deseo de una pronta pacificación puede ir de la mano con un intenso odio al enemigo, un inevitable resentimiento o el temor de que «no se haga justicia», cualquiera sea el contenido que se dé a este término.

El presente trabajo tiene dos objetivos. En primer lugar, pretendemos captar descriptivamente las actitudes existentes en los diversos grupos salvadoreños hacia una solución política, no militar, al presente conflicto. Nuestra hipótesis es que, a pesar de la polarización existente, hay diversas actitudes en todos los sectores, y en todos los sectores hay grupos con actitudes positivas y negativas hacia una solución política, no militar, al conflicto. En segundo lugar, pretendemos examinar algunos de los factores relacionados con la actitud hacia la solución política. Nuestra hipótesis es que esa actitud está relacionada con el grupo con quien uno más se identifica así como con la interpretación que se da al conflicto.

MÉTODO DE ANÁLISIS

Puesto que se trata de un análisis de las actitudes grupales ante la solución del conflicto salvadoreño, el primer punto importante consiste en establecer aquellos grupos cuya actitud hay que examinar. En la determinación de estos grupos se han seguido dos criterios: capacidad política y organización formal. Por capacidad política se entiende el poder para influir en los procesos de organización y funcionamiento del Estado y, en general, de la vida ciudadana. El poder de un grupo puede provenir de muy diversas fuentes, ya sea de sus recursos materiales, del número o calidad de sus miembros, o simplemente del espíritu que les anima. El criterio de organización formal requiere que el grupo tenga una identidad pública más o menos institucionalizada y, por consiguiente, que posea una estructura discernible más allá de los individuos que componen al grupo.

En la práctica, se ha utilizado un tercer criterio en la selección de grupos: la posibilidad de conocer su actitud ante el conflicto y su solución, lo que requiere disponer de algún documento en el que se haga público su sentir o de algunas declaraciones públicas de algún representante o vocero cualificado. Documentos y declaraciones públicas han servido de base para el análisis de las posturas grupales. Obviamente, los documentos públicos tienen un carácter ideológico que puede encubrir los verdaderos intereses y opciones de los grupos. En este sentido, todo análisis documental es necesariamente incompleto y necesita ser contrastado críticamente con las acciones prácticas de los grupos, que muestran el verdadero significado de sus acciones. La aplicación de estos criterios dio como resultado la selección de ocho grupos, de muy diverso carácter e importancia: la Alianza Productiva (AP), la Fuerza Armada de El Salvador (FA), el Partido Demócrata Cristiano (PDC), los Estados Unidos de Norteamérica (USA), la Iglesia Católica (IG), la Unidad Popular Democrática (UPD), el Frente Democrático Revolucionario (FDR), y la Organización Socialista Internacionalista (OSI).

Aunque más adelante se retomarán algunos de estos puntos, conviene hacer aquí algunas aclaraciones. Ante todo, se omite la postura de la Junta Revolucionaria de Gobierno (JRG) en el análisis documental, aunque se incluyó como objeto en el sondeo de opiniones. La omisión puede sorprender, ya que la JRG parece ser uno de los principales actores en el conflicto. Sin embargo, la JRG está constituida por un pacto entre la FA y el PDC, y las posturas de ambos grupos respecto a una solución política difieren en aspectos importantes. Esto ha hecho que la JRG se haya mostrado ambivalente y aun contradictoria al respecto, según fuera quien hablara en su nombre. Pero, en definitiva, el sector militar ha impuesto su postura al sector civil, y la postura de la JRG coincide, al menos públicamente, con la postura de la FA.

Se han omitido también las posturas de grupos que eventualmente podrían desempeñar un papel importante en un proceso de solución al conflicto, como el Partido de Orientación Popular (POP), el Partido de Conciliación Nacional (PCN) y, sobre todo, una agrupación nueva llamada la Movilización Democrática Salvadoreña (MDS). Las razones para esta omisión son varias. El POP, por ejemplo, no ha podido mostrar hasta el momento que cuente con una base significativa, ni social ni política. El PCN constituye en la actualidad una interesante incógnita política, que algunos sectores oligárquicos tratan de resolver en su beneficio. Es claro que la salida del gobierno ha permitido al PCN una purificación en sus miembros y en sus ideas. Sin embargo, su postura de oposición casi visceral al PDC podría afectar seriamente su evolución y llevarle a opciones puramente reactivas. Finalmente, la MDS es un movimiento demasiado reciente y aún sin formalizar, que hasta ahora sólo ha pretendido capitalizar la frustración y desubicación política de ciertos sectores medios, sobre todo de profesionales y medianos industriales. Aparentemente se trata de una escisión de la Alianza Productiva, con base en un sector de la Federación de Asociaciones de Abogados, y pretendería jugar su baza política como alternativa de poder civil al PDC, propugnando una ideología socialdemócrata más conservadora que la del MNR.

En el presente estudio, la postura del Frente Farabundo Martí para la Liberación Nacional (FMLN) se presenta incorporada a la postura del FDR. Con ello no se pretende minimizar la importancia que para un proceso de solución política tienen las divisiones existentes al interior del movimiento democrático-revolucionario, por ejemplo entre el Movimiento Nacional Revolucionario (MNR) y los grupos político-militares, o entre las Fuerzas Populares de Liberación «Farabundo Martí» (FPL) y la Resistencia Nacional (RN). Sin embargo, las divisiones no han impedido que ambos frentes, el FDR y el FMLN, hayan procedido unitariamente en lo referente a la solución política del conflicto a través de una comisión conjunta político-diplomática.

Finalmente, al referirnos a la Iglesia católica nos referimos principalmente a la Arquidiócesis de San Salvador, y más en particular a la postura adoptada por el actual Administrador Apostólico, monseñor Rivera y Damas. Es claro que su postura no representa a toda la Iglesia salvadoreña, ni a toda la Arquidiócesis y posiblemente ni siquiera a la mayoría de la Iglesia arquidiocesana. Con todo, la postura oficial de la Arquidiócesis de San Salvador tiene un poder público de hecho que lo constituye como el grupo eclesial más importante en el actual proceso político de El Salvador.

Además del análisis documental y a fin de verificar algunos de los factores que pueden intervenir en las actitudes grupales, hemos realizado un sondeo de opinión con un grupo de estudiantes universitarios. El sondeo, técnicamente desarrolado, pretendía examinar si la identificación con uno u otro grupo conlleva determinada actitud ante la solución al conflicto salvadoreño así como otros factores relacionados con la actitud. Estos datos nos permiten verificar a nivel de individuos las posturas expresadas públicamente por los grupos.

ACTITUDES DE LOS GRUPOS ANTES LA RESOLUCIÓN DEL CONFLICTO

Dos puntos principales pretendemos establecer en la actitud de cada grupo: qué tipo de solución al conflicto le parece más adecuada o deseable, y las razones principales para esa opinión, tanto respecto a la solución propuesta, como respecto a las soluciones rechazadas.

La Alianza Productiva (AP)

Constituye la organización que últimamente ha articulado en público los intereses del gran capital salvadoreño, tradicionalmente agrupado en la Asociación Nacional de la Empresa Privada (ANEP). La AP hizo públicos dos comunicados los días 13 y 21 de marzo de 1981 (La Alianza, 1981a; 1981b), en los cuales expresa su postura ante el conflicto salvadoreño y su posible solución política. AP parte del supuesto de que las fuerzas insurgentes han sido militarmente derrotadas, lo que AP presenta como un rechazo del pueblo salvadoreño a la subversión. En consecuencia, AP considera inadmisible cualquier tipo de solución política que incluya a los grupos de izquierda: son terroristas, no pretenden más que instaurar un régimen totalitario en El Salvador (lo que AP identifica como un régimen que ponga límites a la propiedad privada), y además han sido derrotados ideológica y militarmente. Dialogar con ellos sería ceder a sus pretensiones, realizar «transacciones ignominiosas».

AP propone como única salida posible un diálogo entre el gobierno y «las fuerzas de la paz y del trabajo». Con este término, AP alude a las organizaciones integradas en el sector gremial (ver su pronunciamiento en el *Diario de Hoy* del 13 de enero); en términos más directos, «las fuerzas de la paz y del trabajo» son para AP las empresas privadas afiliadas a ANEP. Así, la propuesta de AP hay que entenderla como la propuesta de una negociación entre las fuerzas de derecha y de ultraderecha ubicadas en los sectores público o privado. Como complemento a este diálogo, AP propone unas elecciones libres en que pueda expresarse la voluntad mayoritaria del pueblo. Obviamente, el presupuesto de la exclusión de la izquierda como opuesta a la democracia reduciría estas elecciones a una contienda entre partidos derechistas.

La Fuerza Armada de El Salvador (FA)

Aun cuando la Constitución prohíbe que intervenga políticamente, la FA representa de hecho la principal fuerza política del país al que ha gobernado ininterrumpidamente durante los últimos cincuenta años. En la actualidad, la FA se encuentra internamente dividida entre diversas tendencias políticas, y en parte esas divisiones aparecieron en septiembre de 1980, con motivo del enfrentamiento entre los partidarios del coronel Majano y los partidarios de los coroneles Gutiérrez y García. En su posición de Ministro de Defensa, este último parece haberse ido afirmando como el hombre fuerte del grupo militar.

Públicamente, el coronel García ha insistido en diversas oportunidades en que la decisión sobre el diálogo o la mediación constituye una cuestión política en la que la FA no se inmiscuye (ver, por ejemplo, sus declaraciones reproducidas en *El Diario de Hoy* del 4 y 7 de marzo de 1981). Ahora bien, ésta sería una forma política de no desautorizar las declaraciones hechas extraoficialmente por otros voceros militares, según las cuales la FA se opondría absolutamente a cualquier tipo de diálogo con los insurgentes cuya finalidad sería destruir la institución armada, pero a quienes ya se habría derrotado militarmente (*El Diario de Hoy*, 4 de marzo de 1981). El coronel García ha manifestado su apoyo a la política de la JRG y de los Estados Unidos de promover elecciones, lo que supone una alternativa a largo plazo a la decisión más inmediata de un proceso de mediación o de negociación. Esta negativa implícita al diálogo por parte de la FA quedaría reflejada en el endurecimiento de los controles represivos sobre la población civil y en la multiplicación a escala gigantesca de los operativos militares contra los insurgentes.

El 27 de abril de 1981, y ante la creciente presión internacional para que se iniciara un proceso de negociación entre las partes en litigio, la FA hace público un documento de trabajo de la Comisión Político-Diplomática del FDR-FMLN, en el que se propondría la mediación como una simple táctica o maniobra dilatoria (*El Mundo*, 27 de abril de 1981). El documento es auténtico, y constituía una entre varias propuestas de acción presentadas a la CPD y que, de hecho, fue inmediatamente descartada. Sin embargo, este documento, que habría estado en poder de la FA con bastante anterioridad, sirvió para justificar la tajante afirmación que haría el coronel Gutiérrez en un discurso: «La Junta Revolucionaria de Gobierno rechaza rotundamente la mediación en el actual conflicto salvadoreño, ya que acceder a ella significaría prestarse a una maniobra del comunismo internacional» (Gutiérrez, 1981). En el mismo discurso, el coronel Gutiérrez reiteró que «cuando hablamos de solución política y democrática, nos referimos exclusivamente a las elecciones». El coronel García daría inmediatamente su espaldarazo de hombre fuerte a estas afirmaciones aclarando que «la Fuerza Armada apoya lo expresado por el coronel J. Abdul Gutiérrez en relación al rechazo de la mediación en el conflicto salvadoreño porque es una maniobra del comunismo internacional» (*El Mundo*, 28 abril de 1981).

Como colofón práctico a su negativa al diálogo, la FA publicó el 29 de abril de 1981 una «lista negra» donde estigmatiza y actualmente condena a 138 salvadoreños, entre los cuales se encuentran todos aquellos que, en la práctica, pudieran representar interlocutores de la oposición en un proceso de diálogo o negociación (ver *El Mundo*, 29 de abril de 1981).

Los Estados Unidos de Norteamérica (USA)

La embajada norteamericana constituye, sin duda alguna, el verdadero «poder detrás del trono», y quizás «en el trono», del actual régimen salvadoreño. Según todos los análisis, USA es la única fuerza capaz de imponer su voluntad a la FA y más tras haber definido el conflicto salvadoreño como un caso paradigmático de su postura internacional de fuerza frente al bloque soviético.

La administración Carter intentó establecer un diálogo con el FDR basado en cinco puntos que constituían el «Plan Bowdler»: cese inmediato al fuego, depuración de los cuerpos de seguridad, reorganización del gobierno, preparación de futuras elecciones y plan de reformas (El Departamento, 1981a). Sin embargo, la administración Reagan interrumpió inmediatamente todo tipo de diálogo con el FDR y optó por una solución radicalmente militar (El Departamento, 1981b). Este giro apareció reflejado en las declaraciones del general Haig, secretario de Estado, o de la señora Kirkpatrick, representante ante las Naciones Unidas, pero sobre todo se manifestó en el envío inmediato de grandes contingentes de armamento al ejército salvadoreño e incluso de un creciente grupo de asesores militares.

Ante las denuncias de diversos sectores de la oposición demócrata, como los representados por el senador Edward Kennedy, el gobierno de Reagan declaró que no buscaba una solución puramente militar, sino que pretendía una «solución política» al problema de El Salvador. Sin embargo, esta solución no sería ningún tipo de negociación o mediación con el FDR, como lo demuestra el rechazo norteamericano a las propuestas de mediación, incluso de la Iglesia (*Diario Latino*, 4 de marzo de 1981), sino más bien el llamamiento a unas futuras elecciones que permitirían entre tanto una total victoria militar de la JGR.

Esta postura ha sido reafirmada posteriormente por el Departamento de Estado. En declaraciones públicas, un vocero señaló que los Estados Unidos se oponen a una negociación «si lo que significan por negociación o acuerdo negociado es el establecimiento de un gobierno sin elecciones» (*La Prensa Gráfica*, 5 de mayo de 1981). Pero si lo que se pretende son conversaciones entre varios grupos salvadoreños «a objeto de determinar las condiciones y procedimientos para las elecciones, sí damos nuestro apoyo a tales negociaciones». Con todo, poco a poco se vislumbra un incipiente ablandamiento en la posición oficial del gobierno norteamericano ante la presión de otros países europeos así como ante la fuerte oposición interna a su política hacia El Salvador, aunque no cabe esperar que ese paulatino ablandamiento se refleje pronto en hechos.

El Partido Demócrata Cristiano (PDC)

Desde su pacto con la Fuerza Armada a comienzos de 1980, el PDC se ha convertido en el nuevo partido oficial salvadoreño, aunque con menos poder de hecho que su antecesor, el Partido de Conciliación Nacional (PCN). Aparentemente, el PDC intentó establecer un diálogo con el FMLN antes de la ofensiva general del 10 de enero de 1981, sin que el intento llegara a fructificar. Tras la confrontación militar de enero, el PDC ha mantenido una postura más ambigua: el hecho de que sus miembros más representativos sean parte del gobierno les ha forzado a plegarse bajo muchos aspectos a la postura intransigente de la FA. Así, aunque el PDC ha seguido manifestando su disposición al diálogo, no siempre ha estado claro a qué tipo de proceso hacía referencia con ese término. El mismo Ingeniero Duarte[9] mostró cierta indecisión o impotencia política al declarar primero que iría a dialogar con la oposición en Alemania, para pocos días después cancelar el viaje, al parecer por presiones del sector militar y, muy posiblemente, de la embajada norteamericana. En un discurso retransmitido a todo el país, Duarte ratificaría después su disposición al diálogo, pero no a la negociación. La JRG por él presidida no estaría dispuesta a negociar, ya que ése sería el camino buscado por el comunismo internacional para conseguir sus objetivos tras haber sido derrotado militarmente (*El Mundo*, 14 de marzo de 1981). Lo interesante es que, en todas sus intervenciones, el Ingeniero Duarte ha identificado negociación con pacto gubernamental, en el sentido de repartición de los puestos de gobierno entre las fuerzas políticas. Pero si la JRG no está dispuesta a negociar, sí estaría dispuesta a «dialogar», como un camino necesario para lograr la paz y la democracia en el país. En la práctica, el diálogo parece significar para los voceros del PDC, primero y sobre todo la aceptación del proceso de elecciones propuesto por la JRG en las cuales el pueblo podría expresar libremente su voluntad (Duarte, 1981), y segundo, alguna forma de conversaciones más o menos formales que permita aunar esfuerzos reformistas sin salirse de los límites fijados al proceso por el pacto entre el PDC y la FA.

Más recientemente, y como respuesta a ciertas manifestaciones del FDR, Duarte ha declarado que «no puede irse a un diálogo bajo

---

9. No es precisamente condescendencia lo que refleja el análisis que Martín-Baró lleva a cabo sobre la política de quien ostentara la presidencia de El Salvador durante los años más cruentos de la represión. En un artículo dedicado a analizar su oferta política en diversos contextos (logro de la paz, pacto social, desarrollo económico, derechos humanos y política exterior), se muestra extremadamente crítico respecto a su escasa convicción en la defensa de los derechos humanos, su mano temblorosa con la Fuerza Armada, su mirada extraviada con la corrupción, su poca determinación en abordar reformas sociales: «Estas inconsistencias del discurso político de Duarte, que afectan al meollo de su oferta (los derechos humanos, las reformas y la participación) delinean el peligro fundamental de lo que realmente promete al país. La duda estriba en si lo que se pretende es lograr un cambio real o un cambio de imagen» (Martín-Baró, I. La oferta política de Duarte. *Estudios Centroamericanos,* 439/440, 1985, 356).

presiones de ninguna índole, y que tampoco pueden aceptarse mediaciones de extraños que nada tienen que ver con los asuntos que aquejan a nuestro país» (*La Prensa Gráfica*, 25 de abril de 1981). Asimismo, en un discurso televisado a todo el país, el Dr. Julio A. Samayoa, secretario general del PDC, convocó en nombre de la Democracia Cristiana a «una reflexión profunda y a la implementación del diálogo nacional como el instrumento más eficiente para dirimir y resolver nuestros propios problemas» (*El Diario de Hoy*, 30 de abril de 1981, 39). Significativamente, el diálogo propuesto por el PDC retrotraería al país a la solución ya propuesta por el todavía presidente de la República, general Romero, en mayo de 1979.

La Iglesia Católica (IG)

Aun cuando la instancia jerárquica más amplia en la Iglesia salvadoreña estaría representada por la Conferencia Episcopal (CEDES), es de hecho la Arquidiócesis de San Salvador la que tradicionalmente ha llevado la voz y el peso ante la opinión pública, y mucho más con la extraordinaria vitalidad y prestigio que le confirió el período de monseñor Oscar A. Romero.

Monseñor Rivera, administrador apostólico de San Salvador, se ha mostrado en repetidas ocasiones contrario al conflicto armado, tanto por razones éticas (el sufrimiento y destrucción producidas) como por razones pragmáticas (el enfrentamiento militar no va a resolver el conflicto). Por ello, aun antes de que se produjera el desencadenamiento formal de la guerra, monseñor Rivera intentó propiciar el diálogo entre las partes. Posteriormente, ha ofrecido sus servicios mediadores (*El Diario de Hoy*, 2 de febrero de 1981), y ha insistido en que sólo mediante el diálogo podrá resolverse el conflicto salvadoreño. Por otra parte, monseñor Rivera parece pensar que la integración de un gobierno con la participación de la Democracia Cristiana y de la izquierda podría hacer viable la paz y la reconstrucción del país (*Diario Latino*, 4 de febrero de 1981). Más recientemente, y en un viaje por Europa y los Estados Unidos, monseñor Rivera se ha mostrado opuesto a la prolongación de la ayuda militar norteamericana y ha insistido en la necesidad de una pronta negociación entre las partes en conflicto, postura que ha recibido el respaldo público del papa Juan Pablo II: «Todas las partes deberían buscar una solución negociada al conflicto» (*El Diario de Hoy*, 6 de abril de 1981). Ante la acusación de que propiciar la mediación es hacerle el juego al comunismo, monseñor Rivera afirmó en una ho-

238

milía dominical que si algunos veían el diálogo como una maniobra de la izquierda, que lo utilizaría como compás de espera para reafirmarse, otros consideraban que el llamado a elecciones sin signos concretos de buena voluntad sería otro tipo de compás de espera de quienes sólo desean recuperar privilegios perdidos» (*El Mundo*, 4 de mayo de 1981).

La Unidad Popular Democrática (UPD)

La UPD constituye un grupo de reciente formación en cuyo interior se encuentran varias centrales sindicales y sindicatos importantes, como la CTS, la CCS, FESINCONSTRANS, la UCS y algunas asociaciones profesionales y gremiales, como AGEPYM, SIPCES y un partido como el PUCA. La UPD declara no tener compromisos con partidos políticos o con el gobierno, aun cuando ha sido vista como una forma de «alianza blanca» favorable a los propósitos reformistas del gobierno. En cualquier caso, la UPD representa en la actualidad una indudable fuerza política de derecha moderada y ha jugado un incipiente papel de instancia crítico-estimulante respecto a la JRG. Desde el comienzo de su existencia, la UPD sostuvo la necesidad de una salida política y no militar a la crisis de El Salvador, y periódicamente ha insistido en la necesidad de un diálogo entre las partes en conflicto. De esta manera, la UPD afirma indirectamente no estar involucrada en el conflicto mismo.

En su más reciente pronunciamiento (*El Mundo*, 28 de marzo de 1981, 29), la UPD especifica que para que se dé el diálogo hacen falta unas condiciones previas. Las más significativas serían: el alto el fuego, la reestructuración de los cuerpos de seguridad, la investigación de los desaparecidos políticos, el levantamiento del estado de sitio y la censura de prensa, y la apertura de la Universidad de El Salvador. Una vez cumplidas estas condiciones, las partes podrían dialogar con la mediación de la Conferencia Episcopal de El Salvador.

Las condiciones presentadas por la UPD retoman en lo esencial varias exigencias del «Foro Popular» formado en septiembre de 1971 y del que eran integrantes varios de los actuales miembros de la UPD (ECA, 1979). Hay también una notable coincidencia entre estas condiciones y los puntos supuestamente contenidos en el «Plan Bowdler» norteamericano (El Departamento, 1981a) así como con las condiciones mínimas que establece el mencionado documento de la Comisión Político Diplomática del FDR-FMLN para pasar de una mediación a una negociación (*El Mundo*, 27 de abril de 1981).

El Frente Democrático Revolucionario (FDR)

Como ya se indicó más arriba, incluimos aquí la postura pública común tanto al FDR como al FMLN, principalmente tal como ha sido expresada por el actual Presidente del FDR, el doctor Guillermo Manuel Ungo, quien es también miembro de la Comisión Político Diplomática del FDR-FMLN y secretario general del Movimiento Nacional Revolucionario (MNR), partido afiliado a la Internacional Socialista.

El FDR ha estado abierto desde el principio a un proceso de mediación, aunque tardara en reaccionar a la propuesta norteamericana de diálogo según el Plan Bowdler (El Departamento, 1981b). El FDR no cree posible un diálogo directo con Duarte, al que no considera un interlocutor válido (*La Prensa Gráfica*, 26 de febrero de 1981), ni considera posible una negociación directa con la JRG, que no ofrece credibilidad ni garantía (*El Mundo*, 30 de abril de 1981), ni acepta dialogar mientras dure la intervención norteamericana en el país (*El Mundo*, 4 de abril de 1981). El FDR mantiene que tanto el diálogo o negociación directa como las elecciones, a las que apela la JRG, requieren unas condiciones mínimas que no se dan en la actualidad (*Diario Latino*, 4 de marzo de 1981). Las principales de estas condiciones serían: la liberación de los presos políticos, el levantamiento del estado de sitio y de la Ley Marcial, la apertura de los medios de comunicación social y su acceso a la oposición y la apertura de la Universidad de El Salvador (*El Mundo*, 27 de abril de 1981; ver también las declaraciones de la comandante «Ana María», segunda responsable de las FPL, el 22 de abril de 1981). Puesto que estas condiciones no se dan actualmente en el país, el FDR considera que la única forma de avanzar hacia una solución política es a través de un proceso de mediación. Una mediación como la propuesta por la Internacional Socialista sí representa un marco político adecuado y realista que permitiría preparar un futuro diálogo, negociando las condiciones en que habría de darse. «En el marco de la mediación, se podrá hablar con todas las partes involucradas en el conflicto y hasta con el gobierno de José Napoleón Duarte», y así «permitirá conocer dentro del gobierno quiénes son los que realmente tienen una intención favorable y no demagógica y falsa» (*El Día*, Madrid 5 de marzo de 1981).

La Organización Socialista Internacionalista (OSI)

Se trata de un pequeño grupo de izquierda radical, de carácter predominantemente trotskista. Su significación política no estriba en sus recursos materiales, que no los tiene, o en el número de sus adeptos, muy reducido, sino en su innegable combatividad así como en el atractivo que en un momento determinado su radicalismo ideológico podría ejercer sobre determinados estratos de la población (como ocurrió con un grupo similar en Nicaragua). La OSI se opone frontalmente a todo tipo de negociación o diálogo. Los titulares de su semanario *Socialista* lo declaran enfáticamente: «Por nuestros compas caídos: jamás negociaremos con el enemigo» (OSI, 1981a); «¡No dialoguemos! ¡Lancemos la insurrección!» (OSI, 1981c). La OSI ofrece tres razones para rechazar cualquier tipo de negociación»: *a)* no es buena táctica, ya que no detendrá el intervencionismo norteamericano; incluso cabe pensar que la ofensiva de enero fracasó porque no buscaba el aniquilamiento del enemigo sino el diálogo (OSI, 1981b, 4); *b)* negociar representa la claudicación ante el enemigo; y *c)* negociar es contrario a la voluntad de las masas.

La única alternativa posible a la negociación es la insurrección popular que aniquile a la dictadura y expulse al imperialismo norteamericano. Sólo entonces, «sobre el cadáver de la dictadura, con las fuerzas imperialistas expulsadas de nuestro suelo patrio» (OSI, 1981a, 3), tendrá sentido algún tipo de negociación.

El Cuadro 3 sintetiza las posturas de los grupos analizados ante el conflicto salvadoreño y su posible solución. Se ha añadido en él una serie de aspectos omitidos en el texto, donde nos hemos reducido a examinar la actitud ante la solución política.

Del análisis anterior se pueden sacar tres conclusiones provisionales: en primer lugar, varios grupos no tienen suficiente claridad sobre la forma concreta como puede buscarse una solución política al conflicto del país; en segundo lugar, tanto en la izquierda como en la derecha del espectro político hay unos grupos con una actitud más positiva y otros con una actitud más negativa a la solución no militar al conflicto; finalmente, el convencimiento de haber triunfado o de poder triunfar militarmente influye decisivamente en la postura hacia la solución política.

La primera conclusión afirma que varios grupos carecen de suficiente claridad sobre la forma concreta como puede buscarse una solución política al conflicto del país, aunque afirmen públicamente la necesidad de ese tipo de solución. A juzgar por los documentos analizados, tan sólo el FDR y quizás en parte la UPD distinguen suficientemente entre lo que es un diálogo, una negociación y una mediación. El FDR se opone al diálogo en la forma de negociación directa, pero considera posible dialogar en el marco de una mediación. No está clara, por el contrario, la distinción que hace el PDC (y por consiguiente, la JRG) entre diálogo y negociación; como ya indicamos, la confusión parece originarse en su comprensión de la negociación como un simple reparto de puestos gubernamentales. Por otro lado, no parece hasta el momento que el PDC distinga suficientemente entre negociación y mediación, ya que en principio no se ve por qué su propuesta de diálogo no podría tener lugar en el marco de una mediación en el que muy posiblemente participaría la Democracia Cristiana Internacional.

Podría argüirse que algunos de estos grupos proponen un proceso electoral como salida política al conflicto. Supuestamente, en unas elecciones libres el pueblo podría manifestar su voluntad. Pero es aquí donde un análisis documental debe ser examinado críticamente a la luz de los hechos y las acciones objetivas de los actores. En El Salvador de 1981 no existen en absoluto las más mínimas condiciones para un proceso electoral (Federación, 1981), y un análisis sereno lleva a la ineludible conclusión de que esas condiciones no van a existir por mucho tiempo. De este modo, el llamado a elecciones se convierte en una simple promesa para un futuro lejano y vago que permite entre tanto la solución militar. Más aún, precisamente con el argumento de que hay que crear condiciones para un proceso electoral, se ponen de hecho toda la energía y todos los recursos en aniquilar militarmente a «la subversión». Las prometidas elecciones futuras exigen y justifican en el presente una solución puramente militar. «Proponer como solución política inmediata la convocatoria de elecciones se convierte así en un pretexto para proseguir con una solución puramente militar en la que el intervencionismo norteamericano juega la mayor parte en un abuso de poder» (ECA, 1981, 15). Resulta lógico entonces que la solución de las elecciones sea propuesta de palabra precisamente por aquellos grupos que más abiertamente muestran con sus acciones su opción por una solución militar: la AP, la FA y los USA.

En el caso de los sectores más extremos, que serían la AP y la FA por la derecha y la OSI por la izquierda, el rechazo factual a toda forma de solución política negociada parece corresponder a esquemas ideológicos rígidos para los que el simple reconocimiento del enemigo constituye ya una claudicación y una derrota. Algo similar

Cuadro 3. SÍNTESIS DE LA ACTITUD DE VARIOS GRUPOS ANTE EL CONFLICTO EN EL SALVADOR Y SU POSIBLE SOLUCIÓN

	AP	FA	USA	PDC	IG	UPD	FDR*	OSI
Causa última del conflicto	Subversión internacional	Subversión internacional	Subdesarrollo	50 años de injusticia	Violencia institucionalizada	Subdesarrollo y corrupción	Opresión estructural capitalista	Dominación imperialista
Causa inmediata del conflicto	Agitación comunista	Desarrollo e internacionalización de guerrilla	Expansionismo ruso	Creencia FDR en victoria militar	Violencia recíproca	Excesiva represión	Aniquilación de oposición política	Disposición a la insurrección
Posibilidad de una solución puramente militar	Sí	Sí	No	No	No	No	No	Sí
Solución preferida	Militar	Militar	Sobre todo militar	Político-militar	Política	Política	Político-militar	Militar
Por qué es la mejor solución	Aniquilar izquierda	Aniquilar guerrilla	Mostrar firmeza a rusos	Viabilizar gobierno	Fundar una paz estable	Posibilitar pacto social	Alcanzar raíces estructurales	Aniquilar burguesía
Postura ante una mediación	No; transacción ignominiosa	No; ningún diálogo con terroristas	No; no es solución democrática	No; constituye nueva táctica de izquierda	Sí; es el único camino a la paz	Sí; es el camino democrático	Sí; es parte del proceso político	No; ningún diálogo con imperialismo
Razón de su postura ante una mediación	Izquierda busca régimen totalitario y ha sido derrotada	Terroristas quieren destruir a FA	No ceder ante comunismo en C.A.	Izquierda ha perdido militarmente	Ambas partes tienen algo de razón	Sin diálogo seguirá el conflicto	Salir del *impasse* militar	Traición al pueblo
Aceptaría unas elecciones	Sí; entre derechas	Sí; sin comunistas	Sí; bajo control	Sí; tras pacificación	Sí; con condiciones	Sí; previas condiciones	No; no hay condiciones	No
Objetivo político	Restablecer situación anterior	Lograr nuevo pacto social beneficioso para la FA	Mantener control sobre gobierno y zona C.A.	Pacto entre el centro y la derecha	Establecer gobierno de concordia, más justo	Establecer democracia liberal	Establecer gobierno democrático-revolucionario	Establecer gobierno del pueblo.

243

podría afirmarse del actual gobierno norteamericano, que ha convertido el conflicto salvadoreño en un caso paradigmático de su nueva postura de fuerza ante Rusia, aunque es posible que la intransigencia de USA tenga que ir cediendo con el tiempo a la presión externa e interna. La argumentación, en todos estos casos, aparece cargada ideológicamente y se sirve del estereotipo para descalificar al enemigo como eventual interlocutor: se trata de «terroristas» o «imperialistas», de la «subversión» o la «dictadura». Como afirmaba rotundamente el coronel García en una conferencia de prensa, «si lo ha dicho la subversión, es mentira». Esta descalificación apriorística impide posturas matizadas y reduce la solución del conflicto al simple dilema entre la victoria total o la derrota absoluta.

La segunda conclusión es que tanto en la izquierda como en la derecha del espectro político salvadoreño hay unos grupos con una actitud más positiva y otros con una actitud más negativa hacia una solución no militar al conflicto. Por la derecha, la AP y la FA ofrecen una postura de total intransigencia hacia el FDR, con el que no conciben ningún tipo de diálogo o negociación. La publicación de la «lista negra» y su ulterior defensa por parte de la FA muestra a las claras la voluntad de cerrar toda posibilidad de una solución política. Como ya hemos indicado, la propuesta de elecciones a la que ambos grupos expresan su adhesión les resulta aceptable tan sólo tras la aniquilación militar de los grupos insurgentes y en el contexto constitucional que bloquea en la práctica el acceso al acceso al poder a partidos que no sean de orientación derechista.

En el otro extremo de espectro político, la OSI rechaza virulentamente cualquier forma de diálogo o negociación que en su perspectiva constituye una total traición al pueblo. Junto a estas posturas intransigentes y militaristas, los planteamientos del FDR, por la izquierda, y de la UPD, por el centro-derecha, resultan relativamente flexibles y muestran una apertura hacia un eventual diálogo o, por lo menos, hacia aquellos pasos previos que, como una mediación, puedan abocar a una negociación de paz. Incluso ciertas afirmaciones del PDC mostrarían su voluntad de hallar una verdadera solución política; sin embargo, su participación en la JRG obliga a los voceros democristianos a plegarse a la actitud de quien realmente tiene el poder político, que es el sector militar.

La tercera conclusión pone de manifiesto que el rechazo a la solución no-militar aparece vinculado precisamente al convencimiento de haber derrotado al enemigo (AP y FA) o de ser todavía capaz de derrotarlo (USA y OSI). Esta relación entre la percepción de la confrontación armada y la actitud hacia una negociación parece obvia, y conduce a la argumentación de que sería absurdo ceder en la mesa de negociaciones lo ganado (o ganable) en el campo de batalla. La aparente obviedad de esta tercera conclusión se apoya en el presupuesto, nada obvio, de que una victoria militar hace innecesario el acuerdo político con el derrotado. En el caso de El Salvador, esto sería un gravísimo error ya que, dadas las dimensiones del país y el carácter de su economía, bastaría un pequeño puñado de hombres convencidos para desestabilizar permanentemente a cualquier gobierno. Sería también un error porque, como ya indicamos, las raíces últimas del conflicto en El Salvador se encuentran en las condiciones sociales que afectan a la mayoría de la población, y mientras no se atienda a esas raíces (lo que en modo alguno se consigue mediante una victoria militar), el conflicto resurgirá cada vez con mayor fuerza.

Resulta todavía menos obvio que uno de los bandos —en el presente caso, la FA— haya obtenido ya una victoria militar, o que el otro —el FDR y el FMLN— pueda lograr en el futuro inmediato una insurrección que les alcance una victoria incondicional. De hecho, todos los datos parecen apuntar a un *impasse* militar: por un lado, los insurgentes han logrado afianzar su control funcional de amplias zonas de país, a pesar de gigantescos operativos de la FA realizados con toda la parafernalia de guerra norteamericana y la dirección de «asesores» especializados en contrainsurgencia; por otro lado, no hay duda de que la FA ha multiplicado aceleradamente su capacidad de combate, tanto en hombres como en armamento, y no parece que los insurgentes tengan o vayan a tener pronto capacidad para derrotarla en el terreno estrictamente militar. Así, pues, ni la superioridad global de la FA parece capaz de aniquilar a los insurgentes, ni éstos parecen capaces de derrotar al aparato militar del gobierno. Cerrarse entonces a alguna forma de solución pacífica supone de hecho una ignorancia de la realidad o un peligroso obcecamiento ante ella, más que una muestra de fortaleza ideológica o de moral victoriosa.

ACTITUDES INDIVIDUALES ANTE EL CONFLICTO

A fin de contrastar el examen documental de las actitudes grupales ante el conflicto, examen que, por principio, siempre refleja una visión ideologizada a nivel propagandístico, pareció importante realizar un sondeo de opinión que compulsara más directamente las actitudes de los propios individuos. El objetivo de este sondeo de opinión era doble: por un lado, examinar a nivel descriptivo las actitudes individuales ante algunos aspectos del conflicto y su posible solución; por otro lado, verificar la relación de esas actitudes con otros factores que permitieran clarificar su porqué.

Ante la situación de guerra en el país, el sondeo tuvo que limitarse a un grupo de 750 estudiantes voluntarios de la Universidad Centroamericana «José Simeón Cañas» (UCA). Con la única salvedad proveniente de su carácter voluntario y la incidencia que éste pudiera tener en los resultados obtenidos (Rosenthal y Rosnow, 1975), la muestra estratificada lograda es suficientemente representativa de la población de la UCA, consistente en 5.000 estudiantes. Hay notorias diferencias en el nivel económico de esta población estudiantil, pero la gran mayoría pertenece a los sectores urbanos pequeño-burgueses. Por tanto, los presentes resultados pueden ser tomados como un buen índice sobre las actitudes ante el conflicto de estos sectores, sobre todo en el área metropolitana de San Salvador.

Por diversos errores computados en la forma de responder, se anularon 31 cuestionarios (4,1 % de total), con lo que la muestra analizada quedó reducida a 719 sujetos. De ellos, el 55,4% son hombres y el 44,6% mujeres. La edad media de la muestra es de 22 años, aunque el rango cubre de los 17 hasta los 44 años. El 85,3% de los encuestados se declaró soltero y el 10% casado. Es importante anotar que, además de estudiar en la UCA, un 15,5% declaró que su ocupación principal era la de empleado (tanto en el sector público como en el privado), un 11,2% declaró ser contadores o secretarias, un 8,4% profesores, un 3,5% ejecutivos intermedios, y un 2,5% adicional señaló otras ocupaciones principales. Éste es un punto que hay que tener en cuenta a la hora de ponderar la posible generalización de las opiniones de esta población universitaria a otros sectores del país.

A nivel descriptivo, la primera pregunta del cuestionario era la siguiente: «Mirando al mayor bien posible para la población de El Salvador, ¿cuán justa le parece a usted la postura de los siguientes grupos en el conflicto actual?». Los resultados obtenidos se encuentran sintetizados en el Cuadro 4.

Aunque los resultados hablan por sí solos, conviene hacer dos breves observaciones. En primer lugar, es claro que este sector tiende a considerar más justa la postura del FDR y del FMLN que la postura del resto de los grupos. En segundo lugar, impresiona el elevado porcentaje de personas que consideran «nada justa» la postura de los USA o de la FA. Juntando los porcentajes de actitudes negativas, un 84,1% consideran poco o nada justa la postura de la FA ante el presente conflicto, y un 81,4% opinan lo mismo de la postura de los USA. Sin embargo, es importante indicar también que en todos los casos hay un porcentaje no despreciable de personas que consideran la postura de cualquiera de los grupos al menos como «bastante justa». Esto puede ser tomado como un indicador de la aceptación e incluso identificación de esas personas con tales grupos, lo que sería una muestra de la diversidad de actitudes y fidelidades sociopolíticas existente al interior de esta población universitaria así como de aquellos sectores de los que esta población sea representativa.

Cuadro 4. EVALUACIÓN DE LA JUSTICIA DE LA
POSTURA DE LOS DIVERSOS GRUPOS
ANTE EL CONFLICTO EN EL SALVADOR
(En porcentajes)

POSTURA ANTE EL CONFLICTO				
GRUPOS	Nada justa	Poco justa	Bastante justa	Muy justa
La Alianza Productiva	25,5	44,0	22,6	7,9
La Fuerza Armada	49,3	34,8	13,1	2,8
El Frente Democrático Revolucionario	16,0	34,4	34,9	14,7
El F.M.L.N.	25,1	35,1	26,7	13,1
La Junta de Gobierno	35,1	42,8	18,4	3,8
Los Estados Unidos (N = 719)	51,7	29,7	15,1	3,5

La segunda pregunta del cuestionario es la siguiente: «Dadas las condiciones presentes, ¿cuál cree usted que sería la mejor manera de resolver el conflicto actual?». El Cuadro 5 presenta los resultados obtenidos. Llama la atención la abrumadora preferencia por un proceso de mediación y/o negociación, acompañado por un alto a la lucha armada. Resulta difícil no interpretar esta opinión como el reflejo de un anhelo de paz y de que haya un acuerdo entre las diversas fuerzas que realmente haga posible esa paz. Por otro lado, es importante apuntar a ese 17,0% que manifiesta no tener una opinión clara sobre cuál sea la mejor solución al actual conflicto. Este por-

247

centaje es tanto más significativo cuanto que es parte de aquel sector de la población salvadoreña que con toda probabilidad está mejor informado y tiene más posibilidades de formarse un juicio global sobre los problemas del país.

Cuadro 5. MEJOR SOLUCIÓN AL CONFLICTO
EN EL SALVADOR

MEJOR SOLUCIÓN	N	%
1. Empezar un proceso de mediación y/o negociación, deteniendo la lucha armada.	369	51,5
2. Seguir con la lucha armada hasta que venza una parte.	82	11,4
3. Empezar un proceso de mediación y/o negociación, mientras sigue la lucha armada.	75	10,5
4. Acepta el llamado a elecciones de la Junta de Gobierno.	69	9,6
No tienen una opinión clara.	122	17,0
Total	717	100,0

Finalmente, una tercera pregunta indagaba de las personas cuáles consideraban ser la dos principales dificultades para el logro de una solución pacífica al actual conflicto. La pregunta está formulada de la siguiente manera: «¿Cuáles cree usted que son actualmente las principales dificultades para que haya un arreglo pacífico en El Salvador?». El Cuadro 6 presenta los resultados obtenidos, incluyendo las dos dificultades señaladas como más importantes por cada persona, sin distinguir entre la primera y la segunda. La principal dificultad indicada por más personas es «la dependencia respecto a los Estados Unidos», lo que refleja la conciencia de esta población sobre el militarismo del actual gobierno norteamericano.

Además del nivel descriptivo, los resultados de este sondeo nos permiten realizar algunos análisis sobre las opiniones expresadas. La primera pregunta que nos formulamos fue la de si la solución considerada como mejor para el presente conflicto en El Salvador difiere entre aquellos que califican de justa la postura de uno u otro grupo y que, por consiguiente, pueden identificarse psicológicamente con ellos. La respuesta a esta pregunta está sintetizada en el Cuadro 7.

Los resultados presentados en el Cuadro 7 merecen unos breves comentarios. En primer lugar, en él aparece con claridad un agru-

Cuadro 6. PRINCIPALES DIFICULTADES PARA UNA
SOLUCIÓN PACÍFICA EN EL SALVADOR*

Principal dificultad	N	%
1. La dependencia respecto a Estados Unidos.	309	22,5
2. Los intereses económicos de la oligarquía.	236	17,2
3. El peligro objetivo del comunismo internacional.	158	11,5
4. La brutalidad de los cuerpos de seguridad.	145	10,6
5. La incapacidad del gobierno.	137	10,0
6. El odio entre las clases sociales.	110	8,0
7. La intransigencia de algunas organizaciones populares.	110	8,0
8. La polarización de las posturas por el poder.	102	7,5
9. Las exigencias económicas de la mayoría.	50	3,6
10. Otras dificultades.	15	1,1
Total	1372	100,0

* Se han incluido las dos principales dificultades señaladas por cada persona sin distinguir entre la primera y la segunda.

pamiento polar de grupos, en el sentido de las diferentes soluciones ofrecidas por quienes consideran justa la postura del FDR y del FMLN, por un lado, y de quienes consideran justa la postura de los demás grupos, por otro. Esta diferenciación aparece con claridad en la opción por proseguir la lucha o por empezar un proceso de mediación y/o negociación, pero continuando la lucha, de quienes consideran justa la actitud del FDR-FMLN, soluciones mayoritariamente rechazadas por los demás. Paralelamente, mientras estos últimos apoyan, aunque con sensibles diferencias, la solución de unas elecciones, los que aprueban al FDR-FMLN rechazan casi absolutamente esa solución. Con todo, el dato más notable del Cuadro 7 consiste en que, en todos los casos, la solución preferida es la de «empezar un proceso de mediación y/o negociación, deteniendo la lucha armada», con porcentajes significativamente mayores que los de cualquier otra posible solución. Una vez más, es difícil no interpretar este dato como un deseo mayoritario de este sector poblacional por una pronta solución al conflicto, independientemente de sus inclinaciones sociales o ideológicas por uno u otro grupo. Anotemos también como significativo que el porcentaje de los que no tienen clara una opinión sobre cuál sea la mejor solución al conflicto es casi idéntico en todos los casos.

Cuadro 7. MEJOR SOLUCIÓN AL CONFLICTO EN EL SALVADOR SEGÚN
QUIENES JUZGAN JUSTA LA POSTURA DE CADA GRUPO
(En porcentajes)

POSTURA JUSTA		Lucha	Elecciones	Mediación y lucha	Mediación y paz	Sin opinión	N Total
AP		2,8	15,1	5,7	61,8	14,6	(212)
FA		3,5	31,0	3,5	45,1	16,8	(113)
FDR		20,3	2,9	16,9	45,8	14,0	(349)
FMLN		23,1	2,1	18,9	40,9	14,9	(281)
JRG		1,9	25,3	4,4	56,3	12,0	(158)
USA		3,0	24,8	4,5	49,6	18,0	(133)
Total	%	12,3	12,5	11,3	49,0	14,8	100,0
	N	(153)	(156)	(141)	(612)	(184)	(1.246)

MEJOR SOLUCIÓN AL CONFLICTO (spanning header)

En cada grupo se computan únicamente las respuestas de aquellas personas que consideraron la postura de su respectivo grupo ante el conflicto actual como muy justa o bastante justa.

Un aspecto importante desde el punto de vista psicosocial consiste en preguntarse por las razones por las que se prefiere una u otra solución al conflicto. El Cuadro 8 ofrece un tipo de respuesta (limitado, por supuesto) a esta pregunta. En ella aparece que quienes indican que seguir la lucha hasta que venza una de las partes es la mejor solución (y que, como vimos, son en su mayoría quienes califican de justa la postura del FDR y del FMLN), lo hacen primero porque consideran que la lucha hoy por hoy no se puede detener, pero también porque opinan que si la guerrilla no venciere, todo seguirá igual en El Salvador. Es clara su desconfianza casi total acerca de un proceso de elecciones y no creen que una negociación pueda ofrecer una solución que satisfaga a todos, sino que significaría de hecho un rendirse al enemigo. En esto último discrepan de quienes optan por seguir la lucha, pero iniciando un proceso de mediación y/o negociación, que no creen que negociar signifique rendirse al enemigo.

Este grupo parece pensar que la negociación tendrá posibilidades de ofrecer resultados positivos si es acompañada por una actividad militar (supuestamente exitosa). Obviamente, aquellos que optan por empezar un proceso de mediación y/o negociación, pero deteniendo la lucha armada, son quienes más creen que algún tipo de negociación puede representar el camino para una solución que satisfaga a todos. Es importante recordar que esta solución fue la preferida por más personas, independientemente de cuál fuera el grupo cuya postura consideraran justa.

Cuadro 8. VALOR MEDIO DE LAS OPINIONES ACERCA DEL CONFLICTO SEGÚN LA SOLUCIÓN JUZGADA MEJOR

	OPINIONES*					
MEJOR SOLUCIÓN	O vence guerrilla o todo igual	Negociar es solución para todos	La lucha es hoy imparable	Elecciones expresarán voluntad popular	Negociar significa rendirse	N**
Seguir lucha	2.3	1.4	2.6	1.2	2.3	78-81
Elecciones	1.8	2.0	2.0	2.7	1.5	66-69
Mediación y lucha	2.1	2.1	2.4	1.4	1.6	73-74
Mediación y paz	2.0	2.4	2.1	1.8	1.4	361-365
Sin opinión	1.9	1.8	2.2	1.9	1.8	120-122
x del total	2.0	2.1	2.2	1.8	1.6	702-706

* El acuerdo expresado oscila en una escala de dos puntos (de 1.0 a 3.0). Los puntajes más altos indican mayor acuerdo con la opinión.
** El acuerdo expresado de respuestas promediadas oscila según la opinión. El N expresa los márgenes en el número de respuestas.

Finalmente, se ha examinado si el juicio sobre la justicia de las posturas grupales ante el conflicto lleva a percibir las mismas o distintas dificultades para una solución pacífica al conflicto actual. El Cuadro 9 presenta una síntesis de los resultados obtenidos.

Los resultados del Cuadro 9 corroboran la tendencia a la polarización en la percepción de la realidad entre quienes ven como justa la postura del FDR y del FMLN, por un lado, y los que ven como justa la postura del resto de los grupos, por otro. Son exactamente las mismas tres dificultades principales indicadas en uno y otro caso. Pero hay algo mucho más significativo: en todos los grupos, incluso en el de aquellos que consideran justa la postura de los USA ante el conflicto salvadoreño, la dependencia de El Salvador respecto a los norteamericanos es considerada como una importante dificultad para una solución pacífica al conflicto. En otras palabras, el militarismo de los Estados Unidos no sólo aparece con claridad en la conciencia de esta población universitaria, sino que parece haber una notable coincidencia en amplios sectores de que esta postura obstaculiza la solución pacífica al conflicto del país. No es difícil intuir en esta actitud un rechazo a la postura adoptada por el gobierno de Reagan y quizá un creciente sentimiento de anti-norteamericanismo, nunca anteriormente detectado con tanta nitidez en los estratos pequeño-burgueses de El Salvador.

Cuadro 9. PRINCIPAL DIFICULTAD PARA UNA SOLUCIÓN PACÍFICA
SEGÚN QUIENES JUZGAN JUSTA LA POSTURA
DE CADA GRUPO

	PRINCIPALES DIFICULTADES**		
*POSTURA JUSTA**	*Primera dificultad*	*Segunda dificultad*	*Tercera dificultad*
AP	Peligro de comunismo 24,4% (N = 49)	Dependencia de USA 24,4% (N = 49)	Intransigencia de Organ. Populares 11,0% (N = 22)
FA	Peligro de comunismo 41,1% (N = 44)	Dependencia de USA 15,9% (N = 17)	Intransigencia de Organ. Populares 13,1% (N = 14)
FDR	Dependencia de USA 47,5% (N = 161)	Intereses de la oligarquía 18,0% (N = 61)	Incapacidad del gobierno 8,6% (N = 29)
FMLN	Dependencia de USA 47,0% (N = 127)	Intereses de la oligarquía 19,6% (N = 53)	Incapacidad del gobierno 9,3% (N = 25)
JRG	Peligro de comunismo 37,2% (N = 55)	Dependencia de USA 14,9% (N = 22)	Intransigencia de Organ. Populares 13,5% (N = 2 0)
USA	Peligro de comunismo 36,2% (N = 46)	Dependencia de USA 14.2% (N = 18)	Intransigencia de Organ. Populares 12.6% (N = 16)

* En cada grupo se computan únicamente las respuestas de aquellas personas que consideraron la postura del respectivo grupo ante el conflicto actual como muy justa o bastante justa.
** Se ha computado únicamente aquella dificultad señalada por las personas como la más importante.

REFLEXIONES FINALES

La fluidez que caracteriza al actual proceso salvadoreño sólo permite llegar a conclusiones muy tentativas y provisionales sobre las actitudes de los diversos grupos. Nuevos factores endógenos o exógenos, como la retirada del gobierno de la Democracia Cristiana, otro golpe de Estado o la agudización del enfrentamiento en Guatemala podrían alterar muy esencialmente tanto la correlación actual de fuerzas como el sentir de personas y aun de grupos concretos. Trataremos, por tanto, de limitarnos a unas breves reflexiones finales que recojan aquellos aspectos que más podrían ayudar a clarificar las posturas de los grupos en El Salvador ante el conflicto actual.

En primer lugar, parece claro que todos los grupos tienden a una polarización en el conflicto actual, pudiéndoseles ubicar como más o menos favorables a uno u otro de los contendientes. Sin embargo, no se trata de un cuadro de blanco y negro homogéneos; por el contrario, junto a grupos inflexiblemente decididos por una solución militar al conflicto, hay otros grupos convencidos de la necesidad de una solución política y abiertos en mayor o menor grado a iniciar un proceso de negociación, sin que esto implique cuál sería la forma más conveniente de este proceso. Cuando de la postura pública de los grupos pasamos a las actitudes de los individuos, parece claro que incluso en los grupos con actitud más belicosa hay sectores deseosos de que se inicie un proceso de negociación que conduzca al establecimiento de una paz satisfactoria para la población salvadoreña.

La aparente discrepancia entre la postura pública de algunos grupos y el deseo de por lo menos ciertos sectores favorables a esos grupos, nos lleva a preguntarnos en qué medida el sentir de la población es adecuadamente canalizado por los grupos formalmente constituidos. La publicación por parte de la FA de un documento preliminar, presentado a la Comisión Político Diplomática del FDR-FMLN, llevó a muchos la duda razonable de si el FDR realmente quería entrar en un proceso de negociación mediada o de si simplemente utilizaba este mecanismo como una táctica para ganar tiempo, sin voluntad real de buscar una solución negociada. Esta duda ha sido ya clarificada, y el FDR-FMLN ha mostrado su voluntad sincera de negociar y de entrar en un proceso de mediación cuya dinámica misma desborda posibles intereses preliminares. Por otro lado, la persistencia de la JRG, la FA y los USA de proponer las elecciones como única salida «democrática» al conflicto, resulta a todas luces la expresión de una negativa rotunda a todo tipo de negociación real (Gutiérrez, 1981) y una opción casi absoluta por la solución militarista, incluso contra el sentir de algunos sectores simpatizantes. En este sentido, se comprende que quienes tienden a identificarse con el FDR-FMLN rechacen tan frontalmente la propuesta de elecciones, recurso históricamente manipulado en el país (en cada caso con la promesa de la FA de que sería garante de la pureza del proceso), y para el que no existen ni podrán existir en el futuro condiciones mínimas de viabilidad (Federación, 1981).

El obstinamiento de la FA y, por consiguiente, de la JRG por una solución puramente militar al conflicto tiene su base última en el apoyo que recibe esta solución de la postura militarista del gobierno norteamericano. La administración del señor Reagan está convirtiendo aceleradamente a El Salvador en un enclave de sus intereses geopolíticos, y la dirección de la actual política salvadoreña parece corresponder cada vez más a la particular visión del gobierno norteamericano, no a las características específicas de los problemas del país. La opción militarista de los USA oculta las raíces últimas del actual conflicto en el Salvador, bloqueando con ello las posibilidades de solución que existen en la actualidad y agudizando más y más los problemas estructurales de fondo. Ello es percibido no sólo por los partidarios del FDR y del FMLN, sino por amplios sectores incluso favorables a la postura de los Estados Unidos. No parece casual que la dependencia respecto a los Estados Unidos haya aparecido en nuestro sondeo como la principal dificultad para una solución pacífica al conflicto salvadoreño, y que esta opción sea compartida tanto por aquellos que justifican la postura de la izquierda como por aquellos que justifican la postura de la FA y aun de los mismos USA.

Si tratamos ahora de aplicar el esquema de Walton y McKersie (ver Cuadro 1) a la situación salvadoreña, probablemente habrá que llegar a la conclusión de que no es posible una negociación directa en estos momentos, ya que no existe, ni a nivel de intereses explícitos ni a nivel de conciencia pública o de declaraciones formales, una zona de posible acuerdo entre los principales grupos contendientes. Se estaría, por el contrario, en el caso en que una mediación es necesaria a fin de superar el abismo del «esencial desacuerdo» y buscar puntos concretos de interés común.

Algunos de los grupos analizados han propuesto objetivos inmediatos que establecen ya áreas de interés común. De ahí que sería viable un diálogo constructivo, por ejemplo, entre la UPD y el FDR e incluso el mismo PDC, si éste lograra un mínimo de independencia respecto a su pacto en el gobierno o a las manipulaciones norte-americanas. Por supuesto, un diálogo que no incluya a la FA o a los USA estaría abocado al fracaso, por lo menos a corto plazo. Sin embargo, el establecimiento mismo de un diálogo constituye una nueva presión sobre los interlocutores más reacios, ya que el ostracismo político resulta inviable a la larga. Ni los USA son impermeables a la presión política, ni la FA es insensible al clamor popular. La experiencia del Foro Popular de 1979 es, al respecto, un importante antecedente. Un diálogo inicial entre los grupos más abiertos a una solución predominantemente política podría clarificar el ambiente y sentar bases mínimas comunes para un arreglo verdadero al conflicto. En todo caso, sería una respuesta al sentir de sectores posiblemente no pequeños de la población salvadoreña que anhelan una paz justa y urgente.

Excluir de antemano de cualquier arreglo a los sectores organizados del pueblo, como ha sido hasta ahora la postura de la AP, la FA y los USA, constituye un engaño político y el obstáculo principal al inicio de una verdadera solución al conflicto. Un diálogo sin el FDR-FMLN, como el que montó el general Romero y hoy intentan revivir algunos voceros del PDC, no tiene futuro alguno, como tampoco lo tendría una solución que pretendiera ignorar o aniquilar al movimiento revolucionario. Si realmente se quiere llegar a resolver el conflicto en El Salvador hay que empezar por clarificar la conciencia colectiva reconociendo los datos innegables del problema; y uno de los datos innegables es la existencia factual del FDR y del FMLN, tan real como la existencia del gobierno y de la FA, y ciertamente no menos legítima. Unos y otros tienen fuerza social, política y militar y a nada conduce negar de palabra lo que a diario evidencian los hechos. El obstinamiento militarista fue ya abandonado por el movimiento revolucionario tras un análisis de los errores subyacentes a su ofensiva de enero. Correspondería hoy al sector gubernamental reconsiderar su postura a la luz, no de intereses sectoriales, sino de los mismos datos objetivos de la situación.

Es necesario, también, que los intereses en juego se examinen por lo que son y representan, no a través de estereotipos o calificativos condenatorios. En la medida en que quienes tienen el poder y los medios de comunicación persistan en imponerse por la simple fuerza de la violencia o de la mentira, se estará causando un gravísimo daño al país, al hacer cada vez más difícil el inicio de una solución integral.

Por supuesto, todos estos son prolegómenos. Porque si el conflicto de El Salvador tiene raíces estructurales, son esas raíces las que hay que atacar a fondo, como la misma FA ha reconocido en sus pronunciamientos más lúcidos y el PDC sigue proclamando de palabra. Las necesidades objetivas del pueblo salvadoreño son el límite último que divide las soluciones verdaderas de las soluciones falsas al conflicto, más allá de intereses creados, por legítimos o razonables que puedan aparecer. Mientras no se llegue a un acuerdo sobre una respuesta históricamente adecuada a ese límite último se estará colaborando de hecho a prolongar, a corto o lejano plano, el espantoso baño de sangre en que se halla sumido El Salvador. Cómo lograr ese acuerdo y cómo dar esa respuesta constituyen el único reto verdadero que confrontan hoy aquellos grupos que pretenden representar a algún sector del pueblo salvadoreño.

III

GUERRA Y TRAUMA PSICOSOCIAL

5

CONSECUENCIAS PSICOLÓGICAS DE LA REPRESIÓN Y EL TERRORISMO[1]

Resulta imprescindible historizar —colocar en la historia— los hechos de terrorismo político en los países de nuestra América Latina, en Centroamérica y más concretamente en El Salvador.

Para comprender lo que significa el terrorismo político hoy día, especialmente para los salvadoreños, tenemos que analizar el problema en tres importantes dimensiones, las que, a menudo, son confundidas con las imágenes que tenemos acerca del terrorismo político. La primera se refiere a quiénes son los que lo realizan. Tenemos que preguntarnos si los autores son grupos pequeños, representantes de bandas, individuos aislados, o grupos muy minoritarios en contraposición con el terrorismo de Estado. Creo que ésta es la primera dimensión que se debe tener en cuenta. La segunda dimensión implica observar el terrorismo político como una serie de hechos extraordinarios o como un conjunto de hechos ordinarios y cotidianos. La tercera dimensión a tener en cuenta al analizar las conse-

1. Hemos elaborado este capítulo a partir de dos artículos: «Consecuencias psicológicas del terrorismo político», un trabajo que ve la luz por primera vez en este volumen, y «El valor psicológico de la represión política mediante la violencia», un artículo publicado en *Estudios Centroamericanos, 326,* 1975, 742-752. El primero de ellos tiene su origen en la conferencia impartida por Martín-Baró el 17 de enero de 1989 en el Simposio «Consecuencias psicológicas del terrorismo político», convocado por el Committee for Health Rights in Central America (CHRICA), celebrado en Berkeley. La versión al castellano de esta conferencia corrió a cargo de la psicóloga chilena Elisabeth Lira (ver nota 34 del capítulo 7) Nosotros la hemos revisado, y para su inclusión en este volumen hemos contado con el apoyo y beneplácito incondicional de Elisabeth Lira (y Adrianne Aron, organizadora del simposio), y desde estas páginas queremos dejar agradecida constancia de ello.

cuencias del terrorismo político es distinguir los efectos de estas acciones sobre los individuos versus las consecuencias colectivas.

TRES DIMENSIONES DEL TERRORISMO POLÍTICO EN EL SALVADOR

Situemos rápidamente estas tres dimensiones en la situación concreta de El Salvador. La primera dimensión es la que se refiere al terrorismo de pequeños grupos o el terrorismo de Estado. Ciertamente en El Salvador tenemos terrorismo político realizado por pequeños grupos, tales como los escuadrones de la muerte[2] quienes operan al margen del sistema social. No creo que todos los escuadrones de la muerte puedan estar relacionados directamente a una fuerza social de mayor importancia, en el sentido de formar parte de la Guardia Nacional, la Fuerza Armada o alguna otra entidad organizada por el Gobierno. Algunos de los escuadrones de la muerte operan bajo la dirección de grupos muy pequeños de gente adinerada, latifundistas privados u otros.

Existe también el terrorismo dirigido por los grupos insurgentes[3], por el FMLN. Hay acciones terroristas realizadas por grupos revolucionarios; es importante reconocerlo. Por ejemplo, muy recientemente ocho alcaldes de pequeñas ciudades fueron asesinados por el FMLN, en lo que debe ser considerado como un verdadero acto de terrorismo. Después de ser amenazados por el FMLN, más de treinta alcaldes fueron forzados a renunciar. Éstos son actos de terrorismo realizados por pequeños grupos o por el FMLN, que en esta materia no ha tenido una gran representación.

---

2. No es la primera vez que estos sombríos protagonistas de la guerra han hecho acto de presencia en estas páginas. A ellos nos hemos referido ya en la Introducción (ver nota 8), y en capítulos subsiguientes (nota 5 del capítulo 3).

3. En los ocho años transcurridos entre la publicación del artículo «Actitudes en El Salvador ante a solución política a la guerra civil», que forma parte del capítulo cuarto de este volumen, y el Simposio de CHRICA parece que se han atemperado las actitudes de Martín-Baró respecto al movimiento revolucionario o, para ser más precisos, sus posiciones para con la violencia «desde abajo» (ver nota 24 de la Introducción), con la violencia liberadora a la que alude sin tapujos en el epígrafe «Constitutivos de la violencia» del capítulo primero (ver también nota 15 de ese mismo capítulo). La prolongación del conflicto armado, con lo que ello implica de decisiones comprometidas para la seguridad de la población civil, y los propios errores del FMLN se cobraron su tasa de desilusión a la que no fue ajena la UCA como institución, ni Martín-Baró a título personal. La posición crítica que adopta en esta conferencia puede ser un buen ejemplo de ello.

Es preciso distinguir este tipo de terrorismo en pequeña escala, perpetrado por esos pequeños grupos y por el FMLN, del terrorismo más frecuente que hemos sufrido en El Salvador, que es el terrorismo de Estado[4]. Esta última forma, esta modalidad implica «aterrorizar» al conjunto de la población a través de acciones sistemáticas realizadas por fuerzas del Estado: por ejemplo, por las fuerzas militares y de seguridad. Aún cuando estos actos no sean directamente ordenados por el Gobierno, son ciertamente aceptados y encubiertos por él. Es necesario señalar que en este terrorismo de Estado, llevado a cabo por la Fuerza Armada y las fuerzas de seguridad y encubierto por el Gobierno Salvadoreño, el Gobierno de los Estados Unidos está también involucrado y ha adquirido un cierto grado de responsabilidad.

Sea lo que fuere lo que pensemos acerca del terrorismo, es importante contrastar la imagen que a menudo proporcionan los me-

---

4. Terrorismo de Estado y escuadrones de la muerte han ido de la mano en la reciente historia de El Salvador (ver los dos primeros epígrafes del capítulo tercero). Ya no caben dudas de que son los actores principales de esa historia secular de opresión a la que se alude al comienzo del capítulo primero cuyo saldo de víctimas se ha ido desgranando a lo largo de los capítulos previos (ver sobre todo el cuadro 1 y nota 7 del capítulo primero). Terrorismo de Estado, escuadrones de la muerte, guerra sucia (ver epígrafe «Guerra paralela» en el capítulo 3), una trabada estructura sociopolítica que define un orden social invertebrado en el que las diversas formas de violencia campan a sus anchas. Los ejemplos son numerosos; el Informe de la Comisión de la Verdad abre un apartado dedicado a las «Masacres de campesinos por la fuerza Armada» (ONU. *De la locura a la esperanza. La guerra de 12 años en El Salvador*. San Salvador: Arcoiris, 1993, 155-171) y selecciona para ilustrarlo las tres masacres a las que hacíamos referencia en la nota 7 del capítulo 1, para concluir que «el número de ejecuciones de este género denunciadas, de individuos y de grupos, es tan elevado y está tan fundamentado que lleva a la Comisión a descartar toda posibilidad de que se haya tratado de incidentes aislados o de exceso de los soldados o jefes inmediatos [...]. Todo comprueba que estas muertes se inscriben dentro de un patrón de conducta, de una estrategia deliberada de eliminar o aterrorizar a la población campesina de las zonas de actividad de los guerrilleros, a fin de privar a éstos de esta fuente de abastecimientos y de información, así como de la posibilidad de ocultarse o disimularse entre ella» (p. 171). Y al pasar revista al panorama general de casos y patrones de violencia, la misma Comisión concluye: «Los testimoniantes atribuyeron casi 85% de los casos a los agentes del Estado, a grupos paramilitares aliados de éstos y a los escuadrones de la muerte. Los efectivos de la Fuerza Armada fueron acusados en casi 60% de las denuncias; los miembros de los cuerpos de seguridad en aproximadamente el 25%; los miembros de las escoltas militares y de la defensa civil en aproximadamente el 20%, y los integrantes de los escuadrones de la muerte en más del 10% de los casos. Las denuncias registradas responsabilizaron aproximadamente e el 5% de los casos al FMLN» (ONU. *De la locura a la esperanza. La guerra de 12 años en El Salvador*. Cit., 58).

dios de comunicación en la que se destaca el terrorismo realizado por pequeños grupos. Un acto, por ejemplo, un acto loco realizado por palestinos o libios es mostrado como «el terrorismo», encubriendo de esta manera el terrorismo sistemático, el terrorismo de Estado.

La segunda dimensión implica confrontar si el terrorismo político está constituido por acontecimientos extraordinarios o más bien por hechos ordinarios. Vayamos, por ejemplo, a un hecho sucedido el 21 de septiembre de 1988. Una patrulla militar asesinó a diez campesinos en San Sebastián, en el Departamento de San Vicente, en la región central de El Salvador. No fue un hecho común ciertamente. Lo que ocurrió allí fue realmente extraordinario, como lo fue también la exitosa negación de toda responsabilidad por parte de la Fuerza Armada. Tales hechos no ocurren a menudo. No es frecuente que los militares saquen a diez campesinos de sus casas y los asesinen a sangre fría después de torturar a algunos de ellos. Dichos acontecimientos extraordinarios están nuevamente aumentando en El Salvador.

Lo más importante en relación al terrorismo político de El Salvador es que comúnmente no es noticia; no parece despertar el interés de los lectores de los diarios ni de los telespectadores. Esto implica lo que yo llamaría el terrorismo cotidiano de los hechos ordinarios. La presión permanente a que está sometida la vida cotidiana y que se extiende al conjunto de la población, consiste en el atropello sistemático de todos aquellos que piensan de manera distinta, de las organizaciones humanitarias, como por ejemplo de aquellas que tratan de ayudar a las víctimas de la guerra. En la prohibición sistemática de ciertas cosas que no le gustan al gobierno. En la calificación permanente de toda la oposición, realizada a través de los medios de comunicación, señalándolos como subversivos o terroristas. Rotulación que en cierto modo puede provocar una venganza y puede acarrear un peligro de muerte para aquellos que han sido calificados así[5].

5. Tomemos como ejemplo al propio autor: «Como científico social no es fácil vivir dentro de un proceso tan convulso. Y no lo es por muchas razones, extrínsecas unas, intrínsecas otras. La dificultad más obvia proviene del riesgo que corre la vida de quienes pretenden iluminar los problemas que están a la raíz del conflicto o contribuir a la búsqueda de su solución. No interesa conocer la realidad, cuando esa realidad es tan expresiva, tan clara en su sentido, que el sólo hecho de nombrarla constituye un acto "subversivo"» (Martín-Baró, I. *Acción e ideología*. San Salvador: UCA Editores, 1983, viii). Es otra manera de «ideologizar» la violencia. Y cuando

Este tipo de acción cotidiana sobre el conjunto de toda la población, el atropello, la presión, la rotulación, la descalificación moral de cualquiera que trate de hacer algo relevante en beneficio de los pobres, es lo que podemos denominar el «terrorismo de Estado cotidiano». Esta modalidad puede llegar a ser aún más opresiva cuando se mezcla con los actos extraordinarios de terrorismo mencionados previamente.

En relación a la tercera dimensión de terrorismo político en El Salvador, es útil observar no sólo sus consecuencias individuales sino colectivas. Ciertamente como psicólogo social es comprensible que la gente que ha sido sometida personalmente a actos terroristas manifieste consecuencias patológicas a nivel individual. Ciertamente se pueden ver las consecuencias psicopatológicas en quienes han sido secuestrados, han sido detenidos, han estado en la cárcel, han sido torturados, perseguidos y tratados como animales; en la gente que ha sido amenazada diariamente; por ejemplo, personas que reciben todos los días llamadas telefónicas diciendo «ya nos vamos a llevar a tu mujer»; «vamos a agarrar a tus hijos»; «si haces esto y esto ya vas a ver». Cuando la gente ha sido sometida a este tipo de experiencias, resulta obvio que se puedan observar efectos psicopatológicos individuales.

Probablemente, sin embargo, lo más importante y más difícil de comprender, son las consecuencias colectivas del terrorismo político. Este tipo de terrorismo sistemático impuesto sobre la población por el Gobierno y la Fuerza Armada afecta a toda la vida social. Esto podría ser denominado (de acuerdo con Weber) una rutinización, una burocratización[6] del terrorismo político: es el intento sistemáti-

---

esto se hace bajo alguna directriz, cabe la posibilidad de encontrar un denominador común: «El exterminio es sistemático en la medida en que está dirigido contra un sector de la población cuyo denominador común es su oposición ideológica al régimen; y es indiscriminado contra la población civil en general en la medida en que no es posible identificar sistemáticamente dicha oposición política, dado su grado de crecimiento y fortalecimiento» (Martín-Baró, I. ¿Genocidio en El Salvador? Manuscrito no publicado. San Salvador, 1980, 1). Un diagnóstico muy acertado que, a la postre, acabaría por ser ratificado, letra a letra, por la propia Comisión de la Verdad: «Las denuncias en forma coincidente indican que esta violencia se originó en una concepción política que había hecho sinónimos los conceptos de opositor político, subversivo y enemigo. Las personas que postulaban ideas contrarias a las oficiales, corrían el riesgo de ser eliminadas, como si fuesen enemigos armados en el campo de batalla» (ONU. De la locura a la esperanza. La guerra de 12 años en El Salvador. Cit., 58).

6.   Dada la trascendencia que Martín-Baró concede a este proceso (la realidad totalizadora de la guerra, la institucionalización de la violencia y de la guerra) bueno

co de forzar a una población de un país a conformarse con un proyecto sociopolítico impuesto por el Gobierno que no toma en cuenta las necesidades básicas y las opciones de la población. Toda la vida social queda marcada por este terrorismo político, cuyos propósitos son la internalización del miedo[7]. En consecuencia, tenemos una po-

será que refresquemos la memoria recordando que Max Weber dedica una atención especial a la burocratización en el capítulo 9 de *Economía y Sociedad*. La burocracia moderna: *a*) tiene una función rectora mediante reglas, leyes y disposiciones administrativas; *b*) define los principios de la jerarquía funcional, «un sistema firmemente organizado de mando y subordinación mutua de las autoridades mediante una inspección de las inferiores por las superiores, sistema que ofrece al dominado la posibilidad sólidamente regulada de apelar de una autoridad inferior a una instancia superior» (la obediencia debida, podría ser un caso familiar en estas páginas); *c*) dispone de un archivo documental; *d*) requiere y presupone un «concienzudo aprendizaje profesional», y *e*) exige un cabal desempeño de las funciones, que *f*) se realiza de acuerdo con pautas y normas que deben ser aprendidas (Weber, M. *Economía y Sociedad*. México: FCE, 1964, 716-718).

7. El Informe «Recuperación de la Memoria Histórica», al que nos hemos referido en la nota 12 de la Introducción, ha descrito con cierto detalle los efectos del miedo, procediendo a una distinción entre los niveles psicológico-individuales y los sociales. De los primeros destaca: *a*) reacciones corporales de corte psicosomático (diarrea, dolor de estómago, palpitaciones, temblor, etc.); *b*) realimentación del terror; *c*) reacciones impulsivas y desorganización de la conducta; *d*) pérdida del sentido de la realidad, y *e*) sensibilidad ante el peligro. Entre sus efectos sociales cabe destacar: *a*) la inhibición de la comunicación; *b*) alejamiento de procesos de participación social; *c*) aislamiento social; *d*) cuestionamiento de valores, y *e*) desconfianza en el ámbito de las relaciones sociales. Los resultados de la investigación llevada a cabo por Elisabeth Lira y M.ª Isabel Castillo con 23 grupos de diversa procedencia en Chile (muchos de ellos trabajadores y/o miembros de organizaciones de derechos humanos), arroja hasta seis categorías de miedo: miedos personales, miedos sociales, miedos en relación con la naturaleza, miedos en relación al futuro, percepción social de amenaza en el contexto de represión política y percepción social de amenaza en relación al evento del plebiscito. Pero analizados los datos, se vuelven a imponer las dos grandes categorías: miedos personales, (los más frecuentes: aparecían en el 37,2% de los casos), y los miedos sociales (miedos familiares, miedos en relación al grupo de pertenencia, miedos relacionados con las garantías del funcionamiento social), que alcanzaban a un 17,2% de los casos (Lira, E., y Castillo, M.ª I. *Psicología de la amenaza política y el miedo*. Santiago de Chile: ILAS, 1991). Por lo que respecta a la población infantil en el contexto salvadoreño, José Luis Henríquez no alberga dudas al respecto: «Éste fue un tiempo en el que el miedo fue la experiencia más vivida que pueden recordar [los niños]; el miedo inundó la totalidad de su vida afectivo-emocional, y a ella se supeditaron los contenidos cognoscitivos y su comportamiento, modelando incluso las pautas de acción de su personalidad [...]. El miedo, que con frecuencia se convirtió en horror, empujó a esta población al desarraigo de su contexto físico de vida» (Henríquez, J. L. Incidencia de la guerra en la vida psicológica de niños en zonas de conflicto. *Revista de Psicología de El Salvador, 39,* 1992, 86). Es lo que sigue aconteciendo en el encarnizado enfrentamiento palestino-israelí: «El miedo y la ansiedad desempeñan un papel central en el psiquismo de los que viven en

blación aterrorizada, que ha internalizado el miedo y que no tiene casi otra alternativa que conformarse con las opciones políticas que le han sido impuestas.

Desde fines de 1970 hasta aproximadamente 1984, o probablemente 1983 para ser más precisos, hubo una campaña masiva de terrorismo político llevada a cabo en El Salvador. Miles de personas fueron asesinadas, desaparecieron, fueron torturadas, atropelladas, expulsadas de sus empleos, etc. Sin embargo, desde 1984 con la llegada del así llamado «gobierno democrático» en El Salvador, bajo Duarte, si bien las cosas parecieron cambiar un poco, la verdad es que no cambiaron nada. ¿Qué cambio era que una población aterrorizada fuera reducida a sólo dos opciones: irse a las montañas a unirse a las filas de los rebeldes o conformarse, al menos públicamente, con el proyecto impuesto por el gobierno? Como resultado, los índices de abusos de derechos humanos empezaron a bajar y el gobierno de Estados Unidos estaba muy satisfecho. ¡Maravilloso! ¡Maravilloso! En lugar de mil personas asesinadas, sólo era setecien-

guerra y se mezclan de muchas maneras. Los niños tienden a transferir la amenaza actual y el peligro a sus conflictos internos, y la realidad circundante de la guerra se vuelve parte de su ansiedad interna. Por otra parte, los niños tienden a dirigir sus conflictos y ansiedades internas hacia los objetos y sucesos externos» (Punamäki, R. Una infancia a la sombra de la guerra. Estudio psicológico de las actitudes y vida emocional de los niños israelíes y palestinos. En I. Martín-Baró (ed.), *Psicología social de la guerra*. San Salvador: UCA Editores, 1990, 258. Ver en esta misma monografía el capítulo de Manuel Antonio Garretón, «El miedo y las dictaduras militares»). Sobre el miedo en el contexto de represión política en América Latina, remitimos al lector interesado a: Lira, E., Weinstein, E. y Salamovich, S. El miedo, un enfoque psicosocial. *Revista Chilena de Psicología, VIII*, 1985-1986, 51-56; Americas Watch. *The Continuing Terror: Seventh Supplement to the Report on Human Rights in El Salvador*. Nueva York: The Americas Watch Committee, 1985; Petras, J. The Anatomy of State of Terror: Chile, El Salvador, and Brazil. *Science and Society, 51*, 1998, 4-38; Lira, E. Psicología del miedo y conducta colectiva en Chile. En I. Martín-Baró (ed.), *Psicología social de la guerra*. Cit., 175-196; Salamovich, S., Lira, E., y Weinstein, E. Victims of fear: The Social Psychology of Repression. En J. Corradi, P. Weiss y M. A. Garretón, (eds.), *Fear at The Edge: State Terror and Resistance in Latin America*. Berkeley, CA.: University of California Press, 1992, 72-89; Suárez-Orozco, M. A Grammar of Terror. Psychocultural Responses to State Terrorism in Dirty War and Post-Dirty War. Argentina. En C. Nordstrom y J. Martin (eds.), *The Paths od Domination, Resistance, and Terror*. Berkeley, CA.: University of California Press, 1992, 219-259; Oficina de Derechos Humanos del Arzobispado de Guatemala. *Guatelama: Nunca Más* (versión resumida). San Sebastián: Tercera Prensa, 1998 (ver epígrafe «Del miedo al terror» en el capítulo primero); Faúndez, H. El lenguaje del miedo: dinámicas colectivas de la comunicación bajo el terror en Chile. En H. Riquelme (ed.), *Era de tinieblas: derechos humanos, terrorismo de Estado y salud psicosocial en América Latina*. Caracas: Nueva Sociedad, 1994.

tas o sólo quinientas, como si quinientos no tuvieran importancia, como si no fueran seres humanos, como si fueran animales. En cualquier caso hubo menos víctimas porque hubo pocos hechos extraordinarios. Hubo menos necesidad de realizar acciones extraordinarias debido a que la gente estaba muy aterrorizada, muy paralizada. Si observamos los acontecimientos de los últimos años, se puede ver que tan pronto como la población se recobra del miedo, toma las calles nuevamente haciendo manifestaciones en demanda de sus derechos. Entonces la represión empieza nuevamente a aumentar y comienzan a ocurrir más acciones de terrorismo público.

Es importante reconocer cuán complejo es este cuadro del terrorismo político, ya que si sólo incluimos allí a la gente que ha sido torturada, ha desaparecido o ha sido asesinada vemos solamente una cara del terrorismo, pero no el cuadro completo. Esta manera de considerarlo corre el peligro también de creer que el terrorismo político está constituido solamente por estos hechos aislados, obviando el dato de que esos hechos aislados forman parte de un proyecto político global.

No parece que la así llamada «guerra de contrainsurgencia» que están llevando a cabo el Gobierno de los Estados Unidos y el Gobierno salvadoreño, llamándolo —iqué hermosas palabras!— «conflicto de baja intensidad» pueda ser llevado a cabo sin incluir el terrorismo político, que es una parte, un elemento esencial de este tipo de guerra.

Desde esta perspectiva, ¿cuáles son las consecuencias psicosociales de este tipo de terrorismo político que asfixia a un país como El Salvador? Lejos de pretender ser exhaustivos ni reduccionistas se pueden mencionar algunas de las consecuencias psicosociales que han sido detectadas y que están afectando cotidianamente al conjunto de la estructura social. La primera de ellas es lo que podríamos llamar la estrechez y rigidación del marco general de la vida social. La vida social ha llegado a ser muy rígida en El Salvador, en el sentido de falta de alternativas. Cuando uno viene a Berkeley ve cómo cada persona expresa abiertamente su opinión, no importa si su vecino o vecina cree exactamente lo contrario. Se ven autoadhesivos en los coches; algunos dicen «Reagan es un estúpido», otros dicen que Reagan es casi Dios, o «Amo a Nancy»; el siguiente: «Nancy es así y asá». La gente no presta atención a estas cosas. Pensar algo parecido en El Salvador resulta prácticamente imposible, absolutamente imposible, porque las alternativas son muy reducidas.

La rigidez del marco de referencia en el que cada cual tiene que vivir reduce las opciones que se tienen en El Salvador. Esto da como resultado que la vida puede llegar a ser bastante «estereotipada». La gente se relaciona a través de los estereotipos adoptados, y nos comportamos comúnmente de acuerdo a dichos estereotipos, puesto que si uno se comportara de otro modo se pueden tener problemas, como se sabe. En la interacción cotidiana de la vida social, la gente está siempre preguntándose quién es el otro y si uno no puede identificar quién es el otro; por lo general, se prefiere no tener ninguna relación. Así, el funcionamiento basado en estereotipos llega a ser el medio de conocimiento del otro, con todas las equivocaciones que puede acarrear, además de las nefastas consecuencias que trae consigo para la interacción misma.

Por ejemplo, si consideramos la justicia social como un valor y la asumimos como un horizonte vital, ello es considerado en El Salvador como un objetivo subversivo. Si uno comenta que está identificado con el objetivo de justicia social, inmediatamente la gente le pregunta si es comunista. La justicia social ha sido identificada como un objetivo comunista. Y si la justicia social es comunismo, soy comunista, ¿por qué no?

Una segunda consecuencia psicosocial, estrechamente ligada a la primera, es la polarización social. La polarización forzada implica la esquematización de la vida y la ruptura del sentido común de las rutinas cotidianas. Ello significa que la vida llega a estar tan polarizada y dirigida por esquematizaciones moralísticas en las que primero se clasifican todas las cosas, los hechos y la gente en términos de «buenos» y «malos» para después actuar en consecuencia. Uno de los objetivos principales de la interacción social lo constituye la identificación de las afinidades sociales del otro; no hay cosas que sean simplemente agradables o desagradables, hermosas o feas; lo único importante es si pertenecen a «ellos» o son «nuestras». Si algo es de «ellos», entonces es malo, no importa que sea algo bello, agradable o simpático; es malo sencillamente porque es de «ellos». Pero yo soy bueno, porque soy «uno de los nuestros». Es bien sabido que bajo estas circunstancias de extrema polarización quedan pocas opciones para que uno pueda orientar su vida diaria.

Una tercera consecuencia es el debilitamiento de la autonomía personal y de la autoconfianza. La gente está siempre buscando claves, indicaciones, orientaciones acerca de cómo ser percibido (clasificado) en público para no tener problemas. Así, la vida social llega a ser un juego en el cual uno tiene que llegar a ser como uno aparenta ser ante los otros, y como uno se comporta ante ellos. Esto acarrea problemas no solamente morales sino de identidad.

Por consiguiente, en este contexto histórico, social y político uno no puede pensar más allá, no puede pensar en términos originales de acuerdo a las propias capacidades o iniciativas, sino solamente en términos de lo que es requerido y esperado. Paradójicamente, esto va acompañado de un refuerzo del individualismo. Cada persona es considerada aisladamente; cada persona tiene que asumir el cuidado de sí mismo y por consiguiente debe comportarse de acuerdo a lo que le es requerido, pero como un individuo, sin tomar en cuenta a los otros, sin tratar de organizarse. Todo esto sirve poco a poco para socavar la confianza en sí mismo, causando una pérdida de fe en los propios recursos. Ése es el propósito. Todas las formas de organización son consideradas subversivas.

Es hermoso observar cómo en el último año el pueblo salvadoreño ha multiplicado sus organizaciones y sus medios de reafirmar su confianza en los demás. Éste es un signo de que el terrorismo político ha fracasado, porque fue diseñado para aislar la gente, debilitar su autoconfianza para que ellos no estuviesen organizados.

Finalmente una consecuencia psicosocial muy drástica que va unida a otras circunstancias es la devaluación de vida humana. La vida humana en El Salvador no vale nada; puede perderse en cualquier momento, puede ser arrancada en cualquier instante y a nadie le importa. Si alguno de nosotros es asesinado hoy, mañana habrá alguna gente que llorará, pero al día siguiente hay que volver al trabajo.

Después de nueve años de guerra civil, después de diez años de terrorismo político, la vida salvadoreña no vale mucho. Si un ciudadano norteamericano es asesinado en El Salvador, es posible que este hecho sea mucho más importante que si diez mil salvadoreños fuesen asesinados, porque un norteamericano es una persona humana, y un salvadoreño es ¿qué?, ¿sub-humano? En cualquier caso nuestras vidas han sido continuamente erosionadas, despojadas de su valor por esta continua política de terrorismo de Estado.

Éste es un marco de referencia para la comprensión del terrorismo político en países como El Salvador, donde pequeños grupos se alzan y se comportan como terroristas a través de hechos extraordinarios. Sin embargo, más allá de nuestras confusiones, la forma más importante de terrorismo político es la que es respaldada y conducida por el Estado. El terrorismo de Estado opera a través de políticas sistemáticas de presión, demandando sumisión de la población, aterrorizándola, y con tal propósito, ahora y entonces es un «buen recurso», matar a alguien, torturar a alguien, desaparecer a alguien.

EL USO INSTITUCIONAL DE LA VIOLENCIA REPRESIVA[8]

Día tras día, a través de los medios de comunicación, nos llegan informaciones sobre la aplicación de medios represivos violentos contra los opositores políticos (reales o supuestos) por parte de diversos gobiernos: encarcelamientos, golpizas, maltratos, torturas e, incluso la eliminación simple y sistemática de los disidentes, principalmente de líderes de movimientos organizados. Hay países que se han hecho mundialmente famosos por la aplicación a gran escala de la violencia represiva: este es el caso de Chile, bajo la dictadura de Pinochet, o del caído Vietnam del Sur, cuando todavía era regido por Thieu y sus asesores norteamericanos. Sin embargo, no han sido ni son éstos los únicos países que aplican la violencia represiva. Entre nosotros, latinoamericanos, la lista es bastante parecida a la de las «democracias» existentes, desde Guatemala hasta el Paraguay, pasando por Nicaragua, Uruguay y Brasil. El hecho de que gran parte de esta violencia represiva sea ejercida indirectamente, mediante cuerpos u organismos a los que no se reconoce ninguna institucionalidad, pero a los que se abriga, impulsa y protege con más o menos descaro, nada quita para que se identifiquen sus acciones como acciones de carácter político gubernamental («oficial»); es decir, que su responsabilidad (para bien o para mal) sea atribuible a los respectivos gobiernos. Que la violencia represiva se utiliza en una forma generalizada es, pues, un hecho repetidas veces comprobado y que nadie pone en duda. La pregunta es si esta utilización resulta o no beneficiosa para los fines pretendidos por los mismos gobiernos. En otras palabras, se trata de saber si los resultados que produce la represión violenta son provechosos o no, políticamente hablando.

Por principio, todo orden político implica coerción y es idealista o ingenuo pensar que, al menos en nuestro mundo actual, pueda existir algún régimen político absolutamente no coercitivo. Lo polí-

---

8. Con este epígrafe da comienzo el artículo «El valor psicológico de le represión política mediante la violencia», publicado en *Estudios Centroamericanos, 326,* 1975, 742-752. Es importante observar que se trata de un artículo escrito en 1975, lejos del fragor de la guerra, pero muy cerca de la historia de opresión que ha caracterizado a los países centroamericanos desde hace siglos.

tico constituye el «orden de los órdenes», y toda ordenación implica un cierto ejercicio de la fuerza constriñente. Desde el punto de vista psicológico, ya Freud (1970b, 1972) intuyó este hecho cuando afirmaba que la vida social exigía poner una serie de barreras y limitaciones a las tendencias individuales. El punto no está, pues, en pretender establecer un juicio idealista sobre el fenómeno de la coerción política considerada en abstracto. El punto está en buscar unos criterios para determinar la racionalidad o irracionalidad de algunas formas concretas de coerción política aplicadas actualmente y esto desde la perspectiva de la Psicología. Se trata de medir así con qué condiciones y en qué circunstancias la violencia represiva puede ser psicológicamente racional; es decir, cuándo sus beneficios superan a sus costos. De hecho, sólo esta racionalidad social sirve de base para legitimar políticamente el empleo de la violencia a nivel institucional[9].

Para responder a la pregunta sobre la racionalidad de la violencia represiva, hay que saber primero cuáles son sus resultados. De otro modo, se corre el peligro de propiciar esa violencia irracional o aprióricamente, por el hecho de que resulta más fácil mantener unas prácticas ya establecidas que buscar otras posibles alternativas,

9. La Psicología como criterio ético para analizar la racionalidad de la acción humana: ése ha sido nuestro punto de partida en la Introducción (ver las primeras páginas del epígrafe «La Psicología social y las armas del intelectual»), un planteamiento controvertido tras el que no se esconde, advierte el propio autor en la página siguiente, la intención de elevar a la Psicología a rango de criterio único y universal (esa pesada herencia de la modernidad a la que hemos aludido en la Introducción con la inestimable ayuda de Stephen Toulmin), sino de no perder de vista el objetivo que la anima como ciencia y como profesión. Y ese objetivo viene definido por un hecho historiográficamente incontestable, que Robert Nisbet ha definido con claridad: «Las grandes ideas de las ciencias sociales tienen invariablemente sus raíces en aspiraciones morales. Por abstractas que las ideas sean a veces, por neutrales que parezcan a los teóricos e investigadores, nunca se despojan, en realidad, de sus orígenes morales» (Nisbet, R. *La formación del pensamiento sociológico. Vol. 1*. Buenos Aires: Amorrortu, 1969, 33). El ideal de emancipación como elemento fundante de la ciencia social, un ideal en el que acabaron de concurrir las inquietudes morales y el desasosiego intelectual de pensadores de talante tan dispar como Comte, Durkheim, Marx o Tönnies. En algún otro momento (Blanco, A., Rojas, D. y De la Corte, L. *La Psicología como instrumento al servicio del bienestar humano*. En VV.AA. *Psicología y sociedad*. Valencia: Real Sociedad Económica de Amigos del País, 2000, 9-43) hemos apuntado a la idea de que el criterio de racionalidad manejado por la Psicología no puede ser otro que el de analizar cualquier práctica desde su contribución al bienestar físico, social o psicológico de personas, grupos o comunidades: ése es su criterio ético. Ésta es la tradición en la que se instala la propuesta de Martín-Baró, y éste es el sentido de su Psicología de la liberación.

o porque conviene más a los intereses inmediatos justificar lo que ya se está haciendo que reflexionar sobre lo que se deba hacer.

En principio, los efectos de la violencia represiva no son nada evidentes, por lo menos a mediano y largo plazo. Se pueden aducir casos aparentemente contradictorios que incluso se prestan a interpretaciones opuestas, según el punto de vista que se adopte. Así, mientras en Brasil la violencia represiva parece haber producido resultados positivos (al menos desde el punto de vista desarrollista), en Uruguay parece haber colaborado a la implantación de un caos socio-económico casi total. Mientras en Checoeslovaquia la violencia dominadora de los rusos y sus aliados parece haber generado una nueva situación bonancible, en Vietnam del Sur la violencia paranoica de Thieu y Nixon desembocó en uno de los colapsos políticos más increíbles de la historia. Y mientras en España la violencia franquista parece haber posibilitado un progreso económico notable, la misma violencia en Portugal ha hecho posible que todo un imperio se hundiera en un par de días. Evidentemente, no se pueden atribuir los resultados de toda una línea política a la simple variable de la violencia represiva. Otros muchos factores, de hecho más importantes, entran en juego y determinan más inmediatamente esas consecuencias. Sin embargo, es necesario calibrar, dentro de lo posible, hasta dónde llega el influjo de la violencia represiva, cuál puede ser su condicionamiento sociopolítico, precisamente para deslindar su conveniencia o inconveniencia.

Hablar de la conveniencia o inconveniencia de la violencia represiva es realizar un juicio de valor, que, por tanto, supone unos criterios. Esos criterios son de orden político, pero entendiendo aquí lo político en un sentido amplio, totalizador de la existencia histórica de los hombres. Es claro que la política no escapa al juicio ético, en la medida en que puede valorarse una opción determinada y sus resultados frente a aquella que se descartó o a aquella otra que se impidió. Así, por ejemplo, que un acto de represión violenta permita a un gobierno mantenerse en el poder, no quiere decir que por lo mismo sea políticamente racional o éticamente aceptable. No se puede identificar sin más una eficiencia parcial con bondad ética o con racionalidad política. La conveniencia o inconveniencia política de una determinada medida dependerá de su racionalidad frente a los objetivos históricos de una sociedad concreta. Ahora bien, esa racionalidad viene señalada por las diversas ciencias sociales (Economía, Sociología, Psicología, etc.), que deben iluminar con sus conocimientos el camino de las opciones políticas. Así, por ejemplo, un gobierno debe hacer una elección respecto al valor de la educación en sus planes políticos; pero las condiciones y medios para el logro de los objetivos educativos deben señalarlos las ciencias de la educación. El caso de la represión política mediante la violencia es sumamente delicado y a menudo se juzga con demasiada superficialidad. Por lo general, la misma violencia que se condena en el enemigo se alaba en el amigo. Y, en última instancia, no se juzga a la violencia represiva por su racionalidad política (si el bien que produce a la sociedad es superior al mal que le causa), sino por su servicio a unos intereses. Éste es, por lo general, el caso de nuestros países, donde oficial o para-oficialmente se practica la violencia, mientras se condena el mismo tipo de violencia cuando proviene de los sectores disidentes. Esta práctica se suele presuponer como lógica, ya que permite mantener el poder o, al menos, así se cree. Pero ¿realmente es lógica? ¿Ayuda realmente a mantener el poder? Aquí es donde deben entrar a juicio las ciencias sociales. Porque la lógica o racionalidad de esta práctica política habrá que medirla por sus efectos reales, por su producto costo-beneficio, en función de los objetivos de una sociedad histórica concreta y no simplemente en función de la ambición inmediata de una elite dominante.

Es conocida aquella expresión, correspondiente a los primeros tiempos de la expansión cristiana: «Sangre de mártires, semilla de cristianos». Al observar algunos casos actuales, se siente la tentación de transformar la frase de la siguiente manera: «Sangre de reprimidos, semilla de disidentes»[10]. La frase parece confirmarse tan pronto los diversos gobiernos ofrecen a los pueblos la posibilidad de votaciones algo libres: los casos de El Salvador en 1972 y 1974 o de Guatemala en 1974 son demasiado cercanos como para que podamos ignorarlos. Y es bien sabido que, frecuentemente, estas votaciones no expresan tanto una opinión positiva respecto a los candidatos elegidos, cuanto una repulsa hacia los candidatos oficiales, representantes del Gobierno.

¿Qué opina la Psicología respecto a la violencia represiva? ¿Tiene esta ciencia algún dato que permita comprender mejor los efectos de la represión, su efectividad respecto a los grupos y personas? ¿Puede la Psicología ayudar a dilucidar más científicamente la conveniencia o inconveniencia del empleo de la violencia represiva como medio para conseguir unos objetivos políticos? Ésta es la pre-

---

10. Ver a este respecto la nota 14 del próximo capítulo.

gunta que vamos a tratar de contestar. Intentaremos limitarnos a aportar aquellos datos que han sido verificados mediante la investigación experimental y que, por tanto, cuentan con el respaldo de una mayor fiabilidad científica (para un estudio psicoanalítico, ver Guiton, Bettelheim *et al.*, 1973). Con ello no pretendemos afirmar su total validez, y menos al ser aplicados a un fenómeno tan complejo como lo es el de la violencia represiva en el contexto de cada situación política concreta. Sin embargo, no dudamos de que estos datos pueden ayudar a una reflexión más objetiva así como a decisiones más coherentes en lo ideológico y más racionales en la práctica política. Conviene insistir que aquí nos reducimos a un enfoque psicológico. Somos conscientes de que lo psicológico no es sino uno entre los diversos enfoques posibles del problema. Esto significa que un juicio global sobre la violencia represiva en la política requeriría un marco más amplio y, por tanto, que este pequeño estudio apenas ofrece respuestas en un plano limitado. En ningún momento pretendemos afirmar que la última palabra sobre la conveniencia o inconveniencia de la represión violenta la deba dar la Psicología. Lo que afirmamos es que la Psicología es necesaria para comprender la racionalidad o irracionalidad de su aplicación en cada caso concreto. Y esta tarea es bien necesaria en una situación donde la represión violenta aumenta cada día, como es la de nuestros países latinoamericanos.

LOS EFECTOS DE LA VIOLENCIA REPRESIVA

Distinguiremos los efectos en los diversos individuos que, de una u otra manera, entran en el proceso de la violencia represiva: ante todo, los ejecutores o autores de los actos violentos; en segundo lugar, las personas objetos de la violencia, es decir, aquellos que se convierten en blanco de la represión, y en tercer lugar, aquellas personas que, de algún modo, se convierten en espectadores (inmediatos o mediatos) de la violencia represiva. Espectador se emplea aquí en un sentido amplio para referirnos a todo aquel que llega a tener noticia de la represión, sea por conocimiento directo o indirecto.

Efectos de la violencia en el represor

El primer efecto que, en principio, produce el acto violento en su ejecutor es una *disonancia cognoscitiva*. La disonancia cognoscitiva consiste en una situación de malestar psíquico que se produce en el individuo ante dos o más conocimientos contradictorios que de alguna manera implican una incoherencia o inconsistencia en él mismo (Festinger, 1957; Aronson, 1969). Así, por ejemplo, se produciría una disonancia entre estos dos conocimientos: «yo soy pacifista» y «me he enrolado voluntariamente en el ejército»; o «yo creo en la democracia» y «trato de que no se pemita la sindicalización campesina». La disonancia cognoscitiva constituye una situación de desequilibrio que impulsa al individuo hacia su superación[11]. De hecho, la disonancia se puede superar de muy diversas maneras: se puede cambiar uno y otro de los conocimientos disonantes, lo que implica un cambio en las creencias o en la conducta (por ejemplo: «yo soy belicista» y «yo no creo en la democracia», o bien «me niego a ser soldado» y «apoyo la sindicalización campesina»), o se pueden añadir nuevos conocimientos que de alguna manera compensen la disonancia (por ejemplo: «aunque soy pacifista, considero que hay que eliminar a los enemigos de la paz», o «aunque creo en la democracia, considero que hay que estar educado para ella y los campesinos no lo están», etc.).

En el caso de la violencia represiva, es evidente que de alguna manera el represor tiene que resolver la disonancia que en él se ha de producir entre los principios democráticos o aun de la simple convivencia social (supuestamente aceptados) o la creencia en su propia bondad (psicológicamente, todos necesitamos considerarnos buenos a nosotros mismos) y el ejercicio de la violencia sobre otros individuos. Precisamente, una de las situaciones que sistemáticamente se ha revelado como desencadenante de disonancia es la situación de inconsistencia moral. Para el caso, la disonancia se produciría entre el precepto social de respetar la salud y vida ajenas (precepto fuertemente subrayado por la ética de nuestras sociedades actuales) y el acto de destruir la salud o vida de unos individuos concretos. Esta disonancia suele ya ser tenida en cuenta en el entrenamiento de quienes, por oficio, van a verse obligados a matar a otros seres humanos, como es el caso de los soldados (Berkowitz, 1975, 152-153). La manera más frecuente como se previene esta disonan-

---

11. «Incomodidad psicológica» es el término concreto que utiliza Festinger: «La existencia de la disonancia, siendo así que es psicológicamente incómoda, hace que la persona trate de reducirla y de lograr la consonancia», es precisamente la primera de las dos hipótesis básicas que formula el autor (Festinger, L. *Teoría de la disonancia cognoscitiva*. Madrid: Instituto de Estudios Políticos, 1975, 15).

cia es negando uno de los conocimientos: el de la humanidad de la víctima. Así, aunque «no se debe matar», «éste a quien estoy matando no es realmente una persona humana». Esta deshumanización de la víctima[12] ha sido repetidas veces verificada, no sólo como mecanismo compensatorio preventivo, sino, sobre todo, como consecuencia de la disonancia producida (Lerner y Simmons, 1966). En otras palabras, una de las consecuencias que se puede producir en el represor es la tendencia a devaluar a su víctima: no es una verdadera persona humana o bien es tan malo que no merece seguir viviendo.

Ésta puede ser la razón psicológica de que, en ciertos ambientes en los que la violencia se da como algo connatural, la devaluación de ciertos grupos humanos esté implícita, y a veces hasta explícitamente incorporada a la cultura dominante. Así, cuando Freire (1970, 57-58) analiza los mitos de opresores y oprimidos en los países latinoamericanos, encuentra que el opresor se percibe a sí mismo como persona (sólo son personas quienes son como él), mientras que percibe al oprimido como instrumento, objeto o individuo que sólo adquiere sentido en la medida en que le sirve a él, al opresor. Obviamente, un acto de violencia represiva contra el oprimido cuenta, en este medio, con una justificación previa que previene la aparición de cualquier tipo de disonancia. Sea que se presente la disonancia cognoscitiva o que los mecanismos de compensación se encuentren ya socialmente institucionalizados, el hecho es que, como consecuencia de la violencia represiva, se produce un distanciamiento cognoscitivo entre el represor y su víctima. «Si es castigado quiere decir que merece ser castigado»; «si es reprimido es porque es malo y peligroso para la sociedad». La tendencia devaluativa que produce un *distanciamiento progresivo entre los grupos* justifica la represión y así resuelve la posible disonancia cognoscitiva en el represor. Obsérvese de paso la alteración de la lógica que esto supone: el ejercicio de la violencia engendra su propia justificación y no al revés, como sería lo racional. Y es esta falta de lógica la que se encuentra consagrada en la mitología del opresor, sutilmente escondida tras los grandes valores liberales, naturalizadores de situaciones históricas inaceptables.

No siempre le es posible al represor devaluar a su víctima, y menos cuanto más cercano o inmediato se encuentre a ella (por ello mismo es más fácil tener una conducta destructiva cuando menos contacto haya con la víctima. Ver a este respecto Kilham y Mann,

---

12. Ver epígrafe «El trauma psicosocial como deshumanización» en el capítulo 7.

1974). De ahí que, frecuentemente, quede como efecto del acto represivo un malestar psíquico en el represor, una necesidad de congruencia que puede resultar en la necesidad de compensar de alguna manera a su víctima, lo que no rara vez suele conducir a que el represor se vuelva contra quienes le están imponiendo el ejercicio de la violencia represiva. Este cambio es tanto más probable cuanto menos posibilidad le quede al represor de lograr la congruencia cognoscitiva devaluando a la víctima, pues conoce o puede verificar de cerca la falsedad de esa devaluación; esto era algo de lo que cotidianamente sucedía en Vietnam del Sur durante el imperio del Thieu, o de lo que ocurrió a los militares portugueses en Angola y aun a ciertos militares peruanos en su acción represiva contra las guerrillas en su país.

Una segunda consecuencia que se puede producir en el represor como efecto de la violencia represiva es el *aprendizaje de hábitos violentos* como respuesta preferencial para resolver los conflictos y enfrentamientos interpersonales[13]. Este aprendizaje de pautas violentas explicaría por qué ciertos veteranos de guerras como la del Vietnam se sienten inclinados a resolver de una forma tajante los problemas sociales o reclaman otro tanto de las autoridades, o cómo incluso pueden evolucionar hacia la violencia delincuencial o paradelincuencial (como ha sucedido, por ejemplo, en Guatemala).

Contra ciertos etólogos y psicoanalistas que pretenden que el ejercicio de comportamientos violentos (a los que denominan «constructivos» por el hecho de su socialización) puede dar salida a los

---

13. Un aprendizaje sobre el que se fundamenta la reproducción de ese desorden social a la que se aludía ya en los primeros capítulos (ver nota 14 del capítulo primero para el desorden, y nota 12 para su reproducción), que lleva impreso en su interior el uso de la violencia en la práctica totalidad de los escenarios de la vida social gracias al valor instrumental de que se ha hecho acompañar (ver epígrafe «Las causas inmediatas de la violencia» en el capítulo primero), y que acaba por hacer de ella una verdadera institución desde donde pasa a formar parte de las instancias de socialización (ver epígrafe «Los efectos psicosociales de la guerra» del capítulo 6): un infernal círculo vicioso que se retroalimenta a sí mismo en una espiral cada vez más devastadora: la guerra convertida en hábito (ver epígrafes «La habituación objetiva a la guerra» y «La interiorización subjetiva de la guerra» en el próximo capítulo). El Informe de Unicef de 1992 pone el dedo sobre esta misma llaga: «Una de las caras de la violencia aparece muy temprano en la vida de millones de niños latinoamericanos y caribeños. Aprenden a ser violentos en la familia o en la escuela. Ellos les enseñan que los conflictos se resuelven por la fuerza, a través del maltrato, el insulto o la falta de afecto. Allí se gesta la violencia que caracteriza muchas de nuestras sociedades» (UNICEF. *Los niños de las Américas*. Santafé de Bogotá: Oficina Regional para América Latina, 1992, 42).

instintos agresivos y, por tanto, servir de escape catártico[14], numerosas investigaciones muestran que la práctica o el espectáculo de la violencia conducen más bien a su aprendizaje y fijación. Así, por ejemplo, Walters y Brown (1963) probaron que los juegos agresivos pueden aumentar la probabilidad de que se produzca una agresión en las situaciones reales. Bandura (1973) insiste en la importancia que los refuerzos sociales pueden tener en la fijación de los comportamientos agresivos. Cuando los padres refuerzan frecuentemente la violencia de sus hijos, es probable que estén preparando futuros delincuentes juveniles (Bandura y Walters, 1959). De manera similar, universitarios a quienes se alaba por su dureza, pueden volverse muy agresivos hacia sus víctimas (Geen y Stonner, 1971)[15].

Son muchas las investigaciones que comprueban el valor de los refuerzos sociales en el aprendizaje y generalización de respuestas, en este caso, de respuestas agresivas. Si el individuo es especialmente recompensado por su realización violenta, si incluso es estimulado y premiado por su grupo social o por sus superiores a causa de ella, es evidente que se incrementa la probabilidad de que, en situaciones similares, acuda al mismo tipo de comportamiento. En otras palabras, en casos de enfrentamiento, discrepancia o conflicto, la respuesta que más probablemente ejecutará el individuo será la respuesta de agresión violenta. Esto corrobora la experiencia cotidiana sobre la generalización de las respuestas agresivas, y puede llevar a la engañosa conclusión de que existen «instintos humanos» de agresión e incluso a que hay personalidades agresivas «por naturaleza».

Recientemente, la prensa salvadoreña (*El Mundo*, 26 de junio de 1975, 2) dio publicidad a un comunicado de la oficina de Prensa y Relaciones Públicas de la Guardia Nacional en el que se informaba que, por diversas razones, en un periodo de dos años habían sido «expulsados de la Institución, con deshonor, más de cuatrocientos miembros». En el contexto de la nota (la expulsión de determinados guardias por la ejecución de actos violentos), parece sobreentenderse que estas expulsiones están motivadas, al menos en algunos casos, por comportamientos violentos institucionalmente no aceptados o respaldados. Ahora bien, que *cuatrocientos* miembros (lo que se puede estimar como un 5 a 10% del personal activo total) sean expul-

---

14. Martín-Baró menciona tres críticas a estos enfoques en el epígrafe «Crítica de los enfoques instintivistas» del capítulo primero.

15. Ver epígrafe «El enfoque ambientalista: el aprendizaje social» del primer capítulo.

sados con deshonor de una institución en la que hay una fuerte disciplina militar, es un índice que corrobora la afirmación sobre el aprendizaje de hábitos violentos y su generalización incontrolable a situaciones no consagradas institucionalmente. El que aprende a comportarse violentamente en una situación y es reforzado por ello, tenderá a repetir ese tipo de comportamiento en otras situaciones. De hecho, aquellos ambientes en los que se practica sistemáticamente la violencia llegan a constituir grupos cerrados donde el valor máximo es la brutalidad de la agresión y donde se logra que los individuos interioricen de tal manera ese criterio evaluativo que posteriormente no necesitarán más recompensa que la conciencia de haber alcanzado el nivel de agresión tenido como «ideal».

Es posible que para ciertos políticos pragmáticos, la existencia de tales tipos de grupos deshumanizados al servicio del régimen sea un mal menor, socialmente necesario. Lo que cabe cuestionar es ese convencimiento de que se trata de un mal menor y el presupuesto más o menos implícito de que los beneficios que producen a un determinado régimen compensan sus costos sociales. Este cuestionamiento se agudiza en la actualidad, en que la imagen producida por un determinado régimen puede influir no sólo en sus posibilidades de éxito, sino aun en su estabilidad nacional e internacional. Por otro lado, la progresiva degradación de los grupos sociales que se produce por la presencia creciente de la violencia en su vida, pone en serias dudas la legitimidad política de un determinado régimen. La historia reciente de Guatemala, por ejemplo, puede servir como caso digno de reflexión.

Efectos de la violencia represiva en el reprimido

Por reprimido entendemos aquí el sujeto que sufre personalmente el impacto de la represión violenta (por tanto, no hablamos de reprimido en el sentido psicoanalítico, como individuo que desplaza de la conciencia hacia el inconsciente todo conocimiento o afecto que le genere malestar). Evidentemente, cuando la represión consiste en la eliminación del disidente, la única consecuencia que para éste se sigue es la de muerte. De este caso no hablamos aquí (aunque no haya que perderlo de vista), puesto que nos preguntamos sobre los efectos de la represión violenta en el sujeto reprimido; por tanto, nos referimos a aquellos casos en que la agresión no llega a producir la muerte.

El *impacto físico* puede ser muy diverso: por ejemplo, recientemente se ha reportado el caso de un sacerdote vasco que, tras ser «interrogado» por la policía española, tuvo que ser internado de urgencia en el hospital, y para sobrevivir tiene que utilizar un pulmón artificial y estar bajo continua observación médica (*Excelsior*, 14 de mayo de 1975, 3-A). En otros casos, los efectos quedan reducidos a una magulladuras, hematomas o pequeñas lesiones. Entre ambos extremos, toda la posible gama de heridas, mutilaciones y deterioros. Es claro que cuanto mayor sea el daño físico producido o más delicadas las partes lesionadas (sistema nervioso, órganos genitales, etc.), más perdurable será la huella de la represión y más inutilizado quedará el sujeto. Sin embargo, por lo general el *impacto psicológico* suele ser más profundo y es éste el daño más buscado por los represores. Así, por ejemplo, según un reciente informe, en Chile se estaría aplicando sistemáticamente la tortura a los presos políticos mediante el uso de drogas, como el LSD, el ciclopropano o el hexametonio (Ferrat, 1975, 10-11). Se supone que las drogas facilitan el deterioro psicológico buscado, dejando menos rastro que la tortura física. En cualquier caso, cuanto mayor es el daño causado, más inutilizado queda el individuo. Ahora bien, ¿produce la represión violenta algún efecto psicológico distinto al de la simple inutilización (mayor o menor) del individuo? Para responder a esta pregunta, y en una primera aproximación, se puede interpretar la violencia represiva como la aplicación de un castigo físico con vistas a una modificación de la conducta del individuo. Bajo esta perspectiva psicológica, a la violencia represiva se le pueden señalar las mismas propiedades y, por tanto, las mismas ventajas e inconvenientes que se señalan al empleo del castigo en el contexto del aprendizaje.

Ante todo, se sabe que el castigo es más eficaz con respecto al *aprendizaje de evitación* que al aprendizaje de castigo propiamente dicho. La diferencia entre ambos aprendizajes es que, en el primer caso, el individuo aprende a realizar un acto para evitar el que le sea aplicado un castigo («si no haces esto, recibirás un castigo»), mientras que en el segundo caso, el castigo se produce al realizarse la acción y con el fin de eliminarla («si haces esto, recibirás un castigo»). La diferencia puede parecer sutil, pero es importante: en el primer caso, el castigo funge como amenaza antes de que se realice el comportamiento, con lo que puede servir de orientación para buscar otro tipo de conductas que eviten el castigo y sirvan a los mismos motivos. En el segundo caso, la conducta ya se ha dado como respuesta a un motivo y, como veremos enseguida, el castigo no es por sí eficaz para eliminar un comportamiento ya adquirido por el individuo. Esto es, de hecho, lo que sucede con la represión: se aplica el castigo a determinados comportamientos ya existentes (por tanto, conductas ya aprendidas). Por otro lado, el castigo suele generar un conflicto emocional en el individuo, tanto mayor cuanto más grande sea la motivación que lleva al individuo a realizar las conductas castigadas. Este conflicto emocional suele desembocar en trastornos profundos de muy diversa índole. En el caso de la represión violenta, esto es confirmado por la frecuencia con que las personas que han sido torturadas «se vuelven locas». Obviamente, en estos casos no se ha logrado una modificación positiva de las conductas: simplemente, se ha «eliminado» al individuo como sujeto activo de la sociedad.

Como acabamos de indicar, lo que es más importante es que el castigo *no puede por sí mismo eliminar un aprendizaje*. Lo que consigue el castigo es inhibir o bloquear su ejecución. Ahora bien, en la medida en que la conducta aprendida y castigada responda a una verdadera necesidad del individuo, si no se presenta otra conducta que permita satisfacer esa misma necesidad, la conducta castigada tenderá a reaparecer. En este sentido, el castigo sólo es eficaz en la medida en que ofrezca al sujeto la oportunidad para satisfacer su necesidad con otros comportamientos alternativos, no reprobables para la sociedad. No se trata de alternativas teóricas, sino concretas y reales. Si, a pesar de declaraciones y buenos deseos, las alternativas no se presentan, el castigo será ineficaz, y sólo actuará inhibidoramente mientras tenga una fuerza sentida mayor que la de la necesidad cuya satisfacción bloquea. Por otro lado, el mantenimiento de esta violencia durante largo tiempo llega a producir una creciente pasividad de la población sometida a ella (Berkowitz, 1975).

En muchos casos, la represión política va dirigida contra conductas que, en última instancia, expresan y buscan la satisfacción de las necesidades más fundamentales: comida, techo, trabajo... En este sentido, la violencia represiva sólo será eficaz a corto plazo, y cada vez será necesaria una dosis mayor de violencia para contener la satisfacción de la necesidad fundamental reclamada. Frecuentemente sucede que el reprimido llega a una situación de doble conflicto, en la que opta por lo menos malo. Así, no es raro actualmente oír a ciertos sectores campesinos la siguiente expresión: «Más vale morir rápidamente de un tiro, que lentamente de hambre».

Sucede, por otro lado, que la aplicación sistemática de la represión violenta *no discrimina suficientemente* entre sujetos y conductas a las que pretende castigar. Es sabido, por ejemplo, que en el Vietnam operó de 1965 a 1973 un cuerpo especial de surcoreanos, cuya fama de «ferocidad» y «eficacia» se apoyaba en una política de asesinato deliberado de la población civil (por ejemplo, matar a uno de cada diez civiles en toda población ocupada; Chomsky y Hermann, 1975, 88). Otro tanto cabe decir de numerosos programas de terror «contra-revolucionario» dirigidos por las fuerzas norteamericanas en el mismo Vietnam, como es el caso del tristemente célebre proyecto «Phoenix», en cuyo haber se pueden contabilizar más de 20.000 asesinatos (Chomsky y Hermann, 1975, 92). Este tipo de represión indiscriminada convierte al castigo en totalmente ineficaz, ya que no permite discriminar adecuadamente cuáles son las características (qué tipo de conductas) de lo que se pretende eliminar con el castigo.

En estos casos, la violencia represiva sólo es eficaz en tanto logre inhibir los comportamientos mediante el temor. Sin embargo, es muy posible que, al no producirse discriminación alguna de la conducta castigada, el temor se dirija a los estímulos «represores», es decir, contra la policía o el ejército, o el gobierno o cualquiera que sea el cuerpo represivo, pero no contra la ejecución de algún determinado acto que no se ha podido discriminar como causante del castigo. En otras palabras, la consecuencia de la violencia indiscriminada es que se consigue inhibir la conducta mientras se prevea que puede ser observada, controlada o conocida (y, como ya hemos indicado, esto puede ocasionar una progresiva pasividad total). Pero tan pronto como haya la posibilidad de ponerla en ejecución sin peligro de que conlleve el castigo, la conducta volverá a ejecutarse. La única discriminación que se logra con este castigo es la del sujeto represor, al que se aprenderá a eludir cada vez más hábilmente (Bandura, 1969, 312 ss.).

Hay otro aspecto importante a la hora de evaluar los efectos psicológicos de la violencia represiva en la víctima. Numerosos estudios experimentales, así como la experiencia clínica, muestran que, cuanto más externo es el castigo impuesto por la autoridad, menos tiende el individuo a *interiorizar* sus criterios éticos o ideológicos. Por el contrario, en la medida en que el castigo impuesto por las instancias autoritarias es de orden interno, psicológico, y no externo (físico), el individuo tiende a interiorizar el criterio evaluativo y, por consiguiente, a experimentar la culpa cada vez que lo transgrede. En otras palabras, cuando el individuo es educado predominantemente mediante sanciones físicas, más que una interiorización de la norma y una tendencia a experimentar culpabilidad ante su trasgresión, lo que desarrolla es una tendencia a evitar que las trasgresiones sean conocidas (Wallace y Sadalla, 1966, 187-194). El castigo físico tiende a generar respuestas agresivas más que respuestas de angustia, todo lo contrario de los castigos psicológicos. Esto nos introduce en el último efecto que deseamos analizar en el reprimido violentamente.

Según la tesis ya clásica del equipo de Yale, «la agresión es siempre una consecuencia de la *frustración*»[16] (Dollard *et al.*, 1939). Esto no significa que siempre que se produzca una frustración automáticamente se vaya a producir una agresión. Significa, más específicamente, que entre las consecuencias de la frustración, se encuentra de manera muy especial una *instigación hacia la agresión*, instigación que llegará a expresarse en circunstancias propicias (lo que depende de otros factores ambientales y de aprendizaje).

Ahora bien, según los mismos autores, «la inhibición de cualquier acto de agresión varía directamente con la fuerza del castigo anticipado por la expresión de dicho acto [...]. En general, puede decirse que, con la frustración mantenida constante, cuanto mayor sea la anticipación del castigo por un determinado acto de agresión, es menor la probabilidad de que este acto ocurra, y en segundo lugar, con la anticipación del castigo mantenida constante, cuanto mayor sea la fuerza de la frustración, mayor será la probabilidad de que ocurra la agresión», porque «la anticipación del fracaso es equivalente a la anticipación del castigo». Dicho en forma más sencilla: la frustración incita a la agresión; si se castiga la agresión, el que ésta se produzca dependerá de la fuerza de la necesidad frustrada.

Aplicando la teoría de la frustración-agresión al caso de la violencia represiva, es evidente que ésta constituye un castigo para la víctima, pero también la causa de una frustración; se trata, por tanto, de un castigo frustrador. En el supuesto de que se edifique sobre otra frustración (como es el caso de la represión política entre nosotros, que se suele abatir sobre gente que pretende cambios ante la frustración de sus anhelos más básicos), produce una doble incitación a la agresión: hay incitación en la frustración de la aspiración, y hay una nueva incitación en la frustración producida por la violencia represiva. Esto lleva a la conclusión de que, entre las consecuencias de la violencia represiva, se produce una incitación a la agresión, es decir, un aumento en el nivel de agresividad existente y, por consiguiente, un incremento en la probabilidad de que tengan lugar respuestas agresivas. Que éstas se lleguen a producir o no, dependerá en gran manera de la fuerza que tenga para los individuos la anticipación del castigo que se seguiría de sus acciones. Pero lo que

---

16. Al modelo frustración-agresión se le dedica un amplio epígrafe en el primer capítulo.

es evidente es que, ante una disminución de la amenaza de castigo, la agresividad tenderá a expresarse con más vehemencia que nunca. También aquí se confirma la experiencia corriente de que la violencia es una espiral en continuo crecimiento y que el mantenimiento del control político por la fuerza va a exigir una creciente aplicación de los mecanismos represivos.

Efectos de la violencia represiva en el espectador

La violencia represiva producirá efectos muy diversos en los espectadores (directos o indirectos) según las posibilidades que éstos tengan de identificarse o desidentificarse con las víctimas. Cuando el espectador puede *desidentificarse* claramente de la víctima, se produce el efecto ya mentado de *devaluación* que convierte a la víctima en «chivo expiatorio»: «si ha sido castigado es porque lo merecía», «le está bien empleado», «es necesario que se castigue la subversión», etc. Por otro lado, esto produce una sensación de bienestar, de autoaprecio comparativo: «yo soy bueno», «yo no soy así». Éste es precisamente el tipo de reacción que se produce ante las películas de «buenos» y «malos» (aunque los «buenos» no sean menos violentos o criminales de hecho que los «malos»).

Pero para que se pueda producir esta desidentificación es necesaria al menos una mínima posibilidad de discriminar aquellos factores ligados al castigo. En otras palabras, es necesario que se pueda identificar a la víctima como «subversivo», «comunista», «guerrillero», «criminal», antisocial» o cualquier otro atributo socialmente punible, a partir de una serie de rasgos más o menos definidos, rasgos respecto a los cuales el espectador se pueda desidentificar, es decir, pueda encontrar en el otro, pero no en sí mismo.

Ahora bien, el problema surge cuando los atributos mediante los cuales se califica a las víctimas no corresponden a rasgos, características o conductas claramente definidas, sino que permanecen en una ambigua nebulosidad. La arbitrariedad o generalidad en la asignación de los atributos a partir de los cuales se justifica la violencia represiva dificulta la necesaria discriminación de los rasgos o conductas castigables, con lo que el espectador no puede realizar adecuadamente la desidentificación respecto a la víctima.

Cuando el espectador *se identifica* de alguna manera con la víctima, es decir, encuentra en sí mismo algunos o todos los rasgos y conductas por los que otros individuos han sido reprimidos, se produce un *aprendizaje vicario*. En otras palabras, el castigo aplicado a la víctima sirve también como situación modélica de aprendizaje para el espectador. Como han mostrado abundantemente Bandura y otros (Bandura, y Walters, 1974; Bandura, 1977), la experiencia que permite la formación de hábitos y su fijación no tiene que producirse necesariamente en el sujeto del aprendizaje, sino que puede producirse en otros sujetos que sirven como modelos. En ellos se discriminan las conductas, los estímulos de control, los refuerzos positivos y negativos, todo lo cual hace que el individuo aprenda «en cuerpo ajeno».

En el caso de la violencia represiva, el espectador, al identificarse de alguna manera con la víctima, recibe un modelo que le permite aprender. Pero, como en el caso de la víctima misma, este aprendizaje puede ser diverso. El espectáculo o el conocimiento de la violencia represiva puede producir al espectador un *miedo inhibitorio* de la respuesta castigada. Pero también es probable que le lleve a realizar una *discriminación situacional* y no conductual, es decir, que el individuo aprenda que determinados actos hay que realizarlos en secreto (clandestinamente), eludiendo a los cuerpos represivos, y no que no haya que realizarlos. De la misma manera, junto al miedo se puede producir en el espectador un aumento de la *agresividad*, en la medida en que ve frustradas en otro sus mismas aspiraciones, aunque no sufra en sí mismo el impacto físico de la represión.

Por otro lado, supuesta su identificación con la víctima, se produce en él una disonancia cognoscitiva, inversa a la que se produce en el represor. Esta disonancia le va a llevar a descalificar moral y políticamente al agresor como «fascista», «asesino», opresor», etc. Así, el mismo distanciamiento que el represor establece entre él y su víctima, establece el espectador identificado con la víctima respecto al represor. De esta manera, se produce un abismo cada vez mayor entre represores y víctimas potenciales, lo que, desde el punto de vista del gobierno, supone un serio deterioro de su imagen y de sus posibilidades políticas.

Finalmente, el espectador *aprende* —también modélicamente— *el valor del poder violento*. Se ha comprobado experimentalmente que la violencia en las pantallas puede servir de modelo en el que se aprende a responder violentamente como forma para resolver los problemas sociales. Puesto que las películas no sólo muestran los comportamientos violentos, sino que además los refuerzan repetidas veces al presentarlos como comportamientos exitosos y loables (siempre suele ganar el más fuerte o violento), ese éxito sirve como refuerzo vicario que fija el patrón de conducta en el espectador, quien en circunstancias similares, tenderá a ejecutar la misma respuesta.

Por otro lado, el espectáculo de la violencia en las pantallas produce en el espectador una desinhibición de las tendencias agresivas; así, se ha verificado también que, tras la contemplación de espectáculos violentos, el individuo tiende a expresar más comportamientos agresivos que tras la contemplación de espectáculos pacíficos (Berkowitz, 1965; Walters, 1966)[17].

Si el espectáculo cinematográfico de la violencia enseña a comportarse agresivamente y desinhibe al sujeto para actuar violentamente, con mayor razón se produce este efecto ante el espectáculo directo real de conductas violentas. El espectáculo cotidiano de la violencia ejercida por los cuerpos represivos enseña y estimula a los espectadores a un comportamiento similar para resolver sus propios problemas. La fuerza del ejemplo lleva al espectador a la evidencia de que la mejor manera de resolver los conflictos sociales es mediante el ejercicio inmediato de la violencia, y una violencia que pasa incluso sobre la vida de los que se oponen. Que se produzca este aprendizaje no quiere decir que se vaya a poner en ejecución inmediatamente; pero sí que, en circunstancias propicias y ante determinados estímulos desencadenantes, el hábito de respuesta mediante el cual se tenderá a resolver los problemas será el constituido por las respuestas de agresión violenta. Con ello, una vez más, se está precipitando a la sociedad en una espiral de creciente violencia, con el inmenso deterioro de las condiciones de la vida social que esto supone.

REFLEXIÓN FINAL

Podemos sintetizar en unas cuantas proposiciones los efectos que, según la Psicología, la violencia represiva puede producir en una determinada sociedad.

1. Como el castigo, la violencia represiva es capaz de inhibir la ejecución de determinadas conductas, al menos mientras su amenaza sea superior a la fuerza de la necesidad o aspiración que esas conductas tratan de satisfacer.

2. La violencia represiva no produce de por sí ningún cambio conductual. Si no se posibilita simultáneamente a su aplicación el aprendizaje de conductas alternativas para la satisfacción de la ne-

---

17. Sobre violencia televisiva y comportamiento agresivo, ver nota 21 del capítulo 2. En la nota 16 del primero, el lector interesado en estos temas encontrará algunas referencias bibliográficas que pueden resultar de interés.

cesidad o aspiración en juego, tan pronto como cese la violencia, reaparecerán (y con mayor fuerza) las conductas reprimidas.

3. La eficacia de la violencia represiva para impedir ciertas acciones es mayor en el reprimido que en el espectador: principalmente por sus efectos inutilizadores. Sin embargo, políticamente interesa más el efecto de la represión en los espectadores, aunque no sea más que por el hecho de que éstos son muchos más que los reprimidos (a no ser que la represión violenta se ejerza a escala gigante). En la medida en que la violencia represiva no consiga su fin inhibidor en los espectadores, su efecto puede resultar aún más contraproducente para los objetivos del represor.

4. Mientras es eficaz, la violencia represiva mantenida durante largo tiempo produce una reacción de pasividad generalizada en la población.

5. La violencia represiva aumenta el nivel de frustración de diversos grupos sociales y, por tanto, su agresividad, es decir, su instigación hacia la ejecución de actos agresivos.

6. La violencia represiva produce una polarización cognoscitiva entre los grupos sociales que extrema la oposición entre el propio grupo («nosotros») y el opuesto («ellos»). Todo se empieza a percibir como bueno o malo en términos simplistas y totales, según se identifique o se oponga al propio grupo. Esta simplificación perceptiva extremista impide una adecuada valoración de los hechos, lo que bloquea toda posible comunicación y colaboración social y, por tanto, el éxito de cualquier tipo de medida política que se desee poner en práctica (esto es lo que, según Zúñiga, 1975, ocurrió en Chile durante el gobierno popular de Salvador Allende).

7. Finalmente, la violencia represiva constituye un modelo que enseña y refuerza los hábitos de respuesta violentos en los individuos como la forma más eficaz para resolver los problemas sociales y políticos, con el consiguiente deterioro de la vida social que esto conlleva.

Una ponderación cuidadosa de estas consecuencias de la violencia represiva lleva a un juicio muy negativo sobre ella desde el punto de vista de su efectividad psicológica. El caso de Vietnam, en el que ni franceses ni japoneses ni norteamericanos lograron a base de violencia represiva (aplicada incluso a niveles extremos) establecer una base humana para su dominio político, corrobora las anteriores conclusiones. Claro está que, en este fracaso, actuaron también otras variables (por ejemplo, el nacionalismo vietnamita); pero ello mismo es señal de la ineficacia política de la represión violenta.

En nuestra opinión, es sobre todo la determinación del punto 2 la que definirá la racionalidad o irracionalidad (desde el punto de vista psicológico que, una vez más, es sólo *un* punto de vista) en la aplicación de la violencia represiva a una determinada situación. En otras palabras, es la necesidad de impedir que se produzcan determinados comportamientos socialmente nocivos mientras se hace posible el aprendizaje de comportamientos alternativos, socialmente convenientes, el criterio que debe marcar el mínimo de violencia represiva necesaria que se pueda justificar. Por supuesto, su *justificación* psicológica dependerá de las oportunidades de aprender conductas alternativas que realmente se ofrezcan a los sujetos. Si no se ofrecen estas oportunidades, psicológicamente la violencia represiva no tiene una justificación racional, y ocasionará al gobierno más daño que beneficio.

Así aparece la irracionalidad de ciertos actos de violencia represiva recientemente realizados en El Salvador: el empleo de un ingente aparato represivo para eliminar a una escasa docena de campesinos o para disolver una manifestación de estudiantes ha acarreado no sólo un notable deterioro de la imagen del gobierno ante los espectadores (el resto de la población), sino también un refuerzo al aprendizaje de la violencia en algunos grupos y un apoyo a la condena ética y política de la mayoría, debilitando así aún más la precaria base de legitimación social con que cuenta el actual gobierno salvadoreño.

Es muy posible que existan razones de orden no psicológico para implantar la violencia represiva en una situación dada. No es nuestro objetivo aquí entrar a analizarlas. En última instancia, cuando un determinado gobierno no pretende más que conservar el poder, la aplicación de la violencia puede constituir un arma irracionalmente eficaz. Lo que sucede es que ningún régimen puede perdurar largo tiempo por el puro ejercicio de la violencia. Antes o después, todo régimen necesita algún tipo de legitimación y, en última instancia, esta legitimación sólo brota del bien producido en la comunidad. Ésta es una verdad elemental para los guerrilleros, quienes antes de iniciar sus operaciones militares tratan de congraciarse y ganarse psicológicamente a la población en la que van a operar. Si no lo consiguen, su empresa está de antemano abocada al fracaso. El ejercicio puro del poder por el poder, aquel cuyo objetivo no sea más que el mantenimiento del dominio y el control político sobre una determinada población, está condenado a perecer antes o después.

6

GUERRA Y TRAUMA EN LA NIÑEZ[1]

EL TRAUMA PSICOSOCIAL

Hay quienes consideran que la Psicología no es más que una tecnología —que no una ciencia— diseñada en las sociedades industriales contemporáneas para remediar algunos de los daños que causan a las personas las condiciones y el estilo de vida que les impone el sistema social vigente. Algunos de los críticos más acerbos llegan a afirmar que la Psicología no es más que una «ideología de recambio», una especie de aceite, engrasador y lenitivo, que permite al sistema capitalista seguirse reproduciendo a pesar de sus consecuencias negativas (Deleule, 1972).

No es nuestro objetivo examinar aquí la validez de esta crítica. Lo que sí nos interesa es tomarla como una señal de advertencia sobre el alcance del trabajo del psicólogo, particularmente en situaciones como la de una guerra civil. La labor curativa del psicólogo es necesaria; pero limitada a eso puede convertirse en un simple pa-

---

1. Este capítulo es el resultado de dos artículos, «Guerra y trauma psicosocial del niño salvadoreño» y «La institucionalización de la guerra». El primero de ellos nos remite a la conferencia que Ignacio Martín-Baró impartió en el Seminario-Taller «Tratamiento y recuperación postraumática del niño» celebrado en San Salvador el día 12 de septiembre de 1988. Esta conferencia pasaría a constituir, con el mismo nombre, un capítulo en el libro *Psicología social de la guerra* (San Salvador: UCA Ediciones, 1990, 233-249). El segundo de los artículos que componen este capítulo, *La institucionalización de la guerra*, tiene su origen en la conferencia que Martín-Baró impartió en el XII Congreso Interamericano de Psicología, celebrado en Buenos Aires a finales de junio de 1989. Posteriormente, y en la versión que manejamos, fue publicado en 1989 en la *Revista de Psicología de El Salvador, 33,* 223-245.

liativo que contribuya a prolongar una situación generadora y multiplicadora de los mismos males que se pretenden curar. No podemos en consecuencia limitar nuestra reflexión al tratamiento más adecuado que haya que dar a los niños una vez que hayan sufrido los traumas inherentes a una guerra, es decir, reducirnos a las situaciones post-traumáticas; nuestro análisis debe extenderse a las raíces de esos traumas y, por tanto, a la guerra misma en lo que tiene de situación social psicopatógena. Por ello, nuestra primera tarea debe ser reexaminar nuestro concepto de trauma psíquico y qué puede significar el que, con relación a los daños producidos por una situación de guerra en el psiquismo humano, prefiramos hablar de «trauma psicosocial» (Martín-Baró, 1988a)[2].

Etimológicamente, trauma significa herida; un traumatizado es un herido, cualesquiera sean las causas y el tipo de lesión sufrida. Sin embargo, cuando en Psicología hablamos de trauma no nos referimos a cualquier tipo de dolencia o trastorno comportamental, sino a aquellos problemas psíquicos originados por el impacto que una determinada experiencia o vivencia tiene en una persona. Se asume que se trata de una experiencia brusca, que por lo general se presenta de forma imprevista y que, en todo caso, tiene un carácter patógeno, es decir, generador de un daño psíquico. Ahora bien, este daño o herida no es orgánico o, por lo menos, no es sólo orgánico, sino que puede ser simplemente funcional: no hay ningún órgano corporal afectado, pero la persona empieza a padecer trastornos en su funcionamiento normal, en su pensamiento o en sus sentimientos, en su conducta o en sus capacidades. Son algunos de los presupuestos, más o menos implícitos, que sesgan nuestra comprensión del trauma psíquico. Mencionaré tres de ellos: la brusquedad, la imprevisibilidad y el carácter individual de la experiencia traumatizante.

Que hay traumas imprevistos, no necesita prueba: un accidente de tráfico o el incendio del propio hogar pueden resultar experiencias traumatizantes que se presentan en forma brusca y repentina. Ahora bien, ¿eran imprevisibles? Digamos que sí, al menos en principio o para las personas afectadas. Es obvio que si alguien previera que va a sufrir un accidente de automóvil trataría de evitar la circunstancia en que se va a producir, o que si alguien anticipara que su casa va a incendiarse intentaría por todos los medios evitarlo. Pero eso no quiere decir que tanto el accidente como el incendio no fueran previsibles, si al menos se tuviera el cuidado de revisar la for-

2. Este artículo forma parte del próximo capítulo de este volumen.

ma de conducir vehículos o las condiciones en que se encuentran nuestras casas.

Asumamos, sin embargo, que esos traumas son realmente experiencias que se presentan repentina o inesperadamente. Pero ¿lo son así todos los traumas? De ninguna manera: yo puedo, por ejemplo, afirmar que hoy mismo varios civiles salvadoreños, entre ellos algunos niños, estarán sufriendo experiencias traumatizantes, perfectamente previsibles y, por desgracia, quizás hasta previstas y planificadas por las exigencias de una guerra de contrainsurgencia como la que vivimos en El Salvador. Y es entonces cuando no basta con dirigir nuestra atención a la situación post-traumática, sino que podemos y debemos de antemano orientar el análisis hacia la situación pre-traumática, e incluso al trauma como consecuencia normal del funcionamiento de un sistema social.

Con todo, el presupuesto implícito de la individualidad de la experiencia traumática es el más engañoso. Se asume que los traumas son individuales, no ya en el sentido de que lo sufran sólo los individuos, sino de que su naturaleza es individual, es decir, que se puede comprender lo que es el trauma psíquico de manera similar a como cabe comprender el trauma orgánico: examinando al individuo afectado, su herida o lesión individual. Se trata del llamado «modelo médico», que presumiblemente es todavía la perspectiva asumida por la American Psychiatric Association (1983) al definir el «desorden del estrés postraumático» en el DSM III[3].

3. El DSM-III incluye el trastorno por estrés postraumático dentro de los trastornos de ansiedad, y lo define en los siguientes términos: «El factor estresante responsable de este síndrome produciría síntomas significativos de malestar en la mayoría de la gente y se encuentra por lo general fuera del margen de experiencias comunes del tipo de la pérdida de un ser querido, de las enfermedades crónicas, de los fracasos económicos, o de los conflictos matrimoniales. El traumatismo puede ser experimentado en soledad (por ejemplo, asalto o violación) o en compañía de un grupo (combate militar). Los factores estresantes que producen esta alteración pueden ser desastres naturales (inundaciones, terremotos), desastres accidentales producidos por el hombre (accidentes de coche con heridos graves, accidentes de aviación, incendios), o desastres provocados deliberadamente por el hombre (bombardeos, torturas, campos de muerte). Algunos de estos factores producen frecuentemente el trastorno (por ejemplo, la tortura), y otros lo producen sólo en ocasiones (por ejemplo, los accidentes de coche). Con frecuencia existe un componente físico concomitante al trauma, que incluso puede suponer una lesión directa del sistema nervioso central (por ejemplo, desnutrición, traumatismos craneales). Aparentemente, el trastorno es más grave y más duradero cuando el factor estresante es de fabricación humana» (American Psychiatric Association. *DSM-III. Manual diagnóstico y estadístico de los trastornos mentales.* Barcelona: Masson, 1983, 249). A pesar de que el DSM-IV, que

Una primera llamada de atención sobre lo parcial de esta visión lo ofrece el que se haya podido hablar de *traumas sociales* para referirse a aquellas experiencias que afectan a toda una población, y no sólo en cuanto individuos, sino precisamente en su carácter social, es decir, como una totalidad, como un sistema; la que queda traumatizada es la sociedad alemana o la sociedad palestina, no simplemente los alemanes o los palestinos.

Pero esta visión individualista del trauma psíquico tiene sobre todo el problema inherente al «modelo médico», es decir, su abstracción respecto a las realidades sociohistóricas y su insistencia en ubicar los trastornos en la particularidad, orgánica o funcional, según el caso, de cada individuo, sin conceder suficiente consideración a la naturaleza social de las personas. Por eso he propuesto que, por lo menos en lo concerniente a los problemas psíquicos ligados a la situación de guerra, hablemos de un *trauma psicosocial*. Con este matiz conceptual se pretende aludir a tres aspectos que parecen esenciales para una adecuada comprensión de la realidad del trauma psíquico:

también incluye el trastorno por estrés postraumático dentro de los trastornos de ansiedad, ha ampliado su cobertura y ha enriquecido los criterios para su diagnóstico, todavía mantiene una distancia insalvable con un supuesto que para la Psicología social hace décadas que resulta elemental: la posibilidad de que la patología sea una característica tanto de los individuos como del contexto macro o, más frecuentemente, micro-social en el que están insertos. Veamos la definición: «La característica esencial del trastorno por estrés postraumático es la aparición de síntomas característicos que sigue a la exposición a un acontecimiento estresante y extremadamente traumático, y donde el individuo se ve envuelto en hechos que representan un peligro real para su vida o cualquier otra amenaza para su integridad física; el individuo es testigo de un acontecimiento donde se producen muertes, heridos, o existe una amenaza para la vida de otras personas; o bien el individuo conoce a través de un familiar o cualquier otra persona cercana acontecimientos que implican muertes inesperadas o violentas, daño serio o peligro de muerte o heridas graves. La respuesta del sujeto a este acontecimiento debe incluir temor, desesperanza y horrores intensos (o en los niños, un comportamiento desestructurado o agitado). El cuadro sintomático característico secundario a la exposición al intenso trauma debe incluir la presencia de reexperimentación persistente del acontecimiento traumático, de evitación persistente de los estímulos asociados a él y embotamiento de la capacidad de respuesta del individuo, y de síntomas persistentes de activación [...]. Entre los acontecimientos traumáticos que pueden originar un trastorno mental por estrés postraumático se incluyen (aunque no de forma exclusiva) los combates en el frente de guerra» (American Psychiatric Association. *DSM-IV. Manual diagnóstico y estadístico de los trastornos mentales*. Barcelona: Masson, 1995, 435). Traumatismo experimentado en grupo, desastres provocados deliberadamente por el hombre, combates en el frente de guerra: no acaba de ser este el concepto de trauma que maneja Martín-Baró.

1. El trauma tiene un carácter dialéctico, lo que no sólo significa que es producido por la sociedad, aunque el afectado principal sea el individuo, sino que la naturaleza del trauma hay que ubicarla en la particular relación social de la que el individuo sólo es una parte[4]. Precisamente porque el trauma debe explicarse desde la relación en la que se encuentra el individuo con su sociedad, no puede predecirse sin más que un tipo de situación social vaya a generar mecánicamente un trauma a cualquier persona, o que un determinado tipo de persona nunca sufrirá un trauma. Incluso hay que subrayar la posibilidad de que circunstancias excepcionales, así como pueden conducir al deterioro y lesión, puedan conducir también al crecimiento y superación de las personas. En otras palabras, al afirmar el carácter dialéctico del trauma se afirma, necesariamente, su carácter histórico.

2. Al hablar de trauma psicosocial se insiste en que el trauma es producido socialmente y, por tanto, que su comprensión y su solución no sólo requieren atender al problema del individuo, sino a sus raíces sociales, es decir, a las estructuras o condiciones sociales traumatógenas.

3. Las relaciones sociales de los individuos no son sólo las causantes de los traumas, sino que su mantenimiento es el que alimenta y multiplica los casos de individuos traumatizados.

El trauma psicosocial constituye así la cristalización concreta en los individuos de unas relaciones sociales aberrantes y deshumanizadoras como las que prevalecen en situaciones de guerra civil (Martín-Baró, 1988a, 138-140)[5]. Esto significa que la cadena tiende a

---

4. La naturaleza relacional de los fenómenos psicológicos: una posición tan contumaz como sólidamente fundamentada, que acompañó a nuestro autor desde sus primeros escritos, aunque no siempre con idéntica mesura. He aquí un ejemplo: «La unidad de análisis no puede ser, pues, el simple proceder individual, por más expresivo o importante que nos parezca. La unidad de análisis tiene que ser precisamente esa estructura de relación sujeto-objeto, individuo-mundo», escribe en «Psicología del campesino salvadoreño» (*Estudios Centroamericanos, 297/298*, 1973, 479), algo que nos vuelve a traer a la memoria al Vygotski más vygotskiano: naturaleza e historia, mundo natural y mundo creado, actividad e inactividad, objetivación y desobjetivación. Esta perspectiva relacional, tan hondamente psicosocial por otra parte (la que proviene de Lewin, Sherif, Asch, y también de Mead), dibuja a lo largo de estos dos últimos capítulos un panorama de la salud mental claramente distanciado de la tradición médico-individualista marcada por el TEPT.

5. Este artículo, ya lo hemos advertido, forma parte del próximo capítulo de este volumen, y las páginas que cita Martín-Baró corresponden a las de su último epígrafe, «La tarea psicosocial».

romperse por el eslabón más débil (los sectores sociales más despro-
tegidos), o por aquél sometido a particular tensión (los sectores más
directamente alcanzados por el conflicto y la actividad bélica). Significa, asimismo, que el particular carácter del trauma variará según
la naturaleza concreta de las relaciones que en él se materialicen[6].

6. El estudio llevado a cabo por colegas del Departamento de Psicología de la
UCA para la Fundación 16 de Enero, muestra, en efecto, que la presencia del estrés
postraumático (estado de ansiedad, depresión, reacciones de agresividad) está presente en el 54,6% de una muestra de excombatientes del FMLN; una presencia que
incrementa sus efectos en personas con un bajo nivel de escolaridad, con mayor edad,
y cuyas primeras experiencias de represión política acontecieron durante la niñez (ver
Fundación 16 de Enero. *Estudio diagnóstico sobre el estado de salud mental de excombatientes del FMLN*. San Salvador, 1994). Pero una obviedad como ésta no debería limitar nuestra curiosidad a los estragos presentes del trauma: resulta imprescindible conocer su gestación. Y es entonces cuando se advierte que el TEPT no ofrece el
apoyo teórico requerido, porque obedece a una filosofía que margina las consideraciones socio-históricas, la situación pre-traumática, en palabras del propio Martín-
Baró. De ahí que el estudio de sus consecuencias se haya limitado a lo vivido y experimentado en el interior de sujetos protagonistas del trauma. El grueso de la literatura
científica a que ha dado lugar el TEPT se dirime dentro de este reducido espacio; un
espacio dominado por el presentismo. Los ejemplos superan con creces un acercamiento digno al tema, pero si nos atenemos a algunos de los más recientes, remitiríamos al lector a las investigaciones sobre la Guerra del Golfo: al monográfico que el
Journal of Social Issues le dedicó en 1993 (vol. 49, n.º 4) bajo el título de «Psychological Research on the Persian Gulf War», o a la más reciente publicación en este campo, *Psychological and Psychosocial Consequences of Combat and Deployment. With
Special Emphasis on the Gulf War*, de David Marlowe (Santa Monica, CA.: RAND,
2001), donde el lector puede encontrar, además, una nutrida bibliografía. La inclusión del adjetivo «psicosocial» en el título es puramente ornamental, porque en la revisión histórica que se lleva a cabo apenas se intuyen alguna de las consideraciones
que se han venido haciendo a lo largo de este volumen, ni siquiera en lo que atañe
directamente a la salud mental. Cierto es que Marlowe es médico. Carlos Martín Beristain también lo es. La diferencia reside en que el segundo ha trabajado en sociedades traumatizadas (fue uno de los redactores del Informe RMEHI de Guatemala), y
está cargado de razón cuando dice que en el TEPT «... no se considera la importancia del apoyo social y del significado social del trauma, unificando experiencias traumáticas tan distintas como la violación, un accidente automovilístico o una masacre,
ni la dimensión política del daño. El enfoque centrado en el TEPT, como otros enfoques basados en modelos médicos individualistas, corren el riesgo de convertirse en
una etiqueta en lugar de ayudar a comprender la experiencia de la gente y las condiciones en las que pide o necesita ayuda» (Martín Beristain, C. *Reconstruir el tejido social. Un enfoque crítico de la ayuda humanitaria*. Barcelona: Icaria, 1999, 89). Derek
Summerfield, que trabaja como psiquiatra en la Medical Foundation for the Care of
Victims of Torture de Londres, se suma también a esta crítica y ofrece algún ejemplo
muy ilustrativo de los efectos psicosociales de la guerra en una comunidad de campesinos nicaragüenses (ver Summerfield, D. Una crítica de los proyectos psicosociales en poblaciones afectadas por la guerra basadas en el concepto de trauma psicológico. En P. Pérez (coord.) *Actuaciones psicosociales en guerra y violencia política*.

Estas reflexiones nos llevan a plantear las dos tesis siguientes:
1. El trauma psicosocial puede constituir una consecuencia normal de un sistema social basado en relaciones sociales de explotación y opresión deshumanizadoras. En otras palabras, el trauma psicosocial puede ser parte de una «normal anormalidad» social.
2. Esta «normal anormalidad» social afecta muy particularmente a los niños, que deben construir su identidad y desarrollar su vida en la red de esas relaciones deshumanizadoras.

A fin de entender el alcance de estas tesis, volvamos los ojos a lo que significa para un niño el enfrentar las tareas de la infancia en un país en guerra, para después aplicar ese análisis a la situación particular de la guerra salvadoreña.

LA INFANCIA Y LA GUERRA[7]

Antes de examinar el problema específico de los niños salvadoreños, resumamos brevemente algunos de los resultados más consolidados

Madrid: Exlibris, 1999, 187-208; Hume, F. y Summerfield, D. After the War in Nicaragua: A Psychosocial Study of War Wounded Ex-Combatants. *Medicine and War,* 10, 1994, 4-25). Tomando en consideración las peculiaridades del trauma psicosocial, David Becker es partidario de sustituir el TEPT por el de «traumatización extrema» para hacer referencia a ese «proceso individual y colectivo que acontece en relación y en dependencia de un determinado contexto social: es un proceso por su intensidad, por su duración y por la interdependencia de lo social y lo psicológico. Supera la capacidad de la estructura psíquica de los individuos y de la sociedad para afrontarlos de manera adecuada. Tiene como objetivo la destrucción de los individuos, su sentido de pertenencia a la sociedad y sus actividades sociales. La traumatización extrema se caracteriza por una estructura de poder dentro de la sociedad basada en la eliminación de alguno de sus miembros a manos de otros de la misma sociedad» (Becker, D. The deficiency of the concept of Pot Traumatic Stress Disorder when dealing with victims fo human right violations. En R. Kleber, C. Figley, y B. P. Berthold (eds.), *Beyond trauma: cultural and societal dynamics.* Nueva York: Plenum, 1995, 107). Pilar Hernández se une a estas críticas en sus lúcidas investigaciones sobre la violencia política en Colombia: las historias de vida de activistas de derechos humanos perfilan un sentido del trauma que enfatiza lo comunitario y pone cerco al tradicional individualismo del TEPT (Hernández, P. *A personal dimension of human rights activism: narratives fo trauma, resilence, and solidarity.* Tesis doctoral. Universidad de Massachusetts, 2000).

7. Si fuera posible señalar el punto donde el terror y la infamia de la guerra se recrean sobre sí mismos y alcanzan cotas verdaderamente lóbregas, pocas dudas cabrían de que es en los colectivos más desamparados: mujeres y niños; más aún, «para los niños, dependientes de los adultos para sobrevivir y desarrollarse, el drama es aún peor [...]. En Centroamérica la guerra ha dejado 100.000 niños huérfanos. En Nicaragua, alrededor de 267.000 niños menores de 14 años están en situaciones espe-

por la investigación psicosocial respecto a los problemas concernientes a los niños en situaciones de guerra (Hoppe, 1985).

Se puede destinguir entre el impacto de las acciones bélicas sobre los niños que viven en las zonas más conflictivas y los que viven en zonas menos conflictivas o afectadas por las operaciones estrictamente bélicas. En unos casos la reacción más característica es la de miedo[8]; en los otros, la reacción más común es la de ansiedad (Fraser, 1983). El miedo es una emoción negativa frente a un objeto amenazador conocido; la ansiedad, en cambio, es una emoción frente a una amenaza indefinida, ante un objeto cuyas características no son bien conocidas. De ahí que los niños que viven en zonas directamente afectadas por el accionar militar reaccionarán más típica-

cialmente difíciles por causa directa o indirecta de la guerra» (UNICEF. *Los niños de las Américas*. Santa Fe de Bogotá: Oficina Regional para América Latina y el Caribe, 1992, 16). Los datos que maneja la Fundación 16 de Enero apuntaban a unos 2.000 combatientes menores de 18 años en El Salvador, y aduce varias razones para su incorporación a la lucha armada: la cruel represión que los hizo objetivo directo de violencia política, los forzó a emigrar con la subsiguiente desintegración familiar, y los hizo testigos de la violencia y de la muerte de familiares (en algunos casos, de los propios padres). Después se convirtieron en protagonistas de la violencia por medio de su incorporación a la lucha armada: «Pasar a enfrentar la violencia como violencia para, de alguna manera, tener la posibilidad de escapar a salvo de ella, fue una nueva experiencia personal con la violencia» (Fundación 16 de Enero. *Los niños y jóvenes excombatientes en su proceso de reinserción a la vida civil*. San Salvador, 1995, 17). Unos años antes, UNICEF había llevado a cabo un minucioso *Análisis de la situación del niño y la guerra en El Salvador* (San Salvador: UNICEF, 1987) donde quedan ampliadas las bases del diagnóstico que acaban de ofrecernos. Por lo demás, la bibliografía sobre los niños soldados es muy abundante, pero una selección dictada por la emergencia de una nota al pie de página nos llevaría a recomendar algunas obras de especial relevancia como las de Rosenblat, R. *Children of War*. Nueva York: Anchor Press/Doubleday, 1983; UNICEF. *Children of War*. Nueva York: Unicef, 1993; Human Rights Watch. *Children of Sudan: Slaves, street children, and child soldiers*. Nueva York: Human Wrights Watch, 1995; Cohn, I. y Goodwin-Gill, G. Los niños soldados. *Cruz Roja Juventud*, 49-58, 1997; Human Rights Watch. *Child Soldiers and an Optional Protocol to the Convention on the Rights of the Child*. Nueva York: Human Rights Watch, 1997; Ruiz-Giménez, J. Los niños. Actores y víctimas de las guerras. En *Los conflictos Armados*. Seminario de Investigación para la Paz. Zaragoza: Gobierno de Aragón, 1997; FUNCOE. *Infancia y guerra*. Madrid: Funcoe, 1997; Grabarino, J., Kostelny, K. y Dubrow, N. *No place to be a child: Growing up in a war zone*. Nueva York: Jossey-Bass, 1998; Rachel Brett y Margaret McCallin. *Children, the invisible soldiers*. Oslo: Rädda Barnen, 1998; Sedky-Lavandero, J. *Ni un sólo niño en la guerra. Infancia y conflictos armados*. Barcelona: Icaria Antrazyt, 1998; Alan, R. y Alan, S. *Children in War*. Nueva York: TV Books, L.L.C., 2000; Mounir, S. Los niños y la guerra: la experiencia palestina. *Papeles de Cuestiones Internacionales, 71*, 2000, 113-123.

8. Sobre el miedo, ver nota 7 del capítulo 5.

mente con problemas relacionados con el miedo, mientras que los niños que viven en zonas sólo eventual o parcialmente afectadas por las acciones bélicas tenderán a mostrar problemas más vinculados con la experiencia de la ansiedad.

Hay dos grandes tipos de experiencias traumatizantes para los niños: *a*) la experiencia de hechos de violencia y destrucción empapados con frecuencia por la crueldad y el horror, y *b*) la experiencia de las separaciones físicas y personales[9]. Una cosa es el daño causado por la experiencia de haber visto quemar la propia casa, matar a algún familiar o sufrir directamente la agresión violenta, y otro el daño producido por la separación, temporal o definitiva, de la propia tierra y del propio hogar y, lo que es peor, de los familiares más cercanos (Engeström, 1983). Aunque tienen elementos comunes, hay también importantes diferencias entre el trauma infantil de la violencia y el trauma de la separación.

Aunque la reacción inmediata de los niños frente a los hechos de carácter traumatizante suele ser fuertemente emocional (gritos, llantos, terror), es característico que desarrollen también un patrón relativamente estable de insensibilidad emocional; es decir, que el excesivo costo emocional de las experiencias vividas los lleve a una desensibilización defensiva que los hace aparecer como fríos, insensibles, y aun carentes de emociones en la vida cotidiana (Punamäki, 1982; Lindqvist, 1984).

Los trastornos infantiles ocasionados por la guerra[10] suelen adoptar formas bien tipificadas: terrores nocturnos, deterioro de la capa-

9. José Luis Henríquez maneja en su investigación la hipótesis de que las consecuencias del trauma en los niños es directamente proporcional a «la vivencia que se haya tenido de la guerra, el contexto social desde el cual se experimente y la valoración ideológica que se haga de ella» (Henríquez, J. L. Los efectos psicosociales de la guerra en niños de El Salvador. *Revista de Psicología de El Salvador, 44*, 1992, 90), para acabar concluyendo que los más afectados fueron los niños residentes en zonas de guerra. Por razones más que obvias: fueron los que padecieron con más crueldad y frecuencia la muerte y/o sufrimiento de familiares, a los que azotaron de manera más inmisericorde las deprivaciones extremas, y quienes sufrieron con más asiduidad las separaciones.

10. En una de los escasas investigaciones con niños ex-combatientes menores de 18 años en El Salvador, se indica que el evento psicológicamente más traumatizante para el 56% de ellos fue la muerte de sus seres queridos. Se pudieron observar indicadores de estrés postraumático en el 97% de la muestra, y el 54,6% refiere la mayoría de los síntomas del TEPT, entre otras razones, porque el 91,5% perdió a miembros de su grupo familiar, muchos de ellos asesinados, y el 32,8% fue testigo de la muerte o sufrimiento de familiares o personas cercanas. «Este estado es consecuente con lo sucedido, y a partir de ello se experimenta con pensamientos y recuerdos frecuen-

cidad de atención, conductas regresivas, la ya mencionada paradoja emocional entre la aparente insensibilidad cotidiana y el eventual desbordamiento emotivo, irritabilidad general y sensibilidad al rui-

tes, imaginación de que pasa nuevamente, preocupación por morir, olvidos fáciles, dificultades para prestar atención a las cosas, intentos por olvidarlo, sueños, dificultades para dormir, sentimientos de aflicción, de sobresalto fácil, de soledad e incomprensión, de sentir como si pasara de nuevo, retraimiento de las relaciones con otras personas o de actividades que antes realizaba, y alejamiento de cosas o situaciones que lo recuerdan» (Fundación 16 de Enero. *Los niños y jóvenes excombatientes en su proceso de reinserción a la vida civil*. San Salvador, 1995, 42). Florentino Moreno fue algo más sistemático en su tesis doctoral, y encuadró los trastornos en cinco categorías: *a*) trastornos del desarrollo (regresión evolutiva); *b*) trastornos emocionales (la insensibilidad como el más característico); *c*) trastornos del pensamiento (fantasías sobre mundos lúgubres dominados por el enemigo); *d*) trastornos de la conducta social (legitimidad de la violencia y reproducción del clima que les rodea), y *e*) trastornos de la conducta social relativos al juego (Moreno, F. *Infancia y guerra en Centroamérica*. San José: Flacso, 1991, 39-59). Un panorama que, con matices menores, quedó ya reflejado en el estudio pionero de Anna Freud y Dorothy Burlingham con niños ingleses durante la segunda Guerra mundial. En él observaron que los bombardeos alemanes sobre Londres hicieron mella sobre el lenguaje, sobre el juego y sobre la fantasía, y produjeron regresiones durante el sueño, vuelta a la succión del pulgar, gula, agresividad, berrinches y alteraciones emocionales (Freud, A. y Burlingham, D. *La guerra y los niños*. Buenos Aires: Paidós, 1965, 53-68). Los datos más recientes no ofrecen novedades dignas de reseñar, salvo una: en la actualidad unos 300.000 niños están participando en conflictos armados en más de 80 países, y señalan las siguientes como las consecuencias más traumáticas de la guerra: *a*) pérdida de los recursos básicos: educativos, sanitarios, alimentación, etc.; *b*) relaciones familiares rotas debido a huidas y muertes de miembros de la propia familia; *c*) estigmatización y discriminación como consecuencia de su participación en la guerra; *d*) futuro pesimista: pérdida de la esperanza; *e*) normalización de la violencia: la normalidad de lo insólito, a la que hemos aludido en algún otro momento (Smith, D. Children in the heat of war. *Monitor on Psychology, 32*, 2001, 29-31). James Garbarino y Joseph Vorrasi abren de par en par un capítulo novedoso en este campo, el de los efectos a largo plazo, y han propuesto un modelo predictivo del que forman parte la siguientes variables: *a*) capacidad de recuperación y competencias de afrontamiento; *b*) nivel de exposición a las atrocidades bélicas; *c*) características demográficas (la clase social, como la más importante); *d*) posibilidad y modo en que se re-estructura la familia; *e*) mediación familiar, sobre la que volveremos en la nota siguiente (Garbarino, J. y Vorrasi, J. Long-Term Effects of War on Children. En L. Kurtz y J. Turpin (eds.), *Encyclopedia of Violence, Peace, and Conflict, Vol. II*. San Diego, CA.: Academic Press, 1999, 345-359). María Santacruz y Rubí Arana han avanzado algunos datos en el caso de El Salvador. Tomando como punto de partida una muestra de 293 sujetos ex-combatientes, en su gran mayoría del FMLN, que se enrolaron en la contienda a una edad media de 12 años, muestran que a los 7 años de firmados los acuerdos de paz, estos niños-soldado muestran recuerdos repetitivos de los acontecimientos sufridos (58,4%), cansancio y depresión (38,6%), nerviosismo (36,8%), enojo (36,5%), angustia (27%), insomnio (20,2%) y pesadillas diversas (16%) (Santacruz, M. y Arana, R. *Niños soldados. Lecciones aprendidas*. Ponencia presentada en el II Congreso

do repentino y, sobre todo, múltiples tipos de somatizaciones. La prolongación de las experiencias traumatógenas lleva con frecuencia a los niños a buscar la fuga psíquica hacia la fantasía (Lindqvist, 1984). En algunos casos, estas fugas abocan al desarrollo de síndromes esquizoides, más o menos graves, que permiten a los niños huir de una realidad que no logran manejar.

Los miembros más cercanos de la familia filtran para los niños el impacto de las experiencias de guerra (Fraser, 1983; Ressler, 1984)[11]. En otras palabras, el daño o carácter traumatizante de los

Internacional de Psicología de la Liberación. San Salvador, 13-15 de noviembre, 1998). Julia Dickinson-Gómez ha abordado esta tarea con los que en su momento fueron niños en medio de la guerra salvadoreña: «Growing up in guerrilla camps: the long-term impact of being a child soldier in El Salvador's civil war», un trabajo que se encuentra en vías de publicación en *Ethos*. Para una ulterior profundización de los efectos de la violencia bélica en los niños, remitiríamos al lector a unas cuantas publicaciones, algunas de ellas basadas en investigaciones llevadas a cabo en el contexto latinoamericano: Comisión de Derechos Humanos de Guatemala. *El niño guatemalteco en la coyuntura actual*. México, D.F.: Author, 1986; UNICEF. *Children in Situations of Armed Conflict*. Nueva York: UNICEF, 1986; Dawes, A. The effects of political violence of children: A consideration of South African related studies. *International Journal of Psychology, 25*, 1990, 13-31; Reynolds, P. Children of tribulation: The need to heal and the means to heal war trauma. *Africa, 60*, 1990, 1-38; Richman, N. Annotation: Children in situations of political violence. *Journal of Child Psychology and Psychiatry, 34*, 1993, 1.286-1.302; Aldana, C., Oyague, M. y Torres, C. (eds.). *Infancia y violencia: experiencias y reflexiones sobre los niños y la violencia política en el Perú*. Lima: CEDAPP, 1994; Lykes, M., Rosales, J., *et al. Trauma psicosocial y adolescentes latinoamericanos: formas de acción grupal*. Santiago de Chile: ILAS, 1994; Moreno, F. Los efectos psicológicos de la violencia política en la infancia. En Asociación Andaluza para la Defensa de la Infancia y la Prevención del Maltrato (ADIMA) (ed.), IV Congreso Estatal sobre Infancia Maltratada. Sevilla: Adima, 1995; Apfel, R. y Simon, B. (eds.), *Minefields in their hearts: the mental health of children in war and communal violence*. New Haven, CT.: Yale University Press, 1996; Levy, B. y Sidel, V. *War and Public Health*. Oxford: Oxford University Press, 1997.

11. La mediación familiar de nuevo a escena. Ya lo había hecho en el capítulo anterior con motivo de la posible influencia de los contenidos televisivos sobre el comportamiento agresivo de los niños (ver nota 16 del primer capítulo), pero ahora adquiere un rango psicológicamente algo más elevado debido a la presencia del trauma; un rango, por lo demás, que no se distancia en exceso de lo que la Psicología ha venido manejando dentro de la ya vasta teoría del «apoyo social». En uno de los estudios llevados a cabo por Punamäki en el contexto de confrontación entre israelíes y palestinos, se maneja como variable independiente la relación madre-hijo bajo la ocupación, y se pone de manifiesto el papel de la primera como amortiguador de los hechos traumáticos que pueden sobrevenir al hijo, aunque eso se salda con un estrés adicional para la madre: «Este estudio confirma hallazgos anteriores de que el estado emocional de la madre sirve de mediador entre el funcionamiento psicológico de los niños y la experiencia de sucesos traumáticos» (Punamäki, R.-L. Respuestas de estrés

acontecimientos bélicos depende en gran medida de la reacción que frente a ellos tengan los familiares mayores y más cercanos al niño: si los familiares reaccionan con calma y serenidad, el impacto negativo es mucho menor que si reaccionan con agitación y pánico. De ahí la importancia de que el niño confronte la guerra en el seno de su familia, aunque la familia se entienda en un sentido amplio. Es opinión común que, aunque la guerra marque a un niño, no tiene por qué estigmatizarlo ni traumatizarlo, siempre y cuando cuente con el apoyo debido de sus familiares. El problema es que, como afirma Margareta Holmberg (1984, 27) de las familias libanesas, entre sus miembros se producen «demasiadas separaciones» y existe «demasiada cercanía». La guerra tiende a privar a los niños de la presencia de sus padres y hermanos, ya sea porque están muertos, ya sea porque se encuentran luchando en los frentes de batalla. Pero cuando pueden contar con su presencia, es difícil por lo general que los adultos mantengan el comportamiento equilibrado que los niños necesitan, ya que las circunstancias de peligro o la situación de refugiados los obliga a una permanente cercanía y hacinamiento.

psicológico de las madres palestinas y sus hijos a las condiciones de ocupación militar y violencia política. En I. Martín-Baró (ed.), *Psicología social de la guerra*. Cit., 98). Y lo vuelve a ratificar en estudios posteriores (Quota, S., Punamäki, R. y El Sarraj, E. The relations between traumatic experiences, activity, and cognitive and emotional responsese among Palestinian children. *International Journal of Psychology, 30*, 1995, 289-304. Anna Freud y Dorothy Burlingham hicieron la misma observación. «Observábase también que los niños que llegaban con sus familiares mostraban poca excitación y ningún trastorno anormal; dormían y comían regularmente, entreteniéndose con los juguetes que habían sido rescatados o los que se les dieran allí. Pero no ocurre lo mismo cuando los niños, en circunstancias similares, son separados de sus padres o los pierden» (Freud, A. y Burlingham, D. *La guerra y los niños*. Cit., 19). A Garbarino y Vorrasi tampoco les cabe duda de que, de entre las cinco variables que median entre la experiencia bélica y la salud mental en los niños, el ajuste parental es la más importante: «En tiempos de desastres, el predictor más intenso del desajuste de los niños es la reacción y el nivel de funcionamiento de sus padres. Esto ha sido claramente evidenciado por investigaciones que han detectado el papel amortiguador que padres y maestros ejercen sobre los efectos traumáticos de los niños» (Garbarino, J., y Vorrasi, J. Long-Term Effects of War on Children. En L. Kurtz y J. Turpin (eds.), *Encyclopedia of Violence, Peace, and Conflict. Vol. II.* Cit., 357). Florentino Moreno sigue, en líneas generales, la misma pauta: «Aunque en algunos casos especialmente graves, se llevan a cabo terapias individuales, la mayor parte de los trastornos psicológicos originados por la guerra suelen ser más eficazmente tratados acudiendo al entrono social del niño, especialmente a la familia y al grupo de personas más cercanas de la comunidad» (Moreno, F. Infancia y guerra en Centroamérica. Cit., 57).

El crecimiento en un contexto bélico hace que el niño aprenda que la violencia es la respuesta más importante para resolver los problemas de la existencia[12], y que su actitud tienda a oscilar entre el empleo de la violencia y la impotencia, según la capacidad que atribuya a aquellos con quienes se relaciona. Mentalmente, el desarrollarse en un contexto de guerra lleva a aceptar como evidente la legitimidad de la violencia (Hietanen, 1983), cuando no a la militarización de la propia mente (Freud y Burlingham, 1942, 1943); Martín-Baró, 1988a)[13].

La guerra lleva al niño a desarrollar diversos tipos de resistencia frente a las experiencias traumatógenas. El carácter de esas resistencias depende de otros factores, como la edad en que el niño empieza a vivir la guerra o la presencia y reacciones de sus familiares más cercanos. Una resistencia, ya mencionada, es la huida hacia la fantasía que puede culminar en síndromes más o menos paranoicos, aunque hay quienes mantienen que cierto aislamiento es terapéuticamente beneficioso (Fraser, 1983); pero otras formas de resistencia psíquica más positiva son el desarrollo de un mayor control interno y el compromiso político con una causa (Punamäki, 1987)[14]. Aunque

---

12. De nuevo el valor instrumental de la violencia, que nos viene acompañando desde el primer capítulo (ver su epígrafe «Las causas inmediatas la violencia», así como las últimas páginas del epígrafe «El nombre de la violencia» del capítulo 2).

13. Este artículo está incluido en su integridad en el próximo capítulo.

14. El trabajo que cita Martín-Baró forma parte de su libro *Psicología social de la guerra*, y en él se manejan datos referentes a las madres palestinas, que conducen a la siguiente conclusión: «La exposición a los hechos traumáticos de la ocupación militar aumentaba la actividad social y política y disminuía la evitación y la retirada como medios para adaptarse a las situaciones de *stress*» (Punamäki, R. Respuestas de *stress* psicológico de las madres palestinas y sus hijos a las condiciones de ocupación militar y violencia política. En I. Martín-Baró (ed.), *Psicología social de la guerra*. Cit., 93). En otra de las investigaciones llevadas a cabo por esta profesora de Psicología de la Universidad de Helsinki, este extremo aparece con una preocupante nitidez: «En su mayoría, los niños estudiados de ambos grupos nacionales [israelíes y palestinos] se inclinaban favorablemente hacia la guerra y las cuestiones relacionadas con la guerra. Su disposición a justificar la necesidad de la guerra resultaba evidente en sus actitudes hacia la guerra en general, la lucha por los objetivos nacionales y sus actitudes hacia las perspectivas de paz. La lealtad y patriotismo de los niños [...] proporciona la respuesta más clara; ambos grupos mostraron una gran cohesión al no cuestionar este punto. Los niños israelíes y palestinos subrayan sus sentimientos de lealtad nacional de diferentes maneras: los niños palestinos enfatizan positivamente los aspectos idealistas de su lucha y guerra nacional, mientras que los niños israelíes adoptan una postura más pragmática hacia el involucramiento en la guerra nacional» (Punamäki, R. Una infancia a la sombra de la guerra. Estudio psicológico de las actitudes

los investigadores no se han fijado mucho en posibles consecuencias positivas de la guerra para el desarrollo de las personas, es indudable que, como toda «situación límite», la guerra ofrece la posibilidad de que algunas personas y aun grupos enteros desarrollen virtudes que, en otras circunstancias, no habrían surgido. La aireada heroicidad de los soldados o de la población civil, víctimas de las acciones bélicas, no es con frecuencia más que una ideologización patriotera de la guerra; pero es cierto que las situaciones generadas por la guerra ofrecen oportunidades para que las personas saquen lo mejor de sí mismas con comportamientos altruistas hacia los demás, o que desarrollen virtudes solidarias, tan poco estimuladas por los valores del sistema dominante en tiempos de paz. En última instancia, para muchos individuos la consecuencia más trágica de la guerra es que tengan que pasar su infancia sin poderla vivir como niños: una infancia sin amor y sin juegos, sin cariño ni ilusiones.

LOS HIJOS DE LA GUERRA SALVADOREÑA

Parecería superfluo insistir en una realidad tan evidente como que El Salvador se encuentra sumergido en una terrible y prolongada guerra. Sin embargo, es necesario recordar algunas evidencias fundamentales, no sólo porque pretenden ser sistemáticamente negadas por los aparatos propagandísticos del Estado, sino porque la inmediatez y cotidianeidad de la guerra las vuelve paradójicamente menos conscientes, como todo aquello que se incorpora a nuestro quehacer cotidiano y que asumimos como parte del sentido común cuando no de una presunta naturaleza humana o social pre-establecidas.

El Salvador se encuentra en un estado de verdadera guerra desde 1980. Esto es negado eventualmente por algunos jefes militares para privar de la calidad de insurgentes a los movimientos revolucionarios o por aquellas instancias norteamericanas que pretenden presentar a El Salvador como un modelo de las democracias logradas por el gobierno de Reagan en América Latina; pero es fuertemente reafirmado cada vez que toca renovar la solicitud de ayuda militar al Congreso norteamericano, o de explicar las continuas violaciones a los derechos humanos que se producen en el país. De hecho, la guerra es el aspecto más definidor de lo que actualmente es

y vida emocional de los niños israelíes y palestinos. En I. Martín-Baró (ed.), *Psicología social de la guerra*. Cit., 261).

el país. Más aún, la aparente calma o normalidad que pueda apreciarse en San Salvador es parte de ese estado de guerra que requiere negarse como tal ante la conciencia colectiva precisamente para poder continuar sin cuestionamientos políticos y menos aún éticos.

La guerra que se vive en El Salvador es una guerra civil, no una guerra de agresión externa o internacional. Ahora bien, la situación geopolítica de El Salvador en el área de seguridad que Estados Unidos considera como su traspatio, sitúa a esta guerra civil en el contexto más amplio del conflicto entre el norte rico y el sur pobre, o entre el este socialista y el oeste capitalista[15]. Con todo, hay que reafirmar que el carácter esencial de la guerra salvadoreña es civil, es decir, que lo que se da es una ruptura conflictiva de la sociedad y que la lucha se produce o por lo menos la ejecutan hermano contra hermano.

La guerra salvadoreña, precisamente por su carácter civil, *afecta de muy diversa manera a los diferentes sectores* que componen la sociedad. La principal manera como la mayoría de salvadoreños sienten los efectos de la guerra es en sus consecuencias económicas, es decir, el deterioro que se produce en el costo de la vida o en las oportunidades de trabajo (Martín-Baró, 1987b; IUDOP, 1988a)[16]. Sin embargo, hay sectores que no sólo no sufren las consecuencias económicas de la guerra, sino que incluso se lucran y hacen negocio

15. Este argumento no es nuevo, ya lo hemos visto al comienzo del epígrafe «Centroamérica, encrucijada de la violencia» del capítulo 2 (ver también nota 6) formando parte de su fondo ideológico.

16. A ello se refería Martín-Baró en el primero de los estudios llevados a cabo por el IUDOP bajo la castiza denominación de «los paquetazos económicos», medidas decretadas desde 1986 a fin de «enfrentar la crisis económica y las crecientes exigencias financieras de la guerra» (Martín-Baró, I. *Así piensan los salvadoreños urbanos (1986-1987)*. San Salvador: UCA Editores, 1987, 29). Los datos de las encuestas que pulsaban el estado de la opinión pública arrojaban resultados inequívocos: los tres principales problemas del país eran la violencia y la guerra, seguido muy de cerca por la crisis económica y el desempleo o falta de trabajo (ver Martín-Baró, I. *La opinión pública salvadoreña —1987-1988—*. San Salvador: UCA Editores, 1989, 49-71). Claro es que cuando la pregunta giraba en torno a los problemas más acuciantes en el momento, la guerra y la violencia se veían relegadas a un segundo término a favor de la crisis económica (ver nota 3 del capítulo 4), a la que acompañaban la falta de trabajo, los problemas de alimentación, los problemas de salud y la pobreza. En el capítulo 10 de *Psicología de la liberación* dedica un apartado al desempleo, como una de las características más sobresalientes de las mayorías populares latinoamericanas. Y lo hace para llamar la atención sobre la necesidad de que la Psicología se ocupe del desempleado «a fin de examinar qué hacer psicosocialmente para que no se desintegre su personalidad o para que su vida y aun la vida de comunidades enteras no transcurra sin más horizonte ni proyecto que el de la mera supervivencia cotidiana» (Martín-Baró, I. *Psicología de la liberación*. Madrid: Trotta, 1998, 307).

de ella. En conjunto, son los sectores populares, particularmente los campesinos, los más afectados por la guerra: ellos son los que alimentan los ejércitos contendientes, ellos son las principales víctimas de las confrontaciones armadas, ellos son los más golpeados por el desempleo masivo y el encarecimiento vertiginoso de la vida.

La prolongación de la guerra entraña graves consecuencias para el propio ordenamiento social del país. Mencionemos algunas de las más destructivas y de mayor impacto psicosocial: *a*) la corrupción institucional, particularmente de los organismos involucrados en la guerra, que se ven obligados a cumplir funciones con frecuencia contrarias a su misma naturaleza y que manejan un dinero abundante y fácil; *b*) la creciente destrucción del aparato productivo del país y aun de sus escasos recursos naturales (por ejemplo, la desertización de ciertas zonas como resultado de los operativos militares); *c*) la pérdida de la soberanía nacional que los intereses militaristas inmediatos pignoran a Estados Unidos como pago por su supervivencia, hipotecando así la capacidad nacional para resolver el conflicto en función de los intereses del propio pueblo salvadoreño, y no del gobierno norteamericano; *d*) la militarización creciente de las diversas instituciones y organismos que constituyen el aparato formal del Estado y aun del ordenamiento social; *e*) la aceptación de la guerra como parte del funcionamiento normal de la vida nacional (McWhirter, 1983), y la consiguiente interiorización en la mente de las personas sobre su inevitabilidad y legitimidad.

La más elemental valoración sobre la gravedad de estas consecuencias y la posible irreversibilidad de algunos de estos males debe llevar a la conclusión de que es urgente poner fin a la guerra y que este objetivo nacional debe tener prioridad sobre los intereses partidistas de los grupos contendientes. Ésta no es, en modo alguno, una profesión de irenismo a ultranza, sino el reconocimiento de que la prolongación de la guerra civil salvadoreña vuelve cada vez más difícil no sólo su finalización, sino la resolución de las causas que la originan y alimentan.

Tres dilemas existenciales del niño salvadoreño frente a la guerra

En este contexto de guerra, el niño salvadoreño enfrenta hoy tres importantes dilemas existenciales como parte esencial de las tareas de su desarrollo. Estos tres dilemas los podemos sintetizar en los términos de acción-huida, identidad-alienación y polarización-desgarramiento. Examinemos, brevemente, cada uno de ellos.

1. *Acción-huida.* Hay dos formas principales como los niños pueden involucrarse en una guerra: tomando parte activa en ella o siendo sus víctimas. Estas dos formas no son excluyentes, ya que muchos niños caen como víctimas al tomar parte activa en las confrontaciones bélicas, o se incorporan a la lucha armada al sentirse víctimas de la guerra.

Hace apenas unos días, salía a la luz un informe terrorífico sobre la utilización de los niños para las guerras. El niño-soldado[17] es un fenómeno universal, y ciertamente un fenómeno que se da en El Salvador y no sólo en la filas del Frente Farabundo Martí para la Liberación Nacional (FMLN), sino también de la Fuerza Armada. Al niño-soldado se le instruye y forma en el uso de la violencia, se llena su mente con imágenes polarizadas y maniqueas de bondad o maldad absolutas, se le enseña a plantear la existencia en términos de hostilidad contra un enemigo y, como ideal, se le pide arriesgar su existencia bajo el señuelo del heroísmo patriótico.

¿Cuántos niños-soldados hay en El Salvador? Es difícil decirlo ya que el FMLN no da cifras sobre sus combatientes, y los métodos de cacería empleados por la Fuerza Armada para reclutar no disciernen la edad de los atrapados, siempre y cuando tengan una apariencia corporal juvenil. Ciertamente las imágenes que de unos y otros nos ofrece eventualmente la televisión o los rostros que contemplamos al cruzarnos con alguna unidad militar, de uno u otro bando, ofrecen una confirmación perceptiva sobre la presencia de adolescentes y aun de preadolescentes en sus filas.

El otro lado de la moneda es el de los niños-víctimas de la guerra que, como hemos dicho, pueden también provenir o terminar en las filas castrenses. El niño-víctima es aquel que sufre en su propia carne el desastre de la guerra: experiencias de violencia y escasez, bombardeos y enfrentamientos, muerte o herida de familiares cercanos, destrucción y acoso, carencia de alimento y de cariño. Al niño-víctima no le queda, por lo general, más alternativa que la huida, el alejarse lo más posible de los lugares de confrontación. Huidas o «guindas», como se llaman en lenguaje popular, a veces en condiciones pavorosas (Martín-Baró, 1985b).

El niño-víctima es atenazado por la vivencia del miedo y del horror. Para él no hay heroísmo posible, sólo impotencia y privación; para él la violencia se muestra no en su faceta de poder, sino de destrucción; para él lo militar representa la amenaza permanente, el

17. Ver notas 7 y 10 en este mismo capítulo.

símbolo y portador de la muerte, el rechazo social a su presencia en el mundo. El niño-víctima es la encarnación del desastre humano y social que constituye una guerra. Y preguntémonos: ¿cuántos niños-víctimas hay hoy en El Salvador? No tenemos cifras fiables[18], aunque los números de niños entre la población desplazada y refugiada constituyen un valioso indicador sobre su magnitud (Instituto, 1985; Montes, 1986).

Es posible que la mayoría de niños salvadoreños se encuentre confrontada con este dilema de participar activamente en la guerra como soldado o de huir como víctima de ella. Ahora bien, hay también una minoría a los que su privilegiada situación social les ahorra este dilema. Algunos de ellos se benefician de este privilegio. Pero otros incurren en una forma de huida cuyo beneficio es sumamente cuestionable: son aquellos niños a los que se encierra en mundos artificiales, jardines con grandes muros que los aíslan de la realidad circundante, del hambre y sufrimiento de los demás. En sí mismo, nada hay de malo en evitar al niño el triste dilema de la acción-huida; hay incluso terapeutas que recomiendan este comportamiento como un «tratamiento del contexto» (Fraser, 1983). El problema, como en el caso de los niños-víctimas, estriba en que también para ellos el impacto de las vivencias es mediado por los familiares adultos más cercanos; y, con frecuencia, ese filtro lo es de ansiedad reprimida y odio manifiesto, de bondad discriminatoria y militarismo mental (Martín-Baró, 1988a). Y ese filtro, obviamente, no puede ser psicológicamente constructivo ni favorecer un desarrollo humanizador de los niños. También ellos pueden ser víctimas de la guerra a tra-

18. En estos momentos ya poseemos alguna aproximación. De acuerdo con los datos que nos ofrece el IDHUCA, «es notable que en términos relativos, la sumatoria de niños, niñas y adolescentes sea superior al 16% de todas las víctimas registradas. Como se desprende de los datos, el rango de edad en el que se concentra la mayor cantidad de víctimas infantiles es el que va desde los 12 a los 17 años (2.242) del total de infantes que fueron afectados por la violencia (4.040) [...]. En ese marco, vale la pena destacar que es alarmante la cifra de menores de edad víctimas de las violaciones más graves a los derechos humanos, como la ejecución y la desaparición forzada. De diversas maneras, 1.449 niñas y niños fueron privados de sus vidas, mientras otros 719 fueron detenidos y posteriormente desaparecidos por sus captores.» (IDUHCA. Buscando entre las cenizas. *Estudios Centroamericanos, 589/590*, 1993, 1.126). De acuerdo con estos cálculos, el número de niños muertos como consecuencia directa de la guerra superaría los 2.000. Todo ello sin contar los atentados contra el derecho a la integridad personal (lesiones, torturas, heridas, etc.), que alcanzan los 763 casos, y los atentados contra el derecho a la libertad personal, que suman 2.796, de acuerdo siempre con los datos del IDHUCA.

vés de una huida social, ciertamente física y mental, aunque de naturaleza muy diferente a la huida violenta de los pobres.

2. *Identidad-alienación.* Un segundo dilema que enfrentan los niños salvadoreños por causa de la guerra y, sobre todo, de su prolongación es el tener que enfrentar los procesos de socialización primaria en un contexto que hemos calificado de «normal anormalidad». El que El Salvador asuma la guerra como parte del funcionamiento normal de la convivencia social resulta muy impactante para el niño, quien tiene que construir su identidad en un contexto de violencia generalizada, donde la alternativa es asumir agresivamente una identidad socialmente estigmatizada o aceptar el cierre de opciones y someterse a una identidad impuesta, preñada de elementos deshumanizantes (ya sea desde la vertiente opresora o, más comúnmente, desde la vertiente oprimida).

Este problema ha sido tratado en profundidad por el equipo de psicoterapeutas chilenos actualmente integrado en el Instituto Latinoamericano de Salud Mental y Derechos Humanos de Santiago (Lira, 1988; Lira, Weinstein *et al.*, 1984; Lira, Weinstein y Salamovich, 1985-86; Weinstein, 1987; Weinstein *et al.*, 1987). El planteamiento básico se centra en el clima de miedo[19], cuando no de terror, en el que tienen que desarrollarse y actuar las personas a las que el poder establecido considera como enemigas e incluso como potenciales simpatizantes del «enemigo». El miedo cierra la posibilidad de desarrollar una personalidad de acuerdo a las opciones sociales y personales libremente asumidas por cada cual. Se produce así, entre otras consecuencias, una apatía política colectiva, no por forzosa menos real. Subjetivamente, la renuncia o el abandono de la identidad política considerada deseable, pero socialmente estigmatizada, ocasiona un sentimiento de inautenticidad frente a uno mismo y de culpa frente a los compañeros abandonados; pero, en caso de asumir esa identidad deseada, hay que cargar con el riesgo objetivo de la represión y el miedo subjetivo, así como con el sentimiento de culpa frente a la propia familia, puesta en peligro por esa opción política personal.

Socializarse en un contexto de guerra[20] —la estrictamente militar y la psicológica— pone al niño en el dilema de construir una

---

19. Ver nota 7 del capítulo 5.

20. «Lo que constituye la especificidad de la socialización política es la relación entre esa realidad y esa identidad personal con un determinado sistema político» (Martín-Baró, I. Socialización política: dos temas críticos. *Revista de Psicología de El*

identidad interiorizando la violencia, la mentira institucionalizada y el tipo de relaciones sociales deshumanizadoras, o una identidad socialmente estigmatizada, con frecuencia no menos violenta, y que tiene que recurrir a la mentira social, al juego de la falsedad pública y la autenticidad clandestina como requisito de supervivencia. El dilema es tanto más nocivo cuanto que con mucha frecuencia ni los padres ni los maestros o educadores tienen conciencia de él y, por tanto, no ayudan al niño a enfrentarlo constructiva y creativamente. Punamäki (1987) ha encontrado que, entre los niños palestinos, la claridad ideológica y el compromiso político eran de gran ayuda para que el niño enfrentara positivamente las circunstancias traumatógenas en que tiene que vivir y desarrollarse[21].

De lo dicho se sigue que el dilema no constituye una simple alternativa maniquea entre autenticidad deseable y alienación indeseable, ya que la identidad en contra del sistema social acarrea obvios costos objetivos y subjetivos y, por tanto, no puede considerarse como una opción ideal; más bien el dilema muestra cómo la situa-

---

Salvador, 5, 1986, 13). En algunos casos, dicha socialización transmite y refuerza patrones de violencia que pasan al interior de los propios sujetos violentados para volver a salir en forma de violencia: una espiral que llena de sombras la vida social de niños y adultos (ver nota 26 de la Introducción y epígrafe «La elaboración de la violencia» en el capítulo 1). Y todavía resulta más inquietante dicho proceso en un medio tan tenebroso como la guerra, cuando cabe la sospecha de que la formación de necesidades, conocimientos y valores personales está mediatizada por las necesidades, conocimientos y valores exigidos por un sistema sociopolítico. Una posición que, en sus últimos escritos, le había conducido a considerar lo político como un elemento nuclear en la Psicología social. Así lo deja escrito, en un anticipo de la que hubiera sido una de sus líneas futuras de investigación, en el Prólogo a su segundo volumen de Psicología social: «En los momentos actuales pienso que la Psicología social debe conducir a una Psicología política como su futuro más propio» (Martín-Baró, I. *Sistema, grupo y poder*. San Salvador: UCA Editores, 1989, 7). Socialización e institucionalización: dos procesos a los que Florentino Moreno hermana dentro de un gran título, «La socialización bélica», que se desgrana en dos capítulos: «La socialización o el proceso de convertirse en persona» y «La guerra como institución» y que concluye en los siguientes términos: «La guerra es una institución que se fundamenta en una serie de valores ideológicos cuya base común hay que buscarla en los procesos que vinculan a los individuos a los grupos en liza. Una vez conseguida esta vinculación, existe un importante aparato normativo que regula y determina las acciones que debe realizar cada colectivo, y dentro de éstos, la misión de cada individuo. Así se legitiman conductas como la destrucción o el asesinato, que normalmente cada uno de ellos no realizaría de forma espontánea, y que sirven, a su vez, para aumentar la vinculación de éstos con el grupo» (Moreno, F. *Infancia y guerra en Centroamérica*. Cit., 120).

21. Algo de ello hemos comentado en la nota 14 de este capítulo.

ción de guerra pone a los niños ante alternativas existenciales cuya dinámica normal tiende a producir daños, trastornos psíquicos; es decir, lo que hemos llamado traumas psicosociales. 3. *Polarización-desgarramiento*. El dilema anterior va estrechamente ligado con el carácter de polarización sociopolítica imperante en El Salvador (Martín-Baró, 1984, 1988a)[22]. Ambos grupos contendientes hacen un esfuerzo consciente y sistemático por ganarse la simpatía y el apoyo de la población civil, lo que plantea una existencia social en términos de aceptación incondicional de unos y rechazo absoluto de otros, considerados como «enemigos». La presión sobre la población civil es particularmente intensa en las zonas más conflictivas, en las que las personas tienen que soportar hoy la presencia de los unos para recibir mañana la visita de los otros, en ambos casos con el reclamo de fidelidad y la sospecha de traición. Esta situación puede resultar desgarradora, sobre todo cuando, con el transcurso de los años, la opción polar se vuelve una exigencia excesiva y sin horizontes para la mayoría de las personas, que bloquea el desarrollo de la propia vida sometiéndola a los vaivenes extremistas de la confrontación.

El niño salvadoreño vive y tiene que desarrollarse en este clima de polarización, con el peligro de estructurar su mente en términos dicotómicos, tan poco propicios para la resolución creativa de problemas y que tan fácilmente orientan hacia los comportamientos violentos. Aunque hoy se discute si el estilo cognoscitivo simplista, la intolerancia a la ambigüedad, está relacionado o no con el autoritarismo y, por tanto, con las opciones políticas más extremas (Sidanius, 1985, 1988a, 1988b; Ray, 1988), en cualquier caso no parece ser el estilo más favorable psicológicamente para un desarrollo saludable de la personalidad y para el funcionamiento psicosocial cotidiano.

Recientemente he planteado la hipótesis de que aquellas situaciones donde se vive con más intensidad el clima de tensión polarizadora, como son las zonas de conflicto, resultan un caldo de cultivo particularmente propicio para los trastornos psicosomáticos. Las somatizaciones constituirían así el enraizamiento corporal de la polarización social, y serían un signo de la incapacidad de la persona

---

22. Estos dos artículos han sido precisamente los elegidos para formar el próximo capítulo, pero el fenómeno de la polarización ha venido siendo una constante. A él está dedicada la primera parte del capítulo segundo, y sendos epígrafes en los capítulos 3 y 7.

para manejar la situación de tensión que ocasionalmente puede derivar al autismo en los niños y a problemas de carácter claramente psicótico o esquizofrénico en los jóvenes.

CONCLUSIÓN

El niño salvadoreño se encuentra sumergido hoy en una situación de guerra cuya «normal anormalidad», enfrentada cotidianamente, tiende a producir algún tipo de trauma psicosocial. Este trauma se origina porque el niño se ve obligado a enfrentar, como parte de su desarrollo, unos dilemas cuyos términos siempre son insatisfactorios: sea que el niño termine como soldado o víctima (o como soldado y víctima), sea que construya una identidad agresiva-estigmatizada o agresiva-enajenada, sea que opte por uno u otro de los polos de la contienda, o que sea atrapado entre ambos, en todos los casos enfrenta la posibilidad de algún trauma o daño psíquico. Y la solución creativa, aunque posible, reclama por lo general unas condiciones y unos recursos sociales de los que muy pocos niños salvadoreños pueden disponer, en buena medida por las mismas razones que existe la guerra.

Como psicólogos, no podemos entonces darnos por satisfechos con atender las situaciones post-traumáticas. Esto es necesario y particularmente urgente con los niños. Pero el problema de fondo no está en los individuos, sino en las relaciones traumatógenas propias de un sistema opresor que ha desembocado en una situación de guerra. El tratamiento, por tanto, debe dirigirse también, y muy primordialmente a la relación, a esos vínculos grupales que constituyen la «normal anormalidad» que deshumaniza a débiles y poderosos, a opresores y oprimidos, a soldados y víctimas, a dominadores y dominados. Si queremos que en El Salvador de mañana nuestro pueblo pueda elevar con dignidad su voz y afirmar su presencia histórica, debemos contribuir a crear hoy las condiciones para que nuestros niños puedan desarrollarse y construir su identidad sin verse sometidos a dilemas traumatizantes y, en definitiva, deshumanizadores.

LOS EFECTOS PSICOSOCIALES DE LA GUERRA[23]

Cuando desde la Psicología enfocamos los efectos que produce la guerra, tendemos a concentrarnos en su impacto en el psiquismo de los individuos y grupos, particularmente en su carácter traumatógeno. El supuesto más o menos implícito es que la guerra constituye una realidad externa a las personas, una situación que afecta desde fuera al desarrollo individual y a la convivencia social. De ahí que la atención se centre sobre todo en aquellos que sufren más directamente las condiciones de la guerra, ya sea porque están involucrados como combatientes —soldados o guerrilleros—, ya sea al sufrir como población civil las consecuencias de la violencia generalizada o de la represión política que suele acompañar a las acciones bélicas, en particular en las llamadas guerras de contrainsurgencia.

Sin duda, este aspecto es esencial, y ante la consistente proliferación de los conflictos bélicos en el mundo, los psicólogos debemos incrementar los esfuerzos por aumentar nuestro conocimiento y nuestra capacidad de intervención para ayudar a sus víctimas directas e indirectas. Ahora bien, desde un punto de vista psicosocial esta perspectiva es sólo parcial y limitada y, eventualmente, puede dejar de lado algunos de los efectos más graves de las confrontaciones bélicas. De hecho, una guerra es una práctica social tan radical que tiende a sobredeterminar el funcionamiento de los aspectos más diversos de una sociedad. Cuando un país se encuentra en guerra, ya sea con otro país o por el enfrentamiento entre grupos de su propia población, la vida social en su conjunto tiende a ser dominada por los dinamismos bélicos: la economía no sólo tiene que asimilar la destrucción sistemática del aparato productivo, sino que debe orientar sus principales esfuerzos hacia la satisfacción de las necesidades militares siempre perentorias; la política se militariza y las mismas instituciones culturales, como la escuela y las iglesias, desarrollan todo un aparato de simbolismos y justificaciones que predisponen a la población a la lucha y ensalzan el sacrificio de quienes entregan su vida en beneficio del bando considerado en cada caso como bueno.

Ahora bien, como toda práctica social importante, la guerra va configurando una realidad nueva, va definiendo un mundo diferente al de las sociedades que se encuentran en paz. Cuando las guerras son un fenómeno corto y pasajero, un momento de crisis muy cir-

23. Con este epígrafe da comienzo el artículo «La institucionalización de la guerra» publicado en la *Revista de Psicología de El Salvador*, 33, 1989, 223-245.

cunscrito en el tiempo y aun en el espacio, su impacto configurador es relativamente pequeño y fácilmente superable, prescindiendo de los cambios sociopolíticos a que dé lugar. Pero cuando las guerras se enquistan, cuando el accionar bélico tiende a estancarse por períodos largos, su poder configurador de la realidad social se vuelve predominante tanto en la estructuración objetiva del ordenamiento social como en la modelación subjetiva del marco de referencia de los grupos y personas. A este fenómeno nos referimos al hablar de institucionalización de la guerra. Un proceso así creemos que se está produciendo en la sociedad salvadoreña, como nos parece que se ha producido ya en la sociedad palestina e israelí, y nos tememos que pronto comience a darse en sociedades como la peruana y la colombiana.

Es bien conocido el planteamiento que sobre la *institucionalización* de una práctica social hacen Berger y Luckman (1968, 66-120). Toda sociedad trata de resolver los problemas fundamentales de la existencia, así como de satisfacer las necesidades de sus miembros. En este proceso histórico, aquellas formas de actuar que logran el objetivo buscado o, por lo menos, que responden más adecuadamente a la perspectiva de quienes tienen el control social, van siendo privilegiadas y se van estableciendo como los modos habituales de proceder. Cuando una manera concreta de actuar para resolver un problema o para responder a una necesidad se vuelve habitual y, sobre todo, se hace normativa en una sociedad, esa forma constituye una institución social. El comportamiento de los actores queda definido y tipificado en roles, recíprocos y complementarios entre sí, regulados por principios y normas que a veces llegan a ser legalmente sancionadas. Ejemplos característicos de instituciones sociales bien conocidas son la familia, con sus roles de padres e hijos, y la escuela, con los roles de maestro y alumno.

Una institución es una realidad objetiva, algo que las personas encontramos en la sociedad como un dato previo a nuestra existencia, una «cosa» que diría Durkheim, con la que tenemos que contar y frente a la que tenemos que ajustar nuestro quehacer. Las personas que entran en una institución saben por lo general bastante bien qué tienen que hacer, lo que los demás esperan de ellas y lo que ellas pueden esperar y exigir a los demás. Por ello, las sociedades suelen contar con periodos preparatorios específicos durante los cuales las personas se socializan, es decir, aprenden e interiorizan las exigencias de una determinada institución. Pero exista o no ese período, las demandas fundamentales de una institución social, las normas sobre lo que hay que hacer, quién, cuándo y cómo, están inscritas en las prácticas rutinarias, en los hábitos que los actores tienen que desarrollar en su quehacer cotidiano, rutinas y hábitos cuyo quebrantamiento arrastra sanciones.

Ahora bien, una institución social no se queda en el mero plano de la objetividad, sino que exige su elaboración ideológica: una institución es una práctica, una forma de actuar, pero toda sociedad necesita dar razón de su proceder, tanto más cuanto más importante sea para la vida de la sociedad. Así, las instituciones tienen que ser no sólo explicadas, sino justificadas como buenas y aun como ideales. La ideologización suprema de una institución consiste en su naturalización, es decir, en hacer de ella una exigencia de la misma naturaleza humana[24], y no una simple alternativa histórica. Por lo general, esta naturalización culmina en la sacralización de la institución, es decir, en volver a un Dios supremo fuente y garante último de la práctica institucional. De esta manera, la institución recibe su legitimación última e inamovible.

La elaboración ideológica de una institución supone la definición de valores, la construcción de símbolos, la promulgación de normas y leyes. Estos valores, símbolos y normas son interiorizados por las personas. De este modo, la institución penetra en el ámbito de la subjetividad: la exigencia social se vuelve ideal personal, la necesidad objetiva se convierte en aspiración subjetiva. La praxis sobre la realidad se hace conocimiento de esa misma realidad, y el esquema comportamental externo encuentra su correlato en los esquemas cognoscitivos y valorativos internos; en otras palabras, la práctica socialmente demandada se hace forma de pensar individual y el hábito socialmente exigido se convierte en valor personal.

Es importante examinar entonces en qué medida una práctica como la de la guerra puede institucionalizarse, es decir, objetivarse en las prácticas sociales e interiorizarse como mundo subjetivo. Pretendemos examinar, en concreto, si la guerra que asola a El Salvador desde 1980 se ha institucionalizado ya en el país, si se ha consolidado objetivamente en prácticas y rutinas habituales, y si se ha interiorizado subjetivamente en formas normales de pensar y de valorar la realidad cotidiana. Creemos que este análisis es tan interesante o más que el de las consecuencias sobre las víctimas de los conflictos

---

24. Sobre la relación orden natural-orden social, ver nota 4 del capítulo 8 de *Psicología de la liberación*, y nota 16 del capítulo 3 del volumen que tenemos entre manos.

armados, ya que la institucionalización de la guerra desborda la finalización de la lucha armada e incluso trasciende la vida de las personas involucradas en ella y, por tanto, condiciona esencialmente las posibilidades mismas de la paz social.

LA HABITUACIÓN OBJETIVA A LA GUERRA

No se trata aquí de examinar las características más propias del conflicto salvadoreño cuanto de explorar aquellos aspectos de la guerra que se hayan constituido o puedan constituirse en prácticas institucionales, es decir, hábitos y rutinas asumidas sin mayor cuestionamiento e incluso como exigencias normativas. Nos fijaremos en tres de estas formas habituales que se observan ya en la vida cotidiana de El Salvador: la militarización de la existencia, la aceptación de lo que podemos llamar «impuesto de guerra», y la mentira oficializada.

La militarización de la existencia

El funcionamiento y reproducción de cualquier orden social combinan dosis diferentes de convicción y coerción. Todo régimen político aspira a funcionar reduciendo al mínimo la coerción sobre los ciudadanos, aunque su eliminación total constituya un ideal utópico (Janowitz, 1978). De hecho, hasta los regímenes más democráticos mantienen una instancia coercitiva interna —la policía— a la que asignan en exclusiva el empleo legítimo o, por lo menos, legal de la fuerza física contra la propia población. La coerción pretende mantener integrados al orden establecido a aquellos grupos y personas con quienes no basta la convicción sino que requieren la amenaza de la fuerza e incluso la represión y aun la eliminación física, lo que ya supone la renuncia a su integración.

Es claro que para mantener integradas a las clases dominadas en nuestras sociedades latinoamericanas, la dosis de coerción empleada suele ser notoriamente mayor que la de convicción y, por lo general, la función represiva prima sobre la función integradora (Castells, 1973, 179). En otras palabras, los gobiernos de turno no suelen buscar tanto que los sectores marginados puedan participar plenamente en la vida social cuanto que su existencia no altere el funcionamiento «normal» del orden social establecido.

Pero en una situación de guerra civil como la que vive El Salvador, ni siquiera el incremento masivo de la represión policial ha bastado para mantener el *statu quo*; fue necesaria la militarización misma de las estructuras sociales. La diferencia estriba en que la represión policial asume todavía en principio la existencia de un ordenamiento civil, mientras que la militarización transforma ese ordenamiento introduciendo un principio interno de disciplina militar. Al extender la confrontación a todos los ámbitos de la vida social, la doctrina de la «seguridad nacional»[25] primero, y de los llamados «conflictos de baja intensidad»[26] después, han promovido y en varios casos exacerbado la militarización de los países latinoamericanos.

En el caso de El Salvador, la militarización de las estructuras sociales se extiende desde los espacios físicos hasta los ámbitos culturales, pasando por los organismos más diversos. Los retenes militares que invaden las calles de las ciudades y las carreteras del país, las patrullas que constantemente se movilizan por caminos y veredas, los vigilantes que bloquean la entrada a cualquier edificio público y aun privado, son testigo fehaciente de esa ocupación militar de los espacios físicos del país. Una invasión análoga se observa en los medios de comunicación de masas saturados no sólo de informaciones militares, sino de la presencia militar en todos los ámbitos de la vida, políticos o culturales, económicos o recreativos: los militares opinan sobre las medidas económico-sociales o coronan reinas de belleza, imparten charlas educativas o inauguran obras públicas, realizan actos cívicos, dirigen proyectos de desarrollo y hasta presiden celebraciones religiosas o sientan cátedra sobre la «verdadera religión».

Hoy día, la Fuerza Armada salvadoreña está presente más o menos directamente en todos los ámbitos de la vida social, la mayor parte de ellos completamente ajenos a la naturaleza de las funciones a las que la institución militar debe atender o para cuyo desempeño sus miembros han sido preparados. El problema no estriba en si los oficiales en cuanto personas son capaces o no de desarrollar esas funciones; el problema es que se introduzcan en razón de su pertenencia a la Fuerza Armada y como tales, es decir, como miembros de esa institución. Y lo que es todavía más grave, su presencia es por lo general omnipotente, es decir, se constituye en la instancia decisiva sobre lo que se hace o se puede hacer, si no siempre en directo, al menos mediante su poder de veto. De esta manera, la guerra pe-

25. Sobre la doctrina de la seguridad nacional remitimos al lector a la nota 15 del capítulo 2.
26. Sobre los conflictos de baja intensidad remitimos al lector al capítulo 3 (ver también su nota 7).

netra en las áreas más diversas de la convivencia social, y las instancias y criterios militares desplazan a las instancias y criterios civiles, desnaturalizando con frecuencia los fines de los organismos sociales, incluso por encima del ordenamiento jurídico. Lamentablemente, un proceso de militarización similar y aún mayor, no por comprensible menos deplorable, tiende a darse en las zonas bajo control rebelde.

La consecuencia de esta militarización de la existencia social es que las personas tienen que desarrollar su vida bajo permiso y como una concesión; todo lo importante y no poco de lo secundario requiere el visto bueno militar; todo aquello que pueda tener algún tipo de significación nacional y aun local debe ser valorado a la luz de las exigencias bélicas, confundidas en ocasiones con las conveniencias de la institución castrense o con el simple capricho del comandante local o del oficial de turno. La perentoriedad de una existencia así sólo puede calibrarse cuando se llega al ridículo de que hasta los actos más elementales como desplazarse en vehículo para realizar el propio trabajo, leer un libro sobre la situación del país, dar un curso sobre higiene dental o reunirse con unos amigos en la casa, y hasta tener un «póster» de monseñor Romero adornando el hogar pueden ser considerados actos subversivos y necesitan recibir el visto bueno militar. Esta militarización objetiva de la existencia supone, sin duda, un nivel de institucionalización de la guerra en el funcionamiento del orden social establecido.

El impuesto de guerra

Por impuesto de guerra se suele entender aquel cobro que un gobierno establece para costear el incremento de los gastos militares que se produce en tiempos de conflagración bélica. Ahora bien, son de hecho dos las imposiciones que se establecen sobre la población civil en tiempos de guerra: una, la económica; otra, la personal.

En El Salvador, los principales organismos de la empresa privada rechazaron en 1987 el establecimiento de un impuesto directo de guerra al que el gobierno denominaba «impuesto para la defensa de la soberanía nacional», rechazo ratificado por la Corte Suprema de Justicia. El argumento de los empresarios consistió en que lo que estaba en juego no era la soberanía sino el orden interno del país, pues se trataba de un conflicto civil, no internacional (A.C., 1987). Sin embargo, los mismos capitalistas han aceptado de hecho y hasta ratificado a través de sus representantes una distribución del presupuesto nacional que año con año asigna a la guerra la mayor

316

cantidad de recursos disponibles, mientras se recortan los fondos dedicados a la salud, la educación y otros servicios públicos, recortes que, por supuesto, muy poco o nada afectan a esos sectores privilegiados. La gravedad de este punto sólo se aprecia adecuadamente cuando se tiene en cuenta que, además de robarse la mayor parte del león del presupuesto del país, la guerra se come también la mayor parte de la ayuda que llega del exterior y que representa el equivalente a otro presupuesto nacional. El que el Estado salvadoreño dedique a la guerra una parte mayoritaria del presupuesto sin que gobernantes o legisladores se hagan o se atrevan a hacer público cuestionamiento alguno, pone de manifiesto que la guerra se ha institucionalizado. En la práctica, se acepta este presupuesto de guerra como parte del funcionamiento normal del país, así como se acepta el consiguiente deterioro del nivel de vida de la población.

Pero un impuesto todavía más doloroso y aceptado como normal es el de vidas humanas. Mes con mes la Fuerza Armada realiza en las zonas marginales de las ciudades y en las poblaciones campesinas el reclutamiento forzoso de jóvenes, operación que tiende a parecerse a una verdadera cacería humana con la cual trata de compensar las bajas sufridas en los combates. Semana con semana y aun día con día, el Comité de Prensa de la Fuerza Armada ofrece un recuento de sus éxitos militares así como de las atrocidades (reales o presuntas) del FMLN. Los éxitos se cifran en la muerte de guerrilleros; las atrocidades en la muerte de soldados o de civiles, esta última siempre atribuida a los insurgentes, cualquiera sea su autor real. Partes de guerra similares, aunque cambiando los papeles de héroes y villanos, ofrecen las emisoras del FMLN. Lo trágico es que, a estas alturas de la confrontación, a nadie parece conmover lo más mínimo el sacrificio cotidiano de vidas jóvenes, cualesquiera sean las filas en las que ocurra; se diría que el salvadoreño, no quizá como persona, pero sí como miembro de una colectividad, ha aceptado ya la inevitabilidad y hasta la normalidad de una cuota de muertes diarias, esa macabra contabilidad humana que constituye el más terrible de los impuestos de guerra. Pero esta aceptación pseudo-fatalista de una cuota de vidas es índice de la institucionalización de la guerra en el país.

La mentira oficializada

Es bien sabido que la historia la escriben los vencedores y que su versión constituye no sólo una perspectiva parcial, sino con frecuencia una burda falsificación de los procesos, los hechos y los actores involucrados. Se trata de «la historia oficial», como bien lo ponía de manifiesto la conocida película argentina con el mismo título sobre los acontecimientos de ese país durante los años de dictadura militar. Pero la construcción ideológica de la historia no es algo que únicamente tenga lugar una vez transcurridos los acontecimientos, sino que se da también en el día tras día, y ello precisamente como parte de la interacción social y de la confrontación de intereses grupales.

En El Salvador se da hoy en día esa mentira sistemática que constituye la historia oficial sobre los hechos bélicos, en particular sobre todos aquellos que conciernen no tanto a los enfrentamientos militares cuanto a las acciones paramilitares dirigidas contra la población civil sospechosa de simpatizar con los rebeldes. Esa historia puede incluir hechos reales, por supuesto, pero sobre todo versiones deformadas de los acontecimientos que cambian a los autores o a las víctimas, las circunstancias o la forma como se produjeron, y hasta hechos inexistentes, simplemente elaborados por exigencias de la propaganda bélica, de la llamada «guerra psicológica» (Martín-Baró, 1988b)[27]. La mentira sistemática genera una especie de penumbra psicosocial donde se entremezclan lo real y lo ficticio (Poirier, 1970), y donde los fantasmas terminan imponiendo su ley al conocimiento, hasta el punto de que algunas personas y grupos llegan a creerse las mentiras que ellos mismos han fabricado.

Ahora bien, incluso más grave que la mentira sobre los hechos es el estereotipamiento sistemático de los grupos y personas[28], un proceso de verdadero etiquetamiento (Becker, 1966) que, al interior del orden establecido, genera la realidad misma etiquetada. Al reducir la percepción social a los esquemas rígidos y simplistas cargados de afectividad propios del estereotipo, se ejerce una gran violencia cognoscitiva, es decir, se introduce la guerra en el ámbito del propio conocimiento social convirtiendo todo en blanco y negro,

---

27. Este artículo está íntegramente incluido en la primera parte del capítulo tercero de este volumen.

28. La propuesta de un «fondo ideológico» en el entramado de la violencia puede ser considerada como una de los aportaciones teóricas más relevantes de Martín-Baró (ver introducción y capítulo 1). Dada la importancia que concede Martín-Baró al estereotipo en este entramado de falsedades, quizás convendría remitir al lector al tratamiento más detenido que sobre este proceso psicosocial hace nuestro autor (ver Martín-Baró, I. *Acción e ideología*. San Salvador: UCA Editores, 1983, 225-237).

en bueno o malo, en amigo o enemigo, sin matices ni zonas intermedias.

Un típico estereotipamiento que se da hoy en día en El Salvador es el que caracteriza a toda forma de pensamiento más o menos discrepante frente al régimen como «comunismo». Esto supone no sólo una inaceptable simplificación del mundo ideológico, sino que constituye una burda falsificación de la realidad, sobre todo en la medida en que se incluyen ahí hasta el «comunismo» democristiano o la tendencia liberal de Partido Demócrata norteamericano. Otro estereotipamiento social muy extendido es el que tilda como «delincuentes terroristas» a quienes no comulgan con las políticas oficiales. En la colada se van no sólo los miembros de la guerrilla, sino los simpatizantes de cualquier partido de izquierda, los miembros de las organizaciones populares y hasta los miembros de los organismos humanitarios o de defensa de los derechos humanos. Todos son «delincuentes», es decir, autores de delitos contra la ley y además, «terroristas», es decir, individuos que realizan sus delitos mediante el empleo del terror.

El problema con el estereotipamiento radica menos en el esquema cosgnoscitivo por sí mismo cuanto en el hecho de que un conocimiento tan rígido y simplista transforma la realidad en un campo de batalla de buenos contra malos, en el que la única alternativa posible frente a una realidad tan diabólica como el «comunismo», o frente a sujetos tan criminales como los «delincuentes terroristas», es la violencia sin contemplaciones ni componendas. Porque tras la categorización viene la acción, a la acusación de comunismo sigue la bomba, tras el etiquetamiento al delincuente terrorista viene su apresamiento o su desaparición. La utilización generalizada y casi mecánica de estereotipos grupales de esta naturaleza es uno de los síntomas característicos de la institucionalización objetiva de la guerra en El Salvador.

Finalmente, la mentira oficializada echa raíces en las propias instituciones del estado desnaturalizando sus funciones: los cuerpos de seguridad se convierten en la principal fuente de inseguridad ciudadana, y el sistema de justicia, en vez de garantizar el ejercicio de los derechos y deberes, se vuelve garante de la injusticia y la impunidad, siempre que favorezcan la causa del propio bando. De este modo, la guerra penetra las propias estructuras del aparato estatal, al que corrompe, independientemente de que haya personas honradas trabajando en él o que se esfuerzan por actuar con equidad y justicia.

319

LA INTEORIZACIÓN SUBJETIVA DE LA GUERRA[29]

¿En qué medida la institucionalización objetiva de la guerra en las estructuras sociales salvadoreña ha logrado penetrar las estructuras subjetivas?; en otros términos, ¿en qué medida los principios y valores, los presupuestos y actitudes asentados en las prácticas y rutinas cotidianas vinculadas con la guerra han echado ya raíces en las formas de pensar y valorar la realidad de las personas?

Por lo general, se suele asumir que, aparte de su impacto traumatizante, el principal influjo de la guerra en los niños consiste en enseñarles la eficacia privilegiada de la violencia para lograr su objetivos, personales y sociales (Martín-Baró 1988c)[30]. Pero el sostén psicológico de este proceso de socialización radicaría precisamente en la estructuración de un mundo simplista y maniqueo, de unas formas de conocer y de valorar estereotipadas, que son las que reclaman y justifican como horizonte comportamental el uso de la violencia. La pregunta es: ¿hasta qué punto los niños salvadoreños han desarrollado unas estructuras cognoscitivas y valorativas de este tipo?

A fin de examinar este problema, desarrollamos un pequeño estudio, que es el preludio de un estudio más amplio que queremos realizar en el futuro inmediato. El trabajo tiene como antecedente los estudios de Robert L. Leahy sobre el desarrollo del concepto de clase social (Leahy, 1981, 1983a, 1983b), que constituyen una aplicación del esquema piagetiano sobre el desarrollo cognoscitivo de las personas. No es del caso entrar aquí en ese antecedente, ya que fundamentalmente se centra en el desarrollo formal de los esquemas cognoscitivos, mientras que nosotros estamos más interesados en el desarrollo de su contenido; es decir, no nos preocupa tanto examinar aquí cómo piensan los niños salvadoreños cuanto qué es en concreto lo que piensan.

Tras elaborar un pequeño cuestionario de diez preguntas acerca de la paz y de la guerra, lo aplicamos con un grupo de estudiantes

---

29. El desarrollo de este epígrafe nos remite a conceptos habituales a lo largo de este volumen sobre los que se asienta la violencia bélica: a la polarización, a la construcción de la imagen del enemigo, a la percepción de lo insólito como normal y al manejo hábil y categórico de estereotipos. Elementos todos ellos que el lector interesado podrá encontrar más detenidamente tratados en los capítulos que conforman «El proceso de interiorización de la guerra» (Moreno, F. *Infancia y guerra en Centroamérica*. Cit., 107-199.

30. Este artículo está recogido en este volumen, y forma la primera parte el capítulo segundo.

avanzados de Psicología de la Universidad Centroamericana «José Simeón Cañas» a un grupo de 204 niños. Todos los niños son del sexo masculino, pero se dividieron entre niños pertenecientes a sectores socioeconómicos altos y bajos, y en tres grupos de edad: de 8 a 10 años, de 11 a 13 años, y de 14 a 16 años. Los contactos se hicieron en los propios hogares del niño o en sus escuelas. A cada niño se le entrevistó personalmente, tras solicitar el permiso de sus padres o responsables y, salvo en algunos casos en que no fue posible, las entrevistas fueron grabadas. Aunque se disponía de un cuestionario, la entrevista se trató de desarrollar en forma de conversación flexible, al estilo piagetiano, y no como una encuesta rígida (lo que, lamentablemente, no siempre fue el caso).

El aspecto fundamental que nos interesa aquí es si los niños han interiorizado los esquemas bélicos. Por eso, pretendemos examinar en qué medida hay ya en esos niños salvadoreños rastros cognoscitivo-valorativos de la militarización, de la aceptación rutinaria de la muerte, y de la mentira oficializada que hemos presentado como elementos de institucionalización de la guerra en las estructuras objetivas de la sociedad salvadoreña.

Guerra y paz[31]

Al preguntar a los niños qué es la guerra, en qué consiste para ellos la guerra, obtuvimos dos tipos principales de repuestas: los que ven

---

31. Uno de los campos en los que ha resultado especialmente útil la teoría de las representaciones sociales ha sido, en confesión de su máximo representante, Serge Moscovici, es en el de la Psicología infantil, en el intento por descifrar las teorías que los niños tienen sobre el mundo que les rodea, y más en concreto el proceso a través del cual construyen la representación del mundo socio-político (ver el capítulo 19 de J. Delval, *El desarrollo humano*. Madrid: Siglo XXI, 1994, 458-498). Uno de los capítulos de este apasionante tema versaría precisamente sobre las concepciones que los más pequeños tienen en torno a la paz y a la guerra. En honor a la verdad, no es este el capítulo más abultado en la literatura científica, ni el que más tradición investigadora acumula (las primeras investigaciones datan de mediados de los sesenta: ver Cooper, C. The Development of the concept of war. *Journal of Peace Research, 1,* 1965, 1-17; Alvik, T. The development of views on conflict, war, and peace among school children. *Journal of Peace Research, 5,* 1968, 171-195). Pese a todo, ya vamos contando con alguna literatura especializada en castellano, que el lector podrá encontrar en el libro, muy citado en estas notas, de F. Moreno, *Infancia y guerra en Centroamérica*. Cit.; Delval. J. y Del Barrio, C. La guerra vista por los niños. *Derechos Humanos, 31,* 1991, 13-18; Delval, J. y Del Barrio, C. Las ideas de los niños acerca de la guerra y la paz. En F. Moreno y F. Jiménez Burillo, *La guerra: realidad y alternativas*. Madrid: Complutense, 1992, y sobre todo en la tesis doctoral de A. Fons

la guerra como un conflicto, enfrentamiento o lucha entre dos bandos (34,3% de los niños entrevistados), y los que la ven más en su aspecto de muerte y matanza de personas (22,1% de los encuestados) (ver Cuadro 1).

Cuadro 1. DEFINICIÓN DE LA GUERRA SEGÚN SECTOR SOCIAL Y EDAD

| | | SECTORES SOCIALES | | | | | | | |
| | | «Altos» | | | «Bajos» | | | | |
Qué es la guerra	Edad	8-10	11-13	14-16	8-10	11-13	14-16	N	%
Conflicto, enfrentamiento, peleas		38,2	28,6	51,5	20,6	33,3	35,3	70	34,3
Muertes, matanzas, batallas		23,5	20,0	9,1	41,2	27,3	11,8	45	22,1
Conflicto y muertes		5,9	17,1	3,0	5,9	15,2	14,7	22	10,8
Algo malo, dañino		5,9	8,6	18,2	5,9	12,1	8,8	20	9,8
Violencia, destrucción		8,8	11,4	6,1	17,6	6,1	5,9	19	9,3
Otras respuestas		8,8	11,4	12,1	8,8	3,0	23,5	23	11,3
No sabe, falta dato		8,8	2,9	0,0	0,0	3,0	0,0	5	2,5
Todos	N	34	33	34	34	35	33	204	
	%	33,7	32,7	33,7	33,3	34,3	32,4		100,0

Ejemplo del primer tipo de respuesta es la de un niño de trece años, del sector social alto, quien definió la guerra como «un conflicto armado, causado por diferentes motivos, políticos o sociales, en que generalmente sale afectado la población inocente». El segundo tipo de respuestas lo ejemplifica un niño de 10 años, del sector bajo; en la guerra, dijo, «hay unos que mueren, unos que salen heridos, golpeados y otros les cortan las manos y los pies». El primer tipo de respuestas lo tienden a dar más frecuentemente los niños mayores y de sectores altos, mientras que el segundo tipo lo ofrecen sobre todo niños de menor edad y de sectores bajos. Un grupo más reducido de niños (el 10,8%) señaló ambos aspectos, es decir, que la guerra es tanto conflicto como muerte. Finalmente, un 9,8% de los niños entrevistados dio respuestas de tipo moral y abstracto, diciendo que la guerra es algo malo y dañino, y un porcentaje similar

Méndez *El desarrollo de los conceptos de guerra y paz en los niños centroamericanos* (Universidad Autónoma de Madrid. Facultad de Psicología: Madrid, 1993), en la que con la ayuda de una muestra de niños centroamericanos pretende: *a)* conocer las ideas de los niños sobre los diversos aspectos relativos a la guerra y a la paz; *b)* explorar los cambios en el transcurso de la edad, y *c)* estudiar, finalmente, si el conocimiento de la guerra y de la paz se ve influido por la experiencia que los niños tienen al respecto.

(9,5%) respondió que la guerra es violencia y destrucción, pero sin concretar más.

Con respecto a lo que es la paz, una mayoría relativa de niños (35,3%) la definió como la unión y concordia entre las personas y grupos: es «una amistad, armonía y comprensión entre ambos bandos», nos dijo un niño de 14 años (ver Cuadro 2). Este grupo tiende a ser de niños mayores y de sectores altos. Para un segundo grupo, sobre todo de niños más pequeños y de sectores bajos, la paz es sencillamente que no haya guerra, lo que indican algunos en forma muy genérica como la ausencia de lucha (19,1%) o en forma más específica otros, como el fin de las bombas, tiros y muertes (15,7%). «Es cuando no hay violencia, la gente trabaja tranquilamente y no sienten miedo de que los maten o les tiren bombas», decía un niño de 16 años; «que no haya tiros, bombas, lo que haya es tranquilidad»; «que no hayan muertos ni heridos», decía otro de 12 años; y un niño campesino de 13 años, habitante de una de las zonas más golpeadas por la guerra, lo ponía en términos muy elementales: «paz sería no tener miedo en la noche»[32].

Cuadro 2. DEFINICIÓN DE LA PAZ SEGÚN SECTOR Y EDAD

		SECTORES SOCIALES							
		«Altos»			«Bajos»			todos	
Qué es la paz	Edad	8-10	11-13	14-16	8-10	11-13	14-16	N	%
Unión, amor, hermandad		26,5	42,9	54,5	20,6	24,2	44,1	72	35,3
Que no haya guerra ni lucha		17,6	17,1	12,1	26,5	27,3	14,7	39	19,1
Ni tiros, ni bombas, ni matanzas		20,6	11,4	6,1	17,6	21,2	14,7	32	15,7
Felicidad, belleza, bienestar		17,6	11,4	3,0	23,5	18,2	2,9	26	12,7
Otras respuestas		8,8	17,2	20,2	8,7	9,1	8,8	30	14,7
No sabe, no responde		8,8	0,0	6,1	0,0	0,0	0,0	5	2,5

32. La investigación a la que hemos aludido en la nota anterior utilizó dos muestras: niños nicaragüenses refugiados en Honduras y niños hondureños habitantes de la capital, y sus resultados ratifican, casi punto por punto, los obtenidos por Martín-Baró, bien que con los matices y precisiones propios de un trabajo más amplio. Matar, morir y pelear son las tres categorías con las que los niños de 6, 8 y 10 años se representan la guerra. Son los mayores (los de 10 años) y los niños refugiados quienes con más frecuencia asocian la guerra con matar. La paz, por su parte, es para los niños refugiados principalmente la no-guerra, mientras que para los hondureños está más cerca de otros aspectos como la tranquilidad, el sosiego, la vida agradable, etc. (Fons, A. *El desarrollo de los conceptos de guerra y paz en los niños centroamericanos.* Cit.).

Aceptación de la militarización

¿En qué medida los niños entrevistados aceptan como normal la realidad bélica y militar en la que viven? Ante todo, resultó para nosotros una sorprendente comprobación el que la cuarta parte de niños entrevistados (el 24,6%) pareciera no saber nada sobre la guerra o que sólo tuviera conocimiento de ella a través de la televisión o de las narraciones de otras personas. Un grupo de esos niños daba la impresión de vivir en un mundo distinto, un mundo aparte, un «país de las maravillas» enclavado en una tierra asolada por la guerra. Veamos alguna de las respuestas dadas por este tipo de niños cuando se les solicitaba que contaran alguna historia de la guerra que hubieran vivido o presenciado personalmente o que pusieran algún ejemplo de lo que era la guerra. «No lo he vivido ni me han contado»; «yo no lo he visto». «Es que lo he visto en la tele». «Alemania cuando peleó contra Estados Unidos, país contra país»; «no he visto; sólo en película, película de Rambo y Chuck Norris».

Contrastan estas respuestas con las de otros niños a quienes les ha tocado vivir personalmente los estragos de la guerra. «Cerca de mi casa», nos decía un niño de ocho años, «se peleaban soldados con unos hombres que son guerrilleros. Allí aterrizó un helicóptero, unos soldados heridos se subieron. Lo vi por un hoyo de la puerta»; «saliendo a la escuela», nos decía otro niño de 16 años, «a las cinco y media, por hombres con pañuelos en la cara, con metralletas, y le dispararon a unos policías que estaban ahí; la maestra gritó que nos tiráramos al suelo; yo corrí por un atajo que daba más cerca a la casa; las balas iban por todos los lados»; «mataron a mi papá y a mi mamá por defenderme a mí», nos confesó un niño de 12 años, de clase muy humilde; «ellos murieron».

Ni el vivir en un mundo aislado garantiza la inmunidad mental frente a la militarización, ni la experiencia personal de la guerra lleva a un implicación mental militarista; todo depende de otros factores que parecen apuntar al papel mediador de los adultos en el procesamiento de las vivencias[33], en forma similar a como median en el impacto de las experiencias traumatógenas (Hoppe, 1985; Martín-Baró, 1990).

De hecho, son también una minoría, uno de cada cuatro niños entrevistados (24%), los que responden que les gustaría ser soldados (31,4% si se incluyen aquellos que responden en forma condicio-

---

33. Ver nota 11 en este mismo capítulo.

Cuadro 3. DESEO DE SER SOLDADO SEGÚN SECTOR SOCIAL Y EDAD

SECTORES SOCIALES								
	«Altos»			«Bajos»			todos	
Deseo de ser soldado *Edad*	8-10	11-13	14-16	8-10	11-13	14-16	N	%
No quiere ser soldado	70,6	71,4	63,6	61,8	57,6	79,4	137	67,6
Sí quiere ser soldado	20,6	17,1	15,2	38,2	39,4	14,7	49	24,0
Sí quiere, pero con condiciones	8,8	8,6	18,2	0,0	3,0	5,9	15	7,4
No sabe, no responde	0,0	2,9	3,0	0,0	0,0	0,0	2	1,0

nal). Como era de esperar (Cuadro 3), en este grupo hay más niños menores y de los sectores bajos que niños mayores y de los sectores altos. Como puede verse en el Cuadro 4, la razón más frecuente para querer ser soldado es la de «defender a la patria» (49%); pero un buen porcentaje, 28,6%, dicen que quieren ser soldados para luchar y matar a los guerrilleros: «Así ayudo a matar a los guerrilleros, que son los que no quieren que haya paz», nos dijo un niño de 12 años; «porque así me desquito lo que me hicieron y los mato», nos confesaba otro niño de 13 años.

Hay que subrayar el que casi siete de cada diez niños entrevistados (el 67,7%) rechazaron ser soldados y luchar en la guerra. La causa alegada por la mitad de ellos (50,8%) para expresar este rechazo era que no querían morir o ser heridos: «No, porque a los soldados los matan y yo no quiero morir» fue una respuesta típica de este grupo. «Salen fracturados cuando ponen una mina; salen baleados y mueren», especificaba un niño de 15 años de los sectores bajos. Otros (el 19,7%) rechazaron el ser soldados por la razón inversa, es decir, por no querer ellos matar: «Porque yo, nos razonaba otro niño de 15 años, en mi forma de ser no me gusta maltratar a nadie; tal vez bromeando, pero bromeando. Pero aquí los soldados y la guerrilla disparan y al que le caiga, pues entonces; y eso no es bueno». Como era de esperar, algunos niños apelaron a principios religiosos: «No me gustaría matar», decía uno de 13 años, «por ninguna razón, lógica o no. Dios lo prohíbe explícitamente, y, si puedo evitarlo, lo haré».

La aceptación de la muerte

Como acabamos de ver, la mayoría de los niños entrevistados rechazan involucrarse en la guerra como soldados, ya sea porque tie-

Cuadro 4. RAZÓN PARA QUERER O NO SER SOLDADO

QUIERE SER SOLDADO Y LUCHAR				
Razón	*No*	*Sí*	*Sí condicionado*	*N*	*%*
---	---	---	---	---	---
No quiere morir, ser herido	50,8	-	-	67	32,8
Defender a la patria, al pueblo	-	49,0	60,0	33	16,2
No quiere matar	19,7	-	6,7	27	13,2
Desperdicio de vida, quiere ser otra cosa, no le atrae	18,2	-	-	24	11,8
Luchar contra la guerrilla	-	28,6	-	14	6,9
No es bueno, lo prohíbe Dios	6,1	-	-	8	3,9
Lograr la paz, la libertad	-	12,2	6,7	7	3,4
Otras razones	5,3	10,2	26,7	16	7,8
No sabe, no responde	-	-	-	8	3,9
Todos N	132	49	15	204	
%	67,4	25,0	7,6		100,0

nen miedo a morir o ser heridos, ya sea porque no desean herir o matar a los demás. En principio, cabría pensar que todos estos niños rechazan la guerra en lo que tiene de muerte, y de hecho así parece ser. Sin embargo, lo que rechazan es fundamentalmente su implicación personal, que en la lógica psíquica no necesariamente supone un rechazo a la implicación de otros, y por tanto, a la guerra mientras sean otros los que la hagan. De hecho, éste ha tendido a ser el comportamiento más común entre los sectores dominantes de la sociedad salvadoreña, empeñados en prolongar la guerra hasta acabar con los rebeldes y mostrando un patriotismo a ultranza, siempre y cuando la guerra no supusiera que sus propios hijos fueran al frente de batalla. De ahí que el reclutamiento militar en El Salvador siga siendo selectivo y afecte únicamente a los jóvenes de los sectores pobres de la población.

Al preguntar a los niños cómo podría terminarse la guerra, uno de cada tres niños (34,8%) respondió que mediante un diálogo y acuerdo entre las partes (ver Cuadro 5)[34]. «Dialogando sobre las di-

34. El diálogo como medio para la solución del conflicto: ése fue uno de los argumentos más sólidos de Martín-Baró. No sólo como ciudadano, sino como investigador. En un amplio y significativo sondeo de opinión llevado a cabo entre los meses de agosto y septiembre de 1986, el diálogo se erige como el medio más adecuado para la solución de los problemas del país (26% de los encuestados), como la mejor manera de poner fin a la guerra (lo ratifica el 35,2% de los encuestados), un porcentaje que llega al 77,3% de apoyo a la Iglesia como mediadora, y a un 46,9% que ve en la falta de voluntad de las partes el mayor obstáculo para el diálogo (Martín-Baró,

ferencias y solucionarlas», respondió un niño de 11 años de clase alta; «sí, hablando, sin necesidad de matar a las personas». Otros respondieron que se acabaría la guerra cuando todos dejaran de pelear (15,2%) y otros que cuando los insurgentes del FMLN depusieran las armas (11,1%). Con todo, casi uno de cada diez niños (dieciocho niños, es decir, el 8,8% exactamente) expresó que la forma de terminar la guerra era matando a todos los guerrilleros: «Acabando al FMLN para siempre; matarlos a todos», decía un niño de 15 años de sectores bajos. Otro niño de 9 años cuyo caso analizare-

Cuadro 5. CÓMO TERMINAR LA GUERRA SEGÚN SECTOR SOCIAL Y EDAD

SECTORES SOCIALES								
	«Altos»			«Bajos»			todos	
Cómo terminar la guerra Edad	8-10	11-13	14-16	8-10	11-13	14-16	N	%
Diálogo, acuerdo de los rivales	20,6	45,7	48,5	14,7	21,2	50,0	68	33,8
Que todos dejen de pelear	14,7	11,4	6,1	20,6	21,2	14,7	30	14,7
Que FMLN deponga las armas	14,7	14,3	9,1	5,9	18,2	2,9	22	10,8
Matar a los guerrilleros	17,6	11,4	3,0	8,8	6,1	5,9	18	8,8
Ser buenos, quitar el odio	8,8	5,7	15,2	11,8	3,0	5,9	17	8,3
Esconder o tirar las armas	5,0	0,0	3,0	5,9	6,1	2,9	8	3,9
Otras respuestas	14,7	5,7	6,1	26,5	12,1	11,8	26	12,7
No se puede	0,0	2,9	6,1	2,9	9,1	2,9	8	3,9
No sabe, falta dato	2,9	2,9	3,0	2,9	3,0	2,9	6	2,9

I. El pueblo salvadoreño ante el diálogo. *Estudios Centroamericanos, 454/455*, 1986, 755-768). En las encuestas para pulsar la opinión pública sobre los diversos aspectos de la realidad del país, «El diálogo para la paz» (ese es el título de uno de los capítulos), ocupaba un lugar preferente. Y los datos eran contundentes: el 83,3% de los encuestados consideraban necesario el diálogo entre el gobierno y el FMLN, y la intransigencia de ambos contendientes era vista como el mayor impedimento para la paz por el 41% (Martín-Baró, I. *La opinión pública salvadoreña, 1987-1988.* Cit., 89-100). A pesar del desánimo y de las oscilaciones respecto a las vías para la solución de la contienda, «la persistencia en mantener que el diálogo constituye la mejor solución al conflicto parece mostrar que, tras nueve años de acciones bélicas y de continuas afirmaciones de que la guerrilla apenas sería ya un grupo residual de bandoleros dedicados al terrorismo, la población salvadoreña es consciente de que las posibilidades reales de una solución militar al conflicto son muy pequeñas y que la única alternativa realista la constituye alguna forma de negociación» (Martín-Baró, I. *La opinión pública salvadoreña.* Cit., 79). En las Tablas 2 y 4 del capítulo 4, aparecen datos que apuntan claramente hacia el deseo de negociación y mediación «como el reflejo de un anhelo de paz».

mos después, dijo textualmente: «Terminando con los terroristas. Matándolos. Se lograría si hubiera unos cuantos Rambos aquí para matarlos a los guerrilleros; entonces hubiera paz, tranquilidad».

Ciertamente, no son muchos los niños que expresan esta postura extremista que, con toda probabilidad, refleja una mentalidad absorbida del medio ambiente. Quienes así se manifiestan tienden a ser de menos edad y sectores socioeconómicos altos, aunque estas relaciones no alcanzan un nivel de significación estadística aceptable. Sí es significativo, en cambio, que esta respuesta la den mucho más frecuentemente aquellos que desean ser soldados (un 19,1%) que aquellos que no desean serlo (un 5,2%).

Pero aunque los niños que expresan esta postura extrema sea una minoría, no puede considerárseles una excepción, y su extremismo mental resulta preocupante. Los datos del presente estudio no permiten llegar a una conclusión firme, pero sí refuerzan el hecho de que una militarización mental, la interiorización del militarismo existente en la sociedad, pueda estarse produciendo en por lo menos un sector de la población infantil salvadoreña.

Cuadro 6. DESEO DE SER SOLDADO Y FORMA DE TERMINAR LA GUERRA

	Quiere ser soldado y luchar				
Cómo terminar la guerra	No	Sí	Sí condicionado	N	%
Diálogo, acuerdo de los rivales	37,0	29,8	26,7	68	33,3
Que todos dejen de pelear	15,6	14,9	13,3	30	14,7
Que FMLN deponga las armas	11,1	6,4	26,7	22	10,8
Matar a los guerrilleros	5,2	19,1	13,3	18	8,8
Ser buenos, quitar el odio	8,1	10,6	6,7	17	8,3
Esconder o tirar las armas	5,2	2,1	0,0	8	3,9
No se puede	4,4	2,1	6,7	8	3,9
Otras respuestas	13,3	14,9	6,7	26	12,7
No sabe, no responde	-	-	-	7	3.4
Todos	135	47	15	204	100,0

La asimilación de esquemas estereotipados

Una de las preguntas formuladas a los niños era que identificaran quiénes estaban en cada bando en la guerra de nuestro país. La mayoría (el 65,7%) respondió limitándose a señalar a los rivales; sin

328

embargo, un 25,5%, es decir, uno de cada cuatro niños entrevistados añadió espontáneamente una calificación más o menos estereotipada de los contendientes. «Los soldados son los buenos y los guerrilleros los malos», fue una respuesta común de este tipo. Otros calificaron únicamente a uno de los contendientes, por lo general a la guerrilla: «Los muchachos que ponen las minas, y los soldados». Finalmente, otros niños extremaron la caracterización de los rivales demonizando a los guerrilleros con todas aquellas adjetivaciones que, para su mentalidad infantil, ponían de manifiesto su maldad. Característica es la respuesta de un niño de 13 años de los sectores altos: «En la Fuerza Armada están los que quieren y luchan por nosotros, para que no nos pase nada; y en la guerrilla, los mañosos [ladrones], los hijos que no quieren a sus papás ni a nadie, los drogadictos, gente sin sentimiento». La caracterización que hicieron estos niños de los guerrilleros incluyó los siguientes adjetivos: terroristas, subversivos, engañados, ladrones, comunistas, secuestradores, ambiciosos, sin sentimiento, mercenarios.

La tendencia a calificar estereotipadamente a los contendientes fue más frecuente entre aquellos que dijeron querer ser soldados (31,9%) que entre los que dijeron que no deseaban serlo (22,8%). Y como ya hemos indicado, son ellos mismos los que más se inclinaron a pensar que la forma de terminar la guerra era matando a todos los guerrilleros. Ciertamente todos estos resultados no confirman, sin más, la hipótesis planteada en este trabajo de una interiorización de la guerra en la mente de los niños salvadoreños. Pero sí abonan la hipótesis de que un proceso así puede estarse produciendo en por lo menos un sector no por minoritario menos significativo de la población.

Un caso característico lo constituye Guillermo L., un niño de 9 años de los sectores altos, de quien ya hemos presentado algunas respuestas. Guillermo comienza indicando al entrevistador que no sabe qué es la guerra, pero al insistírsele, dice que «es terrorismo, destruir casas con bombas» y que, si hay guerra es «porque hay terroristas que destruyen, y entonces nos defiende la Fuerza Armada». Afirma que ha visto «cuando atacaron un carro patrulla y mataron un policía, le dispararon sin poder defenderse». Indica que ha experimentado miedo «cuando le pusieron bombas a unos vecinos; creí que era en mi casa, porque se sintió muy fuerte el impacto». Responde que sí a la pregunta de si quiere ser soldado y luchar en la guerra, pero aclara que quiere «ser general» para «combatir a la guerrilla». La manera como cree que podría acabar con la guerra es «terminando con los terroristas, matándolos», y por tanto, para lograr la paz propone que hubiera «unos cuatro Rambos» para matar a todos los guerrilleros.

Por supuesto, no se nos olvida que Guillermo es un niño de 9 años. Pero no podemos menos de observar que muestra ya unos esquemas mentales claros y consistentes con relación a la guerra y la paz, tanto en su calificación de los contendientes como en la propuesta que hace para resolver la guerra y respecto a su comportamiento personal. La guerra es obra de los guerrilleros que son terroristas; los terroristas son malos porque ponen bombas para destruir las casas; por tanto, la mejor forma de terminar la guerra y lograr la paz es eliminando a los terroristas, para lo cual él estaría dispuesto a luchar como militar.

SOCIOTERAPIA DE LA GUERRA[35]

La guerra tiende a institucionalizarse, es decir, a echar raíces, objetivas y subjetivas, en un país como El Salvador, que lleva ya casi diez años de confrontación civil. De acuerdo con nuestro análisis y nuestros datos, la institucionalización aparece con más claridad en las estructuras sociales que en las estructuras mentales, lo cual resulta muy coherente; como psicólogos sabemos bien que es más fácil asumir una práctica en unas circunstancias concretas que interiorizarla, es decir, desarrollar una mentalidad que predisponga a esa práctica y la justifique, y más todavía que la haga personalmente deseable. Esta diferencia entre aceptación del hábito externo e interiorización mental resulta tanto más obvia cuando de lo que se trata es de una práctica extrema, como la guerra, que involucra destrucción y muerte.

Resulta esperanzador que, a pesar de la prolongación de la guerra civil, a pesar de los esfuerzos sistemáticos realizados a través de la guerra psicológica por polarizar a la población, se aprecie que la mayoría de los niños, por lo menos en el grupo al que entrevistamos, se resista a aceptar una concepción maniquea o reaganiana del mundo, donde se es absolutamente bueno o absolutamente malo, sin alternativas. El que la mayoría de los niños de nuestro estudio, como

---

35. Conviene volver a traer a colación, una vez más, aquella Introducción que Ignacio Ellacuría hizo a *Psicodiagnóstico de América Latina*, el primer libro escrito por Martín-Baró (ver nota 13 del capítulo 3).

la mayoría de los salvadoreños (ver IUDOP, 1989; Martín-Baró, 1989), piense que es a través del diálogo y de la negociación entre los contendientes, y no a través de más guerra y de matar a todos los enemigos, como debe resolverse la guerra civil; el que la mayoría de estos niños no quiera ser soldado porque ni quiere morir ni quiere matar, nos confirma que la militarización no ha logrado invadir todavía sus mentes.

Por supuesto, no se pretende que los datos aquí presentados puedan generalizarse sin más a todos los niños salvadoreños. Ciertamente, han sido logrados con una de las poblaciones infantiles menos afectadas por la guerra. Cabe asumir que niños de zonas más golpeadas por la guerra y, sin duda, los niños de la población refugiada y desplazada, pueden presentar otro panorama muy diferente. Con todo, este estudio nos lleva a pensar que, como en el caso de las experiencias traumáticas, los niños tienen una significativa capacidad para resistir el avasallamiento de un mundo exterior hostil, que con frecuencia reclama de ellos un desarrollo contrario a su crecimiento como seres humanos. Hasta dónde llegue esa capacidad y qué factores contribuyan a la resistencia es algo que nos urge examinar con más atención y detenimiento.

En todo caso, tampoco podemos dejar de lado que, junto a la mayoría de niños aparentemente no afectados, hay una minoría no despreciable que sí parece encontrarse contaminada o cuasicontaminada por el virus del militarismo. Y por más que los procesos de interiorización sean lentos y existan importantes resistencias a la asimilación mental de algo tan terrible como una guerra, la prolongación del conflicto civil y su asentamiento en las instituciones sociales del país, puede terminar imponiendo su ley. Lo cual lleva a una conclusión, que no por obvia deja de ser significativa: como psicólogos no podemos volver la espalda a los procesos sociopolíticos, bajo la disculpa de que no son de nuestra incumbencia. Lo son y ello por requisito de nuestro trabajo en favor del desarrollo humanizador e integral de los grupos y personas, de su salud mental que no es un dato simplemente individual, sino interpersonal y social.

La Psicología suele ver como connatural su aporte terapéutico. Por ello, a ningún psicólogo hay que convencerle sobre la necesidad de que se atienda a quienes sufren el impacto de la guerra, ya sean soldados o víctimas de la población civil; tenemos claro también, aunque quizá no tanto, que nuestro aporte es necesario para atender a las víctimas de la represión política y de la guerra psicológica, ya sean torturados, exiliados o familiares de desaparecidos. Pero la Psicología suele sentir como algo extraño y la mayor parte de los psicólogos se muestra reticente a llevar sus planteamientos a un plano que desborde el mundo subjetivo de las víctimas individuales para entrar en el ámbito objetivo de las estructuras victimarias. Y, sin embargo, mal podemos cumplir incluso con nuestro cometido de atención individual si no enfrentamos sus raíces sociales. La psicohigiene y la psicoterapia necesitan integrarse a una sociohigiene y a una socioterapia. Y si, como acertadamente ha señalado el grupo chileno de Elisabeth Lira (Lira, 1988; Weinstein, 1987), la recuperación terapéutica de los traumas sociopolíticos reclama una reparación social[36], como social es su causa, para evitar la militarización mental del niño o desmontar la militarización del adulto tendremos también que eliminar cualquier forma de militarización institucional de nuestra sociedad.

36. Muchas de las consideraciones que se han venido haciendo a lo largo de estas ya dilatadas páginas (los retornados, las secuelas a medio y largo plazo del trauma psicosocial, el necesario recurso a la memoria) abren de par en par la puerta al tema de la reparación social, un tarea en la que se encuentran aquellos países que han sufrido durante años los estragos de la violencia política, un «proceso de responsabilidad ética, jurídica, política, económica y cultural que implica el enfrentamiento social con la verdad de los hechos cometidos en un contexto de violencia extrema y violación de los derechos humanos más elementales, que posibilita dirimir públicamente responsabilidades y establecer medidas compensatorias (morales y materiales) para las víctimas y sus familiares, abriendo la posibilidad de una reconciliación nacional genuina» (Orellana, C., Sánchez, R. y Santacruz, M. *Discurso oficial y reparación social*. Memoria de licenciatura en Psicología. Universidad Centroamericana «José Simeón Cañas». San Salvador, 1999, 35). Ésta es la dirección práctica que se desprende de la propuesta teórica de Martín-Baró (ver, por cierto, Martín-Baró, I. Democracia y reparación. Prólogo a D. Becker y E. Lira, *Derechos humanos: todo es según el dolor con que se mira*. Santiago de Chile: ILAS, 1989, 13-17), y a la que se han sumado, además de las ya citadas, varias propuestas que el lector interesado podrá encontrar, entre otros, en Beristain, C., *Salud mental: la comunidad como apoyo*. San Salvador: Virus, 1992; Instituto Latinoamericano de Salud Mental. *Reparación de los derechos humanos y salud mental*. Santiago de Chile: ILAS, 1996; Cervellón, P. Reparación: perspectivas psicológicas y éticas. En P. Cervellón *et al. Otro rostro de la paz*. San Salvador: FUNDASALVA, 1998; ECA. Hacia donde apunta la esperanza: hacer las cosas nuevas. *Estudios Centroamericanos, 1998*, 1021-1035; Lira, E. Mirando hacia atrás: un balance de 20 años de iniciativas en el Cono Sur. En P. Pérez (coord.), 1999, 139-162; Sveaass, N. y Castillo, M. From Hero to Cripple: An Interview Study on Psychosocial Intervention and Social Reconstruction in Nicaragua. *Peace and Conflict: Journal of Peace Psychology, 6*, 2000, 113-133.

7

GUERRA Y SALUD MENTAL[1]

SALUD MENTAL

En medio de los rigores de una grave guerra civil, cuando se acumulan problemas de desempleo masivo, prolongadas hambrunas, desplazamiento de cientos de miles de personas y hasta la aniquilación de poblaciones enteras, podría parecer una frivolidad dedicar tiempo y esfuerzo a reflexionar sobre la salud mental. Frente a una «situación límite» como la que se vive en El Salvador, cuando la misma viabilidad y supervivencia históricas de un pueblo están en cuestión, resultaría casi un sarcasmo de aristocracia decadente consagrarse a discutir sobre el bienestar psicológico.

En el fondo de este bienintencionado escrúpulo, late una concepción muy pobre de la salud mental, entendida primero como la ausencia de trastornos psíquicos y después como un buen funcionamiento del organismo humano. Desde esta perspectiva, la salud mental constituiría una característica individual atribuible en principio a aquellas personas que no muestren alteraciones significativas de su pensar, sentir o actuar en los procesos de adaptarse a su medio (Braunstein, 1979). Sano y normal será el individuo que no se vea aquejado por accesos paralizantes de angustia, que pueda desa-

---

1. Este capítulo consta de dos artículos: «Guerra y salud mental», y «La violencia política y la guerra como causas del trauma psicosocial en El Salvador». El primero de ellos tuvo como punto de partida la conferencia con la que Martín-Baró inauguró la Iª Jornada de Profesionales de la Salud Mental celebrada el 22 de junio de 1984 en San Salvador, que sería inmediatamente publicada en *Estudios Centroamericanos*, 429/430, 1984, 503-514.

rrollar su trabajo cotidiano sin alucinar peligros o imaginar conspiraciones, que atienda a las exigencias de su vida familiar sin maltratar a sus hijos o sin someterse a la tiranía obnubilante del alcohol. Así entendida la salud mental, es claro que se trataría de un problema relativamente secundario, y ello en dos sentidos. En primer lugar, porque antes de pensar en la angustia, los delirios o el escapismo compulsivo, cualquier comunidad humana debe pensar en la supervivencia de sus miembros; cuando lo que está en juego es la misma vida, obviamente resulta hasta frívolo hablar sobre la cualidad de esa existencia. *Primum vivere, deinde philosophare (antes de filosofar sobre la vida hay que asegurar la vida misma)*. En segundo lugar, el trastorno mental así entendido sería un problema minoritario, un problema que apenas afectaría a un sector muy reducido de la población. Aun aceptando que los problemas psíquicos aquejan a más personas de las que son hospitalizadas en clínicas psiquiátricas o acuden a las consultas del especialista, con todo habría que reafirmar que la mayoría de la población puede ser catalogada desde esta perspectiva como mentalmente sana y, por tanto, los problemas de salud mental apenas conciernen a unos pocos. Por eso se ha podido decir, y no sin razón, que el trastorno mental es una dolencia que aqueja a los pueblos desarrollados, pero no un problema de quienes nos debatimos con las exigencias más prosaicas y fundamentales del subdesarrollo económico y social.

Frente a esta concepción parcial y superestructural, la salud mental es y debe ser entendida en términos más positivos y amplios. El problema no se cifra o, por lo menos, no exclusivamente, en la utilización del «modelo médico» (Szasz, 1961; Cooper, 1972) al que, al parecer, ya ni siquiera las principales escuelas de Psiquiatría se suscriben en la práctica (Smith y Kraft, 1983); el problema radica en una pobre concepción del ser humano reducido a un organismo individual cuyo funcionamiento podría entenderse en función de sus propias características y rasgos, y no como un ser histórico cuya existencia se elabora y realiza en la telaraña de las relaciones sociales[2]. Si la especificidad de los seres humanos reside menos en su

2. Las primeras páginas de este capítulo constituyen un magistral compendio de la posición teórica de Martín-Baró aplicada, en este caso, al tema de la salud mental. La necesidad de historizar el conocimiento psicosocial requiere en la actualidad de la ayuda de un proceso nuclear en el desarrollo de las funciones psíquicas superiores: la memoria. No se le ocultó al jesuita vallisoletano este detalle. De él alcanzó a dejar esbozados un par de trazos gruesos pero acertados tan sólo un mes antes de su asesinato: «Resulta necesario recordar la magnitud, cuantitativa y cualitativa, del

dotación para la vida (es decir, en su organismo) y más en el carácter de la vida que se construye históricamente, la salud mental deja de ser un problema terminal para convertirse en un problema fun-

daño producido por las campañas de contrainsurgencia o de represión estatal para comprender el engaño de querer hacer borrón y cuenta nueva de esa historia; el pasado que tan festinadamente se quiere cerrar no sólo está vivo en personas y grupos —víctimas y victimarios—, sino que sigue operando en las mismas estructuras sociales» (Martín-Baró, I. Democracia y reparación. Prólogo a D. Becker y E. Lira. *Derechos humanos: todo es según el dolor con que se mira*. Santiago de Chile: ILAS, 1989, 14. Los dos últimos capítulos de este libro están dedicados, por cierto, a la memoria: «Memoria, dolor, olvido y castigo», de M.ª del Carmen Patrón y Carlos Etchegoyen, y «Daño social y memoria colectiva: perspectivas de reparación», que corrió a cargo de la propia gente del ILAS: ver nota 34 de este mismo capítulo). La memoria colectiva, un proceso psicológico que deviene en institución social (ver Blanco, A. Los afluentes del recuerdo: la memoria colectiva. En J. M.ª Ruiz-Vargas (comp.), *Claves de la memoria*. Madrid: Trotta, 1997, 83-105) se convierte en un deber que nos insta a recuperar no tanto la sordidez de los hechos como las razones de su desencadenamiento y a seguir el rastro que han dejado en el corazón de quienes han sobrevivido al espanto. Es la necesidad de descubrir las razones que hicieron posible lo intolerable (ver Amnistía Internacional. *Memoria de lo intolerable*. Madrid: Amnistía Internacional, 1999). La memoria pasa entonces a formar parte de la perspectiva crítica y se convierte en una de las tareas para una Psicología de la liberación; es el reverso de la crítica al presentismo que ha dominado buena parte de la Psicología social hegemónica. La memoria como criterio ético, como norma y patrón de conducta más allá de la frialdad de la historia, que defendiera Maurice Halbwachs, como un antídoto contra el olvido, como una línea actual de análisis «de aquellos factores que conducen a que sucesos negativos y reprimidos, no conmemorados e incluso negados institucionalmente, se mantengan como un aspecto importante de la memoria colectiva» (Paéz, D., Basabe, N. y González, J. L. Memoria colectiva y traumas políticos: investigación transcultural de los procesos sociales del recuerdo de sucesos políticos traumáticos. En D. Paéz, J. F. Valencia, J. W. Pennebaker, B. Rimé y D. Jodelet (eds.), *Memorias colectivas y procesos culturales y políticos*. Zarautz: Servicio Editorial de la Universidad del País Vasco, 1998, 173. En esta misma monografía el lector encontrará otros capítulos directamente relacionados con la memoria de hechos traumáticos). En el contexto centroamericano en el que se instala este volumen, es necesario reseñar el estudio de Martín-Beristain, C., González, J. L. y Páez, D. Memoria colectiva y genocidio en Guatemala. Antecedentes y efectos de los procesos de la memoria colectiva. *Psicología Política, 18*, 1999, 77-99, y una interesante reflexión teórica a cargo de Páez, D. y Basabe, N. Trauma político y memoria colectiva: Freud, Halbwachs y la Psicología política contemporánea. *Psicología Política, 6*, 1993, 7-34. El propio Carlos Martín Beristain, que ha luchado incansablemente por entretener el olvido (Martín Beristain, C. *Viaje a la memoria*. Barcelona: Virus, 1997), recordaba su experiencia en la recuperación de la memoria dolorida en Guatemala: «Para las víctimas y familiares que se acercaron a dar su testimonio, el conocimiento de la verdad era una de las principales motivaciones. Mucha gente se acercó al proyecto para contar su propia historia, que no había sido antes escuchada y para decir: *créame*. Esa demanda implícita de dignificación está muy ligada al reconocimiento de la injusticia de los hechos y a la reivindicación de las víctimas y familiares cuya dignidad trató de

dante. No se trata de un funcionamiento satisfactorio del individuo; se trata de un carácter básico de las relaciones humanas que define las posibilidades de humanización que se abren para los miembros de cada sociedad y grupo. En términos más directos, la salud mental constituye una dimensión de las relaciones entre las personas y grupos más que un estado individual, aunque esa dimensión se enraíce de manera diferente en el organismo de cada uno de los individuos involucrados en esas relaciones, produciendo diversas manifestaciones («síntomas») y estados («síndromes»)[3].

ser arrebatadas: nos hicieron más que a los animales» (Martín Beristain, C. El valor de la memoria. En UNESCO ETXEA, *Conferencia y Seminario sobre la experiencia de Guatemala*. Bilbao: Unesco Etxea, 1999, 93). La memoria vuelve irremediablemente sobre los pasos del horror (Schachter, D. *Emotional memories: When the past persists*. Nueva York: Basic Books, 1996). Ése es el tono en el que se desarrolla el capítulo 9 de la investigación sobre la matanza de El Mozote (ver nota 7 del capítulo 1), un tono muy acorde con Halbwachs, por cierto: «Historia y memoria» es su título (ver Binford, L. *El Mozote. Vidas y memorias*. San Salvador: UCA Editores, 1997, 281-310). Ya en el primer párrafo quedan claramente delimitados los términos de la polémica: «En el debate que tuvo lugar antes, durante y después de hacerse públicos los informes de la Comisión de la Verdad y de la Comisión *ad hoc*, las ideas sobre la historia y la memoria ocuparon un lugar central. Mucha gente de derecha argumentó que el pasado debía olvidarse, porque si se mantenía vivo en la memoria actual, impediría el proceso de reconciliación nacional [...]. Pero otros argumentan que el pasado no puede ser borrado por un acto de fuerza de voluntad. Para las víctimas, para quienes sobrevivieron intentos de asesinato, tortura, violación, etc., o para quienes fueron amigos y parientes de aquellos, el pasado irrumpe en el presente, vive en él y, por lo tanto, debe ser acomodado en él» (p. 281 y 282). Aún más, y no menos importante, «Intentar borrar esta historia de trauma y sufrimiento, de lucha, de derrota y de victoria sería rechazar las lecciones que pueden obtenerse de un análisis del pasado» (p. 283). Eso es precisamente lo que ha intentado hacer Antonia García-Castro en una trabajada y brillante investigación sobre los desaparecidos durante la dictadura chilena: García-Castro, A. *Où sont ils? Les disparus dans le champ politique chilien: enjeux mémoriels, enjeux de pouvoir (1973-2000)*. Tesis doctoral. París: Escuela de Altos Estudios en Ciencias Sociales (EHESS), 2001. Apostar definitivamente por la memoria para que el poder no vuelva a quebrantar los principios de la dignidad. En la nota 34 de este mismo capítulo se encuentran algunas otras referencias a este tema.

3. Compárese esta propuesta con la que actualmente hace el DSM-IV sobre el trastorno mental. «Síndrome o patrón comportamental o psicológico de significación clínica, que aparece asociado a un malestar (por ejemplo, dolor), a una discapacidad (por ejemplo, deterioro en una o más áreas de funcionamiento) o a un riesgo significativamente aumentado de morir o de sufrir dolor, discapacidad o pérdida de libertad [...]. Cualquiera que sea su causa, debe considerarse como la manifestación individual de una disfunción comportamental, psicológica o biológica» (American Psychiatric Association. *DSM-IV. Manual diagnóstico y estadístico de los trastornos mentales*. Barcelona: Masson, 1995, xxi).

Ya el *Manual diagnóstico y estadístico de los trastornos mentales,* DSM-III, de la American Psychiatric Association, que algunos consideran *el vademécum* de quienes trabajan en la salud mental, ha introducido cambios significativos en sus planteamientos taxonómicos respecto a las dos versiones anteriores (APA, 1983). Probablemente el cambio más importante lo constituye el dejar de ver los trastornos como entidades patológicas para considerarlos como configuraciones donde confluyen diversos aspectos de la vida humana; en concreto, el DSM-III señala cinco ejes con ayuda de los cuales se establece un diagnóstico (Millon, 1983; Eysenck, Wakefield y Friedman, 1983). Particular interés tiene la incorporación del Eje IV, sobre presiones y tensiones psicosociales, y del Eje V sobre el grado de adaptación de la persona en su pasado más reciente a pesar de que a ambos ejes apenas se les asigna un papel complementario para la comprensión de los trastornos[4]. Aunque el DSM-III pretende mantenerse al margen de opciones teóricas y en su redacción se llegó al absurdo de tomar decisiones por mayoría o por conveniencias de las compañías de seguros, supone un reconocimiento, al menos incipiente, de que ni el trastorno, ni por tanto la salud mental son simplemente diferentes estados orgánicos del individuo, sino que son también formas peculiares de estar en el mundo (Binswangwer, 1972) y aun de configurar el mundo.

El avance realizado por el DMS-III, con todo lo que tiene de apreciable, deja todavía mucho que desear, especialmente desde la perspectiva de quienes acceden al campo de la salud mental a través de la Psicología y no de la Psiquiatría (Eysenck, Wakefield y Friedman, 1983; McLemore y Benjamin, 1979; Schacht y Nathan, 1977; Smith y Kraft, 1983). Como indica uno de los pocos psicólogos que participó en su elaboración, Theodor Millon (1983, 813), falta todavía un reconocimiento más pleno del carácter interdependiente

---

4. El DSM-IV ha incorporado también un eje IV que nos remite a «Problemas psicosociales y ambientales», que define como «un acontecimiento vital negativo, una dificultad o deficiencia ambiental, un estrés familiar o interpersonal, una insuficiencia en el apoyo social o los recursos personales, u otro problema relacionado con el contexto en que se han desarrollado alteraciones experimentadas por una persona» (American Psychiatric Association. *DSM-IV. Manual diagnóstico y estadístico de los trastornos mentales.* Cit., 31). Estos acontecimientos se agrupan en las siguientes categorías: problemas relativos al grupo primario de apoyo, problemas relativos al ambiente social, problemas relativos a la enseñanza, problemas laborales, problemas de vivienda, problemas económicos, problemas de acceso a los servicios de asistencia sanitaria y problemas relativos a la interacción con el sistema legal o con el crimen.

entre comportamiento y medio ambiente y, sobre todo, se echa de menos la incorporación de la dimensión interpersonal como eje articulador de la existencia humana.

Se ha tendido a considerar la salud y los trastornos mentales como las manifestaciones hacia fuera, sanas o insanas respectivamente, de un funcionamiento propio del individuo, regido en forma esencial, si no exclusiva, por leyes internas. Por el contrario, y como señala Giovanni Jervis (1979, 81), «en lugar de hablar de trastorno mental, sería más útil y preciso decir que una persona se ha hallado y/o se halla en una situación social por la que tiene unos problemas que no es capaz de resolver» y que le llevan a actuar de una manera que es reconocida por los demás como impropia. Es evidente que el trastorno o los problemas mentales no son un asunto que incumba únicamente al individuo, sino a las relaciones del individuo con los demás; pero si ello es así, también la salud mental debe verse como un problema de relaciones sociales, interpersonales e intergrupales, que hará crisis, según los casos, en un individuo o en un grupo familiar, e una institución o en una sociedad entera.

Es importante subrayar que no pretendemos simplificar un problema tan complejo como el de la salud mental negando su enraizamiento personal y, por evitar un reduccionismo individual, incurrir en un reduccionismo social. En última instancia, siempre tenemos que responder a la pregunta de por qué éste sí y aquél no. Pero queremos enfatizar lo iluminador que resulta cambiar la óptica y ver la salud o el trastorno mentales no desde dentro afuera, sino de afuera dentro[5]; no como la emanación de un funcionamiento individual interno, sino como la materialzación en una persona del carácter humanizador o alienante de un entramado de relaciones sociales (Guinsberg, 1983). Desde esta perspectiva, por ejemplo, bien puede ser que un trastorno psíquico constituya un modo anormal de reaccionar frente a una situación normal; pero bien puede ocurrir también que se trate de una reacción normal frente a una situación anormal.

5.   Se trata de una concepción de la salud mental hermanada con la naturaleza relacional del trauma (ver nota 4 del capítulo 6), que de inmediato nos trae a la memoria la «ley genética del desarrollo cultural» de Vygotski: «Cualquier función en el desarrollo cultural del niño aparece en escena dos veces, en dos planos: primero como algo social, después como algo psicológico; primero entre la gente, como una categoría interpsíquica, después dentro del niño, como una categoría intrapsíquica [...]. Detrás de todas las funciones superiores, de sus relaciones, están, genéticamente hablando, las relaciones sociales, las relaciones reales entre la gente» (Vygotski, L. S. *Historia del desarrollo de las funciones psíquicas superiores*. La Habana: Editorial Científico Técnica, 1987, 161).

Las primeras veces que entré en contacto con grupos de campesinos desplazados por la guerra, sentí que mucho de su proceder mostraba trazas de delirio paranoide: estaban constantemente alertas, multiplicaban las instancias de vigilancia, no se fiaban de nadie desconocido, sospechaban de todos cuantos se acercaban a ellos, escrutaban los gestos y las palabras en busca de posibles peligros. Y, sin embargo, conocidas las circunstancias por las que habían pasado, los peligros reales que aún les acechaban, así como su indefensión e impotencia para enfrentar cualquier tipo de ataque, uno llegaba pronto a comprender que su comportamiento de hiperdesconfianza y alerta no constituía un delirio persecutorio fruto de sus ansiedades, sino el planteamiento más realista posible dada su situación vital (Morán, 1983). Se trataba, sin lugar a dudas, de la reacción más normal que podía esperarse ante las circunstancias anormales que les tocaba enfrentar (para un caso reciente y paradigmático, ver CPUCA, 1984).

Si la salud o el trastorno mental son parte y consecuencia de las relaciones sociales, la pregunta sobre la salud mental de un pueblo nos lleva a interrogarnos sobre el carácter específico de sus relaciones más comunes y significativas, tanto interpersonales como intergrupales. Esta perspectiva permite apreciar en todo su sentido el impacto que sobre la salud mental de un pueblo pueden tener aquellos acontecimientos que afectan sustancialmente las relaciones humanas, como son las catástrofes naturales, las crisis socioeconómicas o las guerras. Entre estos procesos, es sin duda la guerra el de efectos más profundos, por lo que tiene de crisis socioeconómica y de catástrofe, humana si no natural, pero también por lo que arrastra de irracional y deshumanizante (Spielberger, Sarason y Milgram, 1982).

LA GUERRA CIVIL EN EL SALVADOR

Han transcurrido ya tres años y medio desde que El Salvador se ha visto embarcado en una guerra civil, no por formalmente negada menos real, ni por su carácter irregular menos destructiva. Los medios de comunicación diariamente nos ofrecen un parte de muertos y heridos en combates o emboscadas, o nos informan sobre la destrucción de puentes o líneas de comunicación, o sobre intensos bombardeos contra montes, campos y poblados. Sabemos que el número de víctimas de esa cara oculta de la guerra que es la represión se acerca y quizá sobrepasa ya a las 50.000 personas, en su mayoría civiles no involucrados directamente en el quehacer bélico, muchos de ellos bárbaramente torturados antes de su ejecución y denigrados como terroristas tras su asesinato o «desaparición». Y ahí está ese millón de salvadoreños, es decir, uno de cada cinco habitantes de este país, que han tenido que abandonar sus hogares buscando preservar sus vidas como desplazados o como refugiados en otros países (Lawyer, 1984; Achaerandio, 1983; Morales, 1983). A fin de examinar el posible impacto de la guerra en la salud mental de la población salvadoreña, debemos tratar de comprender la guerra misma en lo que tiene de alteración y conformación de las relaciones sociales. Podríamos calificar la guerra con tres términos: violencia, polarización y mentira.

Ante todo, la violencia. Es el dato más inmediato, el más hiriente y, por ello mismo, el más sujeto a la ideologización racionalizadora. La guerra supone una confrontación de intereses sociales que acuden a las armas como recurso para dirimir sus diferencias. Como se ha dicho en varias ocasiones, lo que cuenta ya no es la fuerza de la razón que pueda tener cada contendiente; lo que cuenta es la razón de su fuerza, de su poder militar, de su capacidad de golpear y destruir al contrario. Así, en las relaciones intergrupales la razón es desplazada por la agresión, y el análisis ponderado de los problemas es sustituido por los operativos militares. Los mejores recursos, humanos y materiales, se orientan a la destrucción del enemigo. Y lo más grave de todo es que el recurso a la violencia, que en un momento pudo ofrecerse como alternativa última y provisional, con la prolongación de la guerra se convierte en hábito y en respuesta privilegiada. Está bien comprobado que la utilización de la violencia no es atribuible tanto a pulsiones destructivas o a personalidades psicopáticas cuanto a su valor instrumental en una determinada situación para la consecución de lo que se pretende (Sabini, 1978)[6]. Por ello, una sociedad donde se vuelve habitual el uso de la violencia para resolver lo mismo problemas grandes que pequeños, es una sociedad donde las relaciones humanas están larvadas de raíz.

En segundo lugar, la guerra supone una polarización social, es decir, el desquiciamiento de los grupos hacia extremos opuestos. Se

6. Sobre el valor instrumental de la violencia, ver epígrafe «Constitutivos de la violencia» en el primer capítulo. Pero su eficacia es un hecho derivado de un proceso de aprendizaje y socialización (ver a este respecto la nota 26 de la Introducción y los epígrafes «El uso instrumental de la violencia represiva», y «Los hijos de la guerra salvadoreña» en los capítulos 5 y 6 respectivamente).

produce así una fisura crítica en el marco de la convivencia que lleva a una diferenciación radical entre «ellos» y «nosotros», según la cual «ellos» son siempre y de antemano «los malos», mientras «nosotros» somos «los buenos»». Los rivales se contemplan en un espejo ético que invierte las mismas características y las mismas valoraciones, hasta el punto de que lo que se les reprocha a «ellos» como defecto se alaba en «nosotros» como virtud (Bronfenbrenner, 1961; White, 1966; Martín-Baró, 1980). La polarización supone el exacerbamiento de los intereses sociales discrepantes, y termina arrastrando todos los ámbitos de la existencia: las personas, los hechos y las cosas ya no se miden por lo que son en sí, sino por si son nuestras o de ellos y por lo que representan a favor o en contra para la confrontación. Desaparece así la base para la interacción cotidiana; ningún marco de referencia puede ser asumido de antemano como válido para todos, los valores dejan de tener vigencia colectiva y se pierde incluso la posibilidad de apelar a un «sentido común», ya que son los mismos presupuestos de la convivencia los que se encuentran sometidos a juicio.

Por su propia dinámica, el fenómeno de la polarización social tiende a extenderse a todos los sectores poblacionales. Los núcleos ya polarizados buscan y aun exigen la definición de todos en términos partidistas, de tal modo que no comprometerse con unos es signado como compromiso con los otros, y el no definirse por nadie entraña correr el riesgo de ser tomado como enemigo por ambos. Sin embargo, es muy probable que el proceso de polarización social haya llegado ya a su clímax en El Salvador, a no ser que se produzca una invasión norteamericana; la prolongación de la guerra y el consiguiente cansancio parece llevar cada vez a más personas a una consciente desidentificación con ambos contendientes, lo que no quita para que sientan más simpatías por unos que por otros (Martín-Baró, 1983b)[7]. Pero tanto la polarización como la desidentificación resquebrajan los cimientos de la convivencia y entrañan un agotador clima de tensión socioemocional.

La tercera característica de la guerra es la de la mentira. La mentira va desde la corrupción de las instituciones hasta el engaño intencional en el discurso público, pasando por el ambiente de mentira recelosa con el que la mayoría de personas tiende a encubrir sus opiniones y aun sus opciones. Casi sin darnos cuenta nos hemos

---

7. Este artículo forma parte de la selección de este libro. Corresponde a la primera parte del capítulo segundo.

acostumbrado a que los organismos institucionales sean precisamente lo contrario de lo que les da razón de ser: quienes deben velar por la seguridad son la fuente principal de inseguridad, los encargados de la justicia amparan el abuso y la injusticia, los llamados a orientar y dirigir son los primeros en engañar y manipular. La mentira ha llegado a impregnar de tal manera nuestra existencia, que terminamos por forjarnos un mundo imaginario cuya única verdad es precisamente que se trata de un mundo falso, y cuyo único sostén es el temor a la realidad, demasiado «subversiva» para soportarla (Poirier, 1970). En este ambiente de mentira, desquiciado por la polarización social y sin un terreno para la sensatez y la racionalidad, la violencia se enseñorea de la vida de tal forma que, como dice Friedrich Hacker (1973), llega a pensarse que la violencia es la única solución al problema de la misma violencia.

EL IMPACTO DE LA GUERRA SOBRE LA SALUD MENTAL

Esta somera caracterización de la guerra salvadoreña nos permite reflexionar sobre su impacto en la salud mental de la población. Y lo primero que hay que afirmar es que, si la salud mental de un grupo humano debe cifrarse primordialmente en el carácter de sus relaciones sociales, la salud mental del pueblo salvadoreño tiene que encontrarse en un estado de grave deterioro, y ello con independencia de si ese deterioro aflora con claridad en síndromes individuales. Como señalábamos antes, al concebir la salud o el trastorno psíquicos desde una perspectiva que va del todo a las partes, de la exterioridad colectiva a la interioridad individual, el trastorno puede situarse a diversos niveles y afectar a distintas entidades: en unos casos será el individuo el trastornado, pero en otros será una familia entera, un determinado grupo y aun toda una organización. Nadie duda hoy de que el nacional-sindicalismo de Hitler supuso un grave trastorno de la sociedad alemana, un serio deterioro de su salud mental que se materializó en comportamientos institucionales tan aberrantes como la masacre de millones de judíos. En el más propio de los sentidos, la sociedad nazi era una sociedad trastornada, una sociedad basada en relaciones deshumanizantes, aun cuando ese trastorno no hubiere aflorado en síndromes personales que pudieran ser diagnosticados con el DSM-III.

No se está afirmando que la sociedad salvadoreña esté enferma; la metáfora médica sería aquí más engañosa todavía que lo que ha sido respecto a concepciones tradicionales de salud mental. Lo que se afirma es que las raíces de la convivencia social en El Salvador se encuentran gravemente deterioradas. ¿Y cómo no lo iban a estar en un medio donde impera el recurso a la violencia para resolver las diferencias interpersonales e intergrupales, donde el sentido común ha sido sustituido por el sentido partidista, donde la irracionalidad ahoga la posibilidad de contactos humanizadores entre sectores distintos e impide el desarrollo de una normalidad cotidiana?

Es conocida la respuesta que dio Freud a quien le interrogó en una oportunidad sobre los rasgos de una persona psíquicamente saludable: alguien que sea capaz de trabajar y de amar. En nuestro país, el problema no está en la innegable capacidad del salvadoreño para trabajar; el problema se cifra en que no hay trabajo. Las tasas reconocidas de desempleo real son del 20% que, sumadas a ese desempleo de hecho que es el subempleo, alcanzan al 60% de la población económicamente activa (UNICEF, 1983; El Salvador, 1984). No es ningún juego de palabras afirmar que la principal ocupación de la mayoría de los salvadoreños consiste precisamente en encontrar ocupación, en hallar trabajo y empleo[8]. Ahora bien, el trabajo constituye la fuente básica para el desarrollo de la personalidad humana, el proceso más configurador de la propia identidad, el ámbito fundamental de nuestra realización o fracaso humano. ¿Qué será entonces de aquellos salvadoreños, la mitad de nuestra población, que por más que buscan no encuentran trabajo? Y algo similar cabe afirmar respecto a la capacidad de amar. Si de algo ha dado muestras el salvadoreño es de su inmensa capacidad de abnegación, de empatía, de solidaridad. Pero el amor, que en última instancia es unión y entrega mutuas, se encuentra bloqueado por la mentira personal y social, por los esquemas simplistas que dividen el mundo en blanco y negro, por la violencia que corroe las bases del respeto y de la confianza entre las personas y los grupos.

Sin duda, el efecto más deletéreo de la guerra en la salud mental del pueblo salvadoreño hay que buscarlo en el socavamiento de las relaciones sociales, que es el andamiaje donde nos construimos históricamente como personas y como comunidad humana. Aflore o no en trastornos individuales, el deterioro de la convivencia social es ya, en sí mismo, un grave trastorno social, un empeoramiento en nuestra capacidad colectiva de trabajar y amar, de afirmar nuestra

---

8. Ver nota 16 del capítulo anterior.

peculiar identidad en la historia de los pueblos. La guerra está de tal manera corroyendo nuestras raíces humanas, que no es impropio cuestionarse, como algunos ya lo han hecho, si no está en peligro la viabilidad histórica de nuestro país (ECA, 1984); y mal podemos hablar de salud mental de un pueblo incapaz de asegurar su propia supervivencia.

En función de este innegable deterioro colectivo de las relaciones sociales, la guerra está precipitando numerosas crisis y trastornos personales de quienes, por una u otra razón, ya no pueden descifrar adecuadamente las exigencias de su situación vital. Sin embargo, hay que establecer diversas coordenadas de análisis, ya que no se puede asumir que la guerra tenga un efecto uniforme en toda la población. Las coordenadas principales son tres: la clase social[9], el involucramiento en el conflicto y la temporalidad.

Ante todo la clase social. La guerra no afecta de la misma manera a los diversos sectores que componen nuestra sociedad, ni directa ni indirectamente. Quienes día tras día mueren en los frentes de batalla pertenecen en su gran mayoría a los sectores más humildes de nuestra sociedad, en donde se alimenta discriminatoriamente la leva militar. Son también los sectores más pobres, sobre todo campesinos, los que sufren el impacto directo del quehacer bélico, que destruye sus viviendas y arrasa sus milpas[10], como son ellos los más afectados por los mecanismos de la represión, el accionar de los «escuadrones de la muerte» o los operativos militares de todo tipo. Y, de nuevo, son los sectores bajos los más brutalmente golpeados por el alza en el costo de la vida, por el creciente desempleo y por el empeoramiento en la asistencia sanitaria, deterioros que se suman a una situación socioeconómica ya muy crítica.

Esto no significa que los sectores medios o altos de la sociedad no reciban el impacto de la guerra. Aunque en grados cuantitativa y cualitativamente mucho menores, también a ellos les ha golpeado la represión, el asesinato, el secuestro, el deterioro de las condiciones de vida, el sabotaje a la economía o el hostigamiento de los controles y cateos policiales. Con todo, cabría decir que la consecuencia más dolorosa de la guerra para los sectores dominantes de la sociedad ha sido el cuestionamiento radical que han sentido hacia su posición social y hacia su esquema de vida. El levantamiento pacífico

9. Ver a este respecto el epígrafe «El contexto social: la lucha de clases» del primer capítulo, así como la nota 18 de dicho capítulo.
10. Las milpas son las tierras donde crece el maíz.

primero y armado después de las masas ha socavado los fundamentos mismos del sistema social, haciendo temer a sus principales beneficiarios la pérdida de su estilo de vida, construido a espaldas y aun sobre las espaldas de la miseria de las mayorías. Este cuestionamiento radical desencadenó al principio una gran angustia y luego, superados los momentos de inicial desconcierto, una agresiva negación de la realidad. En algunos casos, esta negativa se ha convertido en el motor de un activismo violento; en otros muchos, la reacción se ha caracterizado por una insaciable bulimia de placer que ha llevado a las personas a construirse castillos artificiales para su diversión. Ya hace años Karl Jaspers (1955, 819) aludía a este sintomático comportamiento como «una enorme manía de disfrutes y una desenfrenada pasión por vivir la vida en el instante».

La segunda variable importante para analizar las consecuencias diferenciales de la guerra en la salud mental de la población es el involucramiento de los grupos y las personas en la guerra misma. Sin duda, las consecuencias del conflicto bélico no han sido hasta ahora las mismas para los habitantes de departamentos como Chalatenango y Morazán que para los habitantes de Ahuachapán o Sonsonate. En unos casos, es difícil encontrar una persona que no haya sido directamente afectada por el accionar bélico, mientras que en otros las poblaciones se han visto relativamente libres de combates. Pero conviene también diferenciar los posibles efectos entre aquellos que han participado en los combate y quienes han sufrido la guerra como civiles. Existe un amplio conocimiento sobre los efectos que la situación de tensión y peligro experimentada en el frente de batalla puede producir en el soldado, y que primero fue calificada como «neurosis de guerra», después como «cansancio de combate» y, finalmente, como «reacción al estrés» (Spielberger, Sarason y Milgram, 1982; Watson, 1978). Son también conocidos los problemas que enfrenta el soldado para readaptarse a la vida normal, en especial cuando la guerra lo ha dejado lisiado o disminuido de por vida. Todo ello afecta la salud mental no sólo de los soldados mismos, sino de sus familiares y vecinos, ya que a todos tocará la tarea de rehacer el entramado de la existencia con estos eslabones deteriorados[11].

---

11. El TEPT tiene su antecedente más remoto en un estudio publicado en el *Journal of Medicine and Sciences* en 1871 por un médico norteamericano, Da Costa, dando cuenta del desorden funcional cardíaco que presentaba un soldado que había tomado parte en la guerra civil norteamericana. Dicho estudio llevaba por título «Sobre el corazón irritado». La «neurosis traumática de guerra» fue la denominación que emplearon los psiquiatras para referirse a los síntomas que apreciaban en los excom-

Los efectos sobre la población civil no por distintos son menos importantes. La experiencia de vulnerabilidad y de peligro, de indefensión y de terror, puede marcar en profundidad el psiquismo de las personas, en particular de los niños. El espectáculo de violaciones o torturas, de asesinatos o ejecuciones masivas, de bombardeos y arrasamiento de poblados enteros es casi por necesidad traumatizante. Como decíamos antes, reaccionar ante hechos así con angustia incontenible o con alguna forma de autismo tiene que ser considerado como una reacción normal ante circunstancias anormales, quizá como el último camino que le queda a la persona para aferrarse a la vida y soportar un nudo de relaciones sociales tan asfixiante. Con razón afirma Jervis (1979, 152) que «en no pocas ocasiones un cierto grado de malestar psicológico y una cierta "dosis" permanente de síntomas psiquiátricos son la expresión del máximo de salud mental y de bienestar alcanzables en una determinada situación de esclerosis de las relaciones humanas, de extremas dificultades materiales, de desdichas, de soledad y de marginación social».

El prototipo de la población civil afectada por la guerra lo constituyen los grupos de desplazados y refugiados[12], en su mayoría ancianos, mujeres y niños (Lawyer, 1984). Ellos han tenido que salir de sus hogares, muchas veces arrasados, tomando una decisión siempre difícil que los aleja de sus raíces, de sus muertos y quizás de sus parientes en la montaña; en no pocas ocasiones la huida o «guinda» se realiza en condiciones deplorables, caminando por las noches y escondiéndose como alimañas durante el día para evitar ser masacrados, a veces por una, dos y hasta cuatro semanas, sin agua ni alimento, conteniendo el llanto de los niños y dejando por el camino un reguero mortal de quienes se pierden o desfallecen para siempre. Tras la huida, el desplazado tiene que enfrentar la vida fuera de su ambiente, sin recursos de ningún tipo, a veces hacinado en asentamientos donde el alimento recibido termina generando dependencia y la falta de un trabajo autónomo puede desembocar en abulia y pasividad. Ciertamente, no todos los desplazados y refugiados pasan

---

batientes de la segunda Guerra mundial. Las dimensiones que adquirió este síndrome provocó la creación de un grupo de estudio que culmina con la inclusión en el DSM-I de una categoría diagnóstica denominada «reacción intensa de estrés» en 1952, que es el antecedente inmediato del TEPT incluido, con tal denominación, en el DSM-III en 1980.

12. Sobre los refugiados ver nota 2 del capítulo 3.

por circunstancias tan trágicas; pero es difícil pensar que la experiencia del desplazamiento no dejará huella alguna en el psiquismo de las personas, en particular de las más débiles o inmaduras (Cohon, 1981). Y no podemos ignorar que son ya un millón de salvadoreños afectados por esta condición.

La tercera variable para analizar los efectos de la guerra en la salud mental es la temporalidad. En términos sencillos, unos son los efectos inmediatos y otros los que se pueden esperar a mediano y largo plazo. Por supuesto, en la medida en que la guerra se prolongue los efectos inmediatos serán más profundos. El agravamiento de las condiciones materiales de vida, la persistencia de un clima de inseguridad y en muchos casos de terror, el tener que construir la existencia sobre la base de la violencia, las referencias polarizadas o ambiguas, la conciencia de falsedad o el temor a la propia verdad, terminan por quebrar resistencias o por propiciar adaptaciones que, en el mejor de los casos, revelan una anormal normalidad, amasada de vínculos enajenadores y despersonalizantes.

Aun cuando la guerra encontrara un pronto término, debemos pensar en aquellas consecuencias para la salud mental que sólo se revelan a largo plazo. Es sabido, por ejemplo, que el llamado «síndrome del refugiado» tiene un primer período de incubación en el cual la persona no manifiesta mayores trastornos, pero que es precisamente cuando empieza a rehacer su vida y su normalidad cuando la experiencia bélica pasa su factura crítica (Stein, 1981; ver también COLAT, 1982). Con todo, el grupo que más debe reclamar nuestra atención es el de los niños, aquellos que se encuentran construyendo su identidad y su horizonte de vida en el tejido de nuestras relaciones sociales actuales. Ellos son verdaderos «hijos de la guerra» y a nosotros nos corresponde la difícil tarea de cuidar que no estructuren su personalidad mediante el aprendizaje de la violencia, de la irracionalidad y de la mentira.

Aunque parezca paradójico, no todos los efectos de la guerra son negativos. Repetidas veces se ha podido verificar que los periodos de crisis social desencadenan reacciones favorables en ciertos sectores de la población; enfrentados a «situaciones límite», hay quienes sacan a relucir recursos de los que ni ellos mismos eran conscientes o se replantean su existencia de cara a un horizonte nuevo, más realista y humanizador. Durante la crisis social de 1968 en Francia, o tras el terremoto de 1972 en Nicaragua, psiquiatras y psicólogos observaron un significativo descenso tanto en la demanda de sus servicios como en las crisis de algunos de sus clientes habituales. Viktor

Frankl, fundador de la llamada «Tercera Escuela de Viena», quien pasó por la experiencia de los campos de concentración nazis en los que perdió a toda su familia, ha desarrollado con su logoterapia esa profunda intuición de Nietzsche de que «cuando hay un porqué para vivir no importa casi cualquier cómo» (Frankl, 1979, 78; ver también Frankl, 1950, 1955)[13].

Sabemos de no pocos salvadoreños a los que el cataclismo de la guerra les ha llevado a enfrentarse con el sentido de su propia existencia y a cambiar su horizonte vital. Es indudable también que a muchos campesinos y marginados por el sistema social esta crisis les ha ofrecido la oportunidad de romper las amarras de su enajenamiento sumiso, de su fatalismo y dependencia existencial, aunque la liberación de la servidumbre impuesta y mantenida con violencia les haya exigido el recurso a la violencia (Fanon, 1963). Es esencial, por tanto, que al analizar los efectos de la guerra no sólo prestemos atención a las consecuencias nocivas para la salud mental, sino también a aquellos recursos y opciones nuevas que hayan podido aflorar frente a la situación límite.

SALUD MENTAL PARA UN PUEBLO

Esta última observación nos introduce en la pregunta crucial: ¿qué debemos hacer nosotros, profesionales de la salud mental, frente a la situación actual que confronta nuestro pueblo? ¿Cómo empezar a responder a los graves interrogantes que nos plantea la guerra cuando quizá no hemos podido siquiera ofrecer una respuesta adecuada en tiempos de paz? Sin duda nos encontramos ante un reto histórico, y mal haríamos negándolo, diluyéndolo en fórmulas prefabricadas o trivializándolo en el esquema de nuestro quehacer rutinario. No contamos con soluciones hechas; pero la reflexión realizada nos permite ofrecer algunas vías a través de las cuales puede encauzarse nuestra actividad profesional.

13. En el estudio que hemos venido mencionando a notas previas, se dedica un epígrafe a la existencia de «estados favorables» a la hora de caracterizar el estado de la salud mental de los excombatientes del FMLN. Y dentro de él aparecen altas dosis de comportamientos pro-sociales (en un 96.1%, de los casos), formas muy desarrolladas de organización social basadas en la solidaridad, la cooperación, el respeto y la responsabilidad; alto índice de participación comunitaria y una planificación bien estructurada (Fundación 16 de Enero. *Estudio diagnóstico sobre el estado de salud mental de excombatientes del FMLN*. San Salvador, 1994, 45).

En primer lugar, debemos buscar o elaborar modelos adecuados para captar y enfrentar la peculiaridad de nuestros problemas. Eso nos exige conocer más de cerca nuestra realidad, la realidad dolorida de nuestro pueblo, que es mucho más pluriforme de lo que asumen nuestros esquemas de trabajo usuales. No se trata de plantear aquí un ingenuo nacionalismo psicológico[14] como si los salvadoreños no fuéramos humanos o como si tuviéramos que añadir una nueva teoría de la personalidad a las muchas ya existentes. De lo que se trata es de volver nuestra mirada científica, es decir, iluminada teóricamente y dirigida en forma sistemática, hacia esa realidad concreta que es el hombre y la mujer salvadoreños, en el entramado histórico de sus relaciones sociales. Ello nos obliga, por un lado, a examinar nuestros presupuestos teóricos, no tanto desde su racionalidad intrínseca, cuanto desde su racionalidad histórica, es decir, de si sirven y son realmente eficaces en el aquí y ahora. Pero, por otro lado, ello nos obliga a deshacernos del velo de la mentira en el que nos movemos y a mirar la verdad de nuestra existencia social sin las andaderas ideológicas del quehacer rutinario o de la inercia profesional.

Conversando en una oportunidad con Salvatore R. Maddi, profesor de la Universidad de Chicago, recuerdo haberle oído afirmar que, en última instancia, la fuente «curativa» de cualquier método psicoterapéutico se cifra en su dosis de ruptura con la cultura imperante. En ello habría radicado, por ejemplo, el valor del psicoanálisis freudiano cuando escandalizó al puritanismo europeo de comienzos de siglo, o lo mejor de la «no directividad» rogeriana frente

---

14. En el capítulo 10 de *Psicología de la liberación*, Martín-Baró toma de la psicóloga puertorriqueña, Milagros López, la expresión «Psicología del coquí» con la que alude precisamente a uno de los peligros que acecha a la Psicología latinoamericana, el de pretender inventarse cada mañana una nueva Psicología consistente en «rechazar los conceptos y métodos que vienen de fuera por el simple hecho de ser foráneos y elaborar unos modelos autóctonos cuyo objetivo fundamental sea el carácter o personalidad del propio pueblo. La adopción de este patriotismo psicológico puede llevar a la aceptación de un proyecto socio-político de los mismos sectores dominantes» (Martín-Baró, I. *Psicología de la liberación*. Madrid: Trotta, 1998, 313). Una Psicología de esta guisa no podría ser más que deudora de ese «idealismo metodológico» contra el que arremete nuestro autor por su indolencia respecto a los hechos de la realidad, por su olvido de la memoria histórica en su preocupación por las esencias, por ser tan vulnerable a los intereses de las partes, por su reduccionismo psicologista (para mayor abundamiento, ver las primeras páginas del capítulo: Argumento para una Psicología de la liberación. En De la Corte, L. *Memoria de un compromiso. La Psicología social de Ignacio Martín-Baró*. Bilbao: Desclée de Brouwer, 2001).

a la unidimensionalidad del norteamericano de postguerra. Quizá eso es lo que faltaría a los métodos psicoterapéuticos actuales, incluidos el psicoanálisis y la psicoterapia «centrada en el cliente»: una dosis de ruptura con el sistema imperante. Pero esta intuición nos remite, de nuevo, al hecho de que la salud mental no reside tanto en el funcionamiento abstracto de un organismo individual cuanto en el carácter de las relaciones sociales donde se asientan, construyen y desarrollan las vidas de cada persona. Por ello, debemos esforzarnos por buscar aquellos modelos teóricos y aquellos métodos de intervención que nos permitan, como comunidad y como personas, romper con esa cultura de nuestras relaciones sociales viciadas y sustituirlas por otras relaciones más humanizadoras.

Si la base de la salud mental de un pueblo se encuentra en la existencia de unas relaciones humanizadoras, de unos vínculos colectivos en los cuales y a través de los cuales se afirme la humanidad personal de cada cual y no se niegue la realidad de nadie, entonces la construcción de una sociedad nueva o, por lo menos, mejor y más justa, no es sólo un problema económico y político; es también y por principio un problema de salud mental. No se puede separar la salud mental del orden social, y ello por la propia naturaleza del objeto de nuestro quehacer profesional. En este sentido hay una tarea urgentísima de educación para la salud mental que consiste no tanto en enseñar técnicas de relajamiento o formas nuevas de comunicación, por importantes que estos objetivos puedan ser, cuanto en formar y socializar para que los deseos de los salvadoreños se ajusten en verdad a sus necesidades. Esto significa que nuestras aspiraciones subjetivas, grupales e individuales se orienten a la satisfacción de nuestras verdaderas necesidades, es decir, de aquellas exigencias que conducen por el camino de nuestra humanización, y no de aquellas que nos atan al consumo compulsivo en detrimento de muchos y la deshumanización de todos. Ésta sería quizá la mejor psicoterapia para los efectos de la guerra y, ciertamente, la mejor psicohigiene para la construcción de nuestro futuro.

Porque de eso se trata en definitiva: de contribuir con nuestro saber profesional a la construcción de un nuevo futuro. La situación de guerra en que vivimos desde hace casi cuatro años ha hecho aflorar lo peor y lo mejor de los salvadoreños. La guerra sigue carcomiendo nuestras raíces, materiales y sociales, y amenaza nuestra propia subsistencia como pueblo. Decir al final como Freud (1970b, 88) que ojalá «el eterno Eros despliegue sus fuerzas para vencer en la lucha» a su no menos inmortal adversario, Thanatos, sería participar paladinamente de su pesimismo y resignarnos a la muerte. Y en medio de la destrucción, el pueblo salvadoreño ha sembrado suficientes semillas de vida como para confiar en la posibilidad de un mañana. Recojamos esa semillas para cultivar la planta de la salud mental. Que no se pueda decir que, mientras los hombres viven su vida hacia adelante, nosotros, profesionales de la salud mental, nos conformamos con recorrerla hacia atrás. Habrá mentes sanas, libres y creativas en nuestro país en la medida en que gocemos de un cuerpo social libre, dinámico, justo. Por ello, el reto no se limita a atender los destrozos y trastornos ocasionados por la guerra; el reto se cifra en construir un hombre nuevo en una sociedad nueva.

VIOLENCIA POLÍTICA Y TRAUMA PSICOSOCIAL[15]

Según el gobierno norteamericano, El Salvador representa el mejor ejemplo de las «nuevas democracias» latinoamericanas que habrían ido surgiendo durante la última década, en particular en el área centroamericana, donde sólo Nicaragua constituiría la excepción. Este hecho reflejaría, además, el éxito de la política exterior de Reagan hacia América Latina. Para probar su aserción sobre El Salvador se acude a los siguientes datos: a) el gobierno salvadoreño fue electo en unas elecciones libres de acuerdo a una constitución democrática; b) existe en el país un creciente respeto a los derechos humanos de la población. Según el gobierno norteamericano, el 80% de las violaciones a esos derechos que aún se producen sería causado por los rebeldes; c) el ejército salvadoreño se ha vuelto cada vez más profesional, sometiéndose al poder civil; d) aunque todavía hay algunos problemas, por ejemplo, respecto a la satisfacción de las necesidades básicas de la población o con el funcionamiento del sistema de justicia, en buena medida hay que achacarlos a la situación creada por los grupos marxistas-leninistas que practican el terrorismo violento con el apoyo de Cuba y Nicaragua.

15. Con este epígrafe da comienzo el artículo «La violencia política y la guerra como causas del trauma psicosocial en El Salvador», publicado en *la Revista de Psicología de El Salvador, 28*, 1998, 123-141. Con posterioridad dicho artículo formaría parte del libro *Psicología social de la guerra* (San Salvador: UCA Editores, 1990, 65-84), y finalmente sería uno de los seleccionados para formar parte del número monográfico publicado en homenaje a Martín-Baró (*Revista de Psicología de El Salvador, 35*, 1990, 89-107).

Lamentablemente, esta imagen del país constituye una elaboración ideológica muy propia del gobierno de Reagan, pero que poco o nada refleja la situación real de El Salvador. El carácter democrático de un gobierno no depende, o por lo menos, no sólo de la forma como es elegido, sino de las fuerzas que día a día determinan su actuación. Y el hecho verificable es que, a la hora de definir las políticas fundamentales de El Salvador, cuentan más los fantasmas de la «seguridad nacional» norteamericana[16] que las necesidades más básicas del pueblo salvadoreño. Que el gobierno de Duarte tenga algún control significativo sobre la Fuerza Armada de El Salvador es algo que a ningún salvadoreño se le pasa por la cabeza, y ello sencillamente como resultado de la experiencia cotidiana sobre quién manda en la vida real. Finalmente, atribuir las principales violaciones a los derechos humanos a los rebeldes no exime al gobierno de lo que sería su parte de responsabilidad. Pero es que, además, ese juicio constituye una grosera distorsión de los datos, más propia de una campaña de «guerra psicológica»[17] que de un análisis objetivo sobre los acontecimientos.

¿Cuál es, entonces, la realidad de El Salvador? Examinemos una serie de hechos cotidianos que conciernen directamente al ámbito de la llamada salud mental, pero que en su concreción ponen de manifiesto una realidad muy distinta a la ofrecida por los voceros del gobierno de Reagan.

El Departamento de Chalatenango, al norte del país, es una de las zonas más conflictivas sobre la que los insurgentes del FMLN ejercen control práctico buena parte del año. Una pequeña población de este Departamento apenas está habitada por unas decenas de familias campesinas muy pobres, compuestas de unos pocos hombres adultos, ancianos, mujeres y niños; no hay jóvenes. Periódicamente la Fuerza Armada lanza operativos militares que afectan a este pobladito, y que incluye bombardeos, morteros, minados de campos, rastreos y destrucción de viviendas y cultivos. Cada vez que se inicia un operativo, la población se cobija en sus casitas, agarrotada por una serie de síntomas psicosomáticos: temblor generalizado del cuerpo, «flojera» muscular, diarrea... Un matromonio ya anciano ha

16. Los fantasmas de la «seguridad nacional» norteamericana (ver nota 15 del capítulo 2): una excelente expresión para referirse al fondo ideológico de la violencia.
17. A la guerra sucia y a la guerra psicológica está dedicada la primera parte del capítulo 3 de este volumen, donde diversas notas al pie de página encaminan al lector por algún otro vericueto en la obra de Martín-Baró.

optado desde el comienzo de la guerra por esconderse en un «tatú» o refugio cada vez que se se produce un operativo o que se acerca la Fuerza Armada al lugar. El resultado ha sido que el solo anuncio de un operativo le produce al señor lo que todo el pueblo conoce como «el dolor»: un violento retortijón intestinal, un abrumador dolor de cabeza y una flojera generalizada que no le permite ni caminar.

En un pequeño estudio realizado recientemente en el refugio de San José Calle Real, situado en las afueras de San Salvador, con 250 personas de todas las edades (36% de los refugiados allí), se encontró con que bastaba la presencia del ejército en las cercanías del refugio para que el 87% experimentaran temor, el 75% sintieran taquicardia y el 64% se viera invadido por un temblor corporal generalizado (ACISAM, 1988, 12-13).

Usulután es otra zona al sur-este del país con dos regiones distintas: una costera, rica productora de algodón, y otra más montañosa, con amplias fincas de café. También allí tiene presencia permanente el FMLN y la Fuerza Armada realiza continuos operativos de contrainsurgencia. En el desarrollo de una serie de trabajos de encuestamiento, se pudo comprobar que los soldados gubernamentales practican en forma sistemática el abuso sexual de las mujeres campesinas jóvenes que pueblan la zona. Como indicaba una de ellas, para evitar las continuas violaciones masivas, las «más listas» (son sus términos) tienen que recurrir a la protección de algún soldado u oficial, prostituyéndose con ellos y pidiéndoles que las defiendan de los demás. Por supuesto, este dato no entra en las estadísticas sobre derechos humanos de la embajada norteamericana en San Salvador. Pero, según la información disponible, constituye una práctica común de los miembros de la Fuerza Armada y no de los del FMLN[18].

---

18. Fue, en realidad, una práctica generalizada en unos y otros, que sirvió para añadir un punto de sufrimiento al trauma de guerra: «Las mujeres sufren la guerra de muchas maneras, incluyendo la muerte; son objeto de abusos sexuales y de tortura, pierden a sus seres queridos, sus casas y su comunidad. Mucha gente supone que no es probable que las mujeres mueran durante las guerras, porque son muy pocas las que sirven en las fuerzas armadas. Pero las mujeres son más susceptibles de ser aniquiladas durante la guerra que los soldados». Así de claro lo ha visto, después de dedicar mucho tiempo a su estudio, Turpin, J. Women and War. En L. Kurtz y J. Turpin (eds.), *Encyclopedia of Violence, Peace, and Conflict. Vol. III.* San Diego, CA.: Academic Press, 1999, 801. El Informe REMHI de Guatemala dedica un estremecedor capítulo a la violencia contra las mujeres («De la violencia a la afirmación de las mujeres») donde se vierten cientos de experiencias que siguen atadas al miedo, a la tristeza, a la indefensión. «La investigación de la Comisión para el Esclarecimiento His-

Cabe añadir, para complementar este dato, que en una encuesta realizada el pasado mes de febrero, al preguntar a los campesinos cuáles creían ser las causas de la guerra, el 59,1% de los entrevista-

tórico permitió determinar que aproximadamente una de la cada cuatro víctimas directas de los derechos humanos y hechos de violencia fueron mujeres. Murieron, fueron desaparecidas, torturadas y violadas sexualmente, a veces por sus ideales y su participación política y social; otras fueron víctimas de las masacres y otras acciones indiscriminadas. Miles de mujeres perdieron a sus esposos, quedándose viudas y como único sostén de sus hijos, a menudo sin recursos materiales luego de la destrucción de sus casas y cultivos en las operaciones de tierra arrasada. Sus esfuerzos para reconstruir sus vidas y mantener sus familias merecen un reconocimiento particular» (Conclusiones del Informe de la Comisión para el Esclarecimiento Histórico. En UNESCO Etxea. *Conferencia y Seminario sobre la Experiencia de Guatemala*. Cit., 113-114). En el campo de la guerrilla las cosas pintaban de manera muy parecida: «Funcionaban las jerarquías; el que se convertía en jefe de escuadra ya se sentía con más agallas para andar acosando a las compañeras, incluso a las que estaban emparejadas. Me rebelé, en parte por mis ideas religiosas y también porque me molestaba tanto acoso. Fui acosada sexualmente en muchas ocasiones y es tan horrible que te quieran agarrar a la fuerza. Una vez le dije a un jefe que ahora es diputado "si quieres algo, por lo menos no uses la fuerza bruta, pregúntame si quiero o no". Creo que el acoso sexual era fundamentalmente violencia, pero el problema es que se combinaba con la cuestión ideológica. Los compas decían "esta guerra es tan larga, y mañana nos podemos morir", y como nadie hablaba de nuestros derechos, seguíamos siendo el instrumento del placer de ellos; les hacíamos el trabajo doméstico y les servíamos sexualmente». Éste es uno de los muchos testimonios que ha ido recogiendo y publicando Las Dignas, una ONG que en los últimos diez años ha realizado una labor encomiable encaminada a un doble objetivo: desentrañar retrospectivamente el papel que jugó la mujer en el levantamiento guerrillero del FMLN, y paliar los efectos que la guerra ha tenido sobre un colectivo que en la actualidad sufre una doble discriminación: la de ser mujer en una sociedad machista y la de haber sido guerrillera. El testimonio esta incluido en una de sus publicaciones, *Montañas con recuerdos de mujer. Una mirada retrospectiva a la participación de las mujeres en los conflictos armados en Centroamérica y Chiapas* (San Salvador: Las Dignas, 1996, 88). En el capítulo segundo de este libro, «Vivencias de la sexualidad en las organizaciones guerrilleras en la guerra, en la revolución», se relatan otras experiencias igualmente perturbadoras: «Perdí tres compañeros en la guerra. Mientras ellos estaban vivos, aunque no estuvieran cerca, me tenían cierto respeto, pero en cuanto morían, no acababan de darme la noticia y al ratito me estaban acosando. Se me armó un trauma, no sólo porque mis parejas se me morían, sino porque no sabía qué hacer en cuanto a relacionarme con los demás hombres. Hasta ahora lo estoy hablando de manera franca. Nunca he querido reconocer que tuve compañeros a los que no quise, que me ha marcado mucho tanta inestabilidad en las relaciones» (p. 87). En la que posiblemente sea la publicación más sólida en este terreno, «Mujeres-Montaña», fruto de la entrevista a 60 guerrilleras y/o colaboradoras del FMLN y a 13 dirigentes de ambos sexos, hay un epígrafe dedicado a «El ideal de pareja y las dificultades para concretarlo», que da comienzo con la siguiente reflexión: «El concepto tradicional de pareja fue uno de los más golpeados en los campamentos guerrilleros. El modelo de pareja heterosexual monogámica en la cual el hombre cumple el rol proveedor y la

354

GUERRA Y SALUD MENTAL

dos, que se habían expresado hasta ese momento con gran espontaneidad, se mostraron atemorizados y respondieron que ellos no sabían de eso (IUDOP, 1988b). Incluso cuando se les apuntaba a las huellas evidentes de la guerra —cultivos quemados, casas con señales de balas o bombas—, insistían en su ignorancia y que eso ocurría «cuando ellos no estaban». Ciertamente, si el miedo ha disminuido en los últimos años entre la población del área metropolitana de San Salvador, sigue siendo una nota dominante entre el campesinado, incluso el que vive en áreas menos conflictivas del país. Cada vez se producen con más frecuencia matanzas de civiles realizadas por soldados de permiso o ex-soldados que arrojan granadas a una casa particular, en el interior de un bus o en medio de un baile. No es raro que los ejecutores se encuentren ebrios al realizar este acto. Los motivos suelen ser celos o deseo de afirmar su poder o «autoridad». Tan sólo en la última semana de febrero del presente año de 1988, la prensa ha informado sobre no menos de cuatro casos de este tipo.

En una investigación realizada entre abril y mayo de 1987, en la que se trataba de reproducir unos estudios realizados en Estados Unidos sobre la formación de clase social (ver Leahy, 1983b)[19], se entrevistó a más de 200 niños de diversas edades y pertenecientes a distintos sectores sociales. Una de las preguntas que se formulaban

mujer el papel de cuidadora emocional de su compañero e hijos/as, además de responsable de la casa, no tenía muchas bases para sostenerse [...]. La pareja estaba sostenida fundamentalmente por el vínculo sexual y por la necesidad de sentirse protegida y acompañada» (Vázquez, N., Ibáñez, C. y Murguialday, C. *Mujeres-montaña. Vivencias de guerrilleras y colaboradoras del FMLN*. Madrid: horas y HORAS, 1996, 160). El capítulo que sigue abierto en canal es el de restauración de la memoria del dolor, y uno de los apartados del último capítulo de este estudio está dedicado a evaluar «Los costos emocionales de la guerra» para las mujeres. Allí hace acto de presencia el síndrome de estrés postraumático: «Muchas mujeres han sido víctimas de traumatización extrema y sufren actualmente las secuelas de los duelos no elaborados por las pérdidas de sus familiares, por las violaciones sufridas y por la desesperación de haber vivido tanto sufrimiento [...]. La necesidad de sobrevivir las llevó a soportar situaciones espantosas que se manifiestan ahora en forma de dolores en el cuerpo (taquicardias, úlceras, desvanecimientos), en angustias y depresiones constantes (ante el ruido del un helicóptero, en un aniversario, al pasar por el escenario de una batalla o "guinda") y en una seria dificultad para establecer relaciones afectivas» (Vázquez, N., Ibáñez, C. y Murguialday, C. *Mujeres-montaña. Vivencias de guerrilleras y colaboradoras del FMLN*. Cit., 222). Unos años antes C. Garaizábal y N. Vázquez habían publicado *El dolor invisible de la guerra* (Madrid: Talasa, 1994), otra obra de referencia.

19. Este estudio se incluye en el capítulo 6.

era la siguiente: «¿qué tendría que pasar para que no hubiera pobres?» Varios de los niños entrevistados, pertenecientes a sectores socioeconómicos altos, dieron la siguiente respuesta: «Matarlos a todos». Por supuesto, esto puede ser interpretado de varias maneras, y el estudio está todavía sin concluir. Pero en ninguno de los estudios desarrollados en los Estados Unidos se obtuvo este tipo de respuestas. No hay que olvidar que algunos sectores de la sociedad salvadoreña todavía plantean como solución a la guerra civil la eliminación de «todos los subversivos» a la manera de 1932, para «ganar de este modo» —o, al menos así lo afirman— «otros cincuenta años de paz».

Bastan estos cuatro hechos —los síntomas psicosomáticos ante los operativos militares, la violación masiva de mujeres campesinas, el descontrol de la violencia criminal de soldados u oficiales y la configuración casi asesina de la mente infantil— para probar que la realidad de El Salvador es muy distinta a la ofrecida por los informes oficiales del gobierno norteamericano. Tres rasgos pueden ser de utilidad para definir esa realidad: su creciente empobrecimiento, la vigencia de una autoridad por encima de la ley, y la continuidad de la guerra civil.

Se trata, ante todo, de una sociedad más que pobre, empobrecida, no sólo dividida, sino violentamente desgarrada, en la que los derechos humanos más básicos de las mayorías son estructural y sistemáticamente negados. No se alude aquí a derechos como el de la libertad de prensa o el de la libertad de culto, que tanto parecen preocupar al gobierno norteamericano en Cuba o Nicaragua; se alude al derecho mucho más fundamental a conservar la vida, a comer lo suficiente, a contar con un techo donde vivir, con un trabajo en el que realizarse como ser humano, con una escuela donde educar a los hijos. ¿De qué le sirve al campesino salvadoreño que el gobierno no censure los periódicos, si ni él no los pude leer, ya que es analfabeto, ni tiene dinero para comprarlos, ni sobre todo su hambre y dolor, sus sufrimientos y anhelos encuentran reflejo en ellos?

La Fuerza Armada gubernamental sigue representando para la mayoría de los salvadoreños un poder atemorizante y abusivo, la «autoridad» arbitraria y omnipotente, expresión de un sistema organizado en función de las necesidades minoritarias de un diez o quince por ciento de la población. No se trata de negar las mejoras parciales experimentadas por el ejército salvadoreño, tanto en su actuación técnica como en sus relaciones con la población civil. Sin embargo, la Fuerza Armada sigue siendo en El Salvador una institución por encima de la ley, y el que respete o no los derechos de las personas queda al arbitrio de sus intereses gremiales y, lo que es peor, a la comprensión, por lo general estrecha, que de cada situación tenga el oficial local y aun el simple soldado, constituidos en «autoridad».

La guerra que desde hace ocho años asola al país, y que los asesores norteamericanos calculan que puede extenderse todavía por seis años más, está produciendo una sistemática destrucción de la población salvadoreña. Obviamente, parte muy fundamental de esta destrucción es el número de víctimas: se calcula que ya son cerca de setenta mil los muertos en estos últimos años por causa del conflicto[20]. Es difícil ofrecer un número preciso de heridos, aunque se sabe que en toda confrontación bélica por cada muerto suele haber no menos de tres heridos. Pero lo que aquí interesa subrayar no es tanto la destrucción corporal cuanto la destrucción psicosocial. Y, como se ha visto en los ejemplos presentados, el impacto de la guerra va desde el deterioro orgánico que aparece en los síntomas psicosomáticos hasta la criminalización aberrante en la mente infantil pasando por el desquiciamiento de las relaciones sociales, sometidas al abuso y la violencia de quienes tienen en sus manos el poder.

No es casual que se ofrezca de El Salvador una imagen democrática a pesar de que la realidad difiere drásticamente de esa imagen. El ocultamiento ideológico es parte del problema, un elemento esencial para justificar la prolongación de lo que para el gobierno de Reagan no es más que un simple «conflicto de baja intensidad»[21], pero para el pueblo salvadoreño constituye una guerra que, tras privarle de su soberanía nacional, amenaza con destruir su identidad y hasta su misma viabilidad histórica. Por ello, conviene examinar en forma más detenida el conflicto mismo.

LA GUERRA SALVADOREÑA

Toda guerra constituye una forma de resolver un conflicto entre grupos que se caracteriza por el recurso a la violencia con la que se pretende destruir o dominar al rival. Los estudios de la Psicología

---

20. En la nota 7 del capítulo 1 se han ofrecido datos generales sobre las víctimas causadas por el conflicto, y en la nota 18 del capítulo 6 lo hemos hecho sobre los niños.
21. A los conflictos de baja intensidad (CBI) en cuanto tal se ha prestado especial atención en el capítulo 3 (ver epígrafe «Guerra paralela» y nota 7 de ese mismo capítulo).

sobre la guerra[22] tienden a concentrarse predominantemente en dos áreas: una de ellas busca la eficiencia de las acciones militares, bien estudiando las formas más efectivas de organizarse y actuar, ya sea

22. Tan sólo un recordatorio histórico: el interés de la Psicología social por el estudio de la guerra ha tenido una peripecia bastante más continua de lo que pudiera parecer. De entrada, William McDougall, en el que sigue siendo considerado como el primer manual de la disciplina, dedica el capítulo 11 al instinto de lucha en cuyo transcurso trae a colación las guerras tribales y las guerras de religión como ejemplo prototípico de un comportamiento devastador del que no se sigue beneficio alguno para la persona (McDougall, W. *An Introduction to Social Psychology*. Londres: Methuen & Co. Ltd, 1908, 240-254). La guerra como un comportamiento que obedece a fuerzas instintivas: ése fue un argumento al que se sumaron de buen grado W. Trotter, William James y el mismísimo Freud, entre otros. Para entonces, ya había estallado la primera Guerra mundial, que convocaría a la plana mayor de la Psicología: Hall dedicaría su discurso presidencial de la American Psychological Association (APA) en 1916 a la aplicación práctica de la Psicología a la guerra, y nada menos que 12 comités dentro de la APA se movilizaron de inmediato al servicio de la guerra. Por si fuera poco, la Psicología entra con fuerza en la División de Inteligencia Militar, para la que durante un breve lapso de tiempo trabaja el mismísimo John Watson (para mayor información, ver el artículo de Bendersky, J. Psychohistory Before Hitler: Early Military Analyses of German National Psychology. *Journal of the History of Behavioral Sciences, 24*, 1988, 166-182). Durante la segunda Guerra mundial «los psicólogos sociales ocuparon puestos relevantes en la Oficina de Servicios Estratégicos, en la División de Psicología Militar del ejército, en la Oficina de Información de Guerra, y en otros estamentos e instituciones implicadas en la guerra psicológica» (Cartwright, D. Social Psychology in the United States During the Second World War. *Human Relations, 3*, 1948, 340) No fueron actividades marginales ni esporádicas; el mismo Dorwin Cartwright lo ratificaría años después, en un artículo imprescindible para comprender la peripecia histórica de nuestra disciplina: «Para quien no lo haya vivido, resulta difícil apreciar la magnitud del impacto de la guerra sobre la Psicología social norteamericana. Acallado apenas el eco de Pearl Harbour, el gobierno comenzó a reclutar psicólogos sociales para ayudar en la solución de los problemas a los que se enfrentaba un país en guerra» (Cartwright, D. Contemporary Social Psychology in Historical Perspective. *Social Psychology Quarterly, 42, 1979, 84*). No viene al caso desgranar un interminable rosario de investigaciones llevadas a cabo a amparo de la contienda bélica, pero quizás convenga recordar que parte de lo que hoy en día conocemos sobre el rumor, sobre la comunicación persuasiva, sobre el cambio de actitudes, sobre el clima o sobre la toma de decisiones en el grupo, data de investigaciones llevadas a cabo dentro del contexto bélico. Todo ello sin olvidar los numerosos trabajos sobre el TEPT llevados a cabo dentro del marco de la Psiquiatría y de la Psicología clínica al amparo de ambas contiendas mundiales y de la maltrecha aventura norteamericana en Vietnam. En España, Emilio Mira abordaría estos problemas a raíz de la guerra civil española (Mira y López, E. *La Psiquiatría en la guerra*. Barcelona: Editorial Médico-Quirúrgica, 1944), y Javier Bandrés y Rafael Llavona lo han hecho más recientemente (La Psicología en los campos de concentración de Franco. *Psicothema, 8*, 1996, 1-11). Después sobreviene un largo silencio quebrado tan sólo por el interés que en determinados círculos de la Psicología despertó a partir de finales de los sesenta la guerra nuclear (ver a este respecto el artículo

aportando elementos propios que contribuyan al esfuerzo bélico (la llamada «guerra psicológica»); la otra área se concentra en las secuelas psicológicas de la guerra y se orienta hacia su prevención y tratamiento.

Hay, sin embargo, un aspecto de la guerra de gran importancia y que debe ser analizado por la Psicología social: su carácter definidor del todo social[23]. Por su propia dinámica, una guerra tiende a convertirse en el fenómeno más englobante de la realidad de un país, el proceso dominante al que tienen que supeditarse los demás procesos sociales, económicos, políticos y culturales, y que, de manera directa o indirecta, afecta a todos los miembros de una sociedad.

Ese mismo carácter absorbente de la guerra puede llevar a ignorar la manera diferencial como afecta a los grupos y personas: lo que para unos representa una ruina, supone para otros un gran negocio, y lo que a ciertos grupos pone al borde de la muerte, a otros abre la posibilidad de una nueva vida. Una es la guerra que tiene que sufrir en carne propia el campesino y otra muy distinta la que en sus pantallas de televisión contempla el burgués industrial. En El Salvador, quienes van al campo de batalla son mayoritariamente los pobres, los hijos de los campesinos o de los marginados urbanos, no los hijos del patrón o del profesional.

En 1984 se pudo caracterizar la guerra civil salvadoreña desde una perspectiva psicosocial con tres notas fundamentales: a) la violencia, que orienta los mejores recursos de cada contendiente a la destrucción del rival; b) la polarización social, es decir, el desplazamiento de los grupos hacia extremos opuestos, con el consiguiente endurecimiento de sus respectivas posiciones ideológicas, y la presión sobre las diversas instancias sociales para que se alineen con «nosotros» o con «ellos», y c) la mentira institucional, que supone desde la desnaturalización del objeto de las instituciones hasta el ocultamiento ideológico de la realidad social.

de Morawski, J. G., y Goldstein, S. Psychology and Nuclear War. A Chapter in Our Legacy of Social Responsibility. *American Psychologist, 40*, 1985, 276-284). La vuelta a la escena psicosocial de la guerra tiene mucho que ver con los movimientos de represión política en América Latina a partir de los años setenta y con el auge de la Psicología en los países de habla hispana, de lo que este volumen es un excelente ejemplo. Un buen complemento a algunas de las cuestiones aquí comentadas lo encontrará el lector en Jiménez Burillo, F. La Psicología ante la guerra. En F. Moreno y F. Jiménez Burillo (coords.), *La guerra: realidad y alternativas*. Madrid: Universidad Complutense, 1992, 145-154.

23. Es la realidad totalizadora de la guerra (ver nota 3 del capítulo 1).

En lo fundamental, esta caracterización psicosocial de la guerra salvadoreña sigue siendo válida en 1988, lo cual es de por sí un hecho deplorable. Con todo, conviene examinar las modalidades que estas características de la guerra civil salvadoreña han ido adoptando como consecuencia de la prolongación de la guerra misma.

La polarización social[24]

En el análisis de 1984 se indicaba que el grado de polarización social de la población salvadoreña había tocado techo y que se observaban signos significativos de despolarización, es decir, esfuerzos conscientes de algunos grupos por desidentificarse respecto a ambos contendientes (Martín-Baró, 1984)[25]. Los procesos de polarización y despolarización no son uniformes ni mecánicos, sino que están muy relacionados con la marcha de la actividad militar, así como con la evolución de la situación política misma. En este sentido, desde 1984 hasta ahora, se han podido observar varios procesos importantes. Quizá el más significativo lo constituya el resurgimiento del movimiento de masas, con claras simpatías hacia la postura del FMLN. Sin embargo, el esfuerzo consciente por polarizar y llevar a las organizaciones populares desde los planteamientos laborales reivindicativos hacia posturas políticas más conscientes e incluso radicales y hasta violentas, ha producido una nueva reducción del movimiento del que se han separado quienes no se sienten con fuerzas para entrar en esa dinámica o temen una repetición del terrorismo represivo de 1981-1982. Desde el lado gubernamental, la Fuerza Armada ha puesto en marcha varios planes de contrainsurgencia, uno de cuyos ingredientes esenciales lo constituye la llamada «guerra psicológica»[26]. Estos planes han buscado expresamente ganar «la mente y el corazón» de la población civil, a fin de constituirla en el prin-

24. A la polarización social está dedicado fundamentalmente el capítulo segundo y un epígrafe del capítulo tercero, pero dada su relevancia en los orígenes de todo conflicto intergrupal, se encuentra muy presente desde las primeras páginas de este volumen, porque en el fondo, y en la superficie, la polarización ha venido alimentando la historia psicosocial de la violencia mediante la lucha de clases (ver epígrafe del primer capítulo: «El contexto social: la lucha de clases», así como la notas 13 y 18 de ese mismo capítulo).
25. Se está refiriendo al artículo que hemos elegido para componer la primera parte de este capítulo.
26. Ver capítulo 3, con sus correspondientes notas.

cipal obstáculo frente a los rebeldes, presentados como vulgares terroristas y enemigos del pueblo.

De parte y parte se ha hecho un esfuerzo concertado y consciente no sólo por mantener la polarización social, sino por extenderla y profundizarla. A fin de lograr este objetivo, ambos contendientes han tratado de enfatizar los elementos de antagonismo en lugar de los elementos de posible acuerdo, y han explotado cuanto han podido las fuentes del resentimiento y del odio intergrupal. Unos y otros se han presentado mutuamente como la encarnación del mal, como «el enemigo» al que hay que eliminar. Este aspecto resulta más contradictorio en la propaganda gubernamental que en la del FMLN, tanto por su magnitud e intensidad, como por el violentamiento que hace al lenguaje. Así, el mensaje transmitido bajo el lema de «unidos para reconstruir», nombre dado a la campaña contrainsurgente más ambiciosa de la Fuerza Armada en los dos últimos años, claramente decía «desunidos para destruir», o bien «unidos unos contra otros para que acabemos con ellos».

El nivel de polarización social que se encuentra hoy en el país —más allá de momentos coyunturales, como son los períodos electorales— es menor que el que se dio en los primeros años de la guerra civil. Mal que bien, el cansancio y la razón, el desengaño con la solución militar y las exigencias de la convivencia cotidiana, la presión internacional y la emergencia de opciones matizadas, han ido abriendo unos espacios políticos que algunos han intentado aprovechar para construir puentes y trazar horizontes nuevos. En todo caso, la cantidad de recursos dedicados a mantener viva la polarización social apunta a la creciente resistencia del pueblo salvadoreño a buscar la solución al conflicto por la vía militar, aun cuando esta resistencia pueda adoptar formas, como la inhibición o el escepticismo, no siempre constructivas ni social ni personalmente.

Pero aun cuando el nivel de polarización social ha tendido a disminuir y se da una resistencia popular sorda a todo esfuerzo por radicalizar más el conflicto, las campañas por polarizar mantienen al país en un ambiente de tensión que no sólo es bélica, sino también psicosocial: se ideologizan los hechos, se demoniza a las personas, se criminaliza la utilización de aquellos mismos espacios políticos que la evolución del conflicto ha obligado a abrir. Todo lo cual lleva a un aparente empantanamiento de la confrontación social y a hacer muy difícil el establecimiento de ámbitos para una interacción de los diversos grupos sociales de cara a objetivos de interés común. Por eso el gobierno de Duarte se encontró con un serio problema cuando se vio obligado a cumplir los acuerdos de Esquipulas II[27] en contra de su principal fuente de poder, los Estados Unidos, y con la abierta reticencia de la Fuerza Armada. De hecho, no le quedó más recurso que acudir al expediente de un cumplimiento formalista, que más sirvió para de justificación para continuar con la guerra que de peldaño para acercarse a la paz.

La mentira institucionalizada[28]

El ocultamiento sistemático de la realidad sigue siendo una de las características fundamentales de la guerra salvadoreña. Este ocultamiento adopta diversas modalidades: ante todo, se trata de crear una versión oficial de los hechos, una «historia oficial» que ignora aspectos cruciales de la realidad, distorsiona otros e incluso falsea o inventa otros. Esta historia oficial se impone a través de un despliegue propagandístico intenso y muy agresivo al que se respalda incluso poniendo en juego todo el peso de los más altos cargos oficiales. Así, por ejemplo, el presidente de la República se constituyó en garante público de la versión que pretendió inculpar al FMLN del asesinato del presidente de la Comisión no gubernamental de Derechos Humanos, Herbert Anaya Sanabria.

Cuando, por cualquier circunstancia, aparecen a la luz pública hechos que contradicen frontalmente la «historia oficial», se tiende alrededor de ellos un «cordón sanitario», un círculo de silencio que los relega a un rápido olvido o a un pasado presuntamente superado por la evolución de los acontecimientos. Las continuas violaciones de los derechos humanos de parte de miembros de la Fuerza Armada entran obviamente en este ámbito del silencio encubridor.

La expresión pública de la realidad, la denuncia de las violaciones de los derechos humanos y, sobre todo, el desenmascaramiento de la historia oficial, de la mentira institucionalizada, son considerados actividades «subversivas», y en realidad lo son, ya que subvierten el orden de mentira establecido. Se llega así a la paradoja de que quien se atreve a nombrar la realidad o a denunciar los atropellos se convierte por lo menos en reo de la justicia[29]. Lo que importa no es si los hechos referidos son o no ciertos, lo que siempre es

---

27. Ver nota 7 del capítulo 2.
28. Ver los epígrafes «La institucionalización de la mentira» y «La mentira oficializada» de los capítulos 3 y 6 respectivamente con sus correspondientes notas.
29. Ver un ejemplo en la nota 5 del capítulo 5.

negado *a priori*; lo que importa es que se nombren. No son las realidades las que cuentan, sino las imágenes. Así, por ejemplo, cuando el obispo auxiliar de San Salvador, monseñor Rosa Chávez, denunció a miembros de la Primera Brigada de Infantería como los autores de un triple asesinato con todas las características de un «escuadrón de la muerte», fue inmediatamente criminalizado por las máximas autoridades civiles y militares; al obispo le tocaba probar su «inocencia», él era el reo sin que pareciera importar mucho que el hecho denunciado fuera realmente cierto o no.

Un elemento adicional de mentira lo constituye el grado de corrupción que ha permeado progresiva y aceleradamente a los diversos organismos estatales y a los nuevos funcionarios democristianos. Por supuesto, ello no representa ninguna novedad histórica en un gobierno salvadoreño; lo que sí es nuevo es que la corrupción haya invadido en tal grado a los miembros de un partido que, hasta ese momento, había tenido un comportamiento relativamente honesto y cuyo discurso moralizante y presuntamente de inspiración cristiana es lo más opuesto al aprovechamiento privado de los recursos públicos. El abrumador contraste entre el discurso político y el proceder real de los miembros de la Democracia Cristiana en el poder establece un nuevo nivel de engaño y mentira, tanto más hiriente cuanto que se produce en circunstancias de extrema pobreza y dificultad para la mayoría del pueblo salvadoreño. El juicio más favorable que hoy se oye sobre la corrupción de los gobernantes democristianos es que la corrupción en nada difiere de la de gobiernos anteriores a 1979, precisamente aquellos gobiernos cuyo proceder contribuyó a precipitar la guerra civil.

Como una contradicción significativa que se produce en el marco de este ambiente de mentira institucionalizada surgen en El Salvador una serie de programas noticiosos de televisión que disfrutan y hacen uso efectivo de una notable libertad. Hay actualmente en El Salvador no menos de cuatro telenoticieros («Al día», «Teleprensa», «El Noticiero» y «TCS Noticias») así como una serie de programas vinculados a ellos que ofrecen al público una información mucho más cercana a los hechos que la de la «historia oficial», así como la oportunidad de conocer opiniones y juicios de todo tipo de personas, sin excluir las más críticas sobre el proceso. Cómo y por qué ha sido posible esto cuando hasta hace poco se dinamitaban radios y periódicos opositores, y cuando aún se sigue interfiriendo sistemáticamente a las emisoras del FMLN, no es del caso analizarlo aquí. Esto no quiere decir que no existan presiones oficiales o para-oficiales sobre estos programas, o que no se haga esfuerzos concertados por asimilarlos (cooptarlos) en beneficio del sistema establecido. De hecho, junto a la aparición de estos programas se ha dado también el establecimiento del Ministerio de Cultura y Comunicaciones, claramente orientado a la «guerra psicológica» y a contrarrestar toda posible brecha a la «historia oficial».

La violencia

Como se sabe, la violencia bélica en la guerra salvadoreña tiene dos vertientes: por un lado, la de la confrontación militar abierta, independientemente del mayor o menor convencionalismo que tenga; por otro lado, el de la represión paramilitar encubierta dirigida no ya contra los combatientes, sino contra todos aquellos sectores o grupos de la población que apoyan o simpatizan con los insurgentes, o de quienes se sospecha que pueden apoyar o simpatizar con ellos.

En un primer momento, la guerra salvadoreña se caracterizó por un mínimo de acciones militares abiertas y un máximo de acciones paramilitares encubiertas. Los «escuadrones de la muerte»[30] y no los batallones fueron los principales instrumentos bélicos del gobierno para mantenerse en el poder frente al acoso popular y revolucionario. Sin embargo, con la prolongación de la guerra y las exigencias propias del proyecto contrainsurgente promovido por Estados Unidos para El Salvador, esta relación se ha ido invirtiendo, y mientras las confrontaciones militares han ido adquiriendo una importancia primordial, la represión ha sido relegada a un plano menos relevante. Es un hecho, continuamente aireado por el gobierno norteamericano, que se ha producido una significativa reducción en el número de personas torturadas, asesinadas o «desaparecidas» atribuibles a las fuerzas gubernamentales; mucho más cuestionable es la afirmación de que las violaciones del FMLN a los derechos humanos han ido en aumento y de que la mayoría de las violaciones que hoy ocurren en El Salvador son causadas por ellos. En todo caso, cabe hacer dos afirmaciones factuales: a) el número de víctimas, muertos y he-

---

30. Los escuadrones de la muerte han gozado también de protagonismo en este volumen. Y lo han hecho, como era previsible, desde la Introducción (ver nota 8), pero será en los capítulos 2 (ver epígrafe «El nombre de la violencia»), y especialmente en el 5, con motivo del terrorismo político, donde van a adquirir la dimensión que les corresponde.

ridos en la confrontación militar es actualmente mucho más elevado que el de víctimas de la represión; *b*) el número de víctimas de la represión es reducido, pero todavía es incluso más elevado del que se daba con anterioridad a la guerra y que fue condenado como inaceptable por diversos organismos internacionales.

Este cambio en la dirección de la guerra ha arrastrado un fenómeno paralelo en el orden social: se ha pasado de un orden mantenido por el terrorismo de Estado a un orden militarizado. En El Salvador se ha producido una militarización de la sociedad y de la vida colectiva[31], y ello tanto en las zonas controladas por el gobierno como en aquellas controladas por el FMLN, sin que con ésto se pretenda soslayar las claras diferencias que hay entre ambos casos.

La militarización del orden social significa, por lo menos, dos cosas: *a*) los oficiales militares tienden a ocupar la mayor parte de los puestos claves del ordenamiento institucional; *b*) la instancia militar se convierte en el criterio de validez y aun de posibilidad de cualquier actividad. Dicho en otros términos, difícilmente se puede desarrollar alguna actividad o empresa de cierta importancia en el país que no cuente primero con el aval institucional de la Fuerza Armada o con el patrocinio personal de algún militar. La vigilancia que abiertamente ejercen los militares alrededor de los centros de producción o el control que establecen sobre los diversos sistemas de comunicación no es sino la expresión más visible de su creciente poder sobre el funcionamiento de la sociedad salvadoreña.

EL TRAUMA PSICOSOCIAL

Si los seres humanos somos productos históricos, es obvio pensar que esta particular historia de guerra de El Salvador tendrá que repercutir de alguna manera en sus habitantes. No es necesario asumir alguna de las visiones psicológicas tradicionales sobre la personalidad básica para comprender que algún impacto importante tienen que tener la prolongación de la guerra civil en la manera de ser y de actuar de los salvadoreños. Es este impacto el que aquí se caracteriza como trauma psicosocial.

---

31. A la «militarización de la existencia» como parte de «La habituación objetiva a la guerra» está dedicada una parte del capítulo anterior.

Carácter del trauma psicosocial de la guerra

Etimológicamente, trauma significa herida. En Psicología, se suele hablar de trauma para referirse a una vivencia o experiencia que afecta de tal manera a la persona que la deja marcada, es decir, deja en ella un residuo permanente. Si se utiliza el término de trauma es porque se entiende que este residuo es negativo, que se trata de una herida, es decir, de una huella desfavorable para la vida de la persona. Por lo general se califica como *trauma psíquico* la particular herida que una experiencia difícil o excepcional —la muerte de un ser querido, una situación de particular tensión o sufrimiento, algún hecho dolorosamente frustrante— deja en una persona concreta. Así, por ejemplo, un niño que ve a morir a sus padres en un accidente o en un incendio. A veces, y en sentido ya más análogo, se utiliza el término *trauma social* para referirse a cómo algún proceso histórico puede haber dejado afectada a toda una población. Este sería el caso, por ejemplo, del pueblo alemán y del pueblo judío tras la experiencia de la «solución final».

Aquí se utiliza el término nada usual de *trauma psicosocial* para enfatizar el carácter esencialmente dialéctico de la herida causada por la vivencia prolongada de una guerra como la que se da en el Salvador. Con ello no se quiere decir que se produzca algún efecto uniforme o común a toda la población o que de la experiencia de la guerra pueda presumirse algún impacto mecánico en las personas; precisamente si se habla del carácter dialéctico del trauma psicosocial es para subrayar que la herida o afectación dependerá de la peculiar vivencia de cada individuo, vivencia condicionada por su extracción social, por su grado de participación en el conflicto así como por otras características de su personalidad y experiencia (Martín-Baró, 1984, 509-511)[32]. El sufrimiento que acarrea la guerra ofrece incluso a algunas personas la oportunidad de crecer humanamente. El desempeño público de alguien como el Arzobispo mártir de San Salvador, Monseñor Oscar Arnulfo Romero, muestra paradigmáticamente el crecimiento de una persona a medida que arreciaban las persecuciones y los ataques contra él. Monseñor Romero no es más que el caso mejor conocido de otros muchos salvadoreños a los que

---

32. Como ya se ha dicho, este artículo ha sido incluido en la primera parte de este capítulo, y las páginas citadas por Martín-Baró corresponderían en su integridad al epígrafe «El impacto de la guerra sobre la salud mental».

la guerra les ha dado la oportunidad de desarrollar excepcionales virtudes humanas de limpio altruismo y amor solidario.

Pero al hablar de trauma psicosocial se quiere subrayar también otros dos aspectos que con frecuencia tienden a olvidarse: *a*) que la herida que afecta a las personas ha sido producida socialmente, es decir, que sus raíces no se encuentran en el individuo, sino en su sociedad, y *b*) que su misma naturaleza se alimenta y mantiene en la relación entre el individuo y la sociedad a través de diversas mediaciones institucionales, grupales e incluso individuales. Lo cual tiene obvias e importantes consecuencias a la hora de determinar qué debe hacerse para superar estos traumas.

El trauma psicosocial como deshumanización

Samayoa (1987, 215)[33] mantiene que los cambios cognoscitivos y comportamentales ocasionados por la guerra acarrean un proceso de deshumanización, entendido como el empobrecimiento de cuatro importantes capacidades del ser humano: *a*) su capacidad de pensar lúcidamente; *b*) su capacidad de comunicarse con veracidad; *c*) su sensibilidad frente al sufrimiento ajeno, *d*) su esperanza.

¿Cuáles son esos cambios cognoscitivos y comportamentales ocasionados por la necesidad de adaptarse a la guerra y que precipitarían la deshumanización de las personas? *a*) la desatención selectiva y el aferramiento a prejuicios; *b*) la absolutización, idealización y rigidez ideológica; *c*) el escepticismo evasivo; *d*) la defensa paranoide, y *e*) el odio y deseo de venganza. Ahora bien, a la hora de examinar cómo surgen y se van configurando estos esquemas cognoscitivos y comportamentales, Samayoa señala tres dinamismos adaptativos o de supervivencia: *a*) la inseguridad frente al propio destino; *b*) la carencia de propósito y aun de sentido en lo que se tiene que hacer, y *c*) la necesidad de vinculación o pertenencia personal a algún grupo.

Una línea distinta de pensamiento ha sido desarrollada desde su experiencia psicoterapéutica en Chile por el grupo encabezado por Elisabeth Lira[34]. Según este grupo, una situación de terrorismo esta-

33. El artículo de Joaquín Samayoa al que se hace referencia pasó posteriormente a formar parte de *Psicología social de la guerra*, libro editado por el propio Martín-Baró (San Salvador: UCA Editores, 1990, 41-64).

34. El Instituto Latinoamericano de Salud Mental y Derechos Humanos (ILAS) es una ONG chilena creada en 1988 por cuatro psicólogos y un psiquiatra precedentes de la Fundación de Ayuda Social de las Iglesias Cristianas (FASIC), que surge

tal como la que se vive en el Chile de Pinochet provoca en las personas un estado de miedo y, aunque el miedo es una vivencia subjetiva y hasta cierto punto privada, «al producirse simultáneamente en
miles de personas en una sociedad, adquiere una relevancia insospe-
chada en la conducta social y política» (Lira, Weinstein y Salamovich, 1985-1986, 51). Cuatro serán según este grupo de psicólogos
las principales características psicológicas desencadenadas por el mie-

desde la necesidad de abordar directamente las repercusiones de la violación de los
derechos humanos sobre la salud mental del pueblo chileno. Tres fueron las líneas de
trabajo en los momentos iniciales: *a*) atención clínica a la población más severamen-
te afectada por la represión política. Una práctica terapéutica ligada al contexto socio-político en el tuvo lugar la represión; *b*) desarrollo de investigaciones en ese mismo campo, y *c*) puesta en marcha de un programa de intercambio con equipos de
salud mental de diferentes regiones de Chile, y formación de profesionales expresamente dedicados a la salud mental y los derechos humanos. La Psicología de habla
hispana tiene para con quienes iniciaron aquella aventura una deuda intelectual y
emocional que sólo se puede saldar con el reconocimiento explícito de su tarea. Aquí
queremos hacerlo en la persona de quien fuera su primera directora en tiempos especialmente turbulentos, entre 1998 y 1994, Elisabeth Lira. Como habrá podido
apreciar el lector a lo largo de los dos últimos capítulos, es punto de referencia obligado cuando nos adentramos por los vericuetos de la salud mental y la represión política, y además de las publicaciones recogidas en la bibliografía general y en alguna
de las notas al pie de página, cabría destacar las siguientes: Weinstein, E., Lira, E. y
Rojas, E. *Trauma, duelo y reparación*. Santiago de Chile: Interamericana, 1987; Lira,
E. y Becker, D. *Derechos Humanos. Todo es según el color con que se mira*. Santiago
de Chile: ILAS, 1989; Lira, E., y Castillo, M.ª I. *Psicología de la amenaza política y
del miedo*. Santiago de Chile: ILAS-CESOC, 1991; Lira, E. Guerra psicológica: intervención política de la subjetividad colectiva. En I. Martín-Baró (ed.), *Psicología social de la guerra*. Cit., 138-158; Lira, E., Becker, D. y Castillo, M. Psychotherapy with
victims of political represion in Chile. A therapeutic and political challenge. En *Health Services for the treatment of torture and trauma survivors*. Washington, D.C.:
American Association for the Advancement of Sciences, 1990; Lira, E. *Psicología y
violencia política en América Latina*. Santiago de Chile: ILAS, 1994; Lira, E. The development of treatment approaches for victims of human rights violations in Chile.
En R. Kleber, Ch. Figley, y B. Gerson (eds.), *Beyod the Trauma*. Nueva York: Plenum,
1995; Lira, E. y Loveman, B. Las suaves cenizas del olvido. La vía chilena de reconciliación política 1814-1932. Santiago de Chile: LOM, 1999; Lira, E. y Loveman, B.
Derechos humanos en la transición «modelo»: Chile 1988-1999. En P. Drake y I. Jak-
sic, *El modelo chileno. Democracia y desarrollo en los noventa*. Santiago de Chile:
LOM, 1999, 339-374; Lira, E. Violencia política en Chile: memoria social e impunidad. En G. Araujo, O. Desatnik y L. Fernández-Rivas (eds.), *Frente al silencio: testi-
monios de la violencia en Latinoamérica*. México: Universidad Autónoma Metropo-
litana, 1999, 49-67; Lira, E. Verdad, justicia e impunidad. Memoria, perdón y olvido.
En J. J. Vázquez (comp.), *Psicología social y liberación en América Latina*. México:
Universidad Autónoma Metropolitana, 2000, 133-153; Lira, E. Memoria y olvido.
En O. Grau y N. Olea (eds.), *Volver a la memoria*. Santiago de Chile: La Moradad y
LOM, 2001, 45-60.

do: *a*) la sensación de vulnerabilidad; *b*) un estado exacerbado de alerta; *c*) el sentimiento de impotencia o pérdida de control sobre la propia vida, y *d*) una alteración del sentido de realidad, al volverse imposible validar objetivamente las propias experiencias y conocimientos.

Los planteamientos de Samayoa y del grupo chileno son complementarios: mientras en un caso se subraya el papel de los aspectos cognoscitivos y comportamentales, en el otro se enfatiza la mediación de un elemento afectivo, el miedo. Nos encontramos así con los tres constitutivos clásicos del análisis psicológico: el conocimiento, el afecto y el comportamiento, que algunos sustituyen por volición. Conviene, sin embargo, señalar las limitaciones de ambos modelos. En el caso de los chilenos, es claro que su análisis se reduce a aquellos sectores de la población que han constituido el blanco de la represión pinochetista; quedarían, por tanto, excluidos los sectores de la población favorables a Pinochet, quienes más que miedo habrían experimentado frecuentemente satisfacción y seguridad con una política que garantizaba su dominio de clase.

El enfoque de Samayoa es más amplio y, en principio, puede aplicarse a todos los sectores de la población, ya que todos tienen que adaptarse a las nuevas circunstancias históricas. Pero es precisamente ese papel tan nuclear atribuido a la adaptación lo que resulta insatisfactorio de este enfoque. Parecería que los grupos y personas son externos a la situación de la guerra, a la que se verían obligados a adaptarse. Se trataría, entonces, de una concepción fundamentalmente respondiente y aun pasiva de las personas frente a las realidades históricas. Por el contrario, los datos llevan a afirmar el papel esencial y activo que desempeñan los grupos y las personas como sujetos de la historia, por más alienadamente que la vivan. Sin duda, para muchos salvadoreños la guerra es algo que se les impone; pero para no pocos la guerra es algo que ellos mismos contribuyen a propiciar y desarrollar y, por consiguiente, mal se entiende su participación en esos procesos si se la mira desde una perspectiva simplemente adaptacionista. Probablemente, Samayoa no pretenda negar ésto, pero su modelo arrastra esa limitación o, por lo menos, deja abierta esa ambigüedad.

Cristalización de relaciones sociales

Desde nuestra perspectiva, creemos que la mejor manera de comprender el trauma psicosocial es concebirlo como la cristalización o materialización en las personas de las relaciones sociales de la guerra que se vive en el país[35]. No se oculta que subyace a este planteamiento la comprensión del ser humano como producto de una historia peculiar, que en cada caso se concreta en las relaciones sociales de las que el individuo es parte activa y pasiva. Se sigue de ahí que el carácter de las principales relaciones sociales irá tomando cuerpo en las personas. Qué papel jueguen cada uno de los elementos psíquicos (conocimientos, afectos, voliciones) habrá que examinarlo en cada situación, pero en principio es el todo de las personas lo que va siendo afectado por la vivencia de unas relaciones de guerra. De ahí mismo se sigue que cada persona será afectada de acuerdo a su particular ubicación social y a su concreta manera de participar en los procesos de la guerra.

El trauma psicosocial experimentado por las personas denota entonces unas relaciones sociales enajenantes, que niega el carácter humano del «enemigo» al que se rechaza como interlocutor en cuanto tal y al que incluso se busca destruir. La afirmación de la propia personalidad es afectada por la deshumanización del otro frente al que dialécticamente se construye.

Si la guerra de El Salvador se caracteriza por la polarización social, la mentira institucionalizada y la militarización de la vida social, hay que examinar cómo estos tres aspectos sobresalientes de las relaciones sociales van cristalizando en las personas. No se trata de buscar una correspondencia mecánica que cosificaría lo que no son sino aspectos analíticos de una realidad histórica; pero sí de ver cómo la especificidad de la guerra salvadoreña va marcando a los grupos y personas, es decir, cómo va cristalizando en un trauma psicosocial. Lo que siguen son unas hipótesis que intentan dar razón de los trastornos ya encontrados, pero que, como hipótesis de trabajo, deberán ser sometidas a verificación empírica.

En primer lugar, creemos que las diversas formas de somatización constituyen el enraizamiento corporal de la polarización social. No se afirma que todo proceso de polarización acabe echando raíces en el organismo, ni que todo trastorno psicosomático deba atribuirse a la vivencia de la polarización bélica; lo que se dice es que la experiencia aguda de la polarización puede enraizarse y con fre-

---

35. De afuera hacia adentro: una vez más la recurrente perspectiva socio-histórica de corte vyotskiano que atraviesa de cabo a rabo la propuesta de Martín-Baró sobre la violencia, y que alcanza cotas especialmente valiosas en estos dos últimos capítulos.

cuencia lo hace en el propio cuerpo. No es de extrañar, entonces, que los grupos y personas más propensas a experimentar este tipo de trastornos sean aquellos que son atenazados por el desgarrón de la polarización: los habitantes de lugares que pasan continuamente del control de un bando al de otro, o aquellos que son sometidos a un intenso bombardeo ideológico por una u otra parte sin poder afirmar la propia opción, e incluso aquellos que tienen que forzarse a sí mismos a asumir posturas extremas y rígidas en favor de su grupo. Al desquiciamiento social corresponde el desquiciamiento personal y aun somático, hasta llegar a formas complejas de alienación psicótica observadas en algunos jóvenes de poblaciones conflictivas.

En segundo lugar, el clima imperante de mentira permea negativamente los fundamentos de la identidad de las personas, y ello de diversos modos. Ante todo, porque la obnubilación de la realidad genera un descoyuntamiento esquizoide entre las vivencias subjetivas y la vida social, que no ofrece un campo para la formalización validadora del propio conocimiento o, en el mejor de los casos, lo refiere a un círculo social excesivamente restringido. A esta dificultad de formalización validante corresponde tanto el sentimiento de inseguridad sobre lo que se piensa como el escepticismo frente a las diversas opciones sociales y políticas. Cuando la mentira tiene que ser asumida como forma de vida y las personas se ven forzadas a llevar una doble existencia (el caso de todos los que trabajan en la clandestinidad) el problema se agrava, no tanto porque se no encuentre manera de formalizar y validar la propia experiencia, cuanto porque la necesidad de actuar en dos planos termina por ocasionar una confusión ética y vivencial. No pocos terminan por abandonar ese estilo de vida tan desgarrador, lo que a menudo produce una devaluación de la propia imagen y un sentimiento de culpabilidad frente a las propias convicciones y frente a los antiguos compañeros de lucha. Lira y sus colegas han analizado con claridad los problemas de identidad derivados de la imposibilidad de organizar la vida de acuerdo con los propios valores políticos cuando estos valores son contrarios al régimen establecido (Lira *et al.*, 1985-1986; Weinstein, 1987).

Finalmente, la militarización de la vida social piede ocasionar una progresiva militarización de la mente. Una vez más, no se trata de un efecto simple ni mecánico; pero no parece haber muchas dudas que la violencia casi compulsiva que se apodera de las relaciones interpersonales, incluso las más íntimas, así como la destructividad sociópata que ponen de manifiesto algunos miembros o ex miembros de las fuerzas militares, están intrínsecamente relacionadas con la preponderancia creciente de las formas de pensar, sentir y actuar militares en la vida social. El aspecto más grave de esta militarización se da cuando se convierte en forma normal de ser, transmitida por los procesos de socialización, como ocurre en los niños que ingenuamente afirman que para acabar con la pobreza hay que matar a todos los pobres.

CONCLUSIÓN: LA TAREA PSICOSOCIAL

La prolongación indefinida de la guerra supone la normalización de este tipo de relaciones sociales deshumanizantes cuyo impacto en las personas va desde el desgarramiento somático hasta la estructuración mental, pasando por el debilitamiento de la personalidad que no encuentra la posibilidad de afirmar con autenticidad su propia identidad. No se pueden entender entonces las crisis orgánicas sin su referente de tensión polarizadora, como no se comprende la inhibición sociopolítica sino frente al clima de mentira institucionalizada, o el estereotipamiento ideológico frente a la militarización de la vida social. Pero, a su vez, las personas que se van formando en este contexto van a asumir como connatural el desprecio por la vida humana, la ley del más fuerte como criterio social y la corrupción como estilo de vida, precipitando así un grave círculo vicioso que tiende a perpetuar la guerra tanto objetiva como subjetivamente.

No es el objetivo del presente trabajo examinar las formas como debe enfrentarse este problema. Pero a todas luces aparece la insuficiencia de la psicoterapia, individual o grupal, entendida como un proceso de intervención psicológica. Por supuesto, no se trata de abandonar a su suerte a aquellas personas que sufren ya en carne propia el estrago alienador de la guerra. Lo que se afirma es que este esfuerzo es insuficiente, incluso en el caso de los mismos individuos involucrados. Mientras no se produzca un significativo cambio en las relaciones sociales (estructurales, grupales e interpersonales) tal y como hoy se dan en el país, el tratamiento particular de sus consecuencias será cuando mucho incompleto.

En El Salvador es necesario iniciar un intenso trabajo de despolarización, desideologización y desmilitarización que sanee las relaciones sociales y permita a las personas elaborar su historia en un contexto interpersonal diferente al actual. Dicho en términos positivos, es necesario trabajar por establecer un nuevo marco para la convivencia, en un nuevo «contrato social» en el mejor de los sentidos que permita la interacción colectiva sin que la discrepancia se convierta en negación mutua; hay que trabajar por un sinceramiento social, que lleve a conocer las realidades antes de definirlas, a aceptar los hechos antes de interpretarlos; hay, finalmente, que esforzarse por educar en la razón y no en la fuerza, de manera que la convivencia se funde en la complementariedad mutua para resolver los problemas y no en la violencia para imponer la propia alternativa.

BIBLIOGRAFÍA

A. C. (1987). El proceso democrático. Siete años después. *Estudios Centro-americanos, 459/460,* 99-101.

ACISAM (1988). Presencia del ejército en el refugio de San José Calle Real: Una vivencia amedrentadora. *Avance,* enero de 1988.

Achaerandio, L. (1983). Introducción al problema de los desplazados en El Salvador (1980-1983). *Boletín de Psicología, 9,* 4-10.

Adorno, T., Frenkel-Brunswick, E., Levinson, D. y Sanford, R. (1965). *La personalidad autoritaria.* Buenos Aires: Proyección.

Aguilera, G. (1986). La contrainsurgencia rural en Guatemala. En CRIES, *Centroamérica: la guerra de baja intensidad. ¿Hacia la prolongación del conflicto o preparación para la invasión?* Cuadernos de Pensamiento Propio. Managua: CRIES.

American Psychiatric Association (APA) (1983). *DSM-III. Manual diagnóstico y estadístico de los trastornos mentales.* Barcelona: Masson.

Americas Watch (1986). *Convirtiéndose en una rutina. El abuso de los derechos humanos en el segundo año de Duarte.* Nueva York: Americas Watch.

Anderson, T. (1976). *El Salvador 1932. Los sucesos políticos.* Universidad de Costa Rica: EDUCA.

Archer, D. y Gartner, R. (1984). *Violence and crime in crossnational pers-pective.* New Haven: Yale University Press.

Ardrey, R. (1966). *The Territorial Imperative.* Nueva York: Atheneum.

Arendt, H. (1963). *Eichmann in Jerusalem: A report on the banality of evil.* Londres: Penguin Books (*Eichmann en Jerusalén. La banalidad del mal.* Barcelona: Lumen, 1999).

Aron, A. (1987). Problemas psicológicos de los refugiados salvadoreños en California. *Boletín de Psicología, 23,* 7-20.

Aronson, E. (1969).The theory of cognitive dissonance: A current perspec-tive. En L. Berkowitz (ed.), *Advances in Experimental Social Psycho-logy, Vol. 4.* Nueva York: Academic Press.

Arroyo, J. (1971). *Reflexiones sobre Psicología social*. San Salvador: Departamento de Psicología. Universidad Centroamericana «José Simeón Cañas».

Ascher, W. (1986). The moralism of attitudes supporting intergroup violence. *Political Psychology, 7*, 403-425.

Bandura, A. (1969). *Principles of behavior modification*. Nueva York:: Holt, Rinehart and Winston (*Principios de modificación de conducta*. Salamanca: Sígueme, 1983).

Bandura, A. (1973). *Aggression: a social learning analysis*. Englewood Cliffs, N.J.: Pentice-Hall.

Bandura, A. (1977). *Social learning theory*. Englewood Cliffs, N.J.: Prentice-Hall (*Teoría del aprendizaje social*. Madrid: Espasa-Calpe, 1982).

Bandura, A., Ross, D. y Ross, A. (1963). Imitation of film-mediated aggressive models. *Journal of Abnormal and Social Psychology, 66*, 3-11.

Bandura, A. y Walters, R. H. (1959). *Adolescent aggression*. Nueva York: Ronald Press.

Bandura, A. y Walters, R. (1974). *Aprendizaje social y desarrollo de la personalidad*. Madrid: Alianza.

Barker, R. (1968). *Ecological Psychology: Concepts and methods for studying the environment of behavior*. Stanford, CA.: Stanford University Press.

Barry, D. (1986). Los conflictos de baja intensidad: Reto para los Estados Unidos en el Tercer Mundo. (El caso de Centroamérica). En CRIES, *Centroamérica: la guerra de baja intensidad. ¿Hacia la prolongación del conflicto o preparación para la invasión?* Cuadernos de Pensamiento Propio. Managua: CRIES.

Barry, D., Castro, R. y Vergara, R. (1987). *La guerra total: la nueva ideología contrainsurgente en Centroamérica*. Cuadernos de Pensamiento Propio. Managua: CRIES.

Becker, H. (1966). *Outsiders. Studies in the sociology of deviance*. Nueva York: Free Press (*Los extraños. Sociología de la desviación*. Buenos Aires: Tiempo Contemporáneo, 1975).

Berger, P. L. y Luckmann, T. (1968). *La construcción social de la realidad*. Buenos Aires: Amorrortu.

Berkowitz, L. (1965/1976). The concept of aggressive drive: Some additional considerations. En L. Berkowitz (ed.), *Advances in Experimental Social Psychology. Vol. 2*. Nueva York: Academic Press (El concepto de pulsión agresiva: algunas consideraciones adicionales. En I. Martín-Baró (comp.), *Problemas de Psicología social en América Latina*. San Salvador: UCA Editores, 1976, 264-294).

Berkowitz, L. (1974). Some determinants of impulsive aggression: Role of mediated associations with reinforcements for aggression. *Psychological Review, 81*, 165-176.

Berkowitz, L. (1975). *A Survey of Social Psychology*. Hillsdale, Ill.: The Dryden Press.

Berkowitz, L. (1984). Some effects of thoughts on anti and prosocial influences of media events: A cognitive-neo-association analysis. *Psychological Bulletin, 95*, 410-427.

Berkowitz, L. y Geen, R. (1966). Film violence and the cue properties of available targets. *Journal of Personality and Social Psychology, 3,* 525-530.

Billig, M. (1976). *Social psychology and intergroup relations.* Londres: Academic Press.

Binswanger, L. (1972). *Tres formas de la existencia frustrada. Exaltación, excentricidad, manerismo.* Buenos Aires: Amorrortu.

Braunstein, N. (1979). El encargo social y las premisas operantes de la psicología clínica. En N. Braunstein, M. Pasternac, G. Benedito y F. Saal, *Psicología: Ideología y ciencia.* México: Siglo XXI.

Bronfenbrenner, U. (1961). The mirror image in Soviet-American relations: A social psychologist's report. *Journal of Social Issues, 17,* 45-56.

Brown, R. (1972). *Psicología social.* México: Siglo XXI.

Buss, A. (1969). *Psicología de la agresión.* Buenos Aires: Troquel.

Campos, T.R. (1979). La seguridad nacional y la constitución salvadoreña. *Estudios Centroamericanos, 369-370,* 477-488.

Carr, E. y Binkoff, J. (1981). Self-control. En A. P. Goldstein, E. G. Garry, W. S. Davidson II y P. Wehr (eds.), *In response to aggresion.* Nueva York: Pergamon.

Carta a las Iglesias (1985). Chalatenango: degollados en operativos contrainsurgentes. *Carta a las Iglesias desde El Salvador, 142,* 16-30 de junio, 13-16.

Castells, M. (1973). Comentario: La teoría marxista de las clases sociales y la lucha de clases en América Latina. En Instituto de Investigaciones (UNAM), *Las clases sociales en América Latina.* México: Siglo XXI.

Castilla del Pino, C. (1976). Para una sociogénesis del resentimiento. En I. Martín-Baró (comp.), *Problemas de Psicología social en América Latina.* San Salvador: UCA Editores.

Castro, J. (1986). El plan de contrainsurgencia norteamericano para El Salvador y los cambios en las fuerzas armadas gubernamentales. En CRIES, *Centroamérica: la guerra de baja intensidad. ¿Hacia la prolongación del conflicto o preparación para la invasión?* Cuadernos de Pensamiento Propio. Managua: CRIES.

Chicas, M. y Güezmes, J. (1984). *Influencias de la TV y el tipo de institución educativa en la formación de actitudes hacia el país.* Tesis de licenciatura. San Salvador: Universidad Centroamericana «José Simeón Cañas».

Chomsky, N. y Hermann, E. (1975). *Bains de sang.* París: Seghers/Laffont. *(Baños de sangre.* Madrid: AQ, 1976).

Chomsky, N. y Hermann, E. (1979). *The political economy of human rights. Vol. 1: The Washington connection and Third World fascism.* Boston: South End.

Comblin, P. (1978). *Le pouvoir militaire an Amérique Latine: l'idéologie de la sécurité nationale.* París: Jean-Pierre Délarge.

CODEHUCA (Comisión para la Defensa de los Derechos Humanos en Centroamérica). (1986). *Informe sobre la situación de los derechos humanos en Centroamérica, 8-9,* agosto-septiembre.

Cohon, J. (1981). Psychological adaptation and dysfunction among refugees. *International Migration Review, 15,* 255-275.

COLAT (Colectivo Latinoamericano) (1982). *Psicopatología de la tortura y el exilio.* Madrid: Fundamentos.

Comblin, J. (1977). *El poder militar en América Latina.* Salamanca: Sígueme.

Comité Pro-justicia y paz de Guatemala (1985). *Situación de los derechos humanos en Guatemala. Noviembre 1984-Octubre 1985.* Guatemala.

Comstock, G., Chaffee, S., Katzman, N., McCombs, A. y Roberts, D. (1978). *Television and human behavior.* Nueva York: Columbia University Press.

Cooper, D. (1972). *Psiquiatría y antipsiquiatría.* Buenos Aires: Paidós.

CUDI (Centro Universitario de Documentación e Información) (1980-1983). *El Salvador. Proceso.* Informativo semanal.

CUDI (Centro Universitario de Documentación e Información) (1981-1982). *El Salvador. Proceso.* Informativo semanal.

Corominas, J. y Farré, J. M.ª (eds.) (1978). *Contra la tortura.* Barcelona: Fontanella.

Centro Pastoral de la UCA (CPUCA). (1984). El exterminio de las masas. Carta a las Iglesias. *Centro Pastoral de la UCA, 69,* 10-12.

Cueva, A. (1987). Los límites de la democracia en América Latina. (Notas para una discusión). *Polémica, 1,* 60-67.

Deleule, D. (1972). *La psicología, mito científico.* Barcelona: Anagrama.

Delgado, J. (1972). *Control físico de la mente. Hacia una sociedad psicocivilizada.* Madrid: Espasa-Calpe.

Departamento de Psicología y Educación de la UCA (1986). Psicología, diálogo y paz en El Salvador. *Estudios Centroamericanos, 454/455,* 711-719.

Dickey, Ch. (1983). Una población en manos de los rebeldes se convierte en un caso de prueba. Ambos bandos buscan el respaldo del pueblo salvadoreño. *The Washintong Post,* 25 de enero de 1983, p. A10.

Dollard, J., Doob, L., Miller, N., Mowrer, O. y Sears, R. (1939). *Frustration and aggression.* New Haven: Yale University Press.

Duarte, J.N. (1981). Mensaje al pueblo salvadoreño y a todos los pueblos del mundo dirigido desde la ciudad de Juayúa, Sonsonate, el viernes 27 de febrero de 1981. *La Prensa Gráfica.* San Salvador, 7 de marzo de 1981.

Duijker, H. (1967). Las actitudes y las relaciones interpersonales. En H. Duijker, P. Fraisse, R. Meili, P. Oleron y J. Paillard (eds.), *Psicología de las actitudes.* Buenos Aires: Proteo.

Durham, W. P. (1977). *Poverty and survival: The ecological roots of the conflict between El Salvador and Honduras.* Tesis doctoral. Universidad de Michigan.

Duster, T. (1971). Conditions for guilt free massacre. En N. Sanford y C. Comstock (eds.), *Sanctions for evil: Sources of social destructiveness.* San Francisco: Jossey-Bass.

ECA (1976). A sus órdenes, mi capital. *Estudios Centroamericanos, 337,* 637-643.

ECA (1979). Plataforma común del Foro Popular. *Estudios Centroamericanos, 371*, 843-845.

ECA (1981). Un proceso de mediación para El Salvador. *Estudios Centroamericanos, 387/388*, 3-16.

ECA (1984). Agonía de un pueblo: urgencia de soluciones. *Estudios Centroamericanos, 423/424*, 1-12.

Edney, J. (1974). Human territoriality. *Psychological Bulletin, 81*, 959-973.

Ehrlich, P. y Ehrlich, A. (1972). *Population, resources, and environment: Problems of human ecology*. San Francisco: Freeman.

El Departamento de Estado (1981a). *América Latina*. Informe Semanal. Londres, 23 de enero, 1981.

El Departamento de Estado (1981b). *América Latina*. Informe Semanal. Londres, 30 de enero, 1981.

El Salvador (1978). *Distribución del ingreso por deciles de familia*. Ministerio de Planificación y Coordinación del Desarrollo Económico y Social. Unidad de Investigaciones Muestrales. San Salvador.

El Salvador (1984). *Diagnóstico económico social 1978-1984*. Ministerio de Planificación y Coordinación del Desarrollo Económico y Social. San Salvador (Mimeo).

Engeström, Y. (1983). *The image of war in the minds of children*. Ponencia presentada en el Seminario sobre «Niños y guerra» celebrado en Siuntio Baths (Finlandia), 24-27 de marzo, 1983.

Eron, L. (1986). Interventions to mitigate the psychological effects of media. *Journal of Social Issues, 42*, 155-170.

Eysenck, H., Wakefield, J. y Friedman, A. (1983). Diagnosis and clinical assessment: the DSM-III. *Annual Review of Psychology, 34*, 167-193.

Fanon, F. (1963). *Los condenados de la tierra*. México: FCE.

Federación de Asociaciones de Abogados de El Salvador (1981). Carta al Consejo Central de Elecciones de El Salvador. *El Mundo*, 13 de mayo, 1981.

Fernández, A. (1985). Efectos de la TV en su función de mediador en los procesos de socialización. *Boletín de Psicología, 16*, 42-66.

Ferrat, D. (1975). Las armas secretas de la Junta Chilena: el atentado a la integridad psíquica. *Diorama. Excelsior* (México), 29 de junio, 1975.

Feshbach, S. y Singer, R. (1971). *Television and aggression: An experimental field study*. San Francisco: Jossey-Bass.

Festinger, L. (1957). *A theory of cognitive dissonance*. Stanford, CA.: Stanford University Press (*Teoría de la disonancia cognoscitiva*. Madrid: Instituto de Estudios Políticos, 1974).

Finley, D., Holsti, O. y Fagen, R. (1976). *El enemigo en política*. Buenos Aires: Líbera.

Fornari, F. (1972). *Psicoanálisis de la guerra*. México: Siglo XXI.

Frankl, V. (1950). *Psicoanálisis y existencialismo*. México: FCE.

Frankl, V. (1955). *El hombre incondicionado. Lecciones metaclínicas*. Buenos Aires: Plantín.

Frankl, V. (1979). *El hombre en busca de sentido*. Barcelona: Herder.

Fraser, M. (1983). *Childhood and war in Norther Ireland: a therapeutic response*. Ponencia presentada en el Seminario sobre «Niños y guerra» celebrado en Siuntio Baths (Finlandia), 24-27 de marzo, 1983.

Freedman, J. (1984). Effect of television violence on aggresiveness. *Psychological Bulletin, 96*, 227-246.

Freedman, J. (1986). Television violence and aggression: A rejoinder. *Psychological Bulletin, 100*, 372-378.

Freire, P. (1970). *La pedagogía del oprimido*. Montevideo: Tierra Nueva.

Freire, P. (1971). *La educación como práctica de la libertad*. Montevideo: Terra Nueva.

Freud, S. (1969). *Más allá del principio del placer*. Madrid: Alianza.

Freud, S. (1970a). Why war? En E. Megargee y J. Hokanson (eds.), *The dynamics of aggression*. Nueva York: Harper & Row (*¿Por qué la guerra?* Barcelona: Minúscula, 2001).

Freud, S. (1970b). *El malestar en la cultura*. Madrid: Alianza.

Freud, S. (1972). *Más allá del principio del placer. El porvenir de una ilusión*. Madrid: Alianza.

Freud, A. y Burlingham, D. (1942). *Young children in wartime*. Londres: George Allen & Unwin.

Freud, A. y Burlingham, D. (1943). *War and children*. Nueva York: Medical War Books (*La guerra y los niños*. Buenos Aires: Paidós, 1965).

Friedrich-Cofer, L. y Huston, A. (1986). Television violence and aggression: The debate continues. *Psychological Bulletin, 100*, 364-371.

Fromm, E. (1975). *Anatomía de la destructividad humana*. México: Siglo XXI.

Garfinkel, H. (1967). *Studies in ethnomethodology*. Englewood Cliffs, N.J.: Pentice-Hall.

Geen, R. G. y Stonner, D. (1971). Effects of aggressivenes habit strength on behavior in the presence of aggression-related stimuli. *Journal of Personality and Social Psychology, 17*, 149-153.

Gerbner, G. y Gross, L. (1976). The scary world of TV's heavy viewer. *Psychology Today*, abril, 41-45.

Gissi Bustos, J. (1976). Femineidad, machismo: mitos culturales. En I. Martín-Baró (comp.), *Problemas de Psicología social en América Latina*. San Salvador: UCA Editores.

Goldstein, A., Carr, E., Davidson II, W. y Wehr, P. (1981). *In response to aggression*. Nueva York: Pergamon.

González, G.A. (1980). ¿Genocidio y guerra de exterminio en El Salvador? *Estudios Centroamericanos, 384/385*, 983-1000.

Guinsberg, E. (1983). Salud mental en América Latina. *Salud, 9*, 10-16.

Guiton, M., Bettelheim *et al.* (1973). *Psicología del torturador*. Buenos Aires: Rodolfo Alonso.

Gurvitch, G. (1971). *Dialéctica y sociología*. Madrid: Alianza.

Gutiérrez, J.A. (1981). Mensaje con motivo del día del trabajador de telecomunicaciones. *El Mundo*, 28 de abril, p. 31.

Haber, S. y Seidenberg, B. (1978). Society's recognition and control of violence. En I.L. Kutash, S.B. Kutash, L.B. Schlesinger *et al.* (eds.), *Vio-*

lence. Perspectives on murder and aggression. San Francisco, CA.: Jossey-Bass.

Hacker, F. (1973). *Agresión.* Barcelona: Grijalbo.

Hacker, F.J. (1976). *Crusaders, criminals, crazies. Terror and terrorism in our time.* Nueva York: Norton.

Harth, A. *et. al.* (1976). *La vivienda popular urbana en El Salvador.* San Salvador: Fundación Salvadoreña de Desarrollo y Vivienda Mínima.

Heradsveit, D. (1981). *El conflicto árabe-israelí. Obstáculos psicológicos para la paz.* Oslo: Universitestsforlaget.

Hernández-Pico, J., Jerez, C., Ellacuría, I., Baltodano, E. y Mayorga, R. (1972). *El Salvador: año político 1972.* San Salvador: Universidad Centroamericana «José Simeón Cañas».

Hietanen, A. (1983). *The militarization of children: some trends.* Ponencia presentada en el Seminario sobre «Niños y guerra» celebrado en Siuntio Baths (Finlandia), 24-27 de marzo, 1983.

Hinton, D. R. (1981). Discurso del embajador norteamericano en el almuerzo de la Cámara Norteamericana de Comercio. San Salvador, 1981 (Mimeo).

Holmberg, M. (1984). Children in Lebanon. En Rädda Barnen, *Child victims of armed conflict.* Informe sobre el Foro de Organizaciones no Gubernamentales (ONG). Roma, 28 de abril de 1984.

Hoppe, C. (1985). *Los niños y la guerra. Resumen de investigaciones que estudian diferentes aspectos sobre este tema.* Ponencia presentada en el «Taller de intercambio de experiencias sobre trabajo psicosocial y psicoterapéutico con los niños y la población desplazada». México, 18-22 de febrero de 1985.

Huesmann, L. (1986). Media violence, antisocial behavior, and the social consequences of small effects. *Journal of Social Issues, 42,* 141-154.

Huesmann, L., Eron, L., Klein, R., Drice, P. y Fisher, P. (1983). Mitigating the imitation of aggressive behavior by changing children's attitudes about media violence. *Journal of Personality and Social Psychology, 44,* 899-910.

Huesmann, L. y Malamuth, N. (1986). Media violence and antisocial behavior: An overview. *Journal of Social Issues, 42,* 1-6.

IDHUCA (Instituto de Derechos Humanos). (1987). *Los derechos humanos en El Salvador en 1986.* San Salvador: UCA Editores.

Instituto de Investigaciones de la UCA (1985). *Investigación: desplazados y refugiados salvadoreños.* San Salvador: Universidad Centroamericana «José Simeón Cañas». Informe preliminar, junio de 1985.

IUDOP (Instituto Universitario de Opinión Pública) (1987) *Informe preliminar sobre las opiniones de la población urbana acerca de la situación del sistema de salud en El Salvador.* San Salvador: UCA Editores

IUDOP (Instituto Universitario de Opinión Pública) (1988a). Opinión del pueblo sobre la paz en El Salvador. Encuesta de opinión publicada para el Debate Nacional. En *Debate Nacional 1988* (Anexo).

IUDOP (Instituto Universitario de Opinión Pública) (1988b). *Las condicio-*

nes de vida del campesino salvadoreño desde su propia perspectiva. Serie Informes n.º 13. San Salvador: UCA Editores.

IUDOP (Instituto Universitario de Opinión Pública) (1989). *Los salvadoreños ante el gobierno de ARENA*. Serie Informes, n.º 21. San Salvador: UCA Editores.

Janowitz, M. (1978). *The last half-century. Societal change and politics in América*. Chicago: The University of Chicago Press.

Jaspers, K. (1955). *Psicopatología general*. Buenos Aires: Beta.

Jervis, G. (1979). *Manual crítico de Psiquiatría*. Barcelona: Anagrama.

Kilham, W. y Mann, L. (1974). Level of destructive obedience as a function of transmitter and executant roles in the Milgram obedience paradigm. *Journal of Personality and Social Psychology, 5*, 676-702.

Krech, D., Crutchfield, R. y Ballachey, E. (1965). *Psicología social*. Madrid: Biblioteca Nueva.

Kunz, E. (1981). Exile and resettlement: refugee theory. *International Migration Review, 53/54*, 42-51.

La Alianza Productiva de El Salvador ante la propuesta del diálogo (1981a). *El Diario de Hoy*. San Salvador, 13 de marzo, p. 29.

La Alianza Productiva de El Salvador denuncia maniobras (1981b). *El Diario de Hoy*. San Salvador, 21 de marzo, p. 29.

Laplanche, J. y Pontalis, J.B. (1971). *Diccionario de psicoanálisis*. Barcelona: Labor.

Laqueur, W. (1980). *Terrorismo*. Madrid: Espasa-Calpe.

Lawyer Committee for International Human Rights and Americas Watch (1984). *El Salvador's other victims: the war on the displaced*. Nueva York.

Leahy, R. L. (1981). The development of the conception of economic inequality: I. Descriptions and comparisons of rich and poor people. *Child Development, 52*, 523-532.

Leahy, R. L. (1983a). Development of the conception of economic inequality: II. Explanations, justifications, and concepts of social mobility and change. *Developmental Psychology, 19*, 111-125.

Leahy, R. L. (1983b). The development of the conception of social class. En R. L. Leahy (ed.), *The child's construction of social inequality*. Nueva York: Academic Press.

Lerner, M. y Simmons, C. (1966). Observer's reaction to the «inocent victim»: comparisson or rejection? *Journal of Personality and Social Psychology, 4*, 203-210.

LeVine, R. y Campbell, D. (1972). *Ethnocentrism. Theories of conflict, ethnic attitudes, and group behavior*. Nueva York: John Wiley & Sons.

Leyhausen, P. (1971). La organización social y la tolerancia al exceso de población en los mamíferos. En K. Lorenz y P. Leyhausen (ed.), *Biología del comportamiento. Raíces instintivas de la agresión, el miedo y la libertad*. México: Siglo XXI.

Lindqvist, A. (1984). Children in Lebanon. En Rädda Barnen, *Child victims of armed conflict*. Informe sobre el Foro de Organizaciones no Gubernamentales (ONG). Roma, 28 de abril de 1984.

Lippmann, W. (1922). *Public Opinion*. Nueva York: Macmillan.

Lira, E. (1988). Consecuencias psicosociales de la represión política en Chile. *Revista de Psicología de El Salvador, 28,* 143-159.

Lira, E., Weinstein, E., Domínguez, R., Kovalskys, J., Maggi, A., Morales, E. y Pollarolo, F. (1984). *Psicoterapia y represión política.* México: Siglo XXI.

Lira, E., Weinstein, E. y Salamovich, S. (1985-1986). El miedo: un enfoque psicosocial. *Revista Chilena de Psiclología, VIII,* 51-56.

López Vallecillos, I. (1976). Reflexiones sobre la violencia en El Salvador. *Estudios Centroamericanos, 327/328,* 9-30.

López Vallecillos, I. y Orellana, V. A. (1980). La unidad popular y el surgimiento del Frente Democrático Revolucionario. *Estudios Centroamericanos, 377/388,* 183-206.

Lorenz, K. (1971). *Sobre la agresión: el pretendido mal.* México: Siglo XXI.

Lubek, I. (1979). A brief social psychological análisis of research on agression in Social Psychology. En A. Buss (ed.), *Psychology in social context.* Nueva York: Plenum.

Maccoby, M. (1978). *The gambler.* Nueva York: Bantam Books.

Martín-Baró, I. (1979). *Household Density and Crowding in Lower-Class Salvadorans.* Tesis doctoral. Universidad de Chicago.

Martín-Baró, I. (1980). Fantasmas sobre un gobierno popular en El Salvador. *Estudios Centroamericanos, 377/378,* 277-290.

Martín-Baró, I. (1981a). La guerra civil en El Salvador. *Estudios Centroamericanos, 388/389,* 17-32.

Martín-Baró, I. (1981b). Aspiraciones del pequeño burgués salvadoreño. *Estudios Centroamericanos, 394,* 773-788.

Martín-Baró, I. (1981c). El liderazgo de Monseñor Romero. Un análisis psico-social. *Estudios Centroamericanos, 389,* 151-172.

Martín-Baró, I. (1983a). *Acción e ideología. Psicología social desde Centroamérica.* San Salvador: UCA Editores.

Martín-Baró, I. (1983b). Polarización social en El Salvador. *Estudios Centroamericanos, 412,* 129-142 (artículo incluido en el capítulo 2 de este volumen).

Martín-Baró, I. (1984). Guerra y salud mental. *Estudios Centroamericanos, 429/430,* 503-514 (artículo incluido en el capítulo 7 de este volumen).

Martín-Baró, I. (1985a). La encuesta de opinión pública como instrumento desideologizador. *Cuadernos de Psicología* (Universidad del Valle, Cali), 7, 93-108.

Martín-Baró, I. (1985b). *Los niños desplazados en El Salvador: problemas y tratamiento.* Ponencia presentada en el «Taller de intercambio de experiencias sobre trabajo psicosocial y psicoterapéutico con los niños y la población desplazada». México, 18-22 de febrero, 1985.

Martín-Baró, I. (1987a). De la guerra sucia a la guerra psicológica: el caso de El Salvador. *Boletín de la AVEPSO, 12,* 18-26 (artículo incluido en el capítulo 3 de este volumen).

Martín-Baró, I. (1987b). *Así piensan los salvadoreños urbanos (1986-1987)*. San Salvador: UCA Editores.

Martín-Baró, I. (1988a). La violencia política y la guerra como causas del trauma psico-social en El Salvador. *Revista de Psicología de El Salvador, 28,* 123-141 (artículo incluido en el capítulo 7 de este volumen).

Martín-Baró, I. (1988b). De la guerra sucia a la guerra psicológica: el caso de El Salvador. En A. Aron (ed.), *Fuga, exilio y retorno. La salud mental y el refugiado*. San Francisco: Committee for Health Rights in Central America (CHRICA) (artículo incluido en el capítulo 3 de este volumen).

Martín-Baró, I. (1988c). La violencia en Centroamérica: una visión psicosocial. *Revista Costarricense de Psicología, 12/13,* 21-34 (artículo incluido en el capítulo 2 de este volumen).

Martín-Baró, I. (1989). *La opinión pública salvadoreña (1987-1988)*. San Salvador: UCA Editores.

Martín-Baró, I. (1990). Guerra y trauma psicosocial del niño salvadoreño En I. Martín-Baró (ed.), *Psicología social de la guerra*. San Salvador: UCA Editores (artículo incluido en el capítulo 6 de este volumen).

Mártir, J. G. (1986). Guerra civil e incremento de enfermedades psicosomáticas en El Salvador en los años de 1981-1984 tomando como muestra a los asegurados del Instituto Salvadoreño del Seguro Social (ISSS). *Boletín de Psicología, 21,* 151-160.

Mayorga, R. (1981). *Una solución política negociada para El Salvador*. México: El Colegio de México.

McLemore, C. y Benjamin, L. (1979). Whatever happened to interpersonal diagnosis? A psychosocial alternative to DSM-III. *American Psychologist, 34,* 17-34.

McWhirter, L. (1983). *The Northern Ireland conflict: Adjusting to continuing violence*. Ponencia presentada en el Seminario sobre «Niños y guerra» celebrado en Siuntio Baths (Finlandia), 24-27 de marzo, 1983.

Merari, A. y Friedland, N. (1985). Social psychological aspects of political terrorism. En S. Oskamp (ed.), *Applied Social Psychology Annual: International conflict and national public policy. Vol. 6.* Beverly Hills, CA.: Sage.

Merton, R. (1968). *Teoría y estructura sociales*. México: FCE.

Milgram, S. (1980). *Obediencia a la autoridad*. Bilbao: Desclée de Brouwer.

Milgram, S. y Toch, H. (1969). Collective behavior: Crowds and social movements. En G. Lindzey y E. Aronson (eds.), *The Handbook of Social Psychology. Vol. 4.* Reading, Mass.: Addison-Wesley.

Milgram, S. y Shotland, L. (1977). Television and antisocial behavior: field experiments. En S. Milgram (ed.), *The individual in a social world*. Reading, Mass.: Addison-Wesley.

Miller, N. (1941). The frustration-aggression hypothesis. *Psychological Review, 48,* 337-342.

Millon, T. (1983). The DSM-III. An insider's perspective. *American Psychologist, 38,* 804-814.

Montes, S. (1986). El problema de los desplazados y refugiados salvadoreños. *Estudios Centroamericanos, 447/448*, 37-53.

Morales, O. (1983). Los desplazados: una manifestación de la crisis actual. *Boletín de Ciencias Económicas y Sociales, 4*, 278-291.

Morán, M.C. (1983). Un centro de desplazados. *Boletín de Psicología, 9*, 11-16.

Organización Socialista Internacionalista (OSI) (1981a). *Socialista*, n.º 25.

Organización Socialista Internacionalista (OSI) (1981b). *Socialista*, n.º 26.

Organización Socialista Internacionalista (OSI) (1981c). *Socialista*, n.º 27.

Peters, E. (1985). *Torture*. Nueva York: Basil Blackwell.

Pitch, T. (1980). *Teoría de la desviación social*. México: Nueva Imagen.

Poirier, J. (1970). Formas de impugnación, de compensación y de transposición de lo real en las sociedades en vías de desarrollo. En J. Lacroix (comp.), *Los hombres ante el fracaso*. Barcelona: Herder.

Punamäki, R. (1982). Conflict in the shadow of war. A psychological study on attitudes and emotional life of Israeli and Palestinian children. *Current Research on Peace and Violence, 1*, 26-41 (Una infancia a la sombra de la guerra. Estudio psicológico de las actitudes y vida emocional de los niños israelíes y palestinos. En I. Martín-Baró (ed.), *Psicología social de la guerra*. San Salvador: UCA Editores, 1990, 137-158).

Punamäki, R. (1987). Psychological stress responses of Palestinian Mothers and their children in contitions of military occupation and political violence. *The Quarterly Newsletter of the Laboratory of Comparative Human Cognition, 9*, 76-84 (Respuestas de estrés psicológico de las madres palestinas y sus hijos a las condiciones de ocupación militar y violencia política. En I. Martín-Baró (ed.), *Psicología social de la guerra*. San Salvador: UCA Editores, 1990, 85-101).

RAE (1970). *Diccionario de la lengua española*. Madrid: Real Academia Española.

Ray, J. (1988). Cognitive style as a predictor of authoritarianism, conservatism, and racism: A fantasy in many movementes. *Political Psychology, 9*, 303-308.

Ressler, E. (1984). Children in Lebanon. En Rädda Barnen, *Child victims of armed conflict*. Informe sobre el Foro de Organizaciones no Gubernamentales (ONG). Roma, 28 de abril de 1984.

Roche, R. y García Robles, A. (1987). *Modelos colectivos prosociales. Plan de optimización educativa, cultural y sociopolítica*. Ponencia presentada al XXI Congreso Interamericano de Psicología. La Habana, 28 de junio-3 de julio, 1987.

Rosenthal, R. y Rosnow, R.L. (1975). *The Volunteer Subject*. Nueva York: John Wiley & Sons.

Ryan, W. (1976). *Blaming the victim*. Nueva York: Vintage.

Sabini, J. (1978). Aggression in the laboratory. En L. Kutash, S. Kutash, L. Schlesinger *et al.* (eds.), *Violence, perspectives on murder and agression*. San Francisco, CA.: Jossey-Bass.

Salegio, O.R. (1978). *La vivienda rural en El Salvador*. Ponencia presentada en el IV Congreso Nacional de Ingeniería. San Salvador.

Samayoa, J. (1987). Guerra y deshumanización: una perspectiva psicosocial. *Estudios Centroamericanos, 461*, 123-225 (artículo íntegramente reproducido en I. Martín-Baró, (ed.), *Psicología social de la guerra*. San Salvador. UCA Editores, 1990, 41-64).

Sanford, N. y Comstock, C. (1971). *Sanctions for evil*. San Francisco, CA.: Jossey-Bass.

Schacht, T. y Nathan, P. (1977). But is it good for the psychologists? Appraisal and status of DSM-III. *American Psychologist, 32*, 1.017-1.025.

Seminario Permanente del Departamento de Economía de la UCA (1983). El origen estructural de la actual crisis. *Boletín de Ciencias Económicas y Sociales, 1*, 22-29.

Sherif, M. (1958). Superordinate goals in the reduction of intergroup conflict. *American Journal of Sociology, 43*, 349-456.

Sherif, M. (1966). *Group conflict and cooperation: Their social psychology*. Londres: Routledge and Kegan Paul.

Sherif, M.. Harvey, O., White, B., Hood, W. y Sherif, C. (1961). *Intergroup Conflict and Cooperation. The Robbers Cave experiments*. Norman, Okl.: Institute of Group Relations.

Sidanius, J. (1985). Cognitive functioning and sociopolitical ideology revisited. *Political Psychology, 6*, 637-662.

Sidanius, J. (1988a). Intolerance of ambiguity, conservatism, and racism –whose fantasy, whose reality?: A reply to Ray. *Political Psychology, 9*, 309-316.

Sidanius, J. (1988b). Political sophistication and political deviance: A structural equation examination of context theory. *Journal of Personality and Social Psychology, 55*, 37-51.

Simmel, G. (1955). *Conflict*. Nueva York: Free Press.

Smith, D. y Kraft, W. (1983). DSM-III. Do psychologists really want an alternative? *American Psychologist, 38*, 777-785.

Spielberger, C., Sarason, I. y Milgram, N. (eds.) (1982). *Stress and anxiety. Vol. 8*. Washington: Henusohere.

Staub, E. (1988). The evolution of Caring and Non Aggressive Persons and Societies. *Journal of Social Issues, 44*, 81-100.

Stein, B. (1981). The refugee experiencie: defining the parameters of a field of study. *International Migration Review, 15*, 320-330.

Sumner, W. (1906). *Folkways*. Nueva York: Ginn.

Szasz, T. (1961). *The myth of mental illness. Foundations of a theory of personal conduct*. Nueva York: Delta (*La fabricación de la locura*. Barcelona: Kairós, 1974).

Tajfel, H. (1970). Experiments in intergroup discrimination. *Scientific American, 223*, 96-102.

Tajfel, H. (1975). La categorización social. En S. Moscovici (ed.), *Introducción a la Psicología social*. Barcelona: Planeta.

Tajfel, H. (1981). *Human groups and social categories*. Cambridge, Mass.: Cambridge University Press (*Grupos humanos y categorías sociales*. Barcelona: Herder, 1984).

Tajfel, H. y Turner, J. (1979). An integrative theory of intergroup conflict. En W.G. Austin y S. Worchel (eds.), *The social psychology of intergroup relations*. Monterey, CA.: Brooks Cole.

Touzard, H. (1981). *La mediación y la solución de los conflictos*. Barcelona: Herder.

Turner, R. (1974). *Ethnomethodology*. Londres: Penguin Books.

UNICEF (1983). *Análisis situacional de El Salvador*. (Mimeo).

Volkogonov, D. (1986). *Guerra psicológica*. Moscú: Progreso.

Wahlström, R. (1987). Enemy image as a psychological antecedent of warfare. En J. Martín-Ramírez, R. Hinde y J. Groebel (eds.), *Essays on violence*. Sevilla: Publicaciones de la Universidad de Sevilla.

Wallace, J. y Sadalla, E. (1966). Behavioral consequences of transgresion: I. The effects of social recognition. *Journal of Experimental Research in Personality*, 1, 187-194.

Walters, R. (1966). Implications of laboratory studies of aggression for the control and regulation of violence. *The Annals of the American Academy of Political and Social Sciences*, 364, 60-72.

Walters, R. y Brown, M. (1963). Studies of reinforcement of aggression: III. Transfer of response to an interpersonal situation. *Child Development*, 34, 563-571.

Walton, R. y McKersie, R. (1976). *Teoría de las negociaciones laborales*. Barcelona: Labor.

Watson, P. (1978). *War on the mind. The military uses and abuses of psychology*. Nueva York: Basic Books.

Weinstein, E. (1987). Problemática psicológica del exilio en Chile. Algunas orientaciones psicoterapéuticas. *Boletín de Psicología*, 23, 21-38.

Weinstein, E., Lira, E., Rojas, M., Becker, D., Castillo, M., Maggi, A., Gómez, E., Domínguez, R., Salamovich, S., Pollarolo, F., Neumann, E. y Montreal, A. (1987). *Trauma, duelo y reparación. Una experiencia de trabajo psicosocial en Chile*. Santiago: Fasic-Interamericana.

White, R. (1961). *Imágenes especulares en el conflicto entre el Este y el Oeste*. Convención de la American Psychological Association, 4 de septiembre de 1961.

White, R. (1966). Misperception and the Vietnam War. *Journal of Social Issues*, 22, 1-15.

Wilson, E. (1974). *Sociobiology. The new synthesis*. Cambridge, Mass.: The Belknap Press of Harvard University Press (*Sociobiología: la nueva síntesis*. Barcelona: Omega, 1980).

Worchel, S. (1979). Cooperation and reduction of intergroup conflict: Some determining factors. En W. G. Austin y S. Worchel (eds.), *The Social Psychology of Intergroup Relations*. Monterey, CA.: Brooks Cole.

Wynne-Edwards, V. (1962). *Animal dispersion in relation to social behaviour*. Londres: Oliver & Boyd.

Zimbardo, P. (1970). The human choice: Individuation, reason and order versus de-individiation, impulse and chaos. En W. J. Arnold y D. Levine (eds.), *Nebraska symposium on motivation*. Lincoln: University of Nebraska Press.

Zimbardo, P., Haney, C., Banks, W. y Jaffe, D. (1986). La psicología del encarcelamiento: privación, poder y patología. *Revista de Psicología Social, 1,* 95-105.

Zimmermann, E. (1983). *Political violence crises and revolutions*. Cambridge, Mass.: Shenkman.

Zúñiga, R. (1975). The experimenting society and radical social reform. The role of the social scientist en Chile's Unidad Popular experience. *American Psychologist, 30,* 99-115 (La sociedad en experimentación y la reforma social radical. El papel del científico en la experiencia de la Unidad Popular de Chile. En I. Martín-Baró (comp.), *Problemas de Psicología social en América Latina*. San Salvador: UCA Editores, 1976, 21-51).

ÍNDICE GENERAL

III. GUERRA Y TRAUMA PSICOSOCIAL